포워더와 무역인을 위한

포워딩 실무

Practices in Forwarding

정연봉 저

도서출판 두남

머리말

과거 포워딩(Forwarding) 업종은 무역과 국제물류에서의 그 기여에 걸 맞는 대우를 받지 못했었다. 그러나 기업들의 글로벌화가 가속화되고 공급사슬관리가 복잡해지면서 글로벌 기업과 무역업체들은 포워더에게 단순한 운송 그 이상의 서비스를 요구하게 되었고 포워더는 이러한 고객들의 요구를 충족해 나가면서 그 활동 범위와 영역을 확장해왔다. 이러한 노력으로 인해 화주들(글로벌 기업, 무역업체 등)은 국제물류에서 포워더(Forwarder)에 대한 의존도를 높이게 되었고 포워더는 국제물류에서 핵심적인 위치를 차지하게 되었다.

이러한 추세 속에서 포워딩 분야의 인재들은 국제물류 전문가로 성장하고 있으며 화주기업(글로벌 기업과 무역업체)으로 이직하여 새로운 도전을 하거나 외국어 능력을 배양하여 해외로 진출하여 자신의 역량을 확장시키고 있다. 그러나 한편으로는 자신이 하는 업무가 무역이나 물류 과정에서 어떤 부분을 차지하고 얼마나 중요한지를 충분하게 인식하지 못하고 하루하루 업무에 치여 좁은 테두리 속에 묶여 있는 포워딩 분야의 미생(未生)들도 많이 존재한다고 할 것이다. "세상은 아는 만큼 보이고, 아는 만큼 애정이 생긴다. 그리고 이 애정은 자신은 물론 그 대상을 발전시킨다." 즉 포워딩 분야에서 취업준비생, 미생, 인재들이 포워딩 분야에 대한 이해를 늘릴수록 이 분야에 대한 관심과 애정은 증가할 것이며 이를 통해 이 분야의 발전과 자신의 발전을 동시에 가져올 것이다. 이것이 본서를 기획하게 된 동기이다.

포워딩 분야는 그 특성 즉 업무의 다양성(무역, 물류, 통관 등)과 현장 중시로 인해 그 동안 이를 충족하는 도서들이 거의 출판되지 않아 이 분야에 관심을 가진 인재, 미생, 취업준비생들이 참조할 책이 부족한 것이 현실이었다. 이를 위해 본서는 포워딩 분야를 보다 잘 이해할 수 있음은 물론 바로 현업에 적용할 수 있는 "현장 적용성"을 확보할 수 있도록 노력하였다. 이 과정에서 저자는 그 동안 항공사, 포워더, 3자물류 회사에서의 실무경험을 본서에 녹여내기 위해 최선을 다했으며 이론적으로도 부족함이 없도록 하기 위해 그 동안 강의와 논문을 준비하면서 이용했던 국내외 국제무역과 국제운송 관련 서적들을 참조하였다.

본서는 3부 16장으로 구성되어 있다.

1부는 포워더의 고객인 글로벌 기업과 무역업체를 이해하기 위해 무역실무 중 1장 무역계약, 2장 무역결제를 다루었고, 3장은 수출입통관 업무 중 포워더가 알아야할 내용들을 다루었다. 4장은 글로벌 기업의 국제화전략에서 중요한 위치를 차지하고 있는 SCM에 대해서 살펴보았다.

2부는 포워딩 실무 중 기본업무로서 우선 5장은 포워더의 업무와 포워딩회사의 조직 그리고 다양한 분류기준을 다루었다. 6장은 해상운송의 기초적인 내용을 다루고, 7장에서는 해상포워딩에서 핵심적인 업무들을 다루었다. 8장은 항공운송의 기초에 대해 그리고 9장은 항공포워딩업무의 내용들을 다루었다. 10장은 최근 유라시아철도로 인해 새로운 조명을 받고 있는 철도와 해상의 복합운송과 Sea & Air 등에 대하여 다루고, 11장은 해외 전자상거래 특히 직구로 인해 각광을 받고 있는 항공특송에 대해서 다루었다.

3부는 포워더의 업무 영역이 확장되는 것을 반영하였다. 우선 12장은 포워딩업무를 하기 위해서 반드시 알아야 하는 관련 정보시스템을 다루고, 13장은 포워더의 협력사인 관세사, 보세창고, 보세운송 등의 업무에 대하여 다루었다. 14장은 포장과 관련하여 컨테이너 작업과 라벨링 관련된 최신 동향 등을 소개하였다. 15장은 포워더 업무를 위해 반드시 알아야 할 적하보험과 화물배상책임보험에 대해서 그리고 마지막 16장에서는 최근 강화된 국제물류 관련된 각종 보안제도들에 대하여 소개하고 대응할 수 있도록 하였다.

본서의 주 독자 대상은 포워딩업체 취업준비생, 포워딩 분야에서 인재를 꿈꾸는 미생, 포워딩 분야의 인재들이나 타 업종 즉 관세사, 무역업체, 보세창고와 운송업체 등 각종 무역 및 물류 관련 종사자에게도 도움이 될 것임을 확신한다.

한편 이 책이 나올 때까지 씨앗을 뿌리고 저자에게 조언과 격려를 해주신 분들에게 감사를 드리고 싶다. 우선 박사과정 지도교수님 인천대 동북아물류대학원 여기태 원장님과 너무 배우고 싶었던 최적화에 대해 눈을 뜨게 해주신 김태복 교수님,

멘토 역할을 해주시던 장안대 이원동 교수님, 연성대 강준모 교수님에게 진심으로 감사를 드리고 싶다. 또한 현업에서 항상 조언과 응원을 아끼지 않으시는 IATA 조성돈 이사님, 브이디에스코리아 이현상 상무님, 로그프레이트 이원규 이사님, 정성훈 과장님, 제자이자 업계 동료인 최규범 님과 정다움 님, 그리고 도서출판 두남의 이승구 상무님과 이하나 님에게도 고마움을 전하고 싶다.

마지막으로 3년 전 돌아가신 아버님을 추억하며 본서가 저자의 3명의 여인(어머니, 아내, 딸(정윤주))을 보다 행복하게 만드는 밑거름이 되기를 소망해본다.

2015년 늦가을 연구실에서
저 자 씀

차 례

제1부 고객(무역업체) 이해하기

제2부 포워더(Forwarder) 기본 업무

제1부
고객(무역업체) 이해하기

제1장 무역계약과 무역거래조건

제2장 무역결제와 신용장

제3장 수출입 통관

제4장 SCM과 글로벌 기업의 물류

제1장

무역계약과 무역거래조건

제1절 무역의 의의

1 무역의 개념

무역(Trade)은 이국 간의 경제주체에 의한 거래를 의미하며 초창기의 무역은 협의로 재화의 교환을 의미하였으나 광의의 무역은 기술, 용역, 자본의 이동까지도 무역거래의 대상이 된다고 할 것이다. 대외무역에 대한 기본법인 대외무역법은 무역을 다음과 같이 정의하고 있다. "무역이란 물품 등의 수출과 수입을 말한다." 여기서 "물품 등"이라 함은 외국환거래법상에 정한 지급수단, 증권과 채권 등을 제외한 동산(유형무역)과 대통령령이 정한 용역과 전자적 형태의 무체물(무형무역)을 의미한다.

2 무역의 특성

1) 국가 경제는 무역에 의존한다

한 국가의 국내총생산(GDP: Gross Domestic Product) 대비 국제교역액이 차지하는 비율을 나타내는 무역의존도(Degree of dependence upon foreign trade)는 국민경제가 무역에 어느 정도 의존하는가를 나타내는 지표인데 우리나라와 같이 부존자원이 부족하고 인구가 충분하지 않아 국내시장이 크지 않은 경우에는 국민경제의 무역에의 의존도가 크게 나타난다. 국가 경제에 차지하는 비중이 크기 때문에 모든 국가는 무역의 관리를 통하여 국내 경제의 안정을 도모하기 위해 노력한다. 아래 표는 우리나라 그리고 주요 국가의 무역의존도를 보여준다.

〈표 1-1〉 국가별 국내총생산 및 무역의존도 비교(2013)

(단위: %, 억달러)

구분	GDP	무역의존도 (무역액)	수출의존도 (수출액)	수입의존도 (수입액)
한국	13,043	82.4 (10,752)	42.9 (5,596)	39.5 (5,156)
일본	49,015	31.6 (15,470)	14.6 (7,146)	17.0 (8,323)
미국	167,997	23.1 (18,082)	9.4 (15,788)	13.7 (2,294)
독일	36,348	69.9 (25,406)	37.6 (13,664)	32.3 (11,742)
중국	91,814	45.3 (41,574)	24.1 (22,106)	21.2 (19,468)

주 : 무역의존도=무역액/GDP, 수출의존도=수출액/GDP, 수입의존도=수입액/GDP
출처 : 한국은행, 무역협회.

2) 다양한 법규와 상관습이 존재한다

국제무역은 상이한 국가에 속하는 매도인과 매수인 간의 국제물품매매이므로 강행적인 통일법이 없어 정형화된 국제상관습에 준거하여 계약을 체결, 이행하는 등 상관습이 중시된다. 국제거래에서 적용되는 규율은 무역당사국의 법규와 함께 국제적인 규범으로서 UN국제무역법위원회의 국제물품매매에 관한 유엔협약(CISG; United Nation Convention on Contracts for the International Sale of Goods), 국제상공회의소의 Incoterms2010(International Rules for the Interpretation of Trade Terms), 국제법협회의 Warsaw-Oxford Rules, 전미무역회의의 개정미국무역정의(Revised American Foreign Trade Definitions), 미국통일상법전(Uniform Commercial Code) 등이 중요한 규범으로 적용되고 있다고 할 것이다.

3) 다양한 장벽과 높은 위험이 존재한다

거래가 이(異)국가 간에 이루어지므로 정치적인 장벽이 존재하며, 언어, 관습, 화폐 등의 장벽이 존재하고 모든 국가는 수입되는 물품에 세금을 부과하므로 관세의 장벽 또한 존재하게 된다.[1] 이러한 장벽으로 인해 각종 위험이 발생한다. 예컨대 정치와 관습의 차이로 비상위험과 신용위험이 존재하며 통화의 차이로 인해 환리스크가 발생하고, 원거리성으로 인해 운송상의 위험이 항상 존재한다.

1) 인터넷 두산백과사전(www.doopedia.co.kr)

4) 장거리운송이 행해진다

일반적으로 장거리를 운송하게 되므로 해상운송, 항공운송, 복합운송 등의 장거리 운송수단이 중요한 의미를 갖는다. 또한 운송 과정에서는 위험이 크고, 긴 기간 동안 위험에 노출되는 특성을 갖고 있다고 할 것이다. 이로 인해 무역에서는 적하보험 등이 발달되어 있다.

5) 정보통신기술의 이용이 활발하다

정보통신기술의 발달과 컴퓨터의 보급으로 무역업무 중 많은 부분이 인터넷, 전자문서교환 등 전자적 수단에 의해 수행되고 있으며 이러한 움직임은 더욱 가속화될 것으로 예상된다.[2] 예컨대 무역서류와 관련하여 많은 서류가 디지털화하여 운영되고 있으며[3] 국가가 중심이 되어 전자무역을 활성화하기 위해 많은 지원을 아끼지 않고 있다. 또한 전자결제[4]와 관련해서도 많은 진전이 이루어지고 있다고 할 것이다.

3 무역의 형태

무역의 형태는 다양한 기준에 의해 분류될 수 있는데 아래에는 대외무역법과 관세법상 언급되는 무역형태를 기준으로 설명하였다.

1) 유형무역과 무형무역

동 분류는 무역의 대상이 되는 상품의 유무형 여부를 기준으로 한 것이다. 유형무역(Visible Trade)은 형태가 있는 물품 즉 재화의 무역을 의미하고 한 나라의 국제수지에서 가장 중요한 항목을 구성한다. 한편 무형무역(Invisible Trade)은 무역통계에는 나타나지 않으나 국제수지상에 무역외수지[5] 항목을 구성한다.

---

2) 구종순, 『무역실무』 제4판, 박영사, 2009.
3) 전자신용장, 전자운송서류 등
4) Paypal, Identrus, 전자신용장 등
5) 타국과 서비스, 용역 등을 거래하는 과정에서 벌어들인 돈과 지급한 돈의 수지 차를 의미한다. 즉 외국으로부터 받은 운임료, 해외투자에 대한 이자수익, 관광수입, 해외건설 노동자의 송금 등이다. 무역외수지는 서비스수지와 소득수지로 분류된다.

2) 유환무역과 무환무역

매도인과 매수인 간에 물품대금의 결제 여부를 기준으로 분류한 것이다. 유환무역은 거래 당사자 간에 대금결제가 수반되는 무역을 의미하며 무환무역(Free payment)은 대금결제가 개입되지 않는 무역거래를 의미한다. 대표적인 무환무역은 샘플의 송부, 위탁무역에 의한 거래, 불량품에 대한 대체품의 송부 등에서 발생한다.

3) 위수탁 판매무역

위수탁 판매무역은 신시장 개척 시에 많이 이용하는 무역형태로 수출자는 무환으로 수출하고 수입자는 수입된 물품에 대해 향후 판매된 부분에 대해서만 대금을 결제하게 된다. 동 방식은 수출자가 신시장을 개척할 때 수입지에 판매망이 형성되지 않은 경우 주로 이용하는 방식이며 특히 신상품 개발 후 새로운 시장에서 판매 가능성을 타진하기 위해서도 이용하는 방식이다.

(1) 위탁판매수출

위탁판매수출(Export on consignment)은 수출업자인 위탁자(Consignor)가 해외의 수탁자(Consignee)에게 무환으로 수출하여 판매를 위탁하고 당해 물품이 판매되는 범위 안에서 대금을 회수하는 계약에 의한 수출을 의미한다. 수입지에 있는 물품은 위탁자의 소유이며 판매 후 잔여분이 존재하는 경우 수출국으로 반송한다.

(2) 수탁판매수입

수탁판매수입(Import on consignment)는 위탁판매수출의 수입지 입장에서 보는 것으로서 수입자인 수탁자는 해외에서 무환으로 수입하여 제품이 판매되는 만큼의 대금을 수출자에게 결제하여 주는 것을 의미한다. 이때 수탁자는 주로 경비와 수수료를 판매대금에서 공제하게 된다. 판매 후 잔여분은 수출자에게 반송한다. 수탁자인 수입자는 위험부담이 거의 제로에 가깝다고 할 수 있다.

(3) 보세창고도거래

보세창고도거래(Bonded Warehouse Transation)는 수출업자가 자신의 비용과 위험으로 수입지에 지점 또는 대리점을 설치하여 보세창고에 재고를 쌓고 수입지에서 판매하는 방식이다. 판매가 이루어지기 전까지는 수입통관이 일어나지 않으며 수입국에서 매수가 일어나면 매수인의 이름으로 수입신고[6]가 이루어진다. 즉 매수인은 수입지에서 현품을 확인한 후 수입이 이루어지게 되므로 안전한 거래를 할 수 있다는 장점이 있다.

4) 위수탁 가공무역

위수탁 가공무역은 해외에 가공을 의뢰하고 가공된 제품을 재수입 또는 수요처로 직접 보내는 방식의 무역이다. 주로 해외의 값싼 가공임을 활용하기 위해서 행해지는 무역이다.

(1) 위탁가공무역

위탁가공무역(Processing Trade)은 위탁자가 가공임을 지급하는 조건으로 수탁자에게 가공할 원자재를 수출 또는 제3국에서 조달하여 공급하고 수탁자는 이를 가공한 후 완성품을 위탁자(또는 위탁자가 지정한 제3자)에게 수출하는 것을 의미한다. 이는 주로 해외의 저렴한 노동력 또는 고도기술을 이용하기 위해서 이용되는 방법이다. 임가공무역이라고도 한다.[7)]

(2) 수탁가공무역

수탁가공무역은 가득액을 취득하기 위해 원자재의 전부 또는 일부를 위탁자의 위탁에 의하여 수입하여 이를 가공한 후 완제품을 위탁자(또는 위탁자가 지정한 제3자)에게 수출하는 것을 의미한다. 수탁가공무역은 원료의 조달방법에 따라서 유환수탁가공무역과 무환수탁가공무역으로 나눌 수 있다. 이는 원자재를 수입 시에 유환(대금 지불하고) 또는 무환(대금 지불 없이)으로 하는 가에 따라 나누어지며 위탁자로부터 취득하는 대금은 그 만큼 차이가 나게 된다.

(3) 보세가공무역

보세가공무역(Bonded Improvement Trade)은 수탁가공무역의 일종으로서 수탁지 국가에 설치되어 있는 보세공장에서 수입된 원자재를 보세상태에서 가공하여 완성품을 제작한 후 다시 해외로 수출하는 무역을 의미한다. 이는 주로 자유무역지역(Free Trade Zone)에서 이루어지며 주로 가공임, 기술, 고객접근성 등을 고려하여 가공지가 결정되게 된다.

---

6) 수입신고 전에 매수인이 전량을 구매하지 않을 경우에는 일반적으로 운송장의 분할(B/L분할)이 이루어진다. 한편 보세창고도와 유사한 것으로 CTS방식(Central Terminal Station)방식이 있는데 이는 현지법인을 설립하여 그 법인명으로 수입신고 후 판매를 한다는 점에서 차이가 있다.

7) 관세무역개발원에 의하면 2005년 이후 우리나라의 위수탁가공무역의 최대 상대국은 중국으로 2011년 1-10월 기준 임가공무역량 중 수입의 38.9%, 수출의 55.2%가 중국과의 교역량이다.

5) 임대차무역

수출입자 간에 물품의 소유권이 이전되지 않고 다만 임대조건으로 물품이 인도되는 거래이다.

(1) 임대수출

임대수출은 임대(Lease) 또는 사용대차(Loan of use)[8] 계약에 의해 물품을 수출하고 계약기간 만료 시 재수입 또는 수입자에 소유권을 양도하는 방식의 수출을 의미한다. 주로 공사용 중장비의 수출 시에 많이 이용되는 방법이다.

(2) 임차수입

임차수입은 임차 또는 사용대차 계약에 의해 물품을 수입하고 계약기간 만료 후 재수출하거나 소유권을 양수하는 방식의 수입을 의미한다.

6) 연계무역

연계무역(Counter Trade)은 수출과 수입을 연계시킨 것으로 물물교환, 구상무역, 대응구매, 제품환매[9] 등이 있으며 이들의 특징은 다음과 같다.

〈표 1-2〉 연계무역의 비교

	물물교환	구상무역	대응구매	제품환매
계약서	단일 계약서	단일 계약서	별도 계약서	별도 계약서
대금상계방법	환거래 없음	환거래 발생	환거래 발생	환거래 발생
대응수입비율	100%	합의로 결정 (10-100%)	합의로 결정 (10-100%)	합의로 결정 (100%초과가능)
대응수입기간	통상 1년 이내	통상 3년 이내	통상 5년 이내	통상 25년이내
수입의무의 3국 전가가능 여부	불가	가능	가능	가능

출처 : 구종순(2009), p.27.

---

8) 당사자 일방이 상대방에게 무상으로 사용, 수익하게 하기 위하여 목적물을 인도할 것을 약정하고 상대방은 이를 사용, 수익한 후 그 물건을 반환할 것을 약정하는 계약(출처 두산백과)

9) 이외 유사한 형태로 절충교역거래(Off-set Trade)이 있으며 이는 군사교역에서 주로 사용되고 무기를 판매하는 측이 무기수출을 대가로 기술이전 또는 관련 부품을 수입국에서 조달하는 것을 의미한다.

(1) 물물교환

물물교환(Barter Trade)은 서로 환거래가 없이 100% 물품만을 교환하는 무역거래 방식이다. 현대에는 자주 발생하지는 않는 거래이나 2013년 북한과 이란이 북한이 광물자원을 수출하고 이란이 원유를 수출하는 방식에 합의한 것은 물물교환 교역의 대표적인 예이다.

(2) 구상무역

구상무역(Compensation Trade)은 수출입물품의 대금을 그에 상응하는 수입 또는 수출로 상쇄하는 무역거래를 말한다. 환거래가 발생하며 합의된 통화로 대금을 결제한다. 대응 수입의무의 제3국 전가가 가능하며 신용장 결제가 발생할 경우 Back to Back L/C, Escrow L/C, Tomas L/C 등의 특수 신용장이 발행된다.

(3) 대응구매

대응구매(Counter Purchase)는 대표적인 연계무역의 형태로 수출액의 일정비율(주로 10~100%)의 대응구매를 한다는 측면에서 구상무역과 유사하나 대응구매가 별도의 계약서를 통해 이루어진다는 측면에서 구상무역과 구분된다.

(4) 제품환매

제품환매(Buy back)는 플랜트, 장비, 기술 등의 수출에 대응하여 동 설비로 생산되는 제품을 수입하는 것을 의미하며 이는 산업협력[10)]의 일환으로 이용된다.

7) 3국과 관련된 무역

(1) 외국인도수출

외국인도수출은 국내에서 수출되지 않은 물품을 외국에서 외국으로 인도하여 수출하고 대금은 국내에서 영수하는 거래방식이다. 예컨대 국내에 본사가 있는 기업이 자사 소유의 중국 공장에서 출고하여 미국으로 수출하고 대금은 국내에서 수입자로부터 영수하는 경우가 이에 해당한다.

(2) 외국인수수입

외국인수수입은 국내에서 대금이 지불되지만 물품을 국내에서 인수하지 않고 해

10) 산업협력에는 제품환매와 합작투자가 있다. 합작투자(Joint Venture)는 수출국의 자본참여, 판매망 제공 등이 병행되어 생산된 제품을 대응구매 수입하는 것이다.

외에서 인수하는 거래방식이다. 예컨대 해외공사를 위해 해외에서 구입한 설비를 공사현장에서 인수하고 대금은 국내에서 지불하는 경우가 이에 해당한다.

(3) 스위치무역

스위치무역(Switch Trade)은 무역계약은 수출입 양국업자 사이에 직접 체결되어 물품도 수출국에서 수입국으로 직접 보내지는데, 그 대금결제에 있어서는 제3국 업자를 개입시키는 무역거래이다. 이 경우 제3국업자를 Switcher라고 부르며 Switch Commission이 지급된다.[11]

(4) 중계무역

중계무역(Intermediate Trade)은 거래상의 책임과 손익을 자기부담하에 수입한 후 다시 수출하는 거래이다. 이때 중계무역상은 수입한 제품을 가공하지 않고 중계수수료가 아닌 수출 시 판매한 가격에서 수입 시 지불한 가격 차이에서 수익을 확보하게 된다. 주로 수입된 물건은 자유무역지역에서 머무르며 판매를 기다리는 것이 일반적이다.

(5) 중개무역

중개무역(Merchandising Trade)은 제3국의 중개업자가 개입하여 수출자와 수입자 간의 거래를 알선하고 중개수수료(Commission)를 받는데 이를 제3국의 입장에서 중개무역이라고 한다. 다만 경우에 따라서는 무역거래에 직접 개입하여 매도인과 매수인의 중간에서 대금지급과 영수를 통해 보다 큰 수익을 가져가기도 한다.

8) 기타 무역의 형태

(1) 남북교역물품수출입

남북교역은 민족 간 내부 거래로서 수출/수입이란 용어대신 반출/반입이라는 용어를 사용한다. 또한 수출입 신고라는 용어 대신 반출입 승인이라는 용어를 이용하고 있다. 한편 계약체결과 관련해서는 계약당사자 간 직접계약을 체결하거나 제3국 중개상을 통해 간접교역하는 경우에는 북한상사와 중개상과의 계약이 선행된 후 남한의 반입상사와 중개상이 계약을 체결한다. 실제 남북한 교역은 직교역보다는 홍콩, 중국, 일본 등 제3국의 중개상을 통한 간접교역이 주류를 이루고 있다.[12]

---

11) 한국무역협회 홈페이지 무역용어 참조.
12) 한국무역협회 홈페이지 무역용어 참조.

(2) 국영무역

국영무역(State trade)은 무역거래의 주체가 국가인 경우로서 국가의 계획과 협정에 의하여 정부 또는 정부의 대행기관이 수행하는 무역형태를 의미한다. 이는 주로 공산권 국가에서 이루어졌으며 기타 국가에서도 정부조달물품 또는 비상시에 국영무역이 이루어지기도 한다.

제2절 무역거래의 절차

1 무역거래의 절차

무역거래의 절차는 수출자와 수입자가 서로 특정하여 본격적인 협상에 들어가기 이전 단계인 사전단계, 수출자와 수입자 간에 서로 특정하여 서로 조건을 조율하고 계약서를 완성할 때까지의 계약단계 그리고 계약서에서 합의된 내용을 이행하기 위한 계약이행단계로 나뉘어진다.

〈그림 1-1〉 무역거래의 절차

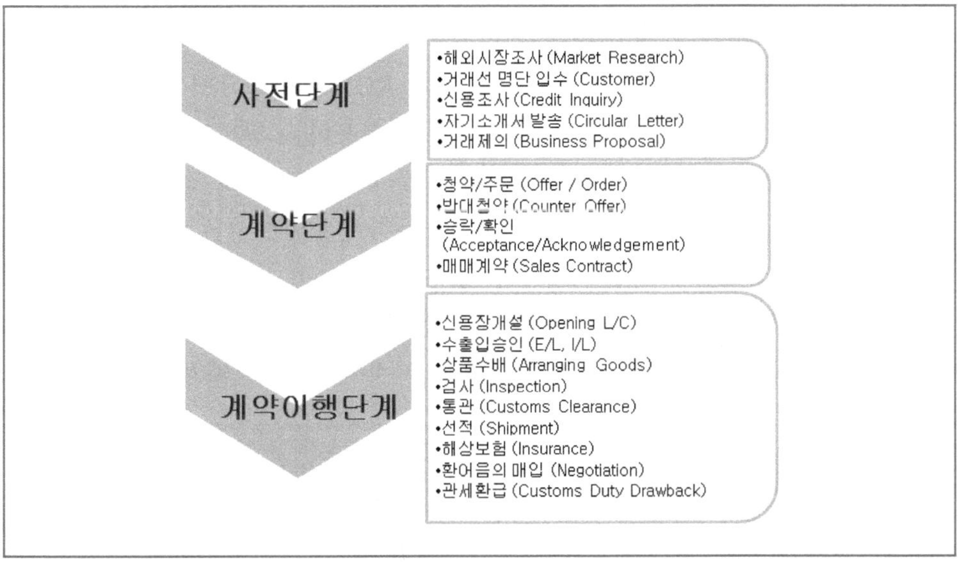

출처 : 한국무역협회, 『무역실무길라잡이』, 2011.

1) 계약이전 단계

(1) 해외시장조사

해외시장조사는 국제무역에 있어서 가장 우선적으로 검토되어야 할 것으로 수출자가 자사의 물품을 판매할 지역과 잠재고객을 조사하고 어떤 상품구색으로 시장을 공략할 것인가를 검토하는 단계이다. 이 과정에서 우선적으로 수출대상국가의 정치, 경제, 사회, 문화적 환경을 검토해야 할 것이다. 정치적인 측면에서 해당 국가의 정치적 안정성과 경제적인 측면에서 물가수준, 국민소득, 고용률, 환율정보 등, 그리고 사회, 문화적인 측면에서 인구, 기후, 종교, 문화 등에 대한 조사가 이루어져야 할 것이다. 특히 상관습에 대한 조사는 다양한 채널을 통해 다각도로 분석되어져야 한다.

한편 해외시장조사의 방법으로는 최근에는 인터넷을 활용하여 각종 무역관련 사이트를 활용하여(한국무역협회, 대한무역투자진흥공사 등) 잠재시장의 현황을 파악할 수 있어야 한다. 이후 최종적인 조사는 현장실사를 하는 것이 바람직하나 이를 위해서는 시간과 비용이 많이 발생하게 된다. 이러한 비용을 절약하기 위해서는 현장실사 전에 다양한 정보를 확보하여 검토한 후에 검토한 사항을 확인하는 절차로서 현장실사를 하는 것이 유용할 것이다.

(2) 거래선 명단 입수와 신용조사

해외시장조사를 통해 수출대상국가가 선정되면 그 국가 내의 잠재고객이나 거래선 명단을 확보하는 것이 필요하다. 거래선 명단을 확보하기 위해서는 각종 국내 또는 국제협회를 활용하거나 한국무역협회나 KOTRA(대한무역투자진흥공사)를 통해 확보할 수 있을 것이며 각종 전시회 등을 활용하는 방법도 유용하다.

국제거래에서는 상관습이 다른 국가와 거래를 하는 것이므로 잠재 거래선에 대한 철저한 신용조사가 필요할 것이다. 예컨대 무역거래에서 다른 조건이 좋더라도 제때 결제를 받지 못하게 되면 손해가 발생하는 것이므로 상대방의 신용을 철저히 조사하는 것이 필요한데, 은행을 통한 조회, 동업자조회, 상업흥신소를 통한 조회, 무역관련 기관을 통해 조사가 이루어질 수 있을 것이다. 특히 3C(Character, Capital, Capacity)측면에서 검토가 이루어져야 한다.

(3) 자기소개서 발송과 거래제의

신용조사를 통과한 업체들에 대하여 자사를 소개하고 자사의 상품을 소개하여 거래를 제의하는 단계이다. 이 단계에서는 권유장(Circular Letter) 등이 활용되며 최근에는 전자카탈로그의 활용도 많이 이루어지고 있다.

2) 계약단계

국제무역에서 무역계약이 체결되기 위해서는 ① 양당사자 간의 의사표시의 합치, ② 약인(대가의 교환), ③ 거래의 목적물과 방법의 합법성, ④ 당사자행위능력이 있어야 한다. 계약은 청약과 승낙에 의해 체결되며 반드시 서면이 필요한 것은 아니다.[13] 즉 계약은 청약과 승낙의 합치에 의하여 체결된다.

(1) 청약과 주문

청약(Offer)은 매도청약(Selling offer)과 매수청약(Buying offer)이 있으나 특별한 수식어가 없으면 청약은 매도청약을 의미한다. 매도청약은 매도인(수출업자)가 매수인(수입업자)에게 정해진 물품을 정해진 조건으로 매도하겠다는 의사표시이다. 청약에는 확정청약(Firm Offer)과 불확정청약(Free Offer)이 있으며 청약으로서의 법률적 효과를 갖기 위해서는 확정청약[14]이어야 한다. 불확정청약(Free Offer)의 경우에는 승낙이 있어도 즉시 계약의 효력이 생기는 것은 아니며 다시 매도인의 확인(Confirmation)의 행위가 행해져야 한다. 주문(Order)은 매수인이 구매하려는 물품의 내역과 소건을 확성하여 매수의 의사표시를 하는 것이다.

조건부청약[15]은 일정한 조건이 부가된 청약을 의미하며 점검매매 및 반품허용 조건부 청약을 제외하고는 불확정청약 또는 청약의 유인[16]으로 보아야 한다.

(2) 반대청약

반대청약(Counter Offer)은 청약자의 청약에 대하여 피청약자가 일부 조건 변경의 의사표시를 나타내는 것으로서 이 경우 원청약은 무효가 되며 반대청약 자체가 새로운 청약으로서이 효력이 생기는 것이다.

---

13) CISG 11조에 의하면 계약을 다음과 같이 표현하고 있다. “A contract of sale need not be concluded in or evidenced by writing and is not subject to any other requirement as to form. It may be proved by any means, including witness”

14) 확정청약이기 위해서는 물품, 수량, 가격이 명시되어야 한다.

15) 조건부청약의 확인조건부청약(Subject to our final confirmation), 시황조건부청약(Offer subject to market fluctuation), 재고잔류조건부청약(Offer subject to prior sale), 최종확인조건부청약(Sub-con Offer)승인조건부청약(Offer on approval), 반품허용조건부청약(Offer on Sale or Return) 등이 있다.

16) 청약의 유인(invitation to offer)은 예비교섭으로서 타인을 권유하여 자기에게 청약하도록 하는 행위이며 승낙이 있더라도 청약자의 확인이 있어야 계약이 성립된다. 예컨대 정찰가상품, 경매와 입찰, RFQ/RFP가 이에 해당한다.

(3) 승낙과 확인

승낙(Acceptance)은 청약에 대한 대응의 의사표시로서 청약에 대해 승낙이 행해지면 계약이 성립된다. 다만 이때 계약의 효과를 가져오는 승낙은 무조건적이어야 하며 조건이 있을 시에는 반대청약으로서 승낙의 법률적 효력이 발생하지 않는다. 승낙의 방법은 서면 또는 구두로도 표시될 수 있다. 다만, 침묵은 승낙의 효력이 발생되지 않는다. 확인(Acknowledgement)은 매수인의 주문에 대하여 승낙의 의사표시를 하는 것으로서 주문에 대한 승낙이 이루어짐으로써 계약이 성립된다. 이때 일반적으로 매도인측에서 매약서(Sales Note)를 발행하는데 이것이 주문승낙서의 역할을 하게 된다.

(4) 매매계약

매매계약서가 체결되는 단계로서 매매계약을 위한 8대 기본조건을 비롯하여 양 당사자 간에 합의된 내용을 문서화하는 과정이다. 무역계약서의 문서화 방법으로는 Offer Sheet, Purchase Order Sheet, Sales Note, Purchase Note 등의 간단한 양식이 이용되기도 하나 내용이 복잡할 경우에는 Sales Contract 또는 일반무역조건협정서(Agreement on General Terms and Condition of Business)를 활용하는 경우도 있다. 이밖에도 계약의 종류에 따라 독점계약(Exclusive Contract), 위탁판매무역(Sales on Consignment), 지급보증대리인(del credere Agent)[17] 등의 계약을 체결하게 된다.

3) 계약이행단계

완성된 계약을 그 조건에 따라 이행하는 단계로서 수출자의 경우 수출물품의 조달, 수출통관과 해상보험의 부보 그리고 선적 등의 과정을 거치게 된다. 수입자의 경우에는 결제조건에 따라 신용장의 개설, 수입승인 또는 수입요건의 확인, 수입신고와 관세의 납부 등의 과정을 거치게 된다.

2 무역계약의 8대조건

무역계약은 불요식 행위이지만 일반적으로 무역계약의 양 당사자는 쌍방 간의 권리와 의무 관계를 명확히 하기 위하여 계약서를 작성한다. 특히 계약서는 향후

---

17) 지급보증대리인은 본인과 지급보증계약을 체결한 대리인을 의미하며 이에 대한 대가로 판매수수료와 함께 보증수수료를 취득한다.

분쟁이 발생하는 경우 이를 해결하는 가장 중요한 근거가 되는 만큼 신중하면서도 명확하게 작성하는 것이 필요하다. 일반적으로 계약서에는 8대조건을 기본으로 하여 내용을 작성하게 된다.

1) 품질조건

품질은 무역 당사자 간에 자주 분쟁이 발생하는 부분이므로 계약서상에 품질조건에 대해 명료하게 작성하는 것이 필요하며 특히 결정방법과 시기에 대해 서로 합의를 하여야 한다.

(1) 품질의 결정방법

품질의 결정방법에는 견본, 상표, 규격, 명세서, 점검, 표준품 등에 의해 결정되게 된다. 첫째 견본매매(Sales by sample)는 의류 등의 경우에 주로 사용되는 방법으로 매도인 또는 매수인이 견본을 보내고 상대방이 이를 승인하면 해당 견본과 동질의 제품을 인도하는 방식이다. 둘째 상표매매(Sales by Trade Mark)는 유명상표의 제품을 거래하는 경우 견본을 제시하지 않고 상표와 모델명을 근거로 거래가 이루어진다. 셋째 규격에 의한 매매(Sales by Type)는 주로 물품의 규격이 국제적으로 통일되어 있는 경우에 거래를 하는 방식이다. 넷째 명세서에 의한 매매(Sales by Specification)는 주로 기계류나 선박의 경우에서처럼 상품의 소재, 구조, 성능 등을 나타내는 명세서를 기준으로 하여 거래가 일어나는 방식이다. 다섯째 점검매매(Sales by Inspection)는 수입자가 실물을 확인하고 거래가 이루어지는 거래이다. 주로 보세창고도거래(BWT)나 COD(Cash on Delivery)조건으로 구매를 하는 조건이다. 여섯째 표준품에 의한 매매(Sales by Standard)는 농수산물, 임산물 등의 경우에 현품 없이 거래를 하게되는 바 해당연도의 표준품에 의해서 결정되는 조건으로 평균중등품질조건(Fair Average Quality: FAQ), 판매적격품질조건(Good Merchantable Quality: GMQ), 보통품질조건(Usual Standard Quality: USQ) 등이 이용되고 있다.

(2) 품질의 결정시기

국제무역에서 운송구간이 장거리에 장시간이 소요되는 바 선적시의 품질과 양륙시의 품질이 서로 다를 수 있다. 따라서 계약시에 품질의 결정 시기를 명확히 하여야 할 것이다. 선적품질조건(Shipped Quality Terms)은 선적시에 품질을 기준으로 품질조건의 이행여부를 판단하는 것으로 인코텀즈 조건 중 E, F, C 로 시작하는 조건이 이에 해당한다. 양륙품질조건(Landed Quality Terms)은 양륙시점의 품질을 기준으로 품질조건 이행여부를 판단하는 것으로 인코텀즈 조건 중 D로 시작하는 조건이 이에 해당한다.

한편 곡물의 경우에는 특수한 조건으로 선적품질조건인 Tale Quale(TQ), 양륙품질조건인 Rye Terms(RT), 선적품질조건이나 해상운송 중 해수에 의한 손해만은 수출자가 부담하는 Sea Damaged(SD)조건이 이용된다.

2) 수량조건

수량조건은 거래물품의 수량과 관련된 조건으로 품질조건, 결제조건과 함께 클레임이 가장 많이 발생하는 부분 중에 하나이다. 따라서 계약 시에 수량의 단위, 수량결정 시기와 증명방법, 과부족용인조건 등에 대해 명확한 합의를 하는 것이 필요하다.

(1) 수량의 단위

국제무역에서 주로 이용되는 단위는 다음과 같다.

〈표 1-3〉 수량의 단위

종류	주요물품	단위
중량	일반상품	- 포장무게 포함여부에 따라 총중량(Gross Weight), 순중량(Net Weight) - Ton의 종류: Long Ton(L/T)=1061kg(영국식), Short Ton(S/T)=907kg(미국식) Metric Ton(M/T)=1000kg(프랑스 등)
길이	원사, 직물 등	meter, yard 등이 주로 쓰임
용적	목재, 액체, 곡물 등	- 목재(cubic meter/CBM, cubic feet/cft) - 액체(barrel, gallon, liter) - 곡물(bushel)
개수	일반상품	1 dozen = 12 pieces, 1 gross = 12 dozen, 1 great gross=12 gross
포장단위	시멘트, 비료, 밀가루 등	bale, bag, case, can, drum

(2) 수량의 결성시기와 승명방법

결정시기는 선적수량조건과 양륙수량조건이 있으며 전자는 INCOTERMS 조건상 E,F,C 조건이 이에 해당되며 양륙수량조건은 D조건이 이에 해당한다. 이는 운송구간에서 발생하는 위험을 매도인과 매수인 중 누가 부담하는가와 관련되어 있다.

증명방법과 관련해서는 매도인이나 매수인의 수량확인을 최종적인 것으로 인정할 것인가 아니면 제3의 기관을 통한 증명서를 발급할 것인가에 대한 것으로 주로 제3자인 검정기관(Surveyor)이나 공인검량인(Public Weigher)이 발행한 증명서(Certificate of Weight and Measurement)를 제공하는 것이 일반적이다.

(3) 과부족용인조건

포장단위(Packing Unit)나 개체물품(Individual item)이 아닌 곡물, 광산물 등의 비포장화물(산적물품, Bulk Cargo)의 경우에 정확하게 계약된 수량을 인도하는 것이 쉽지 않다. 따라서 이러한 산적물품의 경우에 일정 수량의 과부족을 용인하는 조건을 계약서에 삽입하게 되는데 이를 과부족용인조건(More or Less: MOL Clauses)이라고 한다.

3) 대금결제조건[18]

국제무역에서 대금결제조건은 매수인이 매도인에게 무역대금을 결제하는 방법 등에 대한 것으로서 대금결제수단, 시기, 방법 등에 대해 당사자 간의 합의가 이루어져야 한다.

대금결제수단과 관련해서는 현금결제, 환결제, 어음결제 방법 등이 있으며 결제시기와 관련해서는 물품의 인도시점을 기준으로 선지급 조건, 동시지급 조건, 연지급(할부조건 포함) 조건이 있고 결제방법과 관련해서는 송금방식, 추심방식, 신용장방식, 팩토링방식 등의 다양한 결제방법이 존재한다.

4) 가격조건

가격조건은 당사자 간에 가장 민감하고 또한 클레임이 가장 빈번하게 발생하는 것으로서 특히 주의를 기울여야 할 것이다. 여기에서 중요한 것은 결제통화를 지정하는 것과 물품의 인도지점과 매도인의 비용부담에 대한 것인데 특히 후자의 경우는 서로 이견이 많을 수 있고 복잡한 문제이나 다행히 정형거래조건[19]을 활용하여 매도인과 매수인 간의 비용과 위험의 분담에 대해 쉽게 합의할 수 있게 되었다.

---

18) 본서 제2장에서 자세히 다룰 것이므로 이장에서는 개괄적인 설명만 행한다.
19) 정형무역거래조건에 대해서는 다음 절에서 상세히 설명한다.

결제통화와 관련해서는 주로 미국달러, 유로화, 일본엔화 등 국제적으로 안정성이 높은 통화들이 주로 이용되고 있으며 물품의 인도지점과 매도인의 부담과 관련해서는 정형거래 조건인 INCOTERMS2010의 11가지 조건 중에서 양 당사자 간의 합의로 하나를 이용하여 거래가 이루어지고 있다.

5) 포장조건

국제거래 물품은 긴 시간과 거리에 노출되어 있으므로 운송, 보관, 하역 시에 상품의 가치를 유지하기 위해 적절한 포장이 이루어져야 할 것이다. 무역당사자는 매매계약체결 시에 포장단위의 선정, 포장의 방법, 화인의 표시 등에 대하여 약정해야한다. 한편 최근 포장관련 주요 이슈로는 의료물품 등에서 보는 것처럼 냉장, 항온 등의 특수포장을 요하는 물품이 있으며 환경문제의 부각으로 과대포장을 방지하고 재활용 가능한 재질을 이용하는 등의 추세가 있다.

(1) 포장의 방법

포장에는 용도를 기준으로 하여 상업포장과 운송포장으로 나눈다. 상업포장은 상품의 외형을 미화시켜 소비자의 구매의욕을 불러 일으키기 위한 것이며 운송포장은 물품의 운송과 보관 중에 내용물을 보호하기 위한 목적의 포장이다. 한편 물품의 소매단위로 낱개 포장을 하는 단위포장(Unitary Packing), 단위포장된 화물을 포장용기에 넣을 때 수분, 증기, 충격 등으로부터 보호하기 위하여 스티로폼 등을 포함한 포장 상태인 내부포장(Inner Packing), 물품을 상자, 포대 등의 용기에 넣거나 묶어서 포장하여 화인 등을 표시하는 외부포장(Outer Packing)이 있다.

(2) 포장의 종류

포장의 종류는 다음과 같이 다양한 포장의 종류가 있으며 상품의 특성과 거래조건에 따라 적합한 포장이 이루어져야 할 것이다. 일반적으로 계약시에 포장과 관련해서는 표준수출포장(standard export packing)이라는 문구를 많이 이용한다.

〈표 1-4〉 포장의 종류

포장종류	재질	포장명	약호	포장대상물품
상자	나무 종이 합판 투시상자	Wooden box, crate Carton Plywood case Crate skeleton case	W/B C/S, CST C/S CRT	식료품, 손상쉬운 잡화, 가벼운 일반잡화, 통조림, 자동차
베일	마 압축베일 가마니	Hurlap, Hessian cloth Pressed bale Straw mat	- BL -	면사, 원모 원면 쌀
부대	마대 면대 지대 폴리에틸렌	Gunny bag Sack Paper made bag Polyethylene bag	BG SK BT BG	미곡, 잡곡 소맥 시멘트, 석회 소금, 사료, 분말
통	나무통(대) 나무통(중) 나무통(소)	Barrel Cask Keg	BRL CSK KG	술, 간장 염료 못, 볼트
특수용기	드럼 양철관 용기, 유리 대나무 철제원통	Drum Tin, Can Jar, Pot, Carboy Basket, Hamper Cylinder, Iron flask	DR - - BKT -	화공약품, 유지 석유, 통조림 유산, 음료수 과일 탄소
무용기 포장	두루마리 다발 궤	Roll, Coil Bundle Ingot	BL CL BDL -	철판,신문지,철사 철근 철강, 알루미늄

출처 : 구종순(2009), p.301.

(3) 화인

화인(Shipping Mark)은 화물의 식별을 쉽게 하기 위하여 포장의 외장에 기호, 빈호 등을 표시하는 것을 의미한다. 주요 내용은 주화인, 부화인, 양륙항마크, 화번표시이다.

주화인(Main Mark)은 다른 화물과의 식별을 용이하게 하기 위해 주로 도형과 수입자의 약호를 활용하는 것이 일반적이다. 부화인(Counter Mark)은 주화인에 보조적으로 식별이 용이하도록 표시하는 것을 의미한다. 주로 수출자의 상호를 표시한다. 화번표시(Case Number Mark)는 포장화물의 개수가 여러개인 경우 포장의 번호를 표시한다. 양륙항마크(Port Mark)는 화물의 오송을 막기 위해 도착지항구의 이름을 표시한다.

〈그림 1-2〉 포장의 확인

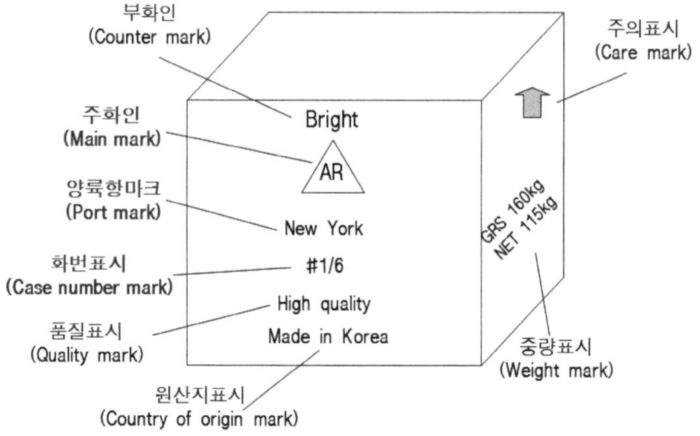

6) 선적조건

선적(Shipment)은 운송을 위해 운송인에게 인도하는 것을 의미하여 운송수단에 따라 선적시점은 다르게 표현된다. 본석적재, 우편의 발송, 운송을 위한 인수, 우편 수령일, 접수일 등으로 다양하게 나타난다. 선적조건에서는 선적시기, 분할선적과 할부선적, 환적 등에 대한 내용이 합의되어야 한다.

(1) 선적시기

선적시기를 정함에 있어서는 주로 선적 최종일자를 정하는 것이 일반적이며 즉시 등의 막연한 용어를 사용하는 것은 바람직하지 않고 신용장 거래의 경우 은행 또한 이러한 문구는 무시한다. 주요 표현 관련 선적시기의 적용은 다음 표와 같다.

〈표 1-5〉 날짜표현

표현	의미
To, until, till, from, by 23rd of Feb. 2015	당해일자를 포함한다. (2/23일을 포험한다)
After, before 23rd of Feb. 2015	당해일자를 포함하지 않는다
On or about 23rd of Feb. 2015	about 은 +/- 5일 의미(2/18~28일 사이)
On or before 23rd of Feb. 2015	최종일까지를 의미한다.
end of Feb. 2015.	하순을 의미한다 (2/21-28일 사이)

(2) 분할선적과 할부선적

분할선적(Partial Shipment)은 계약상의 물품을 전량선적하지 않고 2회 이상으로 나누어서 선적하는 것을 의미한다.[20] 계약서상에 분할선적을 금지하지 않는 이상 분할선적은 가능한 것으로 간주된다. 한편 할부선적(Installment Shipment)은 분할선적의 일종으로서 물품을 여러 회에 걸쳐 나누어서 선적하는 것을 의미한다. 이는 계약시부터 계획된 분할선적이라는 측면에서 일반 분할선적과는 다르다고 할 수 있다.

(3) 환적

환적(Transshipment)은 선적항에서 선적된 화물을 목적지로 가는 도중에 다른 선박(또는 운송수단)에 옮겨 싣는 것으로서 이적이라고도 한다. 환적은 지연이나 파손 등 화물에 큰 위해 요소가 될 수 있으나 신용장통일규칙에서는 환적을 금지하는 문구가 없으면 환적이 가능하다고 하였다. 동 규칙에서 모선(Mother Boat)에서 지선(Feeder)으로의 이적은 환적은 아닌 것으로 보고 있다.

7) 보험조건

국제무역에서는 운송 과정에서 많은 위험에 장기간 노출되게 된다. 따라서 매도인과 매수인은 운송 중인 물품에 대해 적하보험을 부보하여 미래의 손해 가능성에 대비하게 된다. 일반적으로 보험은 매도인과 매수인이 각자 자기의 위험에 대해 자기가 관리하는 것으로서 계약서에서 양자가 합의를 요하지 않으나 정형무역조건 중 CIF 또는 CIP로 무역 당사자 간의 계약이 이루어진 경우에는 매도인이 매수인을 위해 보험을 부보하여야 한다. 이 경우 양 당사자는 보험금액과 위험담보조건에 대한 약정이 필요하다.

보험금액은 사고 시에 보상금의 최대한도금액을 의미하며 일반적으로 CIF 금액의 110%로 가입한다. 담보조건과 관련해서는 영국보험자협회의 협회적하약관(Institute Cargo Clause)에 따라 부보하게 되며 보험회사의 면책사항을 제외하고 모든 위험에 대해 담보하는 ICC(A)조건과 이 보다 축소된 위험에 대해서 부보하는 ICC(B), ICC(C)조건 등이 있다. 계약상에 따로 정한 것이 없는 경우에는 가장 적은 위험을 담보하는 ICC(C)조건으로 부보해도 된다.

---

20) 신용장통일규칙에서는 비록 물품이 다른 항에서 다른 날짜에 선적이 되더라도 도착지와 도착날짜가 같고 동일선박과 항로를 이용하는 경우에는 분할선적이 아니라고 하였다. (UCP600 제31조)

8) 분쟁해결조건

무역계약은 서로 법체계와 관습이 상이한 국가간의 거래이므로 다양한 형태의 분쟁이 일어날 가능성이 항상 존재한다. 따라서 양 당사자 간에 분쟁이 발생할 경우 어떤 절차에 따라 해결할 지에 대하여 계약서에 명기함으로써 당사자 간의 불필요한 감정적 대립을 줄일 수 있다. 따라서 계약 시에 분쟁을 해결을 위한 불가항력조항, 중재조항, 재판관할조항, 준거법조항 등에 대해 약정하는 것이 일반적이다.

특히 무역분쟁에서 최종적인 수단으로는 주로 중재제도(Arbitration)가 이용된다. 이는 분쟁당사자들의 합의로 법관이 아닌 중재인을 선정하고 중재인의 판정에 대해 양 당사자가 구속되어 최종적으로 분쟁을 해결하는 방법이다. 무역 분쟁에서 국내분쟁과는 달리 소송이 아닌 중재를 이용하는 주된 이유는 중재판정의 내용은 국제협약(New York Convention, 1958)에 의하여 해외에서도 집행력을 갖는다는 것에 있다.

제3절 무역거래조건

1 정형무역거래조건

무역거래에서 양 국가의 거래당사자는 서로 상관습을 달리하기 때문에 계약 시 매도인과 매수인은 각각의 책임과 비용에 대해 서로 합의할 내용이 많아진다. 이를 매번 계약 시마다 새로 정해야 한다면 매매 당사자에게 너무 큰 부담이고 모든 내용을 약정하는 것도 기대하기 어려울 것이다. 따라서 당사자 간의 계약 내용을 보완할 수 있는 어떤 규칙이 필요하게 되었고 이를 위해 제정된 것이 각종 정형무역거래조건이다. 정형무역거래조건에서는 국제상관습을 표준화하여 매도인과 매수인이 지켜야할 책임 등을 규율하여 매도인과 매수인이 계약 시에 이를 인용할 수 있도록 하였다. 이로써 매도인과 매수인은 편리하고 안정적인 거래를 할 수 있게 되었다.

대표적인 정형무역거래조건을 규율하는 규칙으로는 1932년에 제정된 국제법협회(ILA)의 CIF계약에 관한 와르소-옥스포드규칙(Warsaw-Oxford Rules for C.I.F. Contract), 1941년의 개정미국무역정의(Revised American Foreign Trade Definitions),

1936년에 제정된 국제상업회의소(International Chamber of Commerce: ICC)에 의해 제정된 Incoterms 등이 있다. 이중 Incoterms는 정형거래조건의 대명사처럼 이용되고 있으며 국제적으로 활발히 이용되고 있다.

2 Incoterms 조건

1) Incoterms 조건의 제정 동기와 효력

무역거래에서 통일적으로 적용될 수 있는 규칙을 통해 국제 거래를 보다 쉽고 활성화할 수 있게 하기 위해서 국제상업회의소에 의해 Incoterms(International Commercial Terms)가 1936년 제정되었으며 그 후 무역관습의 변화를 지속적으로 반영하여 7차의 개정(1953, 1967, 1976, 1980, 1990, 2000, 2010)이 이루어져 현재 Incoterms 2010이 적용되고 있다. 한편, Incoterms는 강행규정이 아니므로 Incoterms 상의 규칙을 매매당사자 간에 적용하기 위해서는 계약서 상에 Incoterms 2010을 따른다는 명시규정이 있어야 한다. 그리고 Incoterms에서 규정한 내용과 계약 당사자 간의 합의된 내용이 서로 충돌할 경우에는 당사자가 합의한 내용이 적용된다.

2) Incoterms 조건의 규정 내용

Incoterms에서는 거래되는 조건을 11개로 표준화하여 각 조건별로 매도인과 매수인의 의무에 대하여 규정하고 있다. 특히 동 조건은 인도와 위험 그리고 비용의 분기점에 대하여 주로 다루고 있다. 매도인과 매수인의 의무와 관련해서는 10가지 항목으로 나누어 각자의 의무에 대하여 나열하고 있다. ① 매도인/매수인의 일반적 의무, ② 허가/승인, ③ 보안수속 및 기타 절차, ④ 운송 및 보험계약, ⑤ 인도/인수, ⑥ 위험의 이전, ⑦ 비용의 분기, ⑧ 상대방에 내한 통지, ⑨ 인도서류, ⑩ 검사, 포장, 확인, 정보의 협조 및 관련 비용

3) Incoterms 2010의 주요변경 사항

2010년 개정되고 2011년부터 적용되기 시작한 Incoterms 2010에서는 기존에 비해 많은 변화가 있었으며 이에 대해 나열하면 다음과 같다.[21)]

---

21) 본 내용은 Incoterms 2010의 서문 내용을 요약한 것이다. 서문은 규정의 효력은 없으나 기존의 인코텀즈 대비 변경된 부분 등을 요약하고 있다.

(1) 정형거래조건 조정

직전 버전인 Incoterms 2000에서는 총 13가지 조건이 있었으나 이중 DAF, DES, DEQ, DDU 조건을 제외하고 DAT조건과 DAP조건을 추가하였다.

(2) 분류방식의 변경

Incoterms 2000에서는 13가지 조건을 4개의 군으로 묶어(E, F, C, D)서 분류하였으나 Incoterms 2010에서는 모든 운송형태에 사용할 수 있는 조건과 해상과 내수로 운송에서만 적용할 수 있는 조건으로 나누어 분류하였다.

(3) 위험과 비용의 분기점 변경

그 동안 논란이 많았던 FOB, CFR, CIF 조건에서 위험과 비용의 분기점으로 Ship's rail이라는 용어를 삭제하여 본선적재를 기준으로 분기가 일어나는 것으로 하였다.

(4) 국내외 적용 가능 규정

Incoterms 2010은 국제거래는 물론 국내거래에서도 사용될 수 있음을 명확히 하였다.

(5) 서문(Introduction)과 사용지침(Guidance Note)의 도입

본문에 앞서 서문을 도입하고 각 조건별로 사용지침을 추가하였다. 그러나 서문과 사용지침은 참고용일뿐 동 조건의 일부를 구성하지는 않는다.

(6) 전자통신의 수용

규정 상에 필요로 하는 종이 서류에 대하여 당사자들이 합의하거나 관습적으로 인정되는 전자서류로 대체할 수 있다고 하였다.

(7) 보험규정의 재정비

매도인과 매수인에게 보험부보를 위한 정보제공의무를 부과하고 ICC(C)조건을 최소한의 부보의무로 명확히 규정하였다.

(8) 보안관련 규정 도입

최근 물류상 보안관련된 규제가 강화되었는 바, 매도인과 매수인은 상대방이 보안 관련된 절차를 위해 필요한 경우 협조할 의무가 있음을 규정하였다.

(9) 터미널취급수수료(THC) 부담 규정

매도인이 운임을 지불하는 조건(C조건, D조건)의 경우에 운송비용은 간혹 도착 항구나 도착 컨테이너터미널 내에서 물품을 운반하고 취급하는 비용이 포함되는 경우가 있다. 이때 매수인은 이미 상품의 대금에서 이러한 비용들을 모두 지불한 것이 되므로 만약에 운송인이 매수인에게 이를 다시 청구한다면 매수인의 이중지급이 발생하게 된다. 따라서 이를 예방하기 위해 터미널취급수수료에 대한 분담을 명확하게 규정하였다.

(10) 연속매매

연속거래(String Sales)는 주로 1차상품의 경우에 주로 발생하는 것으로서 선적되어 운송 중인 물품을 사고 파는 거래이다. 이때 중간에 있는 매도인은 물품을 선적하는 대신에 선적된 물품을 조달(Procuring)함으로써 선적의무를 이행할 수 있다. 즉 물품을 선적할 의무에 대신하여 선적된 물품을 조달할 의무를 신설하였다.

3 Incoterms 2010 조건

1) EXW(작업장인도조건) / Ex Works(named place)

(1) 개요

EXW조건은 매도인이 약정물품을 매도인의 작업장에서 매수인에게 인도하는 조건이다. 본 조건은 작업장에 해당하는 장소에 따라 Ex Factory, Ex Mill, Ex Plantation, Ex Warehouse, Ex Mine 등이 된다. 본 조건은 전체 11가지 조건에서 매도인에게 가장 적은 부담이 되는 조건이며 인도장소에서 약정물품의 인도는 적재 준비되어 있는 상태에서 이루어지므로 적재의 위험과 비용은 매수인의 것으로 한다. 지정된 장소는 인도의 장소이며 위험과 비용의 분기점[22]이다.

---

22) 위험 또는 비용의 분기점이라 함은 위험 또는 비용의 부담이 매도인에서 매수인으로 넘어가는 지점을 의미한다. Incoterms 2010상 11가지 조건 중에서 C로 시작하는 조건을 제외하면 인도지점과 위험과 비용의 분기점은 동일 장소에서 이루어진다.

(2) 당사자의 의무

매도인의 의무	매수인의 의무
• 매도인은 물품적재의무가 없다 • 수출통관을 주도할 의무가 없다 • 수출 허가/승인/통관 등에 협조할 의무가 있다. • 인도를 위해 필요한 점검, 포장을 해야 한다. • 서류와 정보를 제공하거나 그러한 서류와 정보를 획득하는데 협조하여야 한다.	• 자신의 위험과 비용으로 수출, 수입허가 기타 공적 인가를 획득하여야 한다. • 수출국에 의해 강제되는 것을 포함하여 강제적인 선적 전 검사비용을 부담해야 한다. • 서류와 정보 제공을 위한 매도인의 비용을 부담하여야 한다.

2) FCA(운송인인도조건) / Free Carrier(named place)

(1) 개요

FCA조건은 매도인이 지정된 장소에서 매수인이 지명한 운송인에게 약정물품을 인도하는 조건이다. 모든 운송수단에 대하여 동 조건을 이용할 수 있으며 이때 운송인에는 운송수단의 소유 여부와는 관계가 없으므로 Freight Forwarder를 운송인으로 지명할 수 있다. 지정된 장소는 인도의 장소이며 위험과 비용의 분기점이다. 여기서 지정된 장소는 매도인의 영업장 구내(Seller's premises) 인 경우와 기타 장소로 나누어지며 각각의 경우에 약정물품의 적재에 대한 위험과 비용의 부담 주체가 다르다. 즉 전자의 경우 매도인은 운송수단에 적재하였을 때 인도가 완료되며 후자의 경우 매도인은 양하(unloading) 준비된 상태에서 인도가 이루어진다.

(2) 당사자의 의무

매도인의 의무	매수인의 의무
• 수출 허가/승인/통관의 의무를 부담한다. • 인도를 위해 필요한 점검, 포장 및 수출국에서 강제되는 선적 전 검사비용을 부담한다. • 매수인의 물품수입, 제3국 통과를 위한 서류 및 보안정보를 취득하도록 협조한다.	• 수입 허가/승인/통관 등을 하여야 한다. • 운송계약을 체결하고 비용을 부담한다.[23)] • 매도인의 수입 또는 제3국 통과를 위한 서류 및 정보에 대한 비용을 부담해야 한다. • 운송인을 지정하지 않은 경우 발생된 모든 추가적 비용을 부담한다.

23) 매수인이 요청하거나 상관행 또는 매수인이 적시에 반대의 지시를 하지 않은 경우에 매도인은 매수인의 위험과 비용으로 통상적 규칙으로 운송계약을 체결할 수 있다

3) CPT(운송비지불인도조건) / Carriage Paid To(named place of Destination)

(1) 개요

CPT는 매도인이 약정물품을 합의된 장소에서 자신이 지정한 운송인에게 운송비를 지불하고 수출통관된 물품을 인도하는 조건이다. 즉 인도와 위험의 분기점은 운송인에게 약정물품을 넘겨주는 장소에서 발생하나 비용의 분기점은 도착지의 지정장소에서 발생하게 된다. 이는 모든 운송수단에 적용가능한 조건이나 주로 복합운송의 경우에 많이 이용된다.

(2) 당사자의 의무

매도인의 의무	매수인의 의무
• 운송계약을 체결 및 운임을 부담한다. • 수출 허가/승인/통관의 의무를 부담한다. • 운송계약에 포함된 경우 양륙비와 제3국 통관비용을 부담한다. • 보험을 부보할 의무가 없다.	• 수입 허가/승인/통관 등을 하여야 한다. • 운송비에 포함되지 않은 양륙비와 제3국 통관비용을 부담한다. • 계약에 일치하는 운송서류를 인수해야 한다. • 수출국의 강제가 아닌 모든 선적 전 검사비용을 부담한다.

4) CIP(운송비보험료지불인도조건) / Carriage and Insurance Paid to(named place of Destination)

(1) 개요

CIP조건은 매도인이 보험료를 추가적으로 지불하는 것 이외에는 CPT와 동일한 조건이라 할 수 있다. 또한 이 조건은 CIF조건과 유사하나 해상운송뿐 아니라 모든 운송수단에 적용 가능하다는 것과 인도와 위험의 분기점이 본선적재가 아닌 운송인에게 인도하는 시점에 발생한다는 점에서 차이가 있다. 보험의 부보는 매도인이 하지만 보험의 피보험자는 매수인이 된다.

(2) 당사자의 의무

매도인의 의무	매수인의 의무
• 운송과 보험계약을 체결하고 비용을 부담한다. • 수출 허가/승인/통관의 의무를 부담한다. • 보험은 달리 정하지 않으면 최소담보조건으로 부보하고 보험금액은 계약금액의 110%로 하고 매매계약의 통화와 같아야 한다. • 매수인에게 보험증권을 제공해야 한다.	• 수입 허가/승인/통관 등을 하여야 한다. • 운송비에 포함되지 않은 양륙비와 제3국 통관비용을 부담한다. • 계약에 일치하는 운송서류를 인수해야 한다. • 수출국의 강제가 아닌 모든 선적전 검사비용을 부담한다.

5) DAT(도착지터미널 인도조건) / Delivered At Terminal(named terminal)

(1) 개요

DAT조건은 Incoterms 2010에서 신설된 조건으로서 약정물품이 도착지에서 운송수단으로부터 양하된(unloaded) 상태로 지정목적항이나 지정목적지의 지정터미널에서 인도가 일어난다. 인도지점과 위험과 비용의 분기점이 일치한다.

(2) 당사자의 의무

매도인의 의무	매수인의 의무
• 운송계약을 체결하고 운임을 부담한다. • 목적지에서 양하비와 목적지에서 인도하기까지의 항구나 터미널 비용(THC)도 부담한다. • 보험을 체결할 의무는 없다. (매도인의 판단과 위험하에 보험부보 결정)	• 도착지에서 부두사용료와 반입운송비를 부담한다. • 수입 허가/승인/통관 등을 하여야 한다.

6) DAP(도착장소인도조건) / Delivered at Place(named place of destination)

(1) 개요

DAP조건은 Incoterms2000에서 DDU(Delivered Duty Unpaid) 조건에 해당하는 것으로서 지정목적지에서 도착된 운송수단에 적재되어 양하가 준비된 상태에서 매수인의 임의처분 하에 두었을 때 인도의무가 완성되는 조건이다. 실무상 DAP조건은 양하 준비된 상태에서 인도가 이루어진다는 측면에서 DAT와 다르고, 매수인이 수입자로서 수입통관을 진행하고 관세 등을 지급한다는 측면에서 후에 설명할 DDP 조건과 차별화된다.

(2) 당사자의 의무

매도인의 의무	매수인의 의무
• 도착지의 지정목적지까지 발생하는 비용과 위험을 부담한다. • 보험을 체결할 의무는 없다. (매도인의 판단과 위험하에 보험부보 결정)	• 지정목적지에서 양하비용을 부담한다. • 수입 허가/승인/통관 등을 하여야 한다.

7) DDP(관세지급인도조건) / Delivered Duty Paid(named place of destination)

(1) 개요

DDP조건은 매도인의 위험과 의무가 가장 큰 조건으로 지정목적지에서 통관이 완료되어 도착된 운송수단에 적재되어 양하가 준비된 상태에서 매수인의 임의처분하에 두었을 때 인도의무가 완성된다. 실무적으로 매수인이 도착지에서 수입통관을 진행할 수 없을 때(예를들어 비거주자인 경우) 동조건을 많이 이용하며 또는 매수인의 이름으로 통관은 하고 통관관련 비용은 매도인이 지정한 운송인(주로 포워더)를 통해 매도인이 부담하는 방식으로도 많이 이용된다.

(2) 당사자의 의무

매도인의 의무	매수인의 의무
• 도착지의 지정목적지까지 발생하는 비용과 위험을 부담한다. • 보험을 체결할 의무는 없다. (매도인의 판단과 위험하에 보험부보 결정) • 수입 허가/승인/통관과 관련된 관세, 세금 기타 공과금을 부담한다.	• 지정목적지에서 양하비용을 부담한다. • 매도인의 비용으로 수입허가 기타 공적인가를 획득하는데 필요한 협조를 매도인에게 제공해야 한다.

8) FAS(선측인도조건) / Free Alongside Ship(named port of shipment)

(1) 개요

FAS조건은 해상운송에서만 이용하는 조건으로서, 계약된 물품이 지정한 선적항에서 본선의 선측에 놓였을 때 인도가 완료되는 조건이다. 선측은 본선의 양하기, 부두크레인 또는 기타 양하수단에 의해 선내로 물품이동이 가능한 범위의 적재장소로서 주로 선석(Berth)를 의미한다. 본선이 외항에 정박중인 경우에는 바지선이나 부선이 선측으로 간주된다.[24] 이 조건은 주로 산적화물(Bulky cargo)에 많이 이용된다.

(2) 당사자의 의무

매도인의 의무	매수인의 의무
• 수출 허가/승인/통관의 의무를 부담한다. • 합의된 기일/기간에 관습적인 방법으로 지정선적항, 선적지점, 선측에 적치 또는 그러한 물품 조달 • 인도를 위해 필요한 점검, 포장 및 수출국에서 강제되는 선적 전 검사비용을 부담한다.	• 수입 허가/승인/통관 등을 하여야 한다. • 운송계약을 체결하고 비용을 부담한다. • 매도인의 수입 또는 제3국 통과를 위한 서류 및 정보에 대한 비용을 부담해야 한다. • 지정선박이 정시도착 않은 경우, 물품 수령 않은 경우, 통지 시기보다 일찍 선적을 마감한 경우 추가적인 비용을 부담한다.

9) FOB(본선인도조건) / Free On Board(named port of shipment)

(1) 개요

FOB조건은 매도인이 물품을 지정선적항에서 매수인이 지정한 본선에 적재하여 인도하거나 이미 그렇게 인도된 물품을 조달하는 조건이다. 실무적으로 CIF조건과 함께 가장 빈번하게 이용되는 조건이며 Incoterms 2000 에서는 위험과 비용의 분기점이 배의 난간(Ship's rail) 이었으나 Incoterms 2010 하에서는 본선상의 갑판으로 변경되었다. 이는 CIF와 위험의 분기점은 동일하다.

---

24) 박병호, 『무역실무』, 세인북스, 2013, p.515.

(2) 당사자의 의무

매도인의 의무	매수인의 의무
• 수출 허가/승인/통관의 의무를 부담한다. • 인도를 위해 필요한 점검, 포장 및 수출국에서 강제되는 선적 전 검사비용을 부담한다. • 매수인의 비용과 부담으로 운송계약을 체결한 후 선하증권, 해상화물운송장 등의 운송서류를 취득하는데 협조를 해야 한다.	• 수입 허가/승인/통관 등을 하여야 한다. • 운송계약을 체결하고 비용을 부담한다. • 매도인의 수입 또는 제3국 통과를 위한 서류 및 정보에 대한 비용을 부담해야 한다.

10) CFR(운임포함인도조건) / Cost and Freight(named port of destination)

(1) 개요

CFR조건은 매도인이 물품을 본선에 적재하여 인도하거나 또는 그렇게 인도된 물품을 조달하는 조건이다. 즉 물품의 인도와 위험의 분기점은 FOB조건과 같으나 비용에 있어서 지정된 도착지까지의 운임은 매도인이 부담하는 조건이다. 한편 보험의 부보가 의무가 아닌 것에 있어서는 CIF조건과 구별된다.

(2) 당사자의 의무

매도인의 의무	매수인의 의무
• 운송계약을 체결 및 운임을 부담한다. • 수출 허가/승인/통관의 의무를 부담한다. • 운송계약에 포함된 경우 양륙비와 제3국 통관비용을 부담한다. • 보험을 부보할 의무가 없다.	• 수입 허가/승인/통관 등을 하여야 한다. • 운송비에 포함되지 않은 양륙비와 제3국 통관비용을 부담한다. • 계약에 일치하는 운송서류를 인수해야 한다. • 수출국의 강제가 아닌 모든 선적 전 검사비용을 부담한다.

11) CIF(운송보험료포함 인도조건) / Cost Insurance and Freight (named port of destination)

(1) 개요

CIF조건은 매도인이 목적항까지 운임과 보험료를 지급하나 위험부담은 물품을 선적할 때까지만 부담을 하게 되는 조건이다. 여기에서 보험부보 시 매도자가 보험계약자이며 주운송 구간에서 발생하는 위험은 매수인이 부담하게 되므로 타인보험[25]으로서의 성격을 갖는다고 할 수 있다.

(2) 당사자의 의무

매도인의 의무	매수인의 의무
• 운송과 보험계약을 체결하고 비용을 부담한다. • 수출 허가/승인/통관의 의무를 부담한다. • 보험은 달리 정하지 않으면 최소담보조건으로 부보하고 보험금액은 계약금액의 110%로 하고 매매계약의 통화와 같아야 한다. • 매수인에게 보험증권을 제공해야 한다.	• 수입 허가/승인/통관 등을 하여야 한다. • 운송비에 포함되지 않은 양륙비와 제3국 통관비용을 부담한다. • 계약에 일치하는 운송서류를 인수해야 한다. • 수출국의 강제가 아닌 모든 선적 전 검사비용을 부담한다.

4 Incoterms 2010 요약

1) 위험의 분기점

정형무역거래조건에서 가장 중요한 부분 중에 하나는 매도인과 매수인 간의 위험의 분기라고 할 것이다.[26] 여기서 분기라 함은 위험이 매도인에서 매수인에게 넘어 가는 지점을 의미한다. 즉 분기점 이전에 발생한 사고에 대해서는 매도인, 이후에 발생한 사고에 대해서는 매수인이 그 위험을 부담하게 되는 것이다.

Incoterms 2010 상의 11가지 조건의 위험 분기점은 <그림 1-3>과 같다. 각각에 대해서는 이미 설명하였으므로 몇 가지 주의할 사항에 대해서만 언급하면 1) CPT와 CIP조건은 위험의 분기가 매도인이 매수인 지정의 운송인에게 물건을 인도하는 지점이 된다. 2) 하역(상차 또는 하차)할 때의 위험은 기본적으로 매수인측에서 부담하지만 DAT조건은 지정된 장소에서 물건을 하역하여 인도를 하게 된다. 또한 FCA

25) 보험의 계약자와 보험의 수혜자가 다른 경우이다. 즉 보험계약은 매도인이 하였으나 보험사고 발생시에 수혜자는 매수인이 되는 것이다.

26) 인코텀즈조건에서 가장 중요한 것이 매도인과 매수인 간의 비용의 분기인 것처럼 보이지만 현실적으로 무역과정에서 발생하는 모든 비용은 소비자 측인 매수인이 부담한다고 할 것이다. 다만 그 비용을 물건 값에 포함하여 낼 것인가 아니면 분리하여 따로 지불할 것인가의 문제일 뿐이다. 그러니 위험은 인코텀즈 소선 중 어떤 것을 선택하느냐에 따라 매도인과 매수인 간에는 서로 다른 위험을 부담하게 되므로 위험이라는 측면에서도 인코텀즈 조건을 신중하게 선택하는 것이 필요하다.

조건에서 물건의 인도가 매도인의 구내에서 매수인의 지정한 운송인에게 인도하는 경우 하역(이 경우 상차)의 위험은 매도인이 부담한다.

〈그림 1-3〉 인코텀즈 조건별 위험의 분기

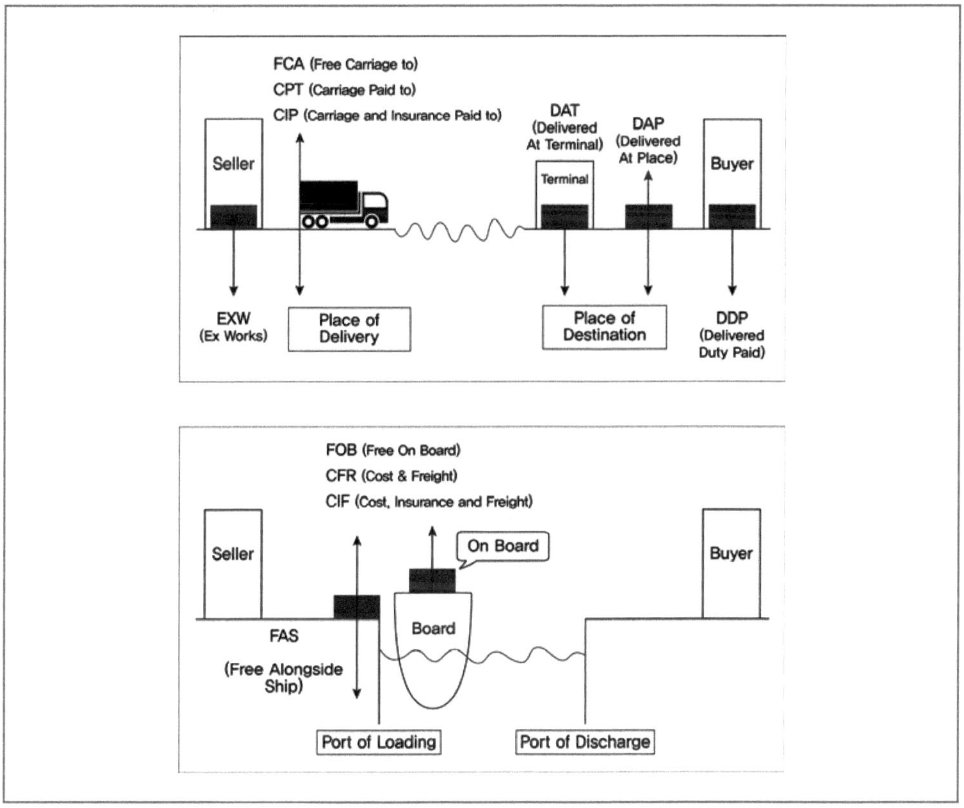

출처 : 임재욱, 「LDP 조건과 인코텀즈의 DDP 조건에 관한 연구」, 『무역학회지』 제36권 제2호, 2011, pp.297~316.

2) 비용의 분기점

비용의 분기점은 무역의 과정에서 발생하는 비용 중 어느 지점을 기준으로 매도인과 매수인이 비용을 부담할 것인가에 대한 것이다. 즉 매도인은 자기가 부담하는 비용이 어디까지인가를 기준으로 총원가를 계산하여 상품의 가격을 정하게 되므로 인코텀즈 조건에 따라 다른 가격을 매수인에게 제안하게 된다.[27]

27) 인코텀즈 조건을 결정하는 과정에서 매도인과 매수인은 비용분석을 위해 포워더와 긴밀한 협력을 하게 된다. 즉 매도인과 매수인은 수출지와 수입지에서 발생되는 비용에 대해 포워더에게 문의를 하게 되고 이를 반영하여 원가를 계산하게 된다.

〈표 1-6〉 인코텀즈 조건별 비용의 분기

지역	출발지					도착지		
비용 항목	상품원가, 포장료, 의무검사비	수출 신고료	운송비 (To 터미널)	THC	국제운송비	THC	운송비 (To 매수인)	수입신고료 관세 공과금
EXW								
FCA				(인도지가 수출자 창고인 경우 운송비는 매수인 부담)				
CPT								
CIP						(+ 매도인 보험료 추가)		
DAT								
DAP								
DDP								
FAS								
FOB								
CFR								
CIF						(+ 매도인 보험료 추가)		

주 : 음영 부분은 각 조건별로 수출자가 부담하는 비용이며 견적시 매출원가를 구성한다.

Incoterms 2010 하에서 비용의 분기는 상기 표와 같은데 이 중 통관비용과 하역비용에 대해서 요약하면 다음과 같다. 1) 통관비용은 수출통관과 수입통관에서 수출통관은 모두 매도인의 위험과 비용으로 행해지며 수입통관은 매수인에 의해 행하여진다. 다만, EXW조건 하에서 수출입통관이 모두 매수인에 의해 행해지며 DDP조건에서는 양자가 매도인에 의해 행해진다. 2) 하역비용(물품의 인도 지점에서 상차, 하차비용)은 상차(선)비용은 FOB조건과 FCA조건 중 인도지가 수출자 창고인 경우에는 매도인이 부담하고 EXW에서는 매수인이 부담한다. 한편 하차(선)비용의 경우는 FCA, CPT, CIP, DAT, DDP, FAS, CFR, CIF는 매수인이 부담하며 DAT조건에서만 매도인이 하차비용을 부담한다. 그러나 일반적으로 선적비와 하역비는 운송료에 포함되어 있으며 이를 분리할 수 없는 때에는 운송료를 부담하는 측에서 비용을 부담한다.

3) 인코텀즈 조건과 포워더

포워더 입장에서 인코텀즈 조건에 대한 정확한 이해가 필요할 것이다. 이는 인코텀즈 조건이 무엇인가에 따라 국제운송료, 수출지비용, 수입지비용의 부담 주체가 달라지므로 포워더는 국제운송 과정에서 발생한 비용을 누구에게 청구할 것인가는 인코텀즈 조건에 따르게 된다. 또한 일반적으로 국제무역에서 포워더의 지정은 매도인과 매수인 중 운임을 부담하는 측에서 하므로 포워더가 영업을 하기 위해서는 운송인 지명권자에게 서비스 제안을 하여야 할 것이다.

5 인코텀즈 조건 결정 시 무역업자의 포워더[28] 활용

무역거래에서 수출자는 수입자에게 물품의 거래대금과 관련하여 견적을 하게 되는데 이때 수출자는 인코텀즈 조건별로 자사의 비용부담이 달라지므로 인코텀즈별로 다른 금액을 견적하게 된다. 견적을 위해서 수출자는 자사의 비용부담을 확인하여야 하는데 EXW 조건일 경우에는 수출자는 모든 비용(상품원가, 포장비, 의무검사비)을 스스로 확인할 수 있다. 그러나 나머지 조건의 경우에는 출발지 비용, 국제운송료, 도착지 비용 등은 스스로 알기 어려우며 특히 국제운송료는 변동이 크므로 수출자는 수입자에게 견적하기 전에 자사 거래 포워더로부터 우선 견적을 받게 된다.

특히 최근 추세는 수출자가 수입자에게 단일조건으로 견적을 하기 보다는 여러 가지 조건으로 견적을 하고 수입자가 이 중에 한 개를 선택하여 거래조건이 확정되게 되므로 수출자는 견적 시에 포워더의 조력이 반드시 필요하게 된다. 예컨대 수출자가 FOB 조건과 CIF 조건으로 견적을 하는 경우 수출자는 출발지 비용, 국제운송료를 수출지에 있는 자사 거래 포워더에게 확인한 후에 수입자에게 견적을 하게 된다. 이때 CIF 금액은 FOB 금액에 국제운송료와 보험료를 부가하게 된다. 이렇게 견적을 받은 수입자는 FOB 와 CIF를 결정하기 위해 수입지에 있는 자사의 거래 포워더에게 국제운송료와 보험료에 대한 비용을 확인 받게 된다. 이를 통해 수입자는 운송계약과 보험계약을 자사가 체결하는 것이 유리한 지(FOB 조건) 아니면 수출자가 체결하는 것이 유리한 지(CIF 조건)을 판단하여 두 가지 조건 중에 하나를 선택하게 된다.

---

28) 포워더는 국제물류주선업자를 의미하며 무역업자를 위해 국제운송 및 각종 보관, 통관 등의 서비스를 제공하는 업자이다(본서 제5장 참조).

제2장 무역결제와 신용장

제1절 무역결제

1 무역에서의 결제조건

1) 결제조건의 의의

무역거래에서 결제조건은 계약의 성사와 물품의 가격에 영향을 준다고 할 것이다. 계약체결 시에 무역거래 당사자들은 결제조건과 관련하여 대금의 결제방법, 시기, 결제장소 등에 대하여 합의를 하게 된다. 무역거래에서 많이 사용되는 대표적인 결제방법을 살펴보면 다음과 같다.

〈표 2-1〉 무역 결제방법과 결제시기의 종류

대금결제방법		대금결제시기			
		선지급	동시지급	후지급	혼합지급
현금결제		CIA, CWO	COD, CAD		
물품결제					
송금환(T/T)		사전송금	COD, CAD	사후송금	
환어음	신용장	Red Clause L/C	At sight L/C	Usance L/C	할부지급신용장
	추심		D/P	D/A	
기타				외상판매, 위탁판매, 청산계정	일부선지급, 분할지급
특수결제		Factoring, Forfaiting, INKASO, UNESCO coupon, Escrow, Int'l Financial lease			
전자결제		전자수표, 전자자금이체, 무역카드, 전자신용장, 신용카드, 직불카드, 전자화폐			

출처 : 전순환, 『무역결제론』, 한올, 2013, p.6.

2) 결제시기

결제의 시기는 물품 또는 서류의 인도시점을 기준으로 하여 선지급, 동시지급, 후지급으로 나눌 수 있으며 결제시기에 따라 매매 당사자 간 이해가 달라질 것이다. 즉 수출자는 선지급(화물 또는 서류 인도 전 지급)을 원할 것이며 수입자는 후지급(화물 또는 서류 인수 후 지급)을 원하게 될 것이다. 양 당사자는 이해의 충돌 속에서 적절하게 신용(은행신용 또는 자기신용)을 확보하고 상품 단가를 조절[1])해 가며 결제시기에 대하여 합의를 하게 될 것이다.

3) 결제방법

결제방법은 현금방식, 송금환방식, 추심방식, 신용장방식, 기타방식으로 나눌 수 있다. 결제방법을 선택함에 있어서는 상대방의 신용의 정도, 금융기관에 지급하는 각종 수수료, 거래의 안전성 등을 고려하여 결제방법을 결정하게 되며 전통적으로 송금방식과 신용장방식이 많이 사용되었으나 최근 정보통신기술의 발달로 새로운 결제방식들이 논의되고 활용되고 있다. 그러나 아직 전통적인 방식에 비해서는 그 비중이 작다고 할 것이다.

본 항에서는 대표적인 결제방법의 개략적인 내용을 다루고 보다 자세한 내용은 후속 절에서 다룬다. 우선 현금방식은 현금을 소지하여 직접 대금을 지급하는 방식으로서 주로 소액의 거래에서 제한적으로만 이용되는 방식이다.[2]) 송금환방식은 무역거래에서 가장 빈번하게 사용되는 결제방법으로서 무역대금의 지급과 영수가 은행을 통해 송금환의 이체방식으로 이루어지는 것을 의미한다. 추심방식은 매도자가 선적서류와 환어음을 은행을 통해 수입자에게 보내 대금을 회수하는 방식이며 이때 은행은 단순하게 대금을 회수하는 역할만을 수행하며 매수인에 대한 보증 등의 신용행위를 하는 것은 아니다. 신용장방식은 매도인과 매수인 간에 무역대금의 과다, 중소기업과의 거래, 초기거래 등의 이유로 상대방으로부터의 대금회수가 확실하지 않은 경우 매수인의 신청에 의해 은행이 중간에 개입하여 매도인에게 선적서류를 조건으로 대금지급을 확약(undertaking)하는 결제방법이다.

---

1) 예컨대 매도인이 견적 시에 선지급 방식은 자신에게 유리하므로 후지급 방식에 비해 단가를 하락하여 견적을 하는 것이 일반적이다.
2) 외국환관리법의 하위규범인 외국환거래규정에 의하면 미화 2천달러를 초과하는 지급에 대해서는 외국환은행장에게 지급 등의 증빙서류제출을 요구하고, 미화 1만달러를 초과 금액을 소지하여 출국하는 경우에는 신고를 요한다(외국환거래규정, 「기획재정부 고시」, 2015.7.1. 시행, 제2-1조의 2).

〈표 2-2〉 특정연도별 수출입의 결제형태 비교

	수출 (10억달러)			수입(10억달러)		
	1997-98	2003-04	2013-14	1997-98	2003-04	2013-14
송금환	89	231	732	30	199	739
	33%	52%	65%	13%	49%	71%
L/C[3]	110	99	140	168	153	208
	41%	22%	12%	71%	38%	20%
추심[4]	61	62	106	23	25	25
	23%	14%	9%	10%	6%	2%
기타	8	56	155	17	26	69
	3%	13%	14%	7%	7%	7%
합계	268	448	1,133	238	403	1,041
	100%	100%	100%	100%	100%	100%

출처 : 한국은행 통계 참조

제2절 무신용장 결제방식

1 송금환방식(Remittance)

1) 송금환의 의의

송금환은 현금의 이동 없이 지급지시서(Payment order)의 형태로 대금의 결제가 이루어지는 방식이다. 즉 수입국에 있는 매수인이 매도인에게 무역대금을 결제하기 위해 수입지 은행으로부터 송금환을 매입하고 수입지은행은 자사와 환거래계약[5] 관계에 있는 수출지은행에 지급지시서를 발행하여 수출지은행이 매도인에게

3) 2013-14년 실적을 기준으로 L/C 방식 중 수출에서는 일람출급, 수입에서는 기한부 방식이 많이 이용되고 있다.

4) 2013-14년 실적을 기준으로 추심에서는 D/P 보다는 D/A 방식이 많이 이용되고 있다.

5) 환거래계약(Correspondent Agreement)은 예컨대 국내의 외국환은행이 해외의 외국환은행들과 외국환업무의 상호협조 계약을 체결하는 것이다. 이로 인해 계약관계에 있는 은행들은 송금환 업무, 신용장 통지, 추심업무 등을 위해 서로에게 협조하게 된다. 환거래계약은행(Corres Bank) 중에는 상대은행에 예금계정을 가지고 있는 예치환거래은행(Depositary)과 그렇지 않은 무예치환거래은행(Non-depositary)이 있다.

결제를 행하도록 하는 형태의 거래이다. 이때 매수인이 송금환을 매입할 때 적용되는 환율을 전신환매도율(T/T Selling)이라고 하며 매도인이 도래한 지급지시서 상의 금액을 수령할 때 적용되는 환율을 전신환매입율(T/T Buying)[6]이라고 한다.

송금환의 종류에는 전신송금환, 우편송금환, 송금수표 등의 방식이 있다. 전신송금환(T/T; Telegraphic Transfer)은 지급지시서가 SWIFT[7]를 통한 전신으로 전송되는 것을 의미한다. 우편송금환(M/T; Mail Transfer)은 우편으로 지급지시서가 발송되며, 송금수표(D/D; Demand Draft)는 수취인에 대하여 일정금액의 지급을 은행에게 위탁하는 유가증권(Money Order)이다. 무역거래에서는 일반적으로 전신송금환이 이용된다.

2) 송금환방법

송금환방식과 관련해서는 신용장방식의 UCP600(Uniform Customs and Practice for Documentary Credits), 추심방식의 URC(Uniform Rules for Collection) 등의 국제적인 규범이 존재하지 않으며 당사자 간의 결정으로 활용하게 된다. 사전송금방식과 사후송금방식 그리고 동시지급방식이 있는데 동시지급방식 중 대표적인 방법은 COD방식과 CAD방식이 있다. 우선 COD방식(현물상환방식, Cash on delivery)은 수출자가 수출물품을 선적한 후 수입지에서 수출자의 대리인이 수입자에게 물품의 품질 등을 검사 받은 후 물품과 상환하여 결제가 일어나는 방식이다. 다음 CAD방식(서류상환방식, Cash against documents)은 수출자가 수출물품을 선적한 후 수출지에 있는 수입자의 대리인에게 선적서류를 전달하고 상환하여 대금결제가 일어나는 방식이다.

2 추심방식(Collection)

1) 추심방식의 의의

추심방식은 대금결제과정에서 매도인으로부터 의뢰를 받은 은행이 매도인을 대신하여 매수인에게 서류를 전달하고 대금의 회수를 행하는 방식이다. 이 과정에서 수출지 은행(추심의뢰은행)과 수입지 은행(추심은행)이 개입되게 되는데 매도인측

---

6) 예컨대 수입지은행은 수입자에게 전신환매도율로 외화 송금환을 팔고, 수출지은행은 수출자로부터 내도한 외화 송금환을 전신환매입율로 사게 된다.

7) Society of Worldwide Interbank Financial Telecommunication 의 약자로서 국제은행간 데이터 통신 시스템이다.

에서 추심의뢰은행(Remitting Bank)은 매도인으로부터 서류를 받아 매수인측에 있는 추심은행(Collecting Bank)에 선적서류(운송서류, 상업송장, 보험서류 등)와 추심지시서(Collection Instruction)를 전달하고 추심은행은 매수인에게 서류를 전달하고 즉시 또는 일정기간 후 대금을 회수하게 된다. 회수된 대금은 추심의뢰은행을 경유하여 매도인에게 전달되는 방식이다.

동 방식에서 은행은 대금회수와 관련된 보증(Guarantee)이나 확약(Undertaking)을 하지 않는다는 점에서 신용장방식과 차이가 있으며 은행이 서류전달과 대금회수와 전달에 개입한다는 면에서 송금환방식과는 차이가 나는 방식이라 할 수 있다.

2) 추심방법

추심방식은 해외에 사무소 또는 대리인이 없는 경우에 주로 이용되며 다만 중간에 개입하는 추심의뢰은행과 추심은행은 대금회수와 관련하여 책임이 없으므로 매도인은 매수인의 신용을 면밀하게 파악한 후에 추심방식을 이용하여야 한다. 추심과 관련된 국제규칙으로는 ICC(국제상공회의소)의 추심에 관한 통일규칙(Uniform Rules for Collections)을 적용한다.

추심방식의 종류는 D/P방식과 D/A방식이 있는데 D/P방식(지급도조건, Documents against payment)은 추심은행이 수입상으로부터 대금결제를 받으면서 동시에 선적서류를 인도하는 것을 의미하며 D/A방식(인수도조건, Documents against acceptance)은 추심은행은 수입상의 환어음에 대한 인수(Acceptance)라는 법률상의 행위에 대하여 서류를 인도하며 대금은 인수 후 만기일에 결제가 이루어지게 된다.

〈그림 2-1〉 추심절차

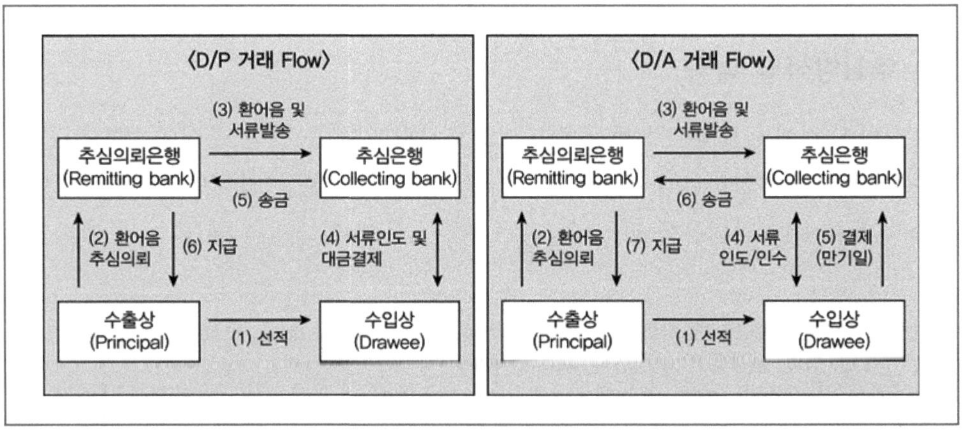

제3절 신용장방식

1 신용장의 의의와 기본원리

신용장이란 은행의 조건부 지급확약서이다. 즉 (개설)은행이 신용장의 조건과 일치하는 서류를 매도인(수익자)이 제시할 때 대금을 결제할 것을 확약[8]하는 것이다.

무역거래의 과정에서 매도인과 매수인은 대금지급의 시기에 따라 서로 상반되는 위험이 존재한다. 예컨대 후지급의 경우 매도인은 생산된 제품을 정상적으로 선적하였음에도 불구하고 대금을 지급받지 못하는 위험이 존재하며, 선지급의 경우 매수인은 대금을 지불하였음에도 불구하고 정상적인 제품을 수령하지 못할 위험이 존재하게 된다. 이러한 위험은 무역거래를 위축시키는 결과를 가져오게 된다. 즉 양 당사자 간의 신용상의 문제로 거래가 쉽게 이루어지지 않을 수 있는 것이다.

이러한 경우 신용장을 활용하면 중간에 은행(신용장 개설은행)이 개입하여 매수인에게는 정상적인 제품을 받을 수 있다는 확신을 제공하고 매도인에게는 대금회수에 대한 확신을 갖게 하여 양 당사자가 신용의 문제에서 해방되어 자유롭게 거래를 할 수 있도록 도와주는 역할을 하게 된다. 이처럼 신용장은 무역당사자 간 신용문제를 은행의 개입으로 해결하는 것인데 이때 무역의 당사자가 아닌 은행의 개입을 위해 신용장에는 독립성과 추상성이라는 독특한 성격을 요구하게 된다.

신용장의 독립성은 신용장은 매도인과 매수인 간의 매매계약에서 합의한 내용을 근거로 하여 매수인의 신청에 의해 개설은행이 수혜자(수익자)인 매도인에게 발급을 하게 되지만 일단 신용장이 개설되면 원 매매계약과는 관계없이 독립적으로 존재하게 된다.[9] 이는 매도인의 보호에도 중요한 의미를 갖는다고 할 수 있다. 신용

---

8) 지급확약은 보증과 구별된다. 보증은 채무자가 채무를 이행하지 않은 때에 한하여 채무를 부담하는 것이지만 지급확약은 직접 지급을 약속(undertaking)하는 것이다. 한편 국제상업회의소(Int'l Chamber of Commerce)에서는 1936년 화환신용장 통일 관습 및 관행을 제정하여 6차에 걸친 개정을 하였다. 현재 사용되는 것은 2007년 개정된 UCP600이다.

9) 이는 마치 태아가 어머니의 배속에서 탯줄을 통해 공급을 받지만 일단 출산이 이루어진 다음에는 독립적인 인격체로 존재하는 것과 유사하다고 할 수 있다. 이와 관련하여 UCP600 제4조에 따르면 신용장은 그 성질상 그것이 근거될 수 있는 매매계약 또는 기타 계약과는 독립된 거래이며 은행은 그러한 계약에 관한 어떠한 참조사항이 신용장에 포함되어 있어도 그러한 계약과는 아무런 관계도 없고 구속되지 않는다고 규정하고 있다.

장의 추상성은 신용장 거래에서 은행과 매도인 등은 서류상의 거래를 한다는 것이다. 즉 은행은 매도인의 조건 충족 여부에 대해 서류를 통해서만 판단하고 실물에 대해서는 고려하지 않음을 의미한다.[10] 이는 실물관계를 파악할 수 없는 은행을 거래에 포함시키기 위한 것이라고 할 수 있다.

2 신용장 거래의 당사자

신용장 거래에 있어서는 매매당사자와 은행 등이 개입하게 되는데 이들은 크게 기본 당사자와 기타 당사자로 구분할 수 있을 것이다. 기본 당사자는 신용장의 발행이나 취소 또는 조건변경 시에 반드시 동의를 요하는 자를 의미하는데 이에는 발행은행, 확인은행 그리고 수익자가 포함된다고 할 것이다. 기타 당사자는 원활한 신용장거래를 위해 신용장에서 주어진 역할을 수행하는 당사자이다. 신용장의 취소나 변경 시에 이들의 동의는 필요하지 않다.

3 신용장의 효용과 한계

신용장의 개설로 매도인과 매수인은 다음과 같은 효용을 얻게 되지만 한편으로는 신용장의 추상성으로 인한 한계를 나타내기도 한다.

우선 매도인측면에서 보면 ① 매수인의 지급불능으로 인한 대금회수 위험을 피할 수 있다. ② 일단 발행된 신용장은 매도인의 동의 없이 취소될 수 없으므로 안심하고 상품을 생산하는 것이 가능하다. ③ 신용장의 조건에 일치하는 서류를 거래은행에 제시하여 수출대금을 즉시 회수할 수 있다. ④ 신용장을 담보로 무역금융 또는 내국신용장의 개설이 가능하다. 매수인측면에서는 ① 신용문제의 해결로 매도인과 유리한 조건으로 계약을 체결할 수 있다. ② 상품선적시기를 예측할 수 있다. ③ 기한부 신용장을 이용할 경우 대금결제의 시기를 늦출 수 있다.

신용장의 한계와 관련하여 첫째, 수입상은 서류상으로는 정상제품인 경우나 실물이 정상제품이 아니더라도 은행의 지급이 이루어진 이후에는 항변을 할 수 없다. 둘째 수출상은 정상제품을 수출하고도 서류의 하자가 있는 경우에 은행으로부터 지급거절을 받을 수 있다. 셋째, 매수인이 신용장 상 함정문구를 삽입하여 매도인

10) UCP 제5조에 따르면 은행은 서류를 취급하는 것이며 그 서류와 관련될 수 있는 물품, 용역 또는 이행을 취급하는 것은 아니라고 규정하고 있다.

이 준비할 수 없는 서류를 요구하여 매도인이 불리한 처지에 놓이게 할 수 있다는 것이다. 이러한 한계를 극복하기 위해서는 매도인은 은행에 제출할 서류를 보다 철저하게 준비할 필요가 있으며 신용장 인수 시에 함정문구를 확인하여 이의 수정을 요구하는 조치들이 필요할 것이다.

〈표 2-3〉 신용장거래의 당사자와 역할

거래의 당사자	역할
수익자 (Beneficiary)	신용장상 수익자로 하여 신용장을 발행받는 당사자이다. 수익자는 신용장에 따른 의무를 이행하면 개설은행에 청구권을 행사할 수 있다. 즉 수익자는 발행한 환어음과 선적서류를 신용장 조건에 따라 거래은행에 제시하여 지급이행(Honor)을 받게 된다. 수익자는 매도인(Seller, Exporter)이며 환어음발행인(Drawer)이다.
개설은행 (Issuing Bank)	개설의뢰인의 요청과 지시로 수익자에게 신용장을 개설하는 은행이다. 개설은행은 신용장의 조건을 충족하는 서류의 제시에 대해 대금을 지급할 것을 약속한다. 환어음상 지급인(Drawee)이 된다.
확인은행 (Confirming Bank)	개설은행으로부터 신용장을 확인(지급확약에 대한 확인)할 것을 위임받은 은행을 말한다. 이는 주로 개설은행이 프라임뱅크가 아닌 경우에 이루어지며, 확인은행이 신용장에 확인(Confirmation)하게 되면 개설은행과 동일한 의무를 부담하게 된다.
개설의뢰인 (Applicant)	개설은행에 수익자에게 신용장을 개설하여 줄 것을 요청하는 매수인(수입자)이다.
통지은행 (Advising Bank)	수입지의 개설은행이 발행한 신용장을 수출지에서 수출업자에게 전달해 주는 역할을 한다. 일반적으로 통지은행과 개설은행 간에는 환거래 계약이 체결되어 있으며 다른 거래은행의 역할도 수행한다.
결제은행 (Honor Bank)	수출업자에게 대금을 결제하는 은행으로는 신용장의 종류에 따라 지급은행, 인수은행 등이 있다. 지급은행(Payment Bank)은 개설은행의 예치환거래은행으로서 신용장상 서류에 상환하여 대금을 지급하는 은행이다. 지급은행에는 일람지급은행과 연지급은행이 있다. 인수은행(Accepting Bank)은 수익자 발행 기한부환어음(Usance B/E)을 인수한 후에 어음만기일에 대금을 지급하는 은행이다.
지정은행 (Nominated Bank)	지정은행은 확인/통지/지급/인수/매입/상환/양도은행 등 신용장이 사용되는 은행이거나 또는 모든 은행에서 사용될 수 있는 신용장의 경우에는 모든 은행이 이에 해당된다.[11)
매입은행 (Negotiation Bank)	매입신용장이 발행된 경우 수익자로부터 환어음과 선적서류를 매입(Negotiation)하는 은행이다. 매입은행은 매입한 서류를 개설은행으로 보내 개설은행으로부터 대금의 지급을 받게 된다.

양도은행 (Transferring Bank)	양도가능신용장의 경우에 한하여 수익자는 제3자를 수익자로 하여 신용장을 양도할 수 있다. 이때 양도은행의 역할을 할 수 있는 은행은 지정은행이나 개설은행이어야 한다.
상환은행 (Reimbursing Bank)	매입신용장이 발행된 경우 개설은행은 대금을 직접 매입은행에 송금할 수도 있으나 상환은행에 상환지시를 하고 상환은행은 상환수권서(Payment Order)에 따라 매입은행에게 결제하게 된다.

4 신용장의 종류

신용장은 기준에 따라 다양하게 분류되며 복수의 기능을 하게 된다. 다음은 일반적으로 이용되는 신용장의 분류에 대한 것이며 일반적으로 무역거래에서 많이 이용되는 신용장은 취소불능이며, 화환신용장이고, 무확인신용장, 매입신용장, 자유매입신용장, 양도불능신용장이 일반적이다. 대금지급시기를 기준으로는 수입의 경우에는 기한부신용장, 수출의 경우에는 일람출급신용장이 많이 이용되는 것으로 나타나고 있다.

〈표 2-4〉 신용장의 주요 분류기준

분류기준[12]	신용장의 종류
취소가능여부	취소가능신용장(Revocable) 와 취소불능신용장(Irrevocable)
대금지급 시 선적서류 필요 유무	화환신용장(Documentary) 와 무화환신용장(Clean)
확인유무	확인신용장(Confirmed)와 무확인신용장(Unconfirmed)
사용방법	일람지급신용장(Payment), 연지급신용장(Deferred payment), 인수신용장(Acceptance), 매입신용장(Negotiation)
매입은행지정 여부	자유매입신용장(Freely negotiable)과 매입제한신용장(Restricted)
대금지급시기	일람불신용장(Sight), 기한부신용장(Usance)
양도허용여부	양도가능신용장(Transferable), 양도불능신용장(Non-transferable)

11) 전순환(2013), p.116.
12) 신용장의 분류기준과 종류는 이보다 훨씬 많으나 본 표에서는 일반적인 신용장개설신청서에서 언급되는 신용장의 종류들을 기준으로 하여 서술하였다.

1) 취소가능여부

발행된 신용장이 취소될 수 있는지를 기준으로 나눈 것인데 무역대금의 결제를 위해서 사용되는 신용장은 취소불능(Irrevocable)한 것이 일반적이며 변경도 불가능하다고 할 것이다. 다만 주요 당사자의 전원합의가 있는 경우에는 이를 변경 또는 취소 시킬 수 있다고 할 것이다. 주요 당사자라 하면 개설은행(Issuing Bank), 확인은행(Confirming Bank), 수혜자(Beneficiary)이다.

2) 대금지급과 선적서류

신용장에 따라 대금지급을 받기 위해서 선적서류를 요구하는 신용장과 그렇지 않은 신용장이 있다. 전자는 화환신용장(Documentary Credit)으로 은행은 수혜자(수출자)가 선적서류를 제출할 것을 조건으로 대금지급을 확약한다. 이때 제출되는 서류는 운송서류, 상업송장, 포장명세서, 보험서류 등이다. 이에 반해 무화환신용장(Clean Credit)은 선적서류의 제출을 요하지 않으며 환어음의 제시만으로 대금의 지급이 이루어지게 된다. 지급보증의 경우에 이러한 무화환신용장이 발급된다. 동 분류의 의의는 화환신용장의 경우에는 UCP600이 적용될 것인 바, 무화환신용장은 원칙적으로 UCP600이 적용되지 않는다고 할 것이다.[13)]

3) 확인유무

신용장에서 지급확약을 개설은행만이 하는 경우와 개설은행에 더불어 제3은행도 지급확약을 약속(확인)하는 신용장이 있다. 전자는 무확인신용장이며 후자는 확인신용장(Confirmed Credit)이다. 확인신용장에서 확인은행은 개설은행의 채무를 보증하는 것이 아니라 추가적인 지급확약(Undertaking)을 하는 것이다. 따라서 매도인은 신용장상의 조건을 이행한 후에 개설은행 또는 확인은행 중 아무 곳에나 대금결제를 요구할 수 있다. 일반적으로 확인신용장의 경우에는 추가적인 비용을 매도인이나 매수인측에서 부담하게 되므로 개설은행에 문제가 없다면 일반적으로 무확인신용장이 발행된다 할 것이다.

---

13) 다만 보증신용장은 선적서류를 요구하지는 않으나 채무불이행을 주장하는 수익자 작성의 서류를 요구한다면 이는 화환신용장이며 이에 따라 UCP 적용 가능하다(전순환(2013), p.264 참조).

4) 사용방법에 따른 분류

UCP600 제6조에 의하면 신용장은 그것이 일람지급, 연지급, 인수 또는 매입 중 어느 것에 의하여 사용될 수 있는지를 명기하도록 하고 있다.[14)]

지급신용장(Payment Credit)에서 개설은행은 신용장조건에 일치하는 선적서류를 지정한 은행(지급은행)에 제시하면 대금을 즉시(일람) 지급할 것을 약속하는 신용장이다. 환어음의 발행여부에 대해서는 언급이 없으며 상관습상 환어음의 발행을 요구하는 지역과 그렇지 않은 지역이 있다.[15)]

〈표 2-5〉 사용방법에 따른 신용장 분류

신용장 종류	수출지 상대은행	어음발행	어음종류	지급 또는 매입은행
지급신용장	예치환 거래은행	불요	일람출급	지급은행
인수신용장	예치환 거래은행	제시	기한부	연지급은행
연지급신용장	예치환 거래은행	불요	어음발행 불요	인수은행
매입신용장	무예치환 은행	제시	일람출급, 기한부	원칙적 자유

연지급신용장(Deferred Payment Credit)은 기본적으로 지급신용장과 유사한데 환어음 없이 선적서류를 지정한 은행(지급은행)에 제시하면 일정기간 경과 후에 대금지급이 이루어진다. 즉 일정기간 경과 후 대금지급[16)]이 지급신용장과 차이라고 할 수 있다. 한편 지급은행은 연지급확약서(Deferred Payment Undertaking)를 발행하는데 매도인은 이 서류를 이용하여 대금지급일의 이전에도 할인하여 은행의 금융을 활용할 수 있다.

인수신용장(Acceptance Credit)은 매도인이 선적서류와 함께 발행한 기한부 환어음을 개설은행이 지정한 은행(인수은행)이 인수할 것과 어음 만기 도래 시에 대금을 지급할 것을 약속하는 신용장이다. 이때 어음의 만기일까지의 기간 동안 수익자, 매입은행, 어음할인기관 등의 어음의 소지인이 이 어음을 금융시장에 할인하여 자금을 융통할 수 있도록 허용하고 있다.

---

14) UCP600 제6조 b항 A credit must state whether it is available by sight payment, deferred payment, acceptance or negotiation.

15) 유럽국가의 경우 환어음을 발행하지 않는 것이 일반적이나 우리나라 은행들 같은 경우에는 환어음의 발행을 요구하는 경우가 많다.

16) 30 days after B/L date 등의 문구가 사용된다.

매입신용장(Negotiation Credit)은 실제 신용장 거래에서 대다수를 차지하는 방식으로서 개설은행이 수익자인 환어음 발행인 또는 이를 매입한 환어음의 선의의 소지인에게 지급을 확약하는 신용장이다. 환어음을 할인하여 매입할 수 있는 은행을 제한하는지 여부에 따라 자유매입신용장(Freely Negotiable)과 매입제한신용장(Restricted)으로 나뉜다. 전자의 경우 환어음 발행인은 아무 은행에서나 매입을 할 수 있으나 후자의 경우에는 신용장 상에 제한해 놓은 은행에서 매입이 이루어져야 한다. 이때 지정된 은행 이외의 은행을 통해 매입을 한 경우 재매입(Renegotiation)의 절차를 거쳐야 한다. 한편 매입신용장에서 발행된 어음의 지급시기와 관련하여 어음 제시 후 즉시 대금의 지급이 이루어져야 하는 일람출급매입신용장(Sight Negotiation Credit)과 환어음의 만기일에 대금의 지급이 이루어지는 기한부매입신용장(Usance Negotiation Credit)이 있다.

5) 대금지급시기

대금지급시기를 기준으로 신용장은 일람불신용장(Sight Credit), 기한부신용장(Usance Credit)으로 나눌 수 있다. 첫째 일람불신용장은 서류를 제시하면 대금을 즉시 지급하는 조건으로서 환어음 없이 지급이 일어나는 일람지급신용장(Sight Payment Credit)과 어음이 발행되는 일람출급매입신용장(Sight Negotiation Credit)이 있다. 둘째 기한부신용장으로는 환어음이 발행되지 않는 연지급신용장, 환어음이 발행되는 일람 후 정기출급, 발행일자 후 정기출급, 확정일 출급 신용장, 기한부매입신용장 등이 있다.

6) 양도허용여부

신용장의 수익자가 수익자의 지위를 타인에게 양도할 수 있는 지(Transferable)를 기준으로 하여 양도불능신용장과 양도가능신용장으로 나눌 수 있다. 양도가능하다는 표시가 따로 되어 있지 않은 신용장은 양도불능이라고 할 것이며 양도가능하다고 하더라도 1차에 한하여 원신용장의 한도 내에서만 양도가 가능하다. 또한 양도은행은 지정은행이나 개설은행 이어야 하며 신용장의 양도를 제2수익자에게 통지하는 역할을 수행하며 제2수익자에게 신용장에서 정한 지급, 인수, 매입 등의 행위를 행하게 된다. 신용장의 양도는 주로 매도인(제1수익자)이 직접 물품 생산하여 판매하기 보다는 구매 후 판매하는 유통업자이거나 커미션을 받는 수출을 대행하여 주는 업체인 경우에 신용장의 양도가 필요하게 된다.

제4절 신용장과 선적서류 등

앞에서 살펴본 바와 같이 신용장은 선적서류를 기반으로 하여 대금의 지급이 이루어지는 것이다. 따라서 신용장 거래에서는 서류의 중요도가 높으며 각 서류의 내용과 조건에 대해 충분히 숙지하여야 할 것이다.

1 신용장과 신청서

신용장신청서는 매수인에 의하여 작성되어 개설은행에 제출되며 개설은행은 매수인(신용장개설신청자)의 요구에 따라 해당기업의 신용과 수출실적을 고려하여 수수료를 수취하고 매도인(수익자)에게 신용장을 발급하게 된다.

2 선적서류

신용장에서 선적서류라 함은 환어음을 제외한 모든 운송서류, 상업송장, 보험서류 등이며 특별히 요구가 있으면 원산지증명서, 포장명세서 등이 이에 포함될 수 있다. 환어음은 선적서류는 아니나 신용장의 종류에 따라 환어음이 필요한 경우와 그렇지 않은 경우가 있는데 국내에서 많이 이용되는 신용장은 매입신용장이며 이때 선적서류를 매입은행에 제시하여 수출대금을 수취할 때 환어음을 발행하여 이를 매입시키는 절차를 밟는 것이 일반적이다. 따라서 환어음은 대금을 지급 또는 매입시킬 때 중요한 서류라고 할 수 있다.

1) 환어음

환어음은 무역거래 중 추심방식과 신용장방식에서 주로 발행되는 유가증권으로서 어음발행인(Drawer)이 채무자인 지급인(Drawee)에게 환어음상의 금액을 수취인(Payee) 또는 지시인(Orderer)에게 지급일에 지급할 것을 무조건적으로 위탁하는 요식유가증권이다. 즉 매입신용장의 경우 발행인은 수출자, 수취인은 매입은행, 지급인은 개설은행으로 하는 환어음이 발행되는 것이 일반적이며, 추심방식의 경우에는 지급인이 개설은행이 아닌 매수인(수입자)가 되는 것이 일반적이다.

2) 운송서류

운송서류는 운송인이 선적을 증명하여 발행하는 서류이다. 우리나라를 기준으로 이용되는 국제운송 방식은 해상운송, 항공운송, 복합운송이 주로 이용되는데 이때 이용되는 서류와 특징은 다음과 같다. 다만 운송서류와 관련된 보다 자세한 사항은 제2편의 운송수단별 설명에서 자세히 설명할 것이다.

첫째 해상운송에서는 선하증권(Bill of Lading)과 해상운송장(Sea Waybill)이 발급되는데 일반적으로 신용장 거래에서 이용되는 선적서류는 선하증권이다. 특히 신용장 발행 시에 요구되는 선하증권은 다음의 요건을 충족하여야 한다. “Full set of clean on board ocean Bill of Lading out to the order of XXX Bank Marked “Freight Prepaid(or Collect)” and Notify Accountee.”

둘째 항공운송에서는 표준화되어 있는 항공화물운송장(Air Waybill)이 이용되게 된다. 항공운송장에는 항공사가 발행하는 Master Air Waybill 과 포워더가 발행하는 House Air Waybill 등이 있는데 이때 신용장에서 선적서류로는 House Air Waybill 이 이용되는 것이 일반적이다. 주로 다음과 같은 조건을 요구한다. “Air Waybills consigned to XXX Bank Marked Freight Prepaid(or Collect) and Notify Accountee.”

셋째 복합운송(Multimodal Transport)의 경우에는 가장 많이 이용되는 서류로는 Multimodal Transport Bill of Lading 으로서 FIATA가 제정한 표준양식이 이용된다. 다만 복합운송서류는 그 표준화의 정도가 잘 이루어지지 않아 다른 양식의 서류가 활용되는 경우도 많다.

3) 상업송장(Commercial Invoice)

상업송장은 수출자가 수입자 앞으로 발행하는 물품에 대한 대금청구서, 물품의 명세서이다. 따라서 상업송장은 물품대금결제 시에 물품가액이 근거자료이며 세관에 통관을 할 때 반드시 제출해야 하는 무역거래의 필수 서류이다. 또한 신용장 거래에서도 선적서류로 운송서류와 함께 반드시 요구하는 서류이다. 일반적으로 매도인이 작성하여 매수인에게 보내기 때문에 특별한 요구가 없으면 매도인의 서명이 없는 것도 유효하다고 할 것이다.

송장에는 여러 종류의 송장이 있으나 대표적인 송장의 종류에는 다음과 같은 것이 있다.

〈표 2-6〉 송장의 종류

상업송장	견적송장 (Pro-forma Invoice)	가격계산의 기초로 사용되며 수입승인 등을 위해 사용되기도 한다.
	선적송장 (Shipping Invoice)	계약물품을 선적하고 해당물품에 대해 작성하는 송장이다. 일반적인 상업송장은 선적송장이다.
공용송장	영사송장 (Consular Invoice)	외화도피, 관세포탈 등을 막기 위해 수출지 주재 수입국 영사가 확인한 송장
	세관송장 (Customs Invoice)	수입국의 세관에서 수입관세를 결정하거나 통계조사 또는 수입가격의 적정성을 파악하기 위해 요구하는 송장

4) 포장명세서(Packing List)

선적물의 포장상태와 각 포장별 상품의 목록을 나타내는 서류로서 각 포장물의 중량, 사이즈, 포장형태 등과 내품의 개수 등을 나타내는 서류이다. 동 서류는 운송의 과정 또는 화물을 인수하는 과정에서 필요한 공간과 장비를 준비하기 위해서도 필요한 서류이다.

5) 원산지증명서(Certificate of Origin)

선적되는 물품의 원산지를 증명하는 서류이다. 원산지증명서의 유형은 특혜 원산지증명서와 비특혜 원산지증명서로 나눌 수 있는데 첫째 비특혜 원산지증명서는 관세양허대상이 아닌 물품에 대하여 발급되는 것이며 해외 수입자가 수입국 내에서 원산지표시 문제 등에 대한 필요로 발급되는 서류이다. 우리나라의 경우 상공회의소에서 발급한다. 둘째 특혜원산지증명서는 자유무역협정(FTA), 아시아태평양무역협정(APTA), 일반특혜관세(GSP), 개발도상국간 특혜무역제도(GSTP), GATT개발도상국간 관세양허 등의 양허품목에 대해 특혜를 받으려는 목적으로 원산지를 증명하기 위해 필요한 서류이다. 이는 각 협정에 따라 원산지 발급기관이 다른데 기관발급(상공회의소, 세관)과 자율발급이 있다.

6) 보험증서(Insurance Policy)

보험증서는 선적되는 화물에 대해 해상위험 등으로 인해 발생하는 우연한 사고로 인한 손해를 대비하여 부보한 보험에 대해 보험자가 보험의 가입을 증명하는 서류이다. 일반적으로 신용장 거래에서는 보험증서가 필수적인 선적서류가 되는 경우는 CIP, CIF 조건에서 요구되며 이때 일반적으로 ICC(C) 이상의 조건으로 CIF (또는 CIP) 금액의 110%를 보험금액으로 하여 부보한 보험증서를 요구하게 된다. 선적일 보다 늦은 일자로 발행된 보험서류는 인수되지 않는다.

3 운송인과 관련된 신용장 관련 서류

신용장하에서 개설은행은 신용장의 발급으로 발생한 위험을 보전하기 위해 선적된 물품에 대한 담보권을 행사하게 되는데 이를 위해 은행은 매도인에게 운송서류상의 수하인을 은행(XXX Bank) 또는 은행의 지시인(To The Order of XXX Bank)으로 하도록 지시한다. 또한 운송서류를 은행에 선적서류로 제출할 것을 요구하므로 개설은행은 운송물에 대한 확실한 담보권을 행사할 수 있게 된다.

이에 수입자는 도착한 화물을 운송인으로부터 인수하기 위해서는 운송인에게 운송서류의 원본 또는 이를 대체할 수 있는 서류를 제출하여야 한다. 예컨대 해상운송의 경우 수입자는 은행으로부터 B/L원본을 인수하여 이를 운송인에게 제출해야 물품을 수령할 수 있다. 다만, 화물이 도착하였으나 선하증권이 도래하지 않거나 또는 대도의 경우에는 수입화물선취보증서, 수입물품대도 등을 통하여 수입자는 운송인으로부터 화물을 인수하게 된다. 한편 항공운송의 경우에는 매도인이 신용장 대금지급을 받기 위해 개설은행 쪽에 제출하는 운송서류는 항공화물운송장(Air Waybill) 원본[17] 중 송하인용으로서 개설은행으로부터 그 서류를 인수하더라도 그 서류로는 운송인으로부터 물품을 인수할 수 없다.[18] 따라서 일반적으로 수입자가 운송인으로부터 물품을 인수하기 위해서는 개설은행이 발행하는 화물인도승낙서가 필요하다.

1) 수입화물선취보증서(L/G)

수입화물선취보증서(Letter of Guarantee)는 화물은 도착지에 도착했으나 선하증권이 도착하지 않은 경우에 수입자가 개설은행에 요청하여 개설은행이 운송인에게 발행하는 서류이다. 동 서류를 통해 개설은행은 운송인에게 선하증권이 없으나 물

---

17) 항공운송에서 AWB원본은 3부가 발행되는데 이는 각각 발행운송인용, 송하인용, 수하인용이다. 발행운송인용 원본은 운송인이 물품을 인수하면서 회수하며, 송하인용은 수출자가 가져가며, 수하인용은 화물과 같이 도착지에 도착하여 수하인에게 인도되게 된다.

18) 항공운송에서 도착지에서 물품을 인수하기 위해서는 항공화물운송장의 수하인용을 운송인 측에 제출하여야 한다.

품을 수입자에게 인도하여 줄 것을 요구하며 그로 인해 발생하는 모든 책임에 대해 개설은행이 부담할 것을 약속하게 된다. 운송인은 동 서류를 인수한 후에 D/O (Delivery Order)를 발급하게 된다.

2) 수입물품대도(T/R)

일람출급신용장하에서 개설은행은 수입자가 어음대금을 지급하였을 때 운송서류를 포함한 선적서류를 수입자에게 인도하게 된다. 그러나 수입자가 어음대금을 지급할 능력이 없으나 선적서류를 인수하고자 하는 경우 개설은행의 선적물에 대한 담보권을 가지는 조건으로 개설은행으로부터 선적서류를 인수하는 것이다. 이를 위해 수입자는 수입물품대도신청서를 작성하여 개설은행에 제시하고 은행은 B/L원본 등을 인도하게 된다.

3) 수입화물인도승낙서(D/O)

신용장 거래에서 항공운송의 경우에는 수입자가 항공화물운송장 원본을 개설은행으로부터 인수하더라도 운송인에게 이를 제시하여 물품을 인수할 수 없다. 그 이유는 첫째 항공화물운송장은 기명식 서류로서 항공화물운송장의 수하인은 개설은행이므로 운송인은 개설은행에게 물품을 인도할 것이다. 둘째 항공화물운송장은 양도 및 매입이 불가능한 서류이므로 이를 개설은행이 수입자에게 배서하여 양도할 수도 없다.

따라서 수입자는 운송서류 원본만으로 운송인으로부터 물품을 인수할 수 없고 이를 인수하기 위해서는 개설은행이 발행한 항공화물운송장에 의한 수입화물인도승낙서가 필요하게 될 것이다. 즉 수입자가 개설은행에 환어음 대금을 모두 지불하거나 적절한 담보 등을 통해 은행으로부터 수입화물인도승낙서를 제공받게 되며 수입자가 이를 운송인에 제출하여 화물을 인도받게 되는 것이다.

한편 현업에서는 신용장거래 조건이며 수하인이 개설은행으로 되어 있는 건에 대하여 수입화물인도승낙서나 L/G없이 화물을 수입자에게 인도하는 경우가 있는데 이는 물건의 수하인인 개설은행의 허락 없이 인도가 이루어진 것이므로 운송인 또는 보세창고업자는 은행에 책임을 져야 하는 상황이 발생할 수 있으므로 각별한 주의가 필요하다.

제5절 외국환과 환율

1 외국환

1) 외국환의 개념

외국환(Foreign Exchange)은 국제 간의 거래에서 채권과 채무의 관계를 결제하는 수단이나 방법을 의미하며 현금을 직접 수송하지 않고 은행 등의 제3자를 통한 환어음, 수표, 전신환, 지불/징수 등을 위탁하는 지정서류 등을 이용하여 결제를 하게 된다. 외국환의 특징은 국제 간의 거래이기 때문에 수입자의 경우 결제를 위해 자국통화를 외국통화로 교환하거나 수출자의 경우 외국통화를 자국통화로 교환할 때 환율(Exchange Rate)의 문제가 발생하게 된다. 환율은 자국통화와 외국통화의 교환비율을 의미한다.

2) 국제거래 화폐의 선택

국제거래계약 시에는 어떤 외국통화(Currency)로 거래할 것인지에 대해서도 결정해야 하는데 이때 환율변동성(Currency Fluctuation)과 통화교환성(Currency Convertibility)을 고려한다.[19] 환율변동성은 환율이 얼마나 자주 그리고 크게 변동하는가와 관련된 것이다. 주로 해당통화 본국의 경제규모가 크고, 안정적일수록 환율변동은 작게 나타난다. 통화교환성은 타 화폐와 얼마나 쉽게 환전이 가능한 가를 나타내는 것인데 이 또한 경제의 규모와 안정성 그리고 자유성 등과 관련이 있다고 할 것이다. 이러한 두 가지 기준을 모두 충족시키는 대표적인 화폐는 미국달러, 유로화, 영국파운드화, 일본엔화 등이고 이들은 국제거래에서 많이 활용되고 있다.

3) 환위험(Exchange Risk)

환위험은 환율이 변동함에 따라 자국의 통화가 아닌 타국 통화를 보유하거나 결제에 사용할 때 발생하는 위험이다. 환율변동으로 인해 이익(환차익)을 보는 경우와 손해(환차손)를 보는 경우가 있을 수 있다. 예컨대 국내의 무역업체가 해외거래 시에 원화로 영수하고 지출한다면 환위험으로부터 자유로울 수 있겠으나 아직 원

19) Pierre · Richard, 『International Logistics』 3rd ed., CENGATE Learning, 2009, p.163.

화가 국제적으로 높은 신뢰와 유통성을 갖고 있지 못하여 외화를 이용하게 된다. 이로 인해 국내 무역업체의 국제 거래에는 환위험이 동반된다.

무역기업들은 환율이 높고 낮음에 이해를 갖게 되는 데 일반적으로 수출자는 환율(달러의 원화가격)이 높을 때 유리하고 수입자는 낮을 때 유리하다고 할 수 있으나 이 보다 더 중요한 것은 환율이 안정적이어야 될 것이다. 즉 무역상들은 안정된 환율 하에서 구입가격과 판매가격에 대한 계획을 세워 거래를 진행하게 되는데 환율의 변동성이 클 경우에는 계획을 세울 수 없게 되고 이는 무역거래를 위축시키는 요인이 되는 것이다.

4) 환위험의 관리

무역상의 환위험 관리는 환차익 보다는 환차손을 없애거나 줄이는 것에 목표를 두는 것이 일반적이다. 이러한 환위험의 관리기법에는 대내적 관리기법과 대외적 관리기법이 있는데 전자는 기업 자체적으로 외화자금을 관리하는 것을 의미하며 후자는 외부의 금융상품을 활용하는 것을 의미한다. 소규모 무역기업은 외화자금이 다양하거나 충분하지 않음으로 일반적으로 외부적 관리기법을 활용하는 것이 바람직하다고 할 것이다.

〈표 2-7〉 대내적 관리기법

구분	내용
매칭(Matching)	외화자금의 흐름을 관리하여 통화별로 자금의 수입과 지출을 일치시키면 외화와 내국통화와의 교환이 이루어지지 않게 된다.
리딩과 래깅 (Leading &Lagging)	환율변동에 대비하여 외화자금의 수입 또는 지출 시기를 의도적으로 앞당기거나(Leading) 지연시킨다(Lagging). 즉 환율이 하락할 것으로 예상되는 경우 외화지출의 시기를 늦추고 외화수입의 시기를 앞당기는 전략이다.
상계(Netting)	본사와 지사 또는 지사 간 거래에서 일정기간 발생한 채권/채무를 개별적으로 결제 않고 서로 상계한 후 차액만을 결제하는 전략. 이를 통해 외환거래비용을 절감하고 환리스크도 감소시킬 수 있다.
가격정책(Pricing Policy)	수출입 상품의 가격을 환율의 변동에 따라 수시로 조정하거나 거래통화를 조정하여 환리스크에 대응한다.
자산부채종합관리 (ALM기법)	Asset Liability Management 로서 환율(금리) 전망에 따라 기업이 보유하고 있는 사산, 부재의 포지션을 조정하는 기법
포트폴리오 전략(Portfolio)	여러 종류의 통화로 자산과 부채를 구성하는 기법

〈표 2-8〉 대외적 관리기법

구분	내용
선물환거래 (Forward Transaction)	거래 당사자 간에 외화를 장래의 일정시기에 미리 정한 환율로 매매할 것을 약정하고 만기일에 약정된 환율로 외화를 거래한다.
통화스왑 (Currency Swap)	거래 당사자 간에 약정된 환율에 따라 일정한 시점에서 통화를 서로 교환하는 외환거래이다.
통화선물(Futures)	특정통화를 미래의 일정시점에 매입 또는 매도하기로 약정하는 금융 선물거래의 일종이다.
옵션(Option)	특정외화를 장래의 특정일자에 정해진 행사가격 (Strike Price) 으로 매입 또는 매도할 수 있는 권리를 사고 파는 것.
환변동보험	한국무역보험공사[20]의 보험상품으로 수출업체에게 일정 수준 이상의 환차손에 대해 보험금을 지급한다. 환차익이 발생하는 경우에는 환수한다.

2 환율

1) 환율의 결정

환율은 원화와 외국통화의 교환비율로서 외국통화의 원화가격이라고도 할 수 있다. 즉 달러의 환율이 1200원 이라면 이때 달러와 원화의 교환비율은 1:1200이며 1달러의 원화가격은 1200원이 되는 것이다. 환율을 표시하는 방법으로서는 우리나라의 경우 직접표시법(Direct Quotation)을 따르고 있는데 이는 외국통화를 기준통화로 하고 이에 대한 원화의 교환비율을 나타내는 것이다. 즉 USD 1 = KRW 1200으로 표시하게 된다.

우리나라의 환율제도는 고정환율제도 → 단일변동환율제도 → 복수통화바스켓제도 → 시장평균환율제도를 거쳐 현재 자유변동환율제도가 적용되고 있다. 이는 환율을 국가가 통제하지 않고 외환시장의 수요와 공급에 따라 자유롭게 결정되도록 하는 제도이다.[21] 이 제도하에서 국가는 보유하고 있는 외화를 외환시장에서 팔거나 사기를 통해 즉 시장 매커니즘을 통해서만 환율에 개입할 수 있게 된다.

다음 표는 국내은행이 고객들에게 제공하는 고시환율의 예이다. 현재 30개 이상의 통화에 대하여 그 환율을 고시하고 있으며 고시하는 내용의 각각에 대한 설명은 다음 항과 같다.

20) 한국무역보험공사는 우리나라의 수출, 수입 보험제도를 전담 운영하는 정부출연기관이다.
21) 1997년 12월 16일부터 실시

〈표 2-9〉 국내은행의 고시환율의 예

통화명	매매 기준율	현찰(Cash)				전신환(T/T)		환가 료율	미화 환산율
		매도율	스프레드	매입률	스프레드	매도율	매입률		
미국 USD	1,116.30	1,135.83	1.75	1,096.77	1.75	1,127.20	1,105.40	2.0366	1.0000
일본 JPY 100	914.78	930.78	1.75	898.78	1.75	923.74	905.82	2.0400	0.8195
유럽연합 EUR	1,243.33	1,268.07	1.99	1,218.59	1.99	1,255.76	1,230.90	1.8942	1.1138
영국 GBP	1,755.16	1,790.08	1.99	1,720.24	1.99	1,772.71	1,737.61	2.4875	1.5723
스위스 CHF	1,197.36	1,221.18	1.99	1,173.54	1.99	1,209.33	1,185.39	1.1490	1.0726
캐나다 CAD	899.73	917.63	1.99	881.83	1.99	908.72	890.74	2.7850	0.8060
호주 AUD	857.10	874.15	1.99	840.05	1.99	865.67	848.53	4.2750	0.7678
홍콩 HKD	144.00	146.86	1.99	141.14	1.99	145.44	142.56	2.4550	0.1290
스웨덴 SEK	135.08	138.45	2.50	131.71	2.50	136.43	133.73	1.7650	0.1210
아랍에미리트 AED	303.93	316.08	4.00	279.62	8.00	306.96	300.90	2.5250	0.2723
태국 THB	33.07	35.05	6.00	31.09	6.00	33.40	32.74	3.5050	0.0296
싱가포르 SGD	830.02	850.77	2.50	809.27	2.50	838.32	821.72	3.2050	0.7435
인도네시아 IDR 100	8.44	9.11	8.00	7.43	12.00	8.52	8.36	8.5250	0.0076
러시아 RUB	20.06	21.46	7.00	17.66	12.00	20.26	19.86	14.595	0.0180
인도 INR	17.51	18.73	7.00	15.76	10.00	0.00	0.00	0.0000	0.0157
필리핀 PHP	24.74	27.21	10.00	23.76	4.00	0.00	0.00	0.0000	0.0222
중국 CNY	179.84	192.42	7.00	170.85	5.00	181.63	178.05	5.2020	0.1611
멕시코 MXN	71.00	73.84	4.00	62.48	12.00	71.71	70.29	4.6880	0.0636
브라질 BRL	358.02	386.66	8.00	329.38	8.00	362.31	353.73	15.038	0.3207
대만 TWD	36.16	39.05	8.00	34.36	5.00	0.00	0.00	0.0000	0.0324
베트남 VND 100	5.11	5.72	12.00	4.50	12.00	0.00	0.00	0.0000	0.0046

출처 : 외환은행 홈페이지, 2015. 06. 30 기준

2) 매매기준율(기준환율)

외환시장은 거래당사자에 따라 은행 간 시장과 대고객 시장으로 구분된다. 은행 간 시장은 도매시장의 성격을 갖고 대고객 시장은 소매시장의 성격을 갖는다.[22] 도매시장에서는 금융기관 간에 달러의 거래가 이루어지는데 이들 간의 거래는 외국환중개회사의 중개 하에 거래가 이루어지며 이 거래 가운데 전 영업일의 제2영업일결제 현물환거래 환율을 거래량으로 가중평균 하여 당일의 달러의 매매기준율을 산출하게 된다. 달러 이외의 통화는 국내 외환시장에서는 거래되지 않으므로 재정된 매매기준율을 활용한다. 재정된 매매기준율은 최근 주요 국제금융시장에서 형

22) 한국은행 홈페이지 참조(www.bok.or.kr)

성된 미화 이외의 통화와 미화와의 매매중간율(미화환산율)을 매매기준율로 재정하여 산출한다.[23]

이렇게 수립된 매매기준율과 재정된 매매기준율은 대고객 환율의 기저(Base)가 된다. 즉 각 외국환은행은 매매기준율과 재정된 매매기준율에 일정 마진을 추가 또는 할인하여 외화를 매도 또는 매입하여 수익을 창출하게 된다.

3) 현찰 매매율

현찰 매매율(Cash)은 은행에서 직접 외화를 인도할 때 적용되는 환율이라고 할 것이다. 이에는 매도율과 매입율이 있으며 매도율은 매매기준율에 마진(스프레드)을 추가하여 고객에게 외화를 판매하는 환율이며 매입율은 매매기준율에 마진(스프레드)만큼을 차감하여 고객으로부터 외화를 매수하는 환율이다. 마진은 외화별로 차이가 있는데 안정성이 높을수록 낮은 마진을 안정성이 낮을수록 높은 마진이 적용된다고 할 것이다.

4) 전신환 매매율

전신환 매매율(Telegraphic Transfer)은 전신환(송금환)에 적용되는 환율이다. 예컨대 수입자는 수출자에게 현찰 대신 전신환(송금환)을 보내는 것이 일반적인데 이를 위해서는 은행으로부터 전신환을 구입하여야 하며 반대로 수출자는 수입자가 보내온 전신환(송금환)을 자국에서 은행에 판매하여야 한다. 이때 은행은 전자의 경우 전신환매도율(T/T Selling Rate)을 적용하여 전신환을 매도하고 후자의 경우 전신환매입율(T/T Buying Rate)을 적용하여 전신환을 매입하게 된다.

이때도 역시 은행은 매매기준율을 기저(Base)로 하여 매도 시에는 마진을 추가하고 매입 에는 마진을 차감하여 무역상과 거래를 하게 된다. 다만 이때의 마진은 일반적으로 현찰 매매 시의 마진에 비하여 낮게 적용한다. 그 이유는 은행 입장에서 현찰을 주고받는 경우에는 관리에 훨씬 많은 비용이 소요되고 리스크도 증가되기 때문에 그의 보전을 위해 높은 마진을 적용한다. 이에 반해 전신환은 해외로 실제 현찰이 움직이는 것이 아니라 송금지시서가 움직이는 것으로 관리에 따른 비용은 크게 발생하지 않는다고 보아야 할 것이다.

무역상 입장에서 자사가 외화를 사고팔 때 적용되는 환율은 전신환 매매율이기

---

23) 외국환거래규정 제1-2조 제7호.

때문에 무역상의 기준환율이라고 할 수도 있을 것이다.[24] 한편 전신환매매율은 환어음 등의 결제에 있어서도 그 기준되는 환율로서의 역할을 하게 된다.

5) 환가료율과 환어음 매입율

환가료율은 은행이 환어음매입 시에 발생하는 이자비용을 고객에게 징수하는 수수료율이다. 예컨대 매입은행이 수출자로부터 환어음을 매입하고 이를 개설은행에 송부하여 대금을 지급 받을 때까지는 기간이 소요되며 이 기간의 이자비용과 일정 마진[25]을 환어음 매도인(수출자)에게 환가료로 징수하는 것이다.

매입은행이 환가료를 징수하는 방법은 따로 청구하는 것이 아니고 환어음매입 시에 환가료 부분을 차감하여 환율을 적용하는 방식을 취하고 있다. 아래는 환어음의 종류별로 환어음 매입율의 계산식이다.

〈표 2-10〉 환어음 매입율의 계산

구분	내용
일람출급 환어음 매입율	전신환매입율 - (DD days/360) X 연환가료율 X 장부가격
기한부 환어음 매입율 (일람 후 정기출급)	일람출급환어음 매입율 -(어음기간/360 X 연환가요율 X 장부가격)
기한부 환어음 매입율 (확정일자 후 정기출급)	전신환매입율 - ((해당기간)/360 X 연환가요율 X 장부가격)

1) DD는 우편일수를 의미한다. 즉 매입은행이 환어음이 개설은행에 보내어 어음대금을 수취할 때까지의 기간으로서 현업에서는 동남아의 경우 9일 기타의 국가는 10일을 적용하고 재매입(Renego) 건의 경우에는 12일 적용한다.
2) 장부가격은 기준환율에서 원단위를 절사한 것이다.
3) 연환가료율은 연간이자이므로 일수만큼의 이자를 계산하기 위해 (일수/360)이 곱해졌다.
4) 어음대금은 개설은행이 매입은행 쪽으로 전신환을 보내올 것이므로 전신환매입율이 적용된다.

---

24) 은행 입장에서는 매매기준율, 여행자 입장에서는 현찰 매매율이 기준이 되는 환율이라고도 할 수 있을 것이다.

25) 일반적으로 환가료율은 LIBOR 에 1.5%를 추가하여 적용한다. 여기서 LIBOR(London Inter-Bank Offered Rate)는 도매이자율(즉 은행의 이자비용)이고 1.5%는 마진이다.

〈서식 2-1〉 상업송장(Commercial Invoice)

DRAGON VIETNAM CO.,LTD
623, CHISAN, DDY, HOCHIMINH,
VIETNAM

COMMERCIAL INVOICE

TO CUSTOMER
HEYIN CO.,LTD.
#2385 CJ BUILDING, YONGSAN-DONG, YONGSAN-GU, SEOUL, KOREA

INVOICE NO.: 09/073
Date: 16 Oct. 2009

DEPARTED FROM : HOCHIMINH, VIETNAM TO: PUSAN, KOREA
Term of payment : 60 days from date of invoice
Sailing on: : 18 Oct. 2009

ITEM NO.	DESCRIPTION OF GOODS	Q'TY (pc)	U. PRICE (USD) FOB HCM CITY	AMOUNT USD
	P/O No. 2230013823			
1	KP-VF-3923	192	47.31	9,083.52
2	KP-VF-3925	84	53.25	4,473.00
	ORIGIN: VIETNAM			
	TOTAL FOB HO CHI MINH CITY	276		13,556.52

Say: The United States Dollars Thirteen thousand Five hundred Fifty Six and Fifty Two Cents only.

AUTHORIZED SIGNATURE

〈서식 2-2〉 포장명세서(Packing List)

DRAGON VIETNAM CO.,LTD
623, CHISAN, DDY, HOCHIMINH,
VIETNAM

PACKING LIST

TO CUSTOMER

HEYIN CO.,LTD.
#2385 CJ BUILDING, YONGSAN-DONG, YONGSAN-GU, SEOUL,
KOREA

P.LIST NO.: **09/073**
Date: 16 Oct. 2009

DEPART FROM : HOCHIMINH, VIETNAM
Vessel : Hanjin Manila V. 043N
Sailing on: : 18 Oct. 2009

TO: INCHEON, KOREA

Pallet No.	CARTON No.	Q'TY (PCS)	DESCRIPTION OF GOODS	NET WEIGHT(KGS)	GROSS WEIGHT (KGS)
			Container 40' HC		
1-16	1 - 192 @12carton/pallet	192	KP-VF	5,894.40	6,144.00
17 -23	193 - 276 @12carton/pallet	84	KP-VF	2,578.80	2,688.00
			PACKING: EXPORT STANDARD SUITABLE BY SEA ORIGIN: VIETNAM		
23	276 CTNS	276	TOTAL	8,473.20	8,832.00

Goods is pack in 1x40'HC
Dimension: 48CBM/40'

〈서식 2-3〉 보험증서(Insurance Policy)

MARINE CARGO INSURANCE POLICY ORIGINAL

Policy No.	: Y277142E - 000
Assured Name	: HEYIN CO., LTD
Invoice No., etc.	: I/V No. M3RD-20120528-001
Amount Insured	: CARGO USD 48,013.90(USD 43,649.00 * 110.00 %)

Conveyance	: SINAR BANGKA 1214S	**Sailing on or about**	: Jun 06, 2012
At and From	: BUSAN, KOREA	**Transhipped at**	:
Arrived At	: HAIPHONG, VIETNAM	**Thence to**	:

Goods and Merchandise :
MOBIL SHC 629

Marks and Number as per Invoice No. specified as above — Valued at the same as Amount Insured

Conditions :
Institute Cargo Clauses (All Risks) - 1/1/63
Subject to being Packed.

Subject to the following Clauses :

- Institute Cargo Clauses (as specified above)
- Institute Classification Clause
- On-deck Clause
- Label Clause (applying to labelled goods)
- Co-Insurance Clause (if applicable)
- U.S Economic and Trade Sanctions Clause
- Special Replacement Clause For secondhand Machinery
- Special Replacement Clause (applying to Machinery)
- Duty Clause(applicable only to import duty insured)
- Other Insurance Clause
- Transit Termination Clause (30 days) (applicable only for cargo imported to Korea)
- Institute Extended Radioactive Contamination Exclusion Clause
- Institute Chemical, Biological, Bio-Chemical, Electromagnetic Weapons and Cyber Attack Exclusion Clause
- Termination of Transit Clause (Terrorism)

Settling Agent : Chartis Vietnam Insurance company Limited	**Claims Representative :** Chartis Vietnam Insurance company Limited
5/F, Hanoi Towers, 49 Hai Ba Trung street, Hoan Kiem District, Hanoi Tel: 844 39361455 Fax: 844 39361456	5/F, Hanoi Towers, 49 Hai Ba Trung street, Hoan Kiem District, Hanoi Tel: 844 39361455 Fax: 844 39361456

Place and date signed in : SEOUL , KOREA Jun 06, 2012	No. of Policies issued : 2	Typist : BMMJAHN

Chartis Insurance Korea Inc.
CEO & President Steven Barnett

ENCRYPTION No. Pxo/P2g/P0Q/Py52P080
For Policy Verification

For a listing of Claim Offices
http://www.chartis.co.kr

〈서식 2-4〉 원산지증명서(Certificate of Origin)

[별지 제6호의9서식] 〈신설 2011.12.2〉

미합중국과의 협정에 따른 원산지증명서의 서식

<table>
<tr><th colspan="6">Certificate of Origin
Korea-US Free Trade Agreement</th></tr>
<tr><td rowspan="5">1.Exporter
(수출자)</td><td>Name (성명)</td><td></td><td colspan="3" rowspan="5">2. Blanket Period
(원산지포괄증명기간)

YYYY MM DD YYYY MM DD
(년) (월) (일) (년) (월) (일)
From: ____/__/__ To: ____/__/__
(부터) (까지)</td></tr>
<tr><td>Address(주소)</td><td></td></tr>
<tr><td>Telephone (전화)</td><td></td></tr>
<tr><td>Fax (팩스)</td><td></td></tr>
<tr><td>E-mail (전자주소)</td><td></td></tr>
<tr><td rowspan="5">3.Producer
(생산자)</td><td>Name (성명)</td><td></td><td rowspan="5">4.Importer
(수입자)</td><td>Name (성명)</td><td></td></tr>
<tr><td>Address(주소)</td><td></td><td>Address(주소)</td><td></td></tr>
<tr><td>Telephone (전화)</td><td></td><td>Telephone
(전화)</td><td></td></tr>
<tr><td>Fax (팩스)</td><td></td><td>Fax (팩스)</td><td></td></tr>
<tr><td>E-mail (전자주소)</td><td></td><td>E-mail
(전자주소)</td><td></td></tr>
</table>

5. 원 산 지 증 명 대 상 물 품 내 역

Serial No. (연번)	Description of Good(s) (품명 · 규격)	Quantity & Unit (수량 및 단위)	HS2002 No. (품목번호 HS 6단위)	Preference Criterion1) (원산지결정기준)	Country of Origin (원산지 국가)

6. Observations:
(특이사항)

I certify that:
본인은 다음 사항을 확인합니다.

- The information in this document is true and accurate and I assume the responsibility for proving such representations. I understand that I am liable for any false statements or material omissions made on or in connection with this document.
  상기 서식에 기재된 내용은 사실이고 정확하며, 기재된 사항에 대한 책임은 본인에게 있습니다. 이 증명서 또는 이와 관련한 허위 진술 또는 중대한 사실 누락에 대해서는 본인에게 책임이 있음을 확인합니다.
- I agree to maintain, and present upon request, documentation necessary to support this Certificate, and to inform, in writing, all persons to whom the Certificate was given of any changes that would affect the accuracy or validity of this Certificate.
  본인은 이 증명서를 입증하는데 필요한 문서를 보관하며, 요청이 있을 경우 이를 제출할 뿐 아니라, 이 증명서의 정확성이나 유효기간에 영향을 미치는 여타 변동사항에 대해서 이 증명서를 받은 관계자들에게 서면으로 통보할 것에 동의합니다.
- The goods originate in the territory of one or both Parties and comply with the origin requirements specified for those goods in the Korea -United State of America Free Trade Agreement.
  해당 물품은 대한민국과 미합중국간의 자유무역협정에 따른 원산지결정기준을 충족하고 있음을 확인합니다.
  This Certificate consists of ______ pages, including all attachments.
  이 증명서는 첨부서류를 포함하여 총___장으로 구성되어 있습니다.

7. Authorized Signature (서명권자의 서명)	Company (회사명)
Name: (작성자 성명)	Title (직위)
YYYY MM DD (년) (월) (일) ____/__/__/	Telephone : (전화번호) Fax: (팩스번호)

1) Originating goods in accordance with Article 6.1(a) of the Agreement(미합중국과의 협정 제6.1조 가호에 따른 원산지물품): WO
Originating goods in accordance with Article 6.1(b) of the Agreement(미합중국과의 협정 제6.1조 나호에 따른 원산지물품): PSR
Originating goods in accordance with Article 6.1(c) of the Agreement(미합중국과의 협정 제6.1조 다호에 따른 원산지물품): PE

* 수입자, 생산자 란은 기재 생략 가능하며, 한글본과 영문을 선택하여 사용할 수 있음

〈서식 2-5〉 신용장 발행신청서(L/C Application)

취소불능 화환신용장 발행신청서
APPLICATION FOR IRREVOCABLE DOCUMENTARY CREDIT 고 객 용

신한은행 SHINHAN BANK

TO : SHINHAN BANK
20(Documentary Credit Number)

Date :

40A(Form of Documentary Credit): Irrevocable, Transferable

Advising Bank SWIFT CODE	31D(Date and Place of Expiry) : (yy/mm/dd) in the Beneficiary Country 기타 ( )
50(Applicant)	59(Beneficiary)
32B(Amount)	39A(Credit Amount Tolerance) : / (More/Less)%
42C(Drafts at…)	Banker's(선급) Banker's(후급) Shipper's Domestic
43P(Partial Shipments) : Permitted Prohibited	43T(Transhipment) : Permitted Prohibited
49(Confirmation Instructions) : Without May add Confirm	Confirmation Charges : Applicant Beneficiary

44A(Loading on Board/Dispatch at)

44B(For Transportation to)

44C(Latest Date of Shipment) (yy/mm/dd)	48(Period for Presentation)

71B(Charges) All banking charges outside Korea and reimbursement charges are for account of Beneficiary Applicant

45A(Description of goods and/or service) : Details as per offer No.

H.S. CODE :

Origin : Price Terms :

46A(Documents Required)

- Signed commercial invoice in *triplicate*
- Packing list in *triplicate*
- Full set of clean on board ocean bills of lading made out to the order of SHINHAN BANK SEOUL marked Freight and Notify Applicant
- Airway bills consigned to SHINHAN BANK SEOUL marked Freight and Notify Applicant
- Certificate of origin in *triplicate* issued or certified by Chamber of Commerce or governmental authority where shipment is made.
- Full set of (marine) insurance policy or certificate endorsed in blank for 110% of invoice value with claims payable in Korea in the currency of draft covering the Institute Cargo Clause :

T/T Reimbursement : Allowed Not Allowed	Shipping Mark

47A(Additional Conditions)

■ 중국 위안화에 의한 거래시에는 현지 정책에 따라 거래 제한(용도 및 대상기업에 따른 제한 포함)이 될 수 있음을 인지 하였으며 거래상대방이 위안화 결제 가능 기업에 포함되는지의 여부를 당사에서 사전에 확인하였고 이로 말미암은 문제에 대해서는 당사에 책임이 있음을 확약합니다.

■ 위와 같이 신용장 발행을 신청함에 있어서 따로 제출한 외국환거래약정서의 해당 조항에 따를 것을 확약하며 아울러 위 수입화물에 관한 모든 권리를 귀행에 양도하겠습니다.

신 청 인 (인) 또는 서명

주 소

접수인

취소불능 화환신용장 발행신청서(2010.08 개정) 3-304-001(21.0×29.7) NCR용 (54g/㎡)

〈서식 2-6〉 전신신용장(Telegraphic L/C)

LETTER OF CREDIT

Application header block :

: Input/Output Identifer	: I Outgoing Message
: Transaction Typer	: 700 issue of a documentary credit
: Transaction Prioity	: n Normal
: From	: HANA BANK, SEOUL
: To	: SHINHAN BANK SINGAPORE BRANCH,

Text Block :

/27 : sequence of total	: 1/1
/40A : form of documentary credit	: IRREVOCABLE
/20 : documentary credit number	: M1234 567NS898888
/31C : date of issue	: 15/06/24
/31D : date and place of expiry	: 15/08/25 SINGAPORE
/50 : applicant	: J & EXPORT CO., LTD. 164 MAPO-DONG, MAPO-GU, SEOUL, KOREA
/59 : beneficiary	: LI & FUNG CO., LTD. RM 687 DUGANG BD CHISACHUI, SINGAPORE
/32B : currency code amount	: USD 200,000.00
/39A : pct credit amount toterance	: 5/5
/41D : available with by name, address	: ANY BANK BY NEGOTIATION
/42C : drafts at	: AT SIGHT
/42A : drawee	: SIGAPORE BANK LTD., SINGAPORE (ADDR 6884, SINGAPORE)
/43P : partial shipment	: ALLOWED
/43T : transshipment	: ALLOWED
/44A : on board/Disp/taking charge	: SINGAPORE, SINGAPORE
/44B : for transportion to	: INCHEON, KOREA
/44C : latest date of shipment	: 06/08/10

/45A : descr goods and/or services

700PAIRS OF CHINESE GIANT BEAR TOY
SIZE : MIN 1.5 METERS AT USD170.00
F.O.B.SHIDAO.CHINA

/46A : documents required

+SIGNED COMMERCIAL INVOICE IN QUINTUPLICATE
+PACKING LIST IN TRIPLICATE
+FULL SET OF CLEAN ON BOARD OCEAN BILL OF LANDING MADE OUT TO THE ORDER OF WOORI BANK MARKED FREIGHT COLLECT AND NOTIFY APPLICANT
+CERTIFICATE OF ORIGIN

/47A : additional conditions

ALL DOCUMENTS MUST BEAR OUR CREDIT NUMBER M1234 606NS00018
T/T REIMBURSEMENT NOT ALLOWED
QUANTITY 10PCT MORE OR LESS ALLOWED
+THIRD PARTY DOCUMENTS ACCEPTABLE

/71B : charges	: ALL BANKING COMMISSIONS AND CHARGES INCLUDING REIMBURSEMENT CHARGES OUTSIDE KOREA ARE FOR ACCOUNT OF BENEFICIARY
/49 : confirmation instructions	: WITHOUT
/53A : reimbursement bank	:

/78 : instructions to the pay/acc/neg bk

DRAFTS MUST BE SENT TO DRAWEE BANK FOR YOUR REMBURSEMENT
AND ALL DOCUMENTS TO US BY COURIER SERVICE IN ONE LOT

/72 : sender to receiver information	: THIS CREDIT IS SUBJECT TO UCP(1993 REVISION) I.C.C. PUBLICATION NO. 600

〈서식 2-7〉 환어음(Bill of Exchange)

BILL OF EXCHANGE

No. LD_DRGINV01

For US$ 188256.00 (amount in figure)

SHANGHAI 27-May-01 **(place and date of issue)**

At *************** **sight of this** FIRST **Bill of exchange(SECOND being unpaid)**

pay to BANK OF CHINA, SHANGHAI BRANCH **or order the sum of**

SAY UNITED STATES DOLLARS ONE HUNDRED AND EIGHTY EIGHT THOUSAND AND TWO HUBDRED AND FIFTY SIX ONLY
(amount in words)

Value received for 600 SETS (quantity) **of** TELECONTROL PACING CAR (name of commodity)

Drawn under CHEMICAL BANK NEW YORK

L/C No. DRG-LDLC01 **dated** 14-Apr-01

To: CHEMICAL BANK NEW YORK
55 WATER STREET, ROOM 1702,
NEW YORK, NEW YORK 10041

For and on behalf of
LIDA TRADING CO., LTD.

XXX
(Signature)

제3장

수출입 통관

제1절 수출입 관련 법규

우리나라의 대외무역관련 법규는 대외무역의 기본법규인 대외무역법, 통관과 관세에 대한 법규인 관세법, 그리고 국제거래에서 이용되는 외국환에 대한 외국환거래법이 그 기본을 구성하며 개별법과 기타 법규에서 수출입과 관련된 규정을 일부 포함하고 있다. 이를 개괄하여 정리하면 다음과 같다.

〈그림 3-1〉 수출입 관련 법규 개괄

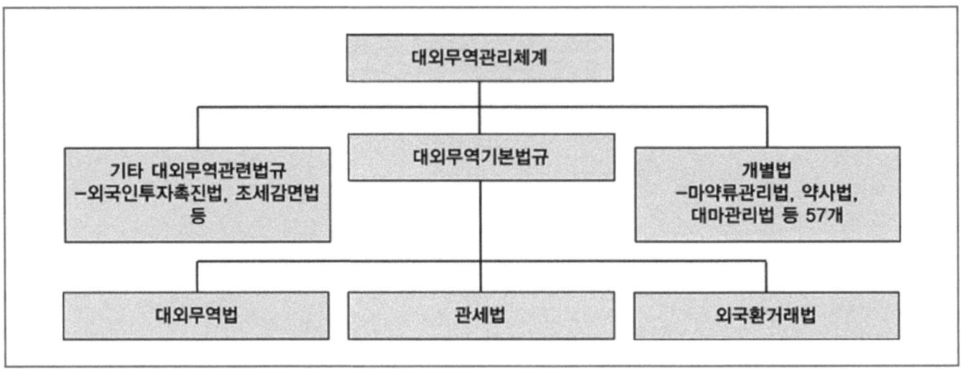

1 대외무역법

대외무역법은 대외무역을 진흥하고 공정한 거래질서를 확립하여 국제수지의 균형과 통상의 확대를 도모함으로써 국민경제의 발전에 이바지함을 목적으로 하고 있다.[1] 동 법규는 대외무역과 관련하여 기본법적 성격을 갖고 있으며 또한 수출입 물품의 통관과 관련되어 많은 규정을 포함하고 있는데 본 항에서는 수출입통관에 많은 영향을 주고 있는 수출입 제한과 관련된 제도에 대해서만 살펴본다.

대외무역법은 1967년 이후 Negative List 방식으로 수출입에 제한되는 품목만을 열거하고 열거되지 않은 품목에 대해서는 자유로운 수출입을 보장하고 있다. 수출입의 제한에는 품목을 기준으로 제한하는 것(수출입공고, 통합공고, 전략물자수출입고시)과 거래형태에 따라 제한되는 것(특정거래형태 인정대상)이 있는데 이들에 대해 간단하게 기술하면 다음과 같다.

1) 수출입공고[2)]

산업통산자원부장관은 헌법에 따라 체결, 공포된 조약과 일반적으로 승인된 국제법규에 따른 의무의 이행, 생물자원의 보호 등을 위하여 필요하다고 인정하면 물품 등의 수출 또는 수입을 제한하거나 금지할 수 있다.[3)] 동 규정에 따라 수출입공고를 통해 이에 해당하는 품목을 규정하여 놓았으며 이에 해당하는 품목을 수출 또는 수입하기 위해서는 산업통산자원부장관의 승인을 받아야 한다. 예컨대 수출금지품목에는 고래고기, 화강암과 사암의 자연석, 개의 모피 등이 해당되며 수출제한품목에는 규사, 자동차 부품 중 일부가 해당되고, 수입제한품목에는 주로 항공기 관련 부품 등이 지정되어 있다.[4)]

2) 통합공고[5)]

통합공고는 해당 품목의 관계 행정기관의 장(예컨대 의료기기의 경우 보건복지부 장관)은 수출과 수입요령을 제정 또는 개정하는 경우 이를 시행일 전에 공고될 수 있도록 산업통산자원부장관에게 제출해야한다(대외무역법 12조). 산업통산자원부장관은 이를 통합하여 공고한다. 이에 해당하는 품목을 수출, 수입하기 위해서는 요건확인을 받아야 하는데 요건확인은 주무부처의 장 또는 관련단체의 장으로부터 허가, 추천, 신고, 검사, 검정, 시험방법, 형식승인 등을 받는 절차이다. 이를 충족시키지 못하는 경우에 수출 또는 수입의 수리가 되지 않는다. 예컨대 의료기기 중 MRI장비를 수입하기 위해서는 한국의료기기산업협회장에게 표준통관예정보고를 필하여야 한다.[6)]

---

1) 대외무역법 [법률 제12285호, 2014.7.22] 제1조
2) 수출입공고 [산업통상자원부고시 제2014-161호, 2014.9.2]
3) 대외무역법 제11조
4) 자세한 것은 수출입공고의 별표 참조
5) 통합공고 [산업통상자원부고시 제2015-66호, 2015.4.6]

3) 전략물자수출입고시[7)]

국제평화 및 국가안보를 위해 동 고시에서 해당하는 물품에 대하여 전략물자의 경우 수출허가, 대량파괴무기 등에 대해서는 상황허가를 받을 것을 요하고 있다(대외무역법 19조). 수출하는 물품이 동 고시에 포함되는지 여부를 확인하기 위해서는 전략물자관리원[8)]을 통해 확인하여야 할 것이며 허가 없이 수출한 경우에는 제재[9)]를 받도록 되어있다.

4) 거래형태에 따른 수출입 관리

대외무역법은 수출/수입의 제한을 회피할 우려가 있거나 대금결제 없이 물품 등의 이동만 이루어지는 거래 등에 대해서는 특정거래인정 대상으로 하여 특정거래인정서를 제출하여 신고를 하도록 하고 있다. 현재 이에 해당하는 거래는 중계무역 중 선적서류의 인수와 송부가 2개 이상의 은행에서 이루어지거나 대금의 영수와 지급이 2개 이상의 은행에서 이루어지는 경우 또는 무환수출[10)] 중 신고가격이 미화 5만달러를 초과하는 수출의 경우가 이에 해당한다.

2 외국환거래법

외국환거래법은 외국환 거래와 그 밖의 대외거래의 자유를 보장하고 시장기능을 활성화하여 대외거래의 원활화 및 국제수지 균형과 통화가치의 안정을 도모하기 위한 것이다.[11)] 특히 이 법에서는 거주자와 비거주자를 분리하고 해외와의 외화 송금과 영수 등에 대하여 규정하고 있다. 따라서 수출자와 수입자 간의 송금과 영수 시에 반드시 동법이 정한 규정에 따라야 할 것이다. 다만 본서에서는 동 규범에 대해서는 따로 다루지 않는다.

---

6) 통합공고 상의 수출입요건에 대해서는 HS코드(관세부호)를 이용하여 그 내역을 쉽게 확인할 수 있는데 이에 대해서는 관세법에서 자세히 다루도록 한다.
7) 전략물자수출입고시 [산업통상자원부고시 제2015-145호, 2015.7.20]
8) www.kosti.or.kr
9) 수출허가없이 수출한 경우 7년 이하의 징역 또는 물품가격의 5배 이하의 벌금에 처한다(대외무역법 53조).
10) 무환수출은 물품대금의 영수 없이 수출이 이루어지는 경우이다.
11) 외국환거래법 [법률 제11407호, 2012.3.21] 제1조

3 관세법

관세법은 관세의 부과, 징수 및 수출입물품의 통관을 적정하게 하고 관세수입을 확보함으로써 국민경제의 발전에 이바지함을 목적[12]으로 하고 있다. 따라서 통관과 관련하여 실무적으로 가장 큰 영향을 주는 법이라고 할 수 있는데 2절 이하에서 다루는 부분은 관세법에서 규율하고 있는 통관과 관련된 내용이다.

4 기타 법률

대외무역과 관련하여 규정하고 있는 법률로는 외국인투자법, 자유무역지역의 지정 및 운영에 관한 법률, 조세감면법 등이 있다. 또한 57개의 개별법에서는 일부 품목에 대해 수출입 시의 충족시켜야 하는 조건 등을 규정하고 있는데 이들 내용을 정리한 것이 통합공고이다.

제2절 수출입 통관을 위한 기초

1 통관(내국물품, 외국물품)

통관이란 관세법에 따른 절차를 이행하여 물품을 수출, 수입, 반송하는 것을 말한다(관세법 2조). 여기서 수출은 내국물품을 외국으로 반출하는 것이며 수입이란 외국물품을 우리나라에 반입하거나 우리나라에서 소비 또는 사용하는 것을 말한다. 한편 반송이란 국내에 도착한 외국물품이 수입통관절차를 거치지 아니하고 다시 외국으로 반출되는 것을 의미한다(관세법 2조).

법이 정한 내용을 다시 풀어서 살펴보면 수출통관은 내국물품을 외국물품화하여 이를 해외로 반출하는 과정이며 수입통관은 외국물품을 내국물품화하는 과정이라고 할 수 있다. 여기에서 내국물품은 ① 우리나라에 있는 물품으로서 외국물품이 아닌 것. ② 우리나라의 선박 등이 공해에서 채집, 포획한 수산물 등. ③ 입항전수입신고가 수리된 물품. ④ 수입신고 수리전 반출승인을 받아 반출된 물품. ⑤ 수입

12) 관세법 [법률 제12847호, 2015.1.1] 제1조

신고전 즉시반출신고를 하고 반출된 물품을 의미한다. 외국물품은 ① 외국에서 우리나라에 도착한 물품으로서 수입신고가 수리되기 전의 것. ② 수출신고가 수리된 물품을 의미한다(관세법 2조).

2 보세구역과 자유무역지역

보세란 수입물품의 경우 아직 수입통관이 완료되지 않은 외국물품의 상태를 의미한다. 이러한 외국물품은 원칙적으로 보세구역에만 반입될 수 있는데 이러한 보세구역은 수입통관을 위해 검사와 보관을 위해 사용되는 경우도 있으나 해외에서 반입한 물품을 외국물품[13] 상태에서 가공, 전시, 건설 후 해외로 재반출 하기 위한 용도로도 사용된다. 보세구역의 종류는 지정보세구역인 지정장치장과 세관검사장이 있으며 특허보세구역으로는 보세창고, 보세공장, 보세건설장, 보세전시장, 보세판매장, 종합보세구역으로 나눈다.

한편 보세구역과 유사하면서도 대비되는 것으로 자유무역지역[14]이 있다. 자유무역지역은 관세법, 대외무역법 등 관계 법률에 대한 특례와 지원을 통하여 자유로운 제조, 물류, 유통 및 무역활동 등을 보장하기 위한 장소로 지정된 지역이다. 자유무역지역의 유형으로는 제조업 육성을 위한 지역과 물류 육성을 위한 지역으로 나누어 관리되고 있다.[15] 현실적인 측면에서 자유무역지역은 보세구역 대비 외국물품이 보다 자율적으로 움직이고 가공될 수 있도록 하고 있으며 입주기업에게는 각종 세금의 면제와 할인 그리고 산업을 위해 알맞게 조성된 부지를 저렴하고 장기적으로 임대하여 사용할 수 있게 하고 있다. 특히 외국인투자기업에 대해서는 임대료 일정기간 면제 등의 보다 다양한 혜택이 주어지는 것이 일반적이다. 현재 국내에 지정되어 있는 자유무역지역 현황은 다음과 같다.

---

13) 외국물품 상태이므로 수입신고과 관세납부를 하지 않을 수 있어 업무의 간소화와 관세납부 후 환급 받는 절차를 피할 수 있다.

14) 기존의 관세자유지역, 수출자유지역 등은 모두 자유무역지역제도로 일원화 되어 있다.

15) 자유무역지역의 지정 및 운영에 관한 법률 [법률 제12301호, 2014.1.21] 제2조

〈표 3-1〉 자유무역지역 지정현황

유형		지정 현황	지정권자	관리권자	관리기관
제조업 중심	단지형 (7)	마산, 군산, 대불, 동해, 율촌, 울산, 김제	산업통상자원부 장관	산업통상자원부 장관	자유무역지역관리원
물류중심	항만형 (5)	부산항, 광양항, 인천항, 포항항, 평택당진항		국토교통부 장관	지방해양항만청, 항만공사, 컨테이너부두공단
	공항형 (1)	인천국제공항		국토교통부 장관	서울지방항공청, 공항공사, 인천국제공항공사

2015년 3월 기준

3 품목분류와 HS

관세법에서는 관세율표를 통해 수출입 물품의 품목별 수출입 절차(수출입 요건)와 관세율(수입품의 경우)을 정하고 있다. 관세법에서는 품목분류방법과 관련해서 세계관세기구(WCO)가 정한 국제통일상품분류체계에 관한 국제협약[16](약칭 HS협약)에 따라 품목분류체계를 구축하여 놓고 있다. 실무적으로 수출입 신고인은 수출입 물품의 HS코드를 우선 확인하고 이를 관세율표에서 확인하여 수출입 신고를 이행하여야 한다.

한국의 HS코드(HSK)는 수출입 물품에 대하여 부여되는 상품분류코드로서 총 10자리로 구성되어 있는데 6자리까지는 국제적으로 공통된 코드를 사용하며 그후 4자리는 우리나라가 독립적으로 정하여 사용하고 있다. 품목분류표의 기본구조는 1) 통칙 2) 주 3) 호, 소호 4) 부, 류, 절로 구성되어 있다. 자기공명촬영기기(MRI)를 기준으로 HS코드에 대해 자세히 설명하면 다음과 같다.

16) The International Convention on the Harmonized Commodity Description and Coding System이다. 국제통일상품분류체계(HS)는 그 동안 각 분야에서 독립적으로 이용되던 품목분류체계의 비효율성을 극복하기 위하여 관세, 무역통계, 운송, 보험 등의 다양한 목적에 이용될 수 있도록 만든 다목적(통일) 상품분류체계이다.

〈표 3-2〉 관세율표의 류

	0	1	2	3	4	5	6	7	8	9
0		산동물	육과 식용설육	어패류	낙농품, 조란, 천연꿀	기타 동물성 생산품	산수목, 꽃	채소	과실, 견과류	커피, 차, 향신료
10	곡물	곡물의 분과 조분밀가루, 전분	채유용 종자, 인삼	식물성 엑스	기타 식물성 생산품	동식물성 유지	육 · 어류 조제품	당류, 설탕과자	코코아, 초코렛	곡물, 곡분의주 제품과 빵류
20	채소, 과실의 조제품	기타의 조제 식료품	음료, 주류, 식초	조제사료	담배	토석류, 소금	광, 슬랙, 회	광물성 연료, 에너지	무기 화합물	유기 화합물
30	의료용품	비료	염료, 안료, 페인트 잉크	향료, 화장품	비누, 계면 활성제, 왁스	카세인, 알부민, 변성전분, 효소	화약류, 성냥	필름 인화지 사진용 재료	각종 화학공업 생산품	플라스틱 과 그제품
40	고무와 그제품	원피, 가죽	가죽제품	모피, 모피제품	목재, 목탄	코르크, 짚	조물 재료의 제품	펄프	지와 판지	서적, 신문 인쇄물
50	견, 견사 견직물	양모, 수모	면 · 면사 면직물	마류의사 와 직물	인조필라멘트섬유	인조 스테이플 섬유	워딩, 부직포	양탄자	특수직물	침투, 도포한 직물
60	편물	의류 (편물제)	의류 (편물제 이외)	기타섬유 제품, 넝마	신발류	모자류	우산, 지팡이	조제우모, 인조제품	석, 시멘트, 석면제품	도자제품
70	유리	귀석, 반귀석, 귀금속	철강	철강제품	동과 그제품	니켈과 그제품	알루미늄 과 그제품	(유보)	연과 그제품	아연과 그제품
80	주석과 그제품	기타의 비금속	비금속 제공구, 스푼, 포크	각종 비금속 제품	보일러, 기계류	전기기기, TV, VTR	철도차량	일반차량	항공기	선박
90	광학, 의료, 측정, 검사, 정밀기기	시계	악기	무기	가구류, 조명기구	완구, 운동용구	잡품	예술품, 골동품		

예 : 조제사료는 23류임

〈표 3-3〉 자기공명촬영기기의 HS코드

<table>
<tr><td>HS</td><td colspan="5">901813-0000</td><td rowspan="10">수입요건
[한국
의료기기
산업협회]</td><td rowspan="10">[의료기기법]
다음의 것은 한국의료기기산업협회장에게 표준통관예정보고를 필한 후 수입할 수 있음
●초전도자석식전신용자기공명전산화단층촬영장치 ●초전도자석식부위한정용자기공명전산화단층촬영장치 ●초전도자석식순환기용자기공명전산화단층촬영장치 ●초전도자석식유방용자기공명전산화단층촬영장치 ●상전도자석식부위한정용자기공명전산화단층촬영장치 ●상전도자석식순환기용자기공명전산화단층촬영장치 ●상전도자석식유방용자기공명전산화단층촬영장치 ●상전도자석식전신용자기공명전산화단층촬영장치 ●영구자석식부위한정용자기공명전산화단층촬영장치 ●영구자석식순환기용자기공명전산화단층촬영장치 ●영구자석식유방용자기공명전산화단층촬영장치 ●영구자석식전신용자기공명전산화단층촬영장치 null null</td></tr>
<tr><td>품명</td><td colspan="5">자기공명 촬영기기</td></tr>
<tr><td>수량단위</td><td colspan="5">u kg</td></tr>
<tr><td>원산지표시</td><td colspan="5">대상 [원산지제도운영에관한고시]</td></tr>
<tr><td>적정표시방법</td><td colspan="5">대상 [적정표시방법]</td></tr>
<tr><td colspan="4">관세</td><td colspan="2">[관세율 적용순위]</td></tr>
<tr><td>관세구분</td><td>관세율</td><td>단위당세액</td><td>기준가격</td><td>적용시작일</td><td>적용종료일</td></tr>
<tr><td>FEU1</td><td>2.6</td><td>0.0</td><td>0.0</td><td>2015.01.01</td><td>2015.06.30</td></tr>
<tr><td></td><td></td><td></td><td></td><td></td><td></td></tr>
<tr><td>A
기본세율</td><td>8</td><td>0.0</td><td>0.0</td><td>2015.01.01</td><td>2015.12.31</td></tr>
<tr><td>C
WTO협정세율</td><td>8</td><td>0.0</td><td>0.0</td><td>2015.01.01</td><td>2015.12.31</td><td>수출요건</td><td>수출요건 내역이 없습니다.</td></tr>
</table>

출처 : 관세청 홈페이지의 품목분류

상기표는 의료기관에서 사용되는 자기공명촬영기기(MRI)에 대한 품목분류표의 일부를 발췌한 것으로 동품목의 HS코드는 9018.13-0000 이다. HS코드는 주소의 체계처럼 부, 류, 호, 소호 등으로 구분되는데 대분류에서 소분류로 이어지는 분류체계를 가지고 있다. 한편 상기 MRI의 HS코드를 분리하면 다음과 같다. 다만 국제적으로 동 품목에 대해서 6자리 코드(9018.13)는 세계 공통적으로 사용되나 나머지 부분은 국가별로 달리 정할 수 있다.

HS의 코드 구성은 다음과 같다.

- 90류 : 류(Chapter) 이 류의 표제는 "광학, 의료, 측정, 검사, 정밀기기" 이다.
- 9018호 : 호(Heading) 이 호의 용어는 "내과용, 외과용, 치과용 또는 수의용의 기기"
- 9018.13 : 소호(Subheading) 이 소호의 용어는 "자기공명촬영기기"
- 9018.13-0000 : 마지막 4자리는 우리나라에서 세분하여 사용하는 것이며 수출입신고를 위해서는 10자리의 품목분류(HSK, HS of Korea)로 신고하여야 한다.

상기표에서 MRI의 HS코드는 9018.13.000이므로 이의 기본관세율은 8% 인데 한-EU FTA를 적용 받는 EU원산지 제품인 경우에는 관세율이 2.6%가 적용될 것이다.

또한 MRI 장비를 수출하기 위해서는 특별한 요건이 필요 없으나 수입의 경우에는 한국의료기기산업협회에 표준통관예정보고를 필하여야 한다.

MRI(자기공명촬영기기)처럼 해당품목이 표제에 있는 경우에는 HS코드를 확인하기 쉬우나 그렇지 않은 경우에는 통칙과 주 그리고 해설서 등을 통해 HS코드를 찾아야 하며 그렇게 하여도 HS코드를 찾아내지 못한 경우에는 관세청장에게 품목분류사전심사를 신청할 수 있다.[17)]

4 관세의 종류와 관세율

관세는 수출관세와 수입관세가 있는데 우리나라의 경우에는 수입되는 물품에 대해서만 관세를 부과한다. 또한 관세의 과세표준은 수입물품의 수량(종량세) 또는 가격(종가세)인데 우리나라의 경우 일부품목(영화용필름, 비디오녹화용매체, 일부 농산물)을 제외하고 모두 종가세를 부과한다. 즉 상기품목을 제외하고 물품의 가격(과세가격[18)])에 관세율을 곱하여 관세를 산출한다.

관세율의 종류는 우리나라가 독자적으로 정한 국정관세와 특정국가 또는 국제기구와 조약 등에 따라 정한 협정세율로 나눌 수 있다. 국정관세는 기본관세율, 잠정세율, 탄력관세율이 있는데 기본관세율과 잠정세율은 국회에서 제정, 개정된 세율이며 탄력관세율은 급격히 변화하는 국내외 경제 및 무역환경에 대한 신속한 정책을 위해 행정부에 의해 정해지는 세율이다.[19)] 탄력관세율의 종류와 의의는 <표 3-4>와 같다. 협정세율은 WTO협정세율, 최빈개발도상국에 대한 특혜관세(GSP), UNCTAD개발도상국간 협정관세, 각 국가 또는 경제협력체와 체결한 FTA 협정세율 등이 있다 이들의 대한 설명은 <표 3-5>와 같다.

17) 수출입자가 복수의 HS코드 중 자의적으로 판단하여 품목분류를 하는 경우 세관은 이에 대해 수입신고를 수리하지 않거나 수리된 경우에도 사후심사를 통해 정정을 명령하게 된다

18) 과세가격에 대해서는 후술

19) 법률에 따라 행정부에 위임된 경우에만 가능하다.

〈표 3-4〉 탄력관세의 종류와 의의

관세 종류	의의
덤핑방지관세	외국의 덤핑판매에 대하여 국내산업을 보호할 필요가 있을 경우
상계관세	외국에서 보조금 또는 장려금을 받은 물품의 수입으로 인한 국내산업의 피해방지를 위해 부과한다.
보복관세	우리나라의 무역이익을 침해하는 나라로부터 수입되는 물품에 대하여 피해 상당액의 범위 안에서 관세를 부과한다.
긴급관세	특정물품의 수입증가로 인하여 국내산업이 피해를 받거나 받을 우려가 있을 때 부과한다.
농림축산물에 대한 특별긴급관세	국내외 가격 차에 상당한 율로 양허한 농림축산물의 수입량이 급증하거나 수입가격이 하락하는 경우 양허한 세율을 초과하여 부과한다.
조정관세	물품 간 세율불균형 해소, 국민보건, 환경보전, 소비자 보호, 국내 시장 및 산업기반 보호 등을 목적으로 부과한다.
할당관세	특정물품의 수입촉진, 수입가격이 급등한 물품의 국내가격 안정, 세율불균형 해소를 목적으로 특정물품의 수입에 대하여 일정한 수량의 쿼터를 설정하여 놓고 쿼터 내 물량에는 무세 또는 저세율, 쿼터 초과 물량에는 고세율을 적용
계절관세	가격이 계절에 따라 현저하게 차이가 있는 물품으로서 동종, 유사, 대체물품의 수입으로 인한 국내시장 및 산업의 피해를 받거나 받을 우려가 있을 때 부과한다.
편익관세	관세에 관한 조약에 의해 관세상의 편익을 받지 아니하는 특정 국가에서 생산된 물품이 수입될 때 기존 외국과의 조약에 의해 부과하고 있는 편익의 한도 내에서 관세에 관한 편익을 부여하는 것이다.
일반특혜관세	개발도상국의 경제발전을 도모하기 위하여 수입하는 물품에 대하여 무관세 또는 기본관세보다 낮은 세율을 적용하는 것이다(비호혜적이다).

출처 : 관세청 홈페이지 일부 수정

〈표 3-5〉 협정관세의 종류와 의의

관세 종류	의의
WTO 일반양허관세	WTO 회원국에 적용되는 일반양허관세이다.
WTO 개도국간 양허관세	WTO 개도국 간의 무역협정에 가입한 국가에 적용되는 양허관세
UNCTAD 개도국간 협정관세(GSTP)	개도국 간 특혜무역제도(Global System of Trade Preferences Among Developing Countries)
최빈개발도상국에 대한 특별관세 (GSP)	대부분의 양허관세는 상호주의가 적용되지만 최빈개도국에 대한 특혜관세는 일방적으로 부여하는 특징을 갖는다. 대상국가는 아프카니스탄, 방글라데시, 캄보디아, 미얀마, 부탄, 라오스, 몰디브, 네팔, 콩고, 수단, 탄자니아, 세네갈 등의 국가들이 이에 포함된다.
아시아태평양 무역협정 양허관세 (APTA)	Asia-Pacific Trade Agreement 로서 한국, 인도, 스리랑카, 방글라데시, 라오스, 중국 등 6개 회원국 간에 체결된 특혜무역협정.
자유무역협정(FTA) 양허관세	협정체결 국가 간에 상품, 서비스 무역에 대한 관세 및 무역장벽을 철폐함으로써 배타적인 무역특혜를 서로 부여하는 협정이다.

• 보충 •

간이세율

수입물품에 부과되는 여러 종류의 세율을 묶어 단일의 세율로 제정한 것이 간이세율이다. 수입물품에는 관세와 부가세 등 내국세가 부과되는데 개인 휴대품 등에 이러한 다양한 세금을 각각 부과하는 것은 신속한 통관과 업무간소화에 바람직하지 않으므로 ① 여행자 또는 승무원의 휴대품, ② 우편물(수입신고대상 물품 제외), ③ 선박 또는 항공기의 외국수리용품, ④ 탁송품 또는 별송품 등에 적용되는 세율이다. 다만 다음의 경우에는 이의 적용이 배제된다. ① 관세율이 무세인 물품과 관세감면물품, ② 수출용원재료, ③ 범칙행위에 관련된 물품, ④ 종량세 적용물품, ⑤ 상업용으로 인정되는 수량의 물품, 고가품, 국내 산업을 저해할 우려가 있는 물품, ⑥ 과세형평을 현저히 저해할 우려가 있는 물품 ⑦ 화주가 간이세율 적용을 거부한 물품, ⑧ 부과고지 대상으로 1개(또는 1조)의 과세가격이 500만원 초과 물품 ⑨ 관세법 51조 또는 77조의 관세(탄력관세)를 적용하는 물품 중 기본관세율 보다 높은 세율을 적용받는 물품이 이에 해당한다.

5 FTA

모든 회원국에게 최혜국대우를 보장하는 다자주의 원칙을 적용하는 WTO협정과는 달리 자유무역협정(Free Trade Agreement : FTA)은 상품과 서비스 교역에 있어 관세와 기타 무역장벽의 제거를 통해 체약 국가(또는 경제체제) 간 자유무역을 실현하는 지역무역협정이다.

〈표 3-6〉 대한민국의 FTA 체결현황

현황	대륙	국가
발효	아시아	싱가포르, 인도, ASEAN (10개국: 말레이시아, 싱가포르, 베트남, 미얀마, 인도네시아, 필리핀, 브루나이, 라오스, 캄보디아, 태국)
	유럽	EFTA (4개국: 스위스, 노르웨이, 아이슬란드, 리히텐슈타인), EU (28개국: 오스트리아, 벨기에, 영국, 체코, 키프로스, 덴마크, 에스토니아, 핀란드, 프랑스, 독일, 그리스, 헝가리, 아일랜드, 이탈리아, 라트비아, 리투아니아, 룩셈부르크, 몰타, 네덜란드, 폴란드, 포르투갈, 슬로바키아, 슬로베니아, 스페인, 스웨덴, 불가리아, 루마니아, 크로아티아), 터키(기본협정, 상품무역협정)
	북중미	미국, 캐나다
	남미 기타	칠레, 페루, 호주
타결	콜롬비아, 터키(서비스, 투자협정), 중국, 뉴질랜드, 베트남	

출처 : 산업통산자원부 홈페이지, 2015년 3월 기준

각 국가와 체결한 FTA협정세율은 기본관세율이나 WTO협정세율 보다 낮은 것이 일반적인데 이때 FTA협정세율을 적용받기 위해서는 해당 제품이 해당 국가가 원산지임을 증명하여야 한다. 원산지 증명과 관련하여 각 국가와 체결한 FTA협정 내에 원산지 판정기준과 원산지증명서 발급방식에 대하여 각각 정해 놓았는바 그 조건을 충족시켜야 한다. 원사지 증명서의 발급과 관련해서는 자율발급과 기관발급이 있으며 자율발급은 칠레, EFTA, EU, 페루, 미국이 포함되며 기관발급은 싱가포르, ASEAN, 인도, 페루 등이 포함된다.

제3절 수출입신고 프로세스

1 수출신고 프로세스

〈그림 3-2〉 수출신고프로세스

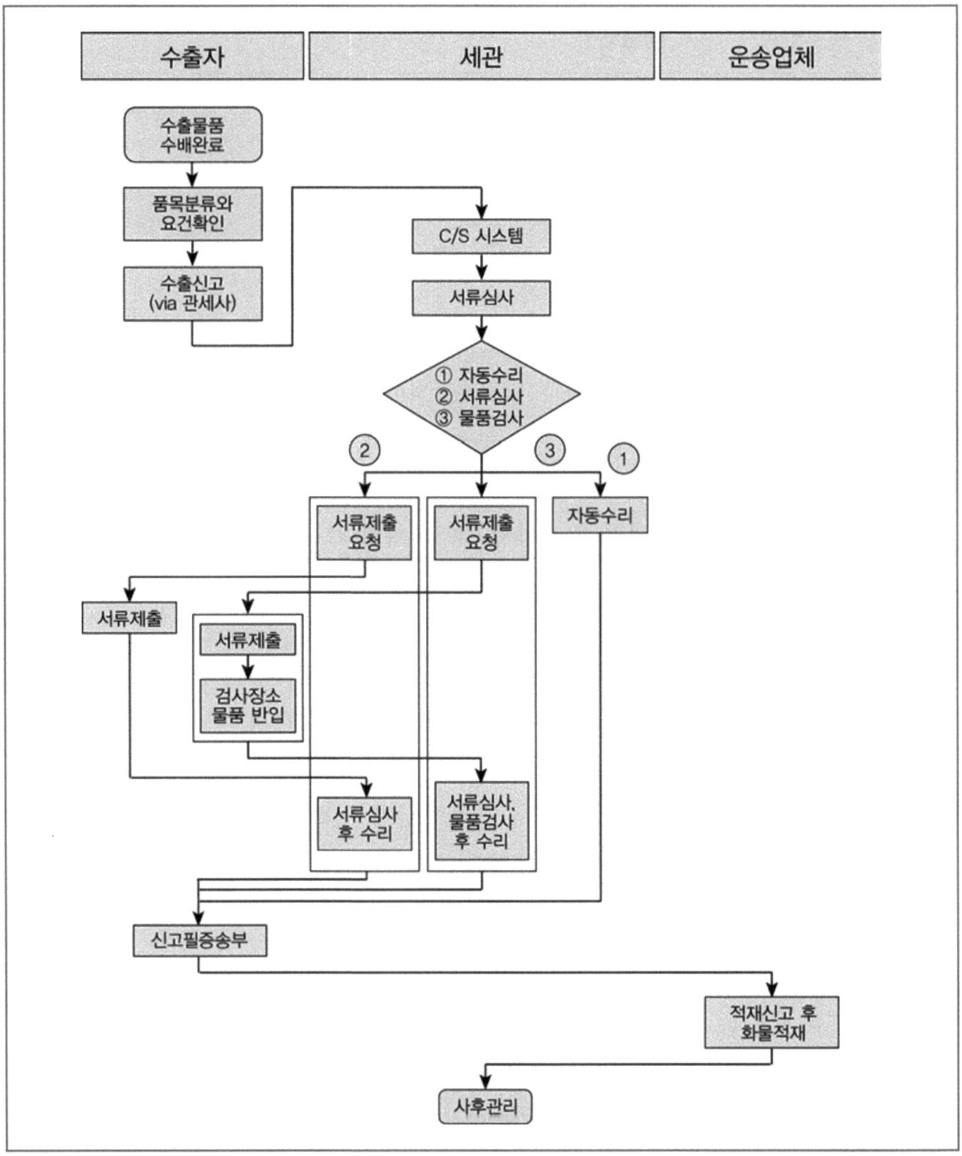

1) 수출신고와 화물선별시스템

수출자는 우선 수출할 물품을 수배한 후 해당물품의 HS코드를 확인하여 수출관련 요건(수출입 제한 사항 여부, 전략물자 해당 여부 등)을 충족시키고 수출신고를 하여야 한다. 수출신고는 주로 수출자의 요청에 의해 관세사를 통하는 것이 일반적이지만 최근에는 UNI-PASS를 활용하여 수출자가 직접 신고하는 경우도 많이 늘어나고 있다. 수출신고는 당해 물품이 장치된(또는 장치될) 물품소재지를 관할하는 세관장에게 하게 된다. 수출자는 수출신고 시 수출신고서(EDI이용), 수출승인서(해당사항이 있는 경우), 상업송장, 기타 수출통관에 필요한 서류를 구비하여야 한다.

화물선별(검사)(Cargo Selectivity (C/S))은 우범화물 자동선별 시스템을 의미하며 수출입 되는 물품 중에서 전산에 미리 등록된 기준에 따라 우범가능성이 높다고 예상되는 물품을 골라 집중적으로 검사함으로써 검사의 효율을 높이는 검사관리 기법이다. 동시스템에 따라 검사대상을 선별하게 되며 검사대상으로 선정된 물품은 수리 전 검사 또는 적재 전 검사를 행하게 된다.[20]

2) 서류심사와 수출신고수리

수출신고된 물품에 대해 신고시의 치리방법은 자동수리, 심사 후 수리, 검사 후 수리로 구분되어진다. ① 자동수리대상은 통관시스템에서 자동으로 신고수리를 하게 되며 자동수리대상이 아닌 것 중 ② 검사가 생략되는 물품(서류심사 후 수리 물품)과 ③ 검사대상이 되는 물품(검사 후 수리 물품)으로 나뉘어진다. ② 서류심사 후 수리 대상은 수출자가 제출한 서류를 심사한 후에 수출신고수리가 행해지며 ③ 검사 후 수리 대상은 물품에 대한 검사와 서류 심사가 모두 행해진 후에 수출신고가 수리된다.

3) 적재신고 후 화물적재

수출신고수리가 수리된 물품은 수출신고수리일로부터 30일 이내에 선(기)적하여야 한다. 다만, 연장승인을 받은 경우에는 1년의 범위 내에서 연장이 가능하다. 수출 신고된 물품을 우편으로 수출하고자 하는 경우에는 통관우체국에 현품과 수출신고필증을 제출하여 발송확인을 받아야 한다. 또한 휴대반출하는 경우에는 출국심사 세관공무원에게 수출신고필증의 사본을 제출하고 적재확인을 받아야 한다.

---

20) C/S에 대한 자세한 사항은 수입신고프로세스 참조

화물의 적재과정과 관련하여 적하목록제출의무자(운송인)은 물품을 공항/항만(ODCY 포함)에 장치한 후 물품목록을 출항지 세관장에게 제출하고 적재하기 전에 적재신고를 하여야 한다. 제출시기는 해상화물은 적재하기 24시간 전, 근거리 지역의 경우에는 선박에 적재하기 전까지 제출하되 출항 30분 전까지 최종 마감하여 제출한다. 다만 선상수출신고대상물품[21)]은 출항 익일 24시까지 제출한다. 그리고 일부 물품(벌크화물, 환적화물, 공컨테이너, 기타 세관장이 인정하는 물품)은 출항하기 전까지 적재신고를 해야 한다. 한편 항공화물은 해당화물을 적재하기 전까지 제출하여야 하며, 항공기 출항 30분 전까지 최종 마감하여 제출한다. 혼재화물의 경우에 운항선사 또는 항공사는 화물운송주선업자가 전자문서로 작성하여 제공한 혼재화물적하목록을 최종적으로 취합하여 세관장에게 제출해야 한다.[22)]

〈표 3-7〉 수출화물 서류심사와 물품검사 후 수리대상

심사 후 수리대상	검사 후 수리대상
• 허가, 승인 등의 증명 및 확인의 규정에 의한 세관장 확인물품 및 확인방법 지정 고시 중 수출신고 수리 전에 요건구비의 증명이 필요한 물품 • 계약내용과 상이한 물품의 재수출 또는 재수출조건부로 수입된 물품의 수출 • 수출자가 재수입시 관세 등의 감면, 환급 또는 사후관리 등을 위하여 서류제출로 신고하거나 세관검사를 요청하는 물품 • 수출통관시스템에서 서류제출대상으로 통보된 물품	• 수출물품에 대하여는 검사생략이 원칙이나 수출시 현품의 확인이 필요한 경우와 우범물품으로 선별된 물품 중 세관장이 검사가 필요하다고 판단한 물품이 이에 해당한다. 다만, 검사에는 수리 전 검사와 적재 전 검사가 있으며 적재 전 검사가 원칙이나 이것이 부적절한 물품(반송물품, 계약상이물품, 재수출물품)은 신고지 세관에서 물품검사를 실시할 수 있다.

적재 신고된 물품 중 해당하는 물품에 대하여 검사를 실시한다. 위에서도 언급한 바와 같이 수출물품의 검사는 신고수리 후 적재지에서 검사하는 것을 원칙으로 한다. 다만, 적재지 검사가 부적절하다고 판단되는 물품이나 반송물품, 계약상이물품, 재수출물품 및 원상태수출물품, 국제우편 운송 수출물품 등은 신고지 세관에서 물품검사를 실시할 수 있다.[23)]

21) 수출통관사무처리에 관한 고시 [관세청고시 제2014-84호, 2014.7.1] 제32조) 선적 후 공인검정기관에 의해 수량을 확인하는 물품(산물 등), 물품신선도 유지를 위해 선상수출신고가 불가피한 물품, 자동차운반전용선박에 적재하여 수출하는 신품자동차 등은 선상수출신고 대상이다. 이들은 수출신고수리전적재허가를 받은 후 적재를 할 수 있다.
22) 보세화물 입출항 하선 하기 및 적재에 관한 고시 [관세청고시 제2014-92호, 2014.9.1] 제37조

2 수입신고 프로세스

전체적인 수입신고 프로세스를 개괄적으로 살펴보면 다음 그림과 같으며 이를 크게 3개의 부분으로 나누어 보면 아래 항과 같다.

〈그림 3-3〉 수입신고 프로세스

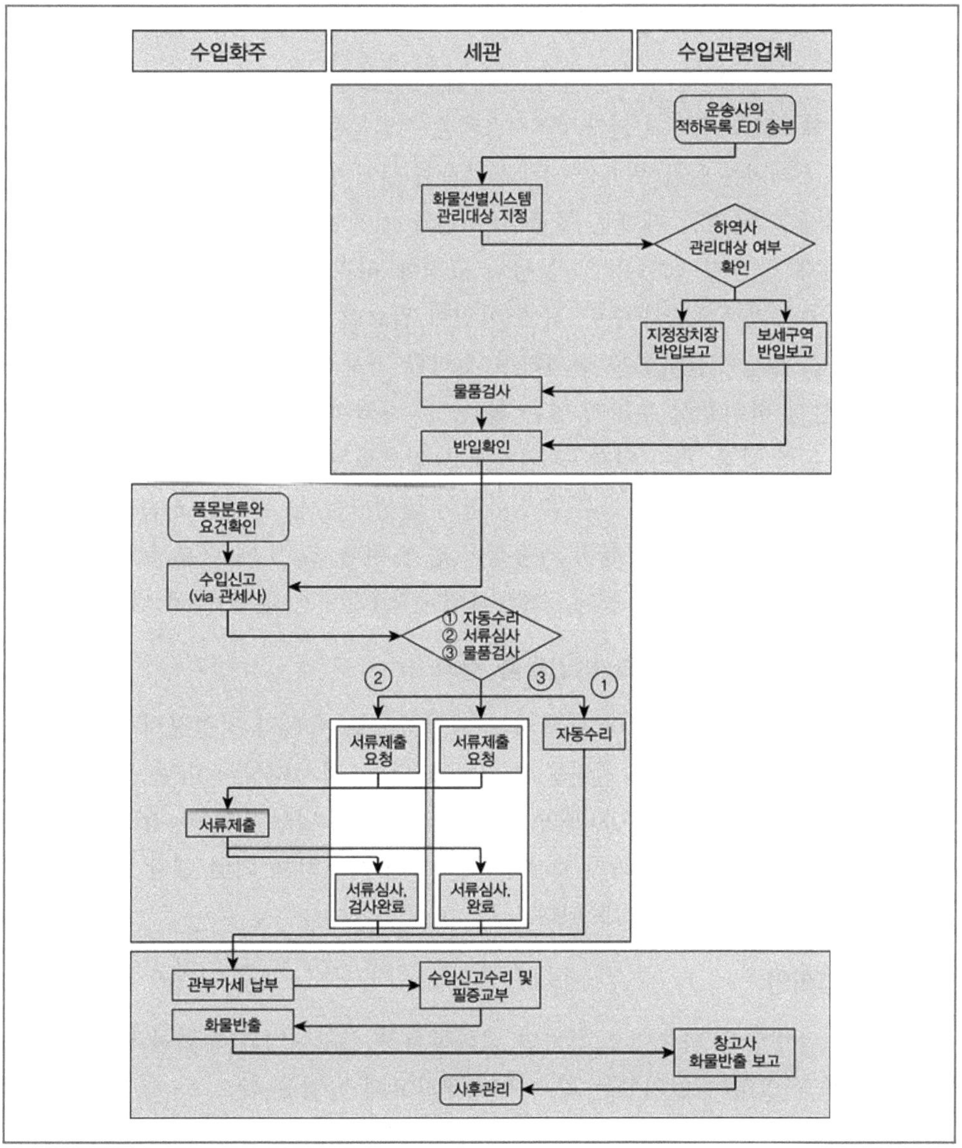

23) 수출통관사무처리에 관한 고시 17조

1) 적하목록 제출에서 반입

(1) 운송사의 적하목록 제출

항공사 또는 선사는 화물운송주선업자의 혼재화물적하목록을 취합하여 주어진 시간 내(항공운송: 도착 4시간 전, 해상운송: 출항 24시간 전)[24]까지 적하목록을 EDI를 통해 세관에 전송한다.

(2) 화물선별시스템과 관리대상 지정

화물선별시스템(C/S)과 수작업 등에 의하여 세관장은 수입물품 중 일부 물품에 대하여 검사대상으로 지정하게 된다. C/S시스템은 수입물품 중 과거의 자료 등을 활용하여 우범성이 우려되는 물품(우범성물품)과 무작위 선택 방식으로 검사대상을 선별한다.

우범성 물품을 선정할 때에는 물품별 요인과 업체별 요인을 고려하여 검사대상을 결정하는데 물품별 요인은 ① 물품의 규격에 따라 등급, ② 종류별 가격 차가 심한 물품, ③ 고가품으로서 수량, 규격 확인이 필요한 물품, ④ 중고품 등 위장수입 우려 물품, ⑤ 수입제한사항을 회피하여 수입할 가능성이 있는 물품, ⑥ 위조상표 부착 및 원산지 허위표시 우려가 있는 물품, ⑦ 사회적 물의 야기 대상 물품, ⑧ 기타 법 위반 우려 물품 등이 있다.[25] 업체별 요인으로는 과거의 전력이 중요한 영향을 끼치게 된다. 즉 관세범칙 도는 추징사항이 발생하는 등 관세법규 준수도가 낮은 업체의 경우 검사대상으로 분류될 가능성이 높게 된다. 그 밖에 다른 선별과 관련된 내용은 「수입물품 선별검사 등에 관한 시행세칙」(관세청 훈령)에서 다루고 있다.

(3) 관리대상 여부 확인과 반입물품 검사

검사대상으로 분류된 물품에 대해서는 원칙적으로 세관의 지정장치장으로 이동하게 되며 그 곳에서 물품의 검사를 수행하게 된다. 검사대상이 아닌 물품은 화주가 우선 항구 또는 공항터미널 내의 보세구역 또는 수입화주가 타 장소를 배정장소로 정한 경우에는 그 장소까지 보세운송을 통해 이동하게 되며 해당 보세구역(주로 보세창고)에서 반입을 잡게 된다.

(4) 반입확인

보세창고 운영인은 화물이 도착하면 적하목록상 신고내역과 실화물의 상태가 일치하는 지를 확인하여 일치하는 경우에 보세창고에 반입을 잡고 동 내역을 세관에

---

24) 자세한 내용은 본장 제5절 10항 참조
25) 이정길 · 한상필, 『수출입통관매뉴얼』, 코페하우스, 2012, p.70.

EDI로 전송하게 된다. 불일치하는 경우에는 반입보류가 되며 실화물과 적하목록 사항이 일치될 때까지[26] 보류상태를 유지하게 된다. 반입이 이루어지면 수입신고를 이행할 수 있게 된다.[27] 컨테이너에 내장된 수입화물의 반입과 관련해서는 수입물품이 하선장소에 반입된 경우 내장된 상태로 10일이 경과되면 컨테이너로부터 물품을 적출하여 보세구역에 반입한 후에 수입신고를 진행하여야 한다. 다만, 컨테이너에 내장한 상태로 수입신고할 수 있는 물품은 FCL화물[28]에 한한다.

2) 품목분류 ~ 심사완료

(1) 품목분류와 요건확인

수입신고를 하기 전에 수입신고자는 수입하는 물품의 품목분류를 하여야 하며 관세율표를 통해 해당 물품의 관세율과 수입요건(통관요건, 감면추천, 세율추천 등)을 확인하고 수입신고를 준비하여야 한다(대체로 품목분류와 요건확인은 물품의 수입계약 이전 단계에서 행해지는 것이 일반적이다). 수입요건을 구득하기 위해서는 적지 않은 시간이 소요될 수 있으므로 반입된 화물이 지체 없이 통관이 이루어지게 하기 위해서는 미리 이를 준비하여야 할 것이다.

(2) 수입신고

수입신고인은 수입화주, 관세사, 관세사법인, 통관취급법인 등이 될 수 있으며 일반적으로 수입화주는 관세사를 통해 전자수입신고를 수행한다. 수입신고 시에는 수입신고서, 상업송장, 운송장 부본, 포장명세서, 가격신고서(해당 시), 원산지증명서(해당 시), 검사/검역/허가/추천 등 요건확인 서류(해당 시) 등을 제출하게 된다. 일반적으로 수입신고 시에 납부세액을 함께 신고하게 된다.[29]

수입신고의 시기와 관련해서는 출항 전 신고, 입항 전 신고, 보세구역 도착 전 신고, 보세구역 장치 후 신고 등이 있으나 보세구역 장치 후 통관이 원칙적인 방법이라고 할 수 있을 것이다.[30] 이 경우 보세창고에 물품이 반입된 날로부터 30일 이내에 수입신고를 하여야 한다.

---

26) 적하목록의 정정에 대해서는 본장 제5절 10항 참조
27) 수입신고는 시점을 기준으로 출항 전, 입항 전, 보세구역 반입 전, 보세구역 반입 후 등의 4가지로 나눌 수 있는데 가장 일반적인 경우는 보세구역 반입 후 수입신고 이다. 각각의 차이에 대해서는 본장 제5절 참조
28) FCL은 Full Container Load 화물이다.
29) 관세평가와 관부가세 등의 산출에 대해서는 본장 제4절 참조
30) 수입신고의 시기와 관련해서는 본장 제5절 2항 참조

(3) 서면심사와 검사

수입신고된 물품에 대해 세관장은 P/L(Paperless)신고물품을 검토하여 심사 또는 물품검사가 필요하다고 판단하는 물품에 대해서는 서류의 제출을 요구할 수 있다. 이외의 물품은 자동수리 대상물품이 된다. 심사라 함은 신고 된 세번(HS코드), 세율과 과세가격 등 신고사항의 적정여부와 법령에 따른 수입요건의 충족여부 등을 확인하기 위하여 관련 서류나 분석결과를 검토하는 것을 말하며 물품검사는 수입신고된 물품 이외에 은닉된 물품이 있는지 여부와 수입신고사항과 현품의 일치여부를 확인하는 것을 말한다.

〈표 3-8〉 수입화물 서류심사와 물품검사 대상

서류심사 대상[31]	서류심사와 물품검사 대상[32]
- 사전세액심사대상물품 -부과고지대상물품 - 합의세율적용신청물품 -할당, 양허관세 신청물품 중 일부 -세관장확인물품 중 요건확인기관으로부터 전자문서로 전송받을 수 없는 물품 -원산지증명서류 제출대상물품 -신고취하(각하) 후 재신고하는 물품 -선기용품 등 -ATA수입물품 -수입신고서 기재사항중 품명,규격의 일부만 기재한 물품 -관리대상화물 검사결과 이상이 있는 물품 -담배소비세 납세담보확인서 제출대상물품 -다이아몬드 원석 -같은 컨테이너에 화주가 다른 B/L이 혼재되어 있으나 부두직통관을 신청한 물품 -그 밖에 관세청장, 세관장이 필요하다고 인정하는 물품 -검사대상으로 선별된 물품 다만, 수입업체의 성실도, 수입신고인의 성실도, 최초 수입업체와 물품, 공급망 당사자의 성실도, 그 밖에 서류제출이 필요하다고 인정되는 경우 등을 기준으로 서류제출대상으로 차등 선별할 수 있다.	- 수입신고자료 접수 시 통관시스템에 의한 선별 - 신고처리방법 결정 시 세관공무원에 의해 선별한다. 이때 공급망에 속한 당사자의 성실도, 수입물품의 종류, 원산지, 적출국 등 수입신고물품과 관련된 특성에 따라 검사비율을 차등적용한다. 다만, 법규준수도가 높거나 수입업체 평가등급이 우수하고 검사적발실적이 없는 업체, 최근 2년간 법 위반과 체납이 없는 외국인투자기업의 수입품 등에 대해서는 검사비율을 낮게 할 수 있다. 그리고 수입물품검사에 소요되는 비용은 수입화주가 부담한다.

31) 수입통관사무처리에 관한 고시 [관세청고시 제2014-12호, 2015.3.12] 제13조
32) 수입통관사무처리에 관한 고시 28조

3) 관부가세 납부 ~ 화물 반출

(1) 관세, 부가세 등의 납부

관부가세 등의 납부방식은 신고납부와 부과고지로 분류된다. 신고납부방식은 납세의무자가 납부할 관세의 과세표준, 세율, 납부세액을 결정하여 세관장에게 신고하고 납부가 이루어지며 세액의 심사는 수입신고수리 후에 행해지는 방식이며 관세법에서 정한 원칙적인 방법이다. 부과고지방식[33]은 납부할 세액을 세관장이 산출하여 확정하고 납세의무자에게 고지하는 방식이다.[34]

(2) 수입신고필증의 교부

관부가세 등이 납부되거나 예외적으로 납세담보가 설정되면 자동적으로 수입신고수리가 되며 세관장은 세관특수청인을 전자적으로 날인한 신고필증을 신고인(관세사 등)에게 교부한다.

(3) 화물반출

보세구역 설영인은 수입화주가 수입신고필증을 제출하면 신고수리여부를 확인한 후 화물을 반출하게 된다. 화물의 반출은 수입신고수리 후 또는 보세운송신고 후 이루어지는데 다만 예외적으로 수입신고 수리 전 반출되는 경우도 있다.

수입신고 수리 전 반출제도[35]는 수입통관에 곤란한 사유가 없으면 다음 물품에 대하여 수입신고수리 전에 수입물품을 보세구역에서 반출할 수 있도록 하는 제도이다. 이에 해당하는 물품은 ① 완성품의 세번으로 신고수리를 받고자 하는 물품이 미조립 상태로 분할, 선적되는 수입물품, ② 조달사업에 관한 법률에 의한 비축물자로 신고한 물품으로서 실수요자가 결정되지 않은 경우, ③ 사전세액심사대상물품으로서 세액결정에 장시간이 소요되는 경우, ④ 품목분류 및 세율결정에 장시간이 소요되는 경우, ⑤ 수입신고 시 원산지 확인이 필요하나 원산지증명서를 세관장에게 제출하지 못한 경우 등이 있다.

---

33) 부과고지되는 대표적인 경우는 납세의무자가 과세가격, 관세율 등을 결정하기 곤란하여 신청한 경우, 여행자 휴대품, 별송품, 우편물, 징수세액 부족분의 추징, 세관장이 경정하는 물품, 분할납부고지 물품 등이 해당된다.

34) 납부기한과 관련해서는 5절 3항 참조

35) 이와 유사한 제도로 수입신고 전 물품의 즉시반출제도가 있는데 이는 신용도가 높은 업체에게 우선 입항과 동시에 수입물품의 즉시 반출을 허용하고 반출 후 10일 이내에 수입신고를 하며, 이후 15일 이내에 관세를 납부하게 하는 제도이나 현재 그 사용이 빈번하지 않은 제도이다. 그러나 제도가 보완이 된다면 활용도가 높을 수 있을 것이다(참조 : 이정길·한상필(2012)).

제4절 관세평가와 관세와 내국세 산출

수입물품을 통관하기 위해서는 관세와 함께 부가가치세 등의 내국세(부가가치세, 개별소비세, 주세 등)를 모두 납부하여야 한다. 이번 절에서는 관세납부를 위해 과세가격을 산출하고, 관세율의 적용순위를 살펴보고 각종 감면세 제도에 대해서도 살펴본다. 또한 수입시 납부해야 하는 내국세[36]에 대해서도 살펴본다.

1 과세가격의 산출

관세의 과세표준은 수입되는 물품의 가격(종가세) 또는 수량(종량세)으로 한다(관세법 15조). 이중 종가세물품의 경우 과세표준은 과세가격이 되며 과세가격을 결정하는 일련의 과정을 관세평가라고 한다. 과세가격은 일반적으로 외국통화로 표기되므로 과세환율을 적용하여야 한다.

1) 과세가격의 결정방법

수입물품의 과세가격을 결정함에 있어서는 당해물품의 거래가격을 기초(제1방법)로 하지만 동 거래가격이 다음의 조건을 충족하지 못하는 경우에는 제2방법에서 제6방법까지 순차적으로 적용하여 과세가격을 결정하게 된다.

〈표 3-9〉 과세가격의 결정방법

순서	결정방법
제1방법	당해물품의 거래가격을 기초로 한 과세가격 결정
제2방법	동종동질물품의 거래가격을 기초로 한 과세가격 결정
제3방법	유사물품의 거래가격을 기초로 한 과세가격 결정
제4방법	국내판매가격을 기초로 한 과세가격 결정
제5방법	산정가격을 기초로 한 과세가격 결정
제6방법	합리적 기준에 의한 과세가격 결정

36) 내국세는 원칙적으로 국세청의 업무이나 수입물품에 대해서는 관세징수 시에 관세청장이 해당 내국세도 함께 징수하도록 위임되어 있다.

(1) 제1방법에 의한 과세가격 결정

수입물품의 과세가격은 우리나라에 수입되는 물품에 대해 구매자가 실제로 지급하였거나 지급해야 할 가격[37]에 법정가산요소[38]를 가산하고 조정한 거래가격에 운임, 보험료 등을 가산하여 결정한다.

다만, 제1방법을 적용하기 위해서는 다음의 거래요건을 갖추어야 한다. 이를 충족시키지 못한 경우에는 제1방법을 적용할 수 없고 제2방법에서 제6방법까지 순차적으로 적용하게 된다.

- 해당물품이 우리나라에 수출판매 되는 것일 것.
- 구매자가 물품을 처분 또는 사용함에 있어 제한이 없을 것.
- 거래의 성립 또는 가격의 결정이 금액으로 계산할 수 없는 조건 또는 사정에 영향을 받지 않았을 것.
- 물품 수입 후 전매, 처분 또는 사용에 따른 수익의 일부가 직·간접으로 판매자에게 귀속되지 않을 것.
- 구매자와 판매자 간에 특수관계가 있어 그 관계가 수입물품의 가격에 영향을 미치지 않을 것.

(2) 제2방법에서 제6방법의 적용

상기 전제조건을 충족시키지 못한 경우에는 제2방법을, 제2방법을 적용할 수 없는 경우에는 제3방법으로 순차적으로 제6방법까지 적용하게 된다.

- 제2방법 - 동종, 동질 물품은 당해 수입물품의 생산국에서 생산된 것으로 물리적 특성, 품질 및 소비자 등의 평판 등을 포함한 모든 면에서 동일한 물품을 말한다.
- 제3방법 - 유사물품이란 당해 수입물품의 생산국에서 생산된 것으로 모든 면에서 일치하지 않더라도 동일한 기능을 수행하고, 대체사용이 가능한 특성과 구성요소를 가지고 있어야 한다.
- 제4방법 - 국내판매가격은 당해 물품, 동종, 동질물품 또는 유사물품이 수입된 것과 동일한 상태로 당해 물품의 수입신고일 또는 수입신고일과 거의 동시에 특수관계가 없는 자에게 가장 많은 수량으로 판매되는 단위가격을 기초로 하

37) 일반적으로 상업송장상의 금액이라 할 것이다.
38) 자세한 사항에 대해서는 관세법 제30조 참조

여 산출한 금액이다.

- 제5방법 - 수출국의 제조업자가 제시한 제품원가계산서를 바탕으로 산출한 가격을 의미한다.
- 재6방법 - 합리적인 기준에 의하여 과세가격을 결정한다.

(3) CIF 가격 기준

과세가격을 정할 때는 수입항까지의 운송료와 보험료를 가산하도록 되어 있다. 즉 Incoterms2010을 기준으로 한다면 CIF조건의 가격을 기준으로 하여 과세가격이 결정된다고 할 것이다. 예를 들어 가격조건이 EXW조건인 경우 상업송장 상의 금액(수입자가 수출자에게 지급하는 금액)에 수출지 운송 및 통관 과정에 소요된 비용, 국제운송료, 보험료를 포함하여 과세가격을 산정하여야 할 것이다.

(4) 환율의 적용

수입물품의 금액은 외화로 표기하는 것이 일반적이다. 이를 원화로 환산하기 위해서는 매주 관세청장이 정하여 고시하는 과세환율을 적용한다. 이때 과세환율은 도착시점이 아닌 수입신고 시점에 적용되는 과세환율을 적용하여야 한다.

2 관세율과 적용순위

관세율은 가장 우선적으로 탄력관세(덤핑방지관세, 보복관세, 긴급관세, 농림축산물에 대한 특별긴급관세), FTA협정관세, WTO협정관세, 기본관세의 순서로 적용된다.

예컨대 특정상품의 기본세율이 8%, WTO협정세율 9%, FTA협정세율 7%인 경우 FTA해당국가의 원산지 규정을 충족하고 원산지증명서를 제출하면 7%의 관세율이 적용되며 그렇지 않은 경우에는 WTO협정세율이 우선순위가 있으나 관세율이 기본세율을 초과하므로 기본세율인 8%를 적용하게 된다.

〈표 3-10〉 관세율의 적용순위

순위	관세율 종류	우선순위
1순위	덤핑방지관세, 보복관세, 긴급관세, 특정국물품긴급관세, 특별긴급관세, 상계관세	
2순위	FTA 협정관세	3,4,5,6,7 보다 낮은 경우에 한해 우선 적용
3순위	WTO일반양허관세, WTO개도국간의 양허관세, 아태협정양허관세, UNCTAD개도국간 협정관세, 특정국가와의 관세협상에 따른 국제협력관세	4,5,6,7 보다 낮은 경우에 한해 우선 적용
4순위	조정관세, 계절관세, 할당관세	할당관세는 5보다 낮은 경우에 한하여 우선적용, 6,7보다 우선 적용
5순위	최빈개발도상국에 대한 특혜관세(GSP)	
6순위	잠정관세	
7순위	기본관세	

3 감면세 제도

수입물품에 대해서는 관세가 부과되는 것이 원칙이나 법률이 정한 수입물품에 대해서는 관세의 일부 또는 전부를 면제한다. 전부 면제되는 경우를 면세라고 하며 일부 면제되는 경우를 감세라고 한다. 감면세의 종류에는 수입 시의 특정한 사실에 대해 감면하고 사후관리가 없는 무조건감면세와 감면 시 일정 조건을 부과하여 그 조건을 유지하지 않는 경우에는 감면세의 혜택을 취소하는 조건부감면세가 있다.

〈표 3-11〉 관세의 감면세 대상

무조건 감면 (사후관리 비대상)	조건부 감면 (사후관리 대상)
• 외교관용 물품 등의 면세 • 정부용품 등의 면세 • 소액물품 등의 면세 • 여행자휴대품 및 이사물품 등의 면세 • 재수입면세 • 손상감세 • 해외임가공물품 등의 감세	• 세율불균형물품의 감면세 • 학술연구용품의 감면세 • 종교용품, 자선용품, 장애인용품 등의 면세 • 특정물품의 면세 등 • 환경오염방지물품 등의 감면세 • 재수출 면세 • 재수출 감면세

상기 감면세 제도에 대한 자세한 내용에 대해서는 관세법 제88조에서 제105조에 규정되어 있다.

4 내국세(부가세, 개별소비세 등)

수입하는 물품의 내국세는 수입신고 시에 관세와 함께 납부해야 한다. 해당 내국세는 다음과 같다.

1) 부가가치세

부가가치세는 소비세의 성격을 갖고 있으며 상품(재화)의 거래나 서비스(용역)의 제공 과정에서 얻어지는 부가가치(이윤)에 대하여 과세하는 세금이며 세금을 부담하는 담세자는 최종소비자가 되며 납세의무자는 사업자가 된다.

부가가치세는 국세청에서 부과, 징수하는 세금이나 수입물품의 부가가치세에 대해서는 국세청장이 관세청장에게 그 징수를 위임하고 있으며 수입자는 관세납부 시 부가가치세도 함께 납부하여야 한다. 부가가치세율은 우리나라의 경우 부가가치의 10%[39]를 세금으로 부과하고 있으며 납부방법과 관련하여 사업자는 상품 또는 용역을 공급하면서 공급가액에 부가가치세를 추가하여 매입자로부터 대금을 영수하고 매입자에게 매출세금계산서를 발행한다. 해당 사업자는 분기별 또는 반기별로 매출부가세액에서 자사가 매입할 때 부담한 매입부가세액을 차감한 금액을 신고, 납부하게 된다.

부가가치세의 영세율과 면세에서 영세율은 일정한 재화 또는 용역의 공급에 대하여 부가가치세의 세율을 0으로 적용하는 것을 말한다. 영세율은 완전면세로서 재화와 용역을 공급받은 상대방은 부가세를 징수받지 않으며 공급자도 이미 부담한 세액을 환급받게 된다. 영세율이 적용되는 것은 수출하는 재화, 국외에서 제공하는 용역, 선박 또는 항공기의 외국항행용역, 기타 외화를 획득하는 일정한 재화 또는 용역 등이다.

면세란 재화 또는 용역에 대한 공급자의 부가세를 면제하는 것이다. 다만 이미 납부한 부가가치세는 환급되지 않기 때문에 부분면세라고 할 수 있을 것이다. 부가

---

39) 아시아 주요국가의 경우 5~17%(일본 8%, 중국 17%), EU국가의 경우 20% 내외에서 부가가치세가 부과되고 있다. 미국의 경우 판매세(Sales Tax)가 부가가치세와 비슷한 역할을 하며 주별/도시별 다른 세율을 가지고 있으며 주로 8% 내외에서 세금이 부과되고 있다(출처 wikipedia.com).

가치세법 27조의 수입되는 재화 중 면세에 해당하는 물품은 다음과 같다.

a. 가공되지 아니한 식료품(식용으로 제공되는 농산물, 축산물, 수산물 및 임산물을 포함)으로서 대통령령으로 정하는 것
b. 도서, 신문 및 잡지로서 대통령령으로 정하는 것
c. 학술연구단체, 교육기관, 「한국교육방송공사법」에 따른 한국교육방송공사 또는 문화단체가 과학용·교육용·문화용으로 수입하는 재화로서 대통령령으로 정하는 것
d. 종교의식, 자선, 구호, 그 밖의 공익을 목적으로 외국으로부터 종교단체·자선단체 또는 구호단체에 기증되는 재화로서 대통령령으로 정하는 것
e. 외국으로부터 국가, 지방자치단체 또는 지방자치단체조합에 기증되는 재화
f. 거주자가 받는 소액물품으로서 관세가 면제되는 재화
g. 이사, 이민 또는 상속으로 인하여 수입하는 재화로서 관세가 면제되거나 「관세법」 제81조제1항에 따른 간이세율이 적용되는 재화
h. 여행자의 휴대품, 별송(別送) 물품 및 우송(郵送) 물품으로서 관세가 면제되거나 「관세법」 제81조제1항에 따른 간이세율이 적용되는 재화
i. 수입하는 상품의 견본과 광고용 물품으로서 관세가 면제되는 재화
j. 국내에서 열리는 박람회, 전시회, 품평회, 영화제 또는 이와 유사한 행사에 출품하기 위하여 무상으로 수입하는 물품으로서 관세가 면제되는 재화
k. 조약·국제법규 또는 국제관습에 따라 관세가 면제되는 재화로서 대통령령으로 정하는 것
l. 수출된 후 다시 수입하는 재화로서 관세가 감면되는 것 중 대통령령으로 정하는 것. 다만, 관세가 경감(輕減)되는 경우에는 경감되는 비율만큼만 면제한다.
m. 다시 수출하는 조건으로 일시 수입하는 재화로서 관세가 감면되는 것 중 대통령령으로 정하는 것. 다만, 관세가 경감되는 경우에는 경감되는 비율만큼만 면제한다.
n. 제26조제1항제10호에 따른 담배
o. 제f호부터 제m호까지의 규정에 따른 재화 외에 관세가 무세(無稅)이거나 감면되는 재화로서 대통령령으로 정하는 것. 다만, 관세가 경감되는 경우에는 경감되는 비율만큼만 면제한다.

2) 개별소비세

개별소비세는 단일세율 체계인 부가가치세의 역진성을 보완하고 사치성 소비품목 등에 중과세하기 위해 시행되었던 특별소비세가 2008년부터 개별소비세로 명칭이 변경된 것이다. 개별소비세는 특정한 물품, 특정한 장소 입장행위, 특정한 장소에서의 유흥음식행위 및 특정한 장소에서의 영업행위에 부과된다. 개별소비세 과세대상 및 세율은 다음과 같다.

〈표 3-12〉 개별소비세 과세대상과 세율

과세대상		개별소비세율[40]
투전기, 오락용 사행기구 등, 수렵용 총포류(공기총 제외)		물품가의 20%
녹용, 로얄젤리, 방향용화장품(향수)		물품가의 7%
보석, 귀금속, 고급사진기, 고급융단(예외있음), 고급 가방, 고급 모피와 그 제품 (기준가격 : 200만원)		초과부분의 20%
고급가구(기준가격 1조 800만원, 1개 500만원)		초과부분의 20%
배기량 1000cc 초과 승용차, 캠핑카, 전기승용차(예외 있음)		물품가격의 5%
전기냉방기, 전기냉장고, 전기세탁기, 텔레비전수상기 (단 에너지 고효율 제품은 제외)		물품가격의 5%
석유제품 휘발유 (475원/리터), 경유 (340/리터), 기타유류제품은 개별소비세법 참조. 다만, 원유는 개별소비세 대상이 아님		
담배 궐련의 경우 20개비당 594원, 기타 개별소비세법 참조		
기타	입장행위에 대한 과세 (경마장, 경륜장, 투전기 설치장소, 골프장, 카지노) 유흥음식행위 (유흥주점, 외국인전용 유흥음식점) 입장행위,	

출처 : 개별소비세법 1조, 2015. 3.31.일 기준

3) 주세

주세는 소비세의 일종으로 개별소비세와 별도로 주세법을 따로 분리하여 규정하는 이유는 주세법에서는 세금에 대한 부분은 물론 주류의 제조, 판매에 대한 면허, 원료의 수급조절, 주조사 자격시험과 면허 등에 관하여도 규정하고 있기 때문이다. 부가세와 마찬가지로 주류의 수입 시에는 주세법에 따라 주세를 납부하여야 한다. 주세법에서는 주류를 주정, 발효주, 증류주, 기타주류로 분리하고 있다. 각 주류별 세금은 다음과 같다.

---

40) 개별소비세는 변동이 많고 한시적으로도 바뀌는 경우가 많아 수시로 확인이 필요함.

〈표 3-13〉 주세 적용대상과 세율

과세대상	주세율	비고
주정	KL당 57000원, 알콜도수 95도 초과시 1도마다 600원 가산 (기준 공장출고량)	희석하여 음료로 할 수 있는 에틸알코올
발효주	탁주 - 5%, 약주, 과실주, 청주 - 30%, 맥주 - 72%, (기준 공장출고가)	과실이나 곡물을 발효하여 만든 술
증류주	공장출고가의 72%	발효주를 증류시켜 만든 술로 소주, 위스키, 꼬냑 등
기타주류	공장출고가의 10~72%	

4) 교육세

교육세는 교육의 질적 향상을 도모하기 위해 필요한 교육재정의 확충에 드는 재원확보를 목적으로 한다(교육세법 1조). 국내에서 금융, 보험업을 영위하는 자, 개별소비세, 교통세, 주세의 납세의무자는 교육세의 납세의무자가 된다. 개별소비세액의 30%(단, 석유류는 15%), 주세액의 10%(단, 주세율이 70% 이상인 주류는 주세액의 30%), 금융, 보험업자는 수익금액의 0.5%, 교통, 에너지, 환경세액의 15%를 교육세로 납부한다.

5) 교통세(교통, 에너지, 환경세)

교통, 에너지, 환경세법은 도로, 도시철도 등 교통시설의 확충 및 대중교통 육성을 위한 사업, 에너지 및 자원 관련 사업, 환경의 보전과 개선을 위한 사업에 필요한 재원을 확보함을 목적(교통, 에너지, 환경세법 1조)으로 하는 것으로서 휘발유와 경유에 대해 교통세가 부과된다. 휘발유의 경우 리터당 475원, 경유는 리터당 340원이 적용된다.

6) 농어촌특별세

농어촌특별세법은 농어업의 경쟁력강화와 농어촌산업기반시설의 확충 및 농어촌지역 개발사업을 위하여 필요한 재원을 확보함을 목적으로 한다. 수입재화와 관련해서는 개별소비세액의 10%,[41] 관세를 감면받은 경우 감면세액의 20%를 농어촌특별세로 납부하여야 한다.

41) 골프장 출입의 경우에는 개별소비세액의 30%가 부과되나 수입과는 관련이 없다.

5 수입관련 제세금 요약

전항에서 언급된 수입 시 부과되는 관세와 내국세의 부과대상과 세금계산식을 요약하면 다음과 같다.

〈표 3-14〉 수입관련 제세금과 계산식

세금 종류	수입물품 중 부과대상	계산식
관세	모든 수입물품 (면세와 무세 제외)	과세가격 × 관세율
부가가치세	모든 수입물품 (관세면세, 부가세 면세대상 제외)	(과세가격+관세+개별소비세+주세+교육세+교통세+농어촌특별세) × 10%
개별소비세	투전기, 오락용, 사행기구, 수렵용 총포류, 녹용, 향수, 보석류, 고급 사진기, 고급융단, 고급가방, 고급 모피와 그 제품, 고급가구, 전기냉방기, 냉장고, 세탁기, 텔레비전, 배기량 1000cc 초과 승용차, 휘발유, 경유 등, 담배,	종가세 대상 : (과세가격+관세액) * 개별소비세율 (5~20%), 종량세 대상 : 수입수량 × 단위당 세금
주세	주정, 발효주, 증류주, 기타주류	종가세 대상 : (과세가격+관세액) × 주세율 (5~72%), 종량세 대상: 수입수량 × 단위당 세금
교육세	개별소비세, 주세, 교통세 대상	개별소비세액 × 세율(10~30%)
교통세	휘발유, 경유	수입수량 × 단위당 세금
농어촌특별세	개별소비세 대상, 관세감면 대상	개별소비세액의 10% 또는 감면세액 × 20%

제5절 수출입 관련 기타 주요이슈

1 원산지관리제도

1) 원산지관리제도의 의의

원산지관리에 대해서는 대외무역법이 원산지판정, 원산지확인, 원산지표시로 나누어 규정하고 있다. 원산지판정은 원산지가 어디인지를 판정하는 것이며 원산지

확인은 통관단계에서 신고한 원산지가 적절하게 신고되었는지를 확인하는 것인데 이때 주로 이를 확인하기 위하여 원산지증명서(Certificate of Origin)가 이용된다, 원산지표시는 당해 물품에 원산지를 표시하는 것을 의미한다.[42)]

원산지관리는 ① 양허세율(WTO, FTA 등)에 의해 같은 제품이라도 원산지에 따라 관세율이 달리 정해질 수 있으며 ② 수입품의 유통과정에서 혼란방지를 위해 필요하다. 특히 최근 FTA체결이 늘어나고 FTA 별로 원산지 판정과 발급기관에 대해 서로 다르게 규정하고 있어 복잡성이 확대되고 있다.

2) 원산지판정

원산지의 판단기준은 ① 완전 생산기준→② 실질적 변형기준→③ 부가가치 기준→④ 가공공정 기준 등의 순서로 적용된다. ① 완전생산기준은 당해 수입물품 전부를 생산, 가공, 제조한 나라를 원산지국으로 인정하는 기준이다. ② 실질적 변형기준은 2개국 이상에 걸쳐 생산된 물품의 경우에는 그 물품의 본질적 특성을 부여하기에 충분한 정도의 실질적인 생산, 가공, 제조과정[43)]을 최종적으로 수행한 나라를 원산지로 본다. 이때 실질적 변형은 HS코드 6단위의 변경을 가져오는 것을 의미힌다. 다만, 이를 통해 본질적 특성을 부여하는 정도로 인정하기 어려운 경우에는 주요공정, 부가가치 등을 고려하여 원산지기준을 따로 정할 수 있다. ③ 부가가치기준을 따르는 품목은 카메라가 이에 해당한다.[44)] ④ 특정공정이 행해진 국가를 원산지로 판단하는 것에는 섬유류(편직, 방직 제품)와 동제품(백동, 양백) 중 일부가 여기에 해당된다.[45)] 상기와 같은 기준으로 원산지를 판정하기 어려운 경우에는 수입신고 전에 관세청장에게 원산지 사전확인 신청을 할 수 있으며 관세청장은 60일 이내에 확인서를 주어야 한다.[46)]

---

42) 대외무역법에 따르면 원산지관리제도는 산업통상자원부장관의 소관업무이나 원산지표시 관련 업무는 관세청장에게 원산지표시의 확인과 원산지증명서 제출명령 등에 대해서는 세관장에게 위탁되어 있다.

43) 다만 다음의 작업이 행해진 국가는 원산지로 할 수 없다. ① 운송, 보세구역장치 중 물품의 보관을 위해 필요한 작업 ② 포장개선, 상표표시 ③ 단순한 선별, 구분, 절단, 세척작업 ④ 재포장 또는 단순 조립작업 ⑤ 물품특성이 변하지 않는 범위 내에서 타 원산지 물품과의 혼합작업, ⑥ 가축의 도축작업 (관세법 시행규칙 74조 4항)

44) 대외무역관리규정 별표 9 참조

45) 대외무역관리규정 별표 9 참조

46) 다만 FTA협정상에 원산지 판정기준이 상기 내용과 다른 경우에는 FTA협정이 우선 적용되는 바 각 FTA협정을 참조하여야 할 것이다.

3) 원산지표시

원산지표시 대상물품은 대외무역관리규정 별표8에서 게기되어 있으며 주로 소비자들이 직접 구입하는 제품을 주 대상으로 하고 있다.[47] 원산지표시 대상임에도 불구하고 원산지표시를 하지 않은 경우에는 수입신고수리가 되지 않으며 원산지를 표시하는 보수작업이 행하여 져야 한다. 다만 다음의 물품은 원산지표시가 면제된다. 외화획득용 원료 및 시설기재, 개인에게 무상 송부된 탁송품, 별송품, 여행자 휴대품, 수입 후 제조공정에 투입되는 부품이나 기자재로 실수요자 직접 수입하는 물품, 견본품 및 하자보수용 물품 등이다(대외무역관리규정 제82조).

2 수입신고의 시기

수입신고는 원칙적으로 화물이 입항 후에 할 수 있으나(관세법 243조 2항) 예외적으로 입항 전 수입신고가 가능하며 기타 수입신고시기와 관련된 규정은 다음과 같다.

〈표 3-15〉 수입신고의 시기

<table>
<tr><th colspan="2"></th><th>출항 전 신고</th><th>입항 전 신고</th><th>보세구역
도착 전 신고</th><th>보세구역
장치 후 신고</th></tr>
<tr><td colspan="2">신고시기</td><td>선박(항공기)
출항 전</td><td>선박(항공기)
출항 후
하선(기)전</td><td>입항 후
보세구역
도착 전</td><td>보세구역에
장치(반입) 후</td></tr>
<tr><td colspan="2">신고대상물품</td><td>항공수입(모두),
해상수입(일본,
중국, 대만, 홍콩발)</td><td>제한 없음</td><td>제한 없음</td><td>제한 없음</td></tr>
<tr><td colspan="2">신고세관</td><td colspan="2">입항예정지 관할세관</td><td colspan="2">해당 보세구역 관할세관</td></tr>
<tr><td rowspan="2">신고
수리
시기</td><td>검사생략</td><td colspan="2">적하목록 제출 후</td><td>보세구역
반입 후</td><td>수입신고 후</td></tr>
<tr><td>검사대상</td><td colspan="4">물품검사 후</td></tr>
</table>

단, 출항 전 신고와 입항 전 신고는 해상컨테이너 화물의 경우 FCL만 가능하다.
출처 : 구종순(2009), p.394, 내용 일부 수정

47) 실무적으로는 관세청 홈페이지(품목분류 메뉴)에서 수입품목의 HS번호로 관세율과 함께 원산지표시 대상여부를 확인할 수 있다.

3 관세납부제도와 월별납부제도

관세의 납부는 원칙적으로 신고납부[48]이며 부과고지는 예외적으로 이용된다. 납부기일은 신고납부의 경우 납세신고 수리일로부터 15일 이내이며 법이 정한 납부기한은 다음 표와 같다.

〈표 3-16〉 관세납부제도

<table>
<tr><th>구분</th><th colspan="2">납부제도</th><th>주요 목적</th><th>납부기한</th></tr>
<tr><td rowspan="3">원칙</td><td colspan="2" rowspan="3">일반적인 납세</td><td rowspan="3">-</td><td>신고납부제도 : 납세신고 수리일로부터 15일 이내</td></tr>
<tr><td>부과고지제도 : 납세고지를 받은 날로부터 15일 이내</td></tr>
<tr><td>즉시반출제도 : 수입신고일부터 15일 이내</td></tr>
<tr><td rowspan="7">예외</td><td rowspan="2">납세정정 제도</td><td>보정신청</td><td>부족세액 납부</td><td>보정신청을 한 날의 다음 날</td></tr>
<tr><td>수정신고</td><td>부족세액 납부</td><td>수정신고를 한 날의 다음 날</td></tr>
<tr><td colspan="2">월별납부제도</td><td>납세편의</td><td>일반적인 납세의 납기가 속한 달의 말 일</td></tr>
<tr><td colspan="2">납기연장</td><td rowspan="2">재난 등으로 인한 어려움 완화</td><td rowspan="2">1년의 범위 내에서 세관장이 정하는 날</td></tr>
<tr><td rowspan="2">분할납부 제도</td><td>천재지변 등</td></tr>
<tr><td>특정물품 등</td><td>중소기업지원 등</td><td>분할납부승인일로부터 5년 내에서 세관장이 정하는 날</td></tr>
<tr><td colspan="2">일괄납부제도</td><td>수출지원</td><td>일괄납부기간(6월 범위 내) 종료일의 다음달 15일</td></tr>
</table>

출처 : 관세청 홈페이지

이중 월별납부제도는 관세를 납부한 후 수입신고수리가 이루어짐으로 인해 발생하는 시간과 자금계획의 불편함을 줄일 수 있는 우수한 대안이 될 수 있다. 동 제도는 2014년에 도입되었으며 월별납부제도 운영에 관한 고시를 통해 납세편의를 도모하고 있다. 월별납부업체가 되기 위해서는 ① 최근 2년간 법 위반으로 형사처벌 받은 사실이 없는 수출입자 ② 최근 2년간 관세 등의 체납이 없는 자 ③ 최근 3년간 수입실적과 납세실적이 있는 자(「중소기업기본법」 제2조에 따른 중소기업은 최근 2년) 또는 담보제공 생략 대상자의 조건을 충족하여야 한다. 이러한 조건을 갖추고 세관장에게 월별납부의 승인을 얻게 되면 월별납부대상으로 납세신고한 세액에 대하여 납부기한이 동일한 달에 속하는 세액을 그 달의 말일까지 납부하는 것이다. 승인의 효력은 2년간 지속되며 세액에 필요하다고 인정되면 담보를 설정하게 할 수 있다.

---

48) 수입신고하면서 관세액을 산정하여 수입신고 수리 전에 납부한다.

4 관세의 환급

관세환급은 세관에 납부한 관세 등을 일정한 요건이 충족되는 경우 전부 또는 일부를 다시 돌려받는 것을 의미하며 관세법상의 환급과 환급특례법상의 환급으로 나눌 수 있다.

1) 관세법상의 환급

관세법상에 환급에 대하여 규정하고 있는 것을 의미하며 다음과 같은 종류의 환급이 있다. 환급청구권은 이를 행사할 수 있는 날(기산일)로부터 5년간 행사하지 아니하면 소멸시효가 완성되어 환급청구권을 행사할 수 없다.

〈표 3-17〉 관세법상 환급제도

종류	내용 (기산일)
과오납금의 환급	착오로 인하여 납부할 세액보다 과다 납부한 경우 이루어지는 환급으로 세관장이 확인한 과오납금은 납세의무자의 청구가 없어도 환급하여야 한다. (과오납을 행한 날)
위약물품에 대한 환급	수입신고 수리된 물품이 계약내용과 상이하여 수출자에게 반송 또는 세관장 승인 후 폐기하는 경우 납부한 관세의 전부 또는 일부를 환급받는 것이다. (재수출신고수리일 또는 폐기일)
지정보세구역 장치물품의 멸실, 손상으로 인한 관세환급	수입신고 수리된 물품이 지정보세구역에 장치 중에 재해로 인해 멸실, 변질, 손상으로 가치가 감소된 경우 납부한 관세에서 가치 감소분을 환급받는 것이다. (멸실, 변질, 손상된 날)
종합보세구역 내 판매물품에 대한 관세 등의 환급	외국인 관광객 등이 종합보세구역에서 구입한 물품을 국외로 반출하는 경우 납부한 관세 및 내국세 등을 환급받을 수 있다. (환급에 필요한 서류 제출일)

2) 환급특례법상의 환급

수출용원재료에대한관세등환급에관한특례법(환급특례법)상의 관세환급은 수출물품 제조에 소요된 원재료의 수입한 때에 납부한 관세 등을 수출 등에 제공한 때에 수출자 또는 수출물품의 생산자에게 환급하는 제도이다. 이는 수출을 촉진하고 국산 원재료의 사용을 촉진하는 기능을 한다. 다만 동 제도상의 환급을 받기 위해서는 다음의 조건을 충족시켜야 한다.

〈표 3-18〉 수출용원재료 환급을 위한 조건

조건	내용
환급대상 조세	• 관세, 임시수입부가세, 개별소비세, 주세, 교통에너지환경세, 농어촌특별세, 교육세는 환급대상이나 (부가가치세, 가산세는 대상 아님)
환급대상 원재료	• 수출물품을 생산한 경우 - 수출물품에 물리, 화학적으로 결합되는 물품, 생산공정에 투입되어 소모되는 물품, 포장물품 • 수입한 상태 그대로 수출한 경우에는 수출물품 자체 • 국내생산 원재료로서 수입된 원재료와 동일한 질과 특성을 가지고, 상호 대체사용이 가능하여 생산과정에서 이를 구분하지 않고 사용한 경우 그 국산 원재료.
환급대상 수출	• 일반 유상수출로서 관세법에 의해 수출신고가 수리된 것 • 무상수출로서 ① 박람회, 전시회 등에 출품되고 현지에서 판매된 것, ② 해외공사용 자재 및 장비, ③ 계약위반으로 반품된 물품에 대한 대체물품의 수출, ④ 견본물품 ⑤ 수탁가공한 물품 또는 반환을 위한 물품, ⑥ 위탁가공수출, ⑦ 위탁판매를 위한 수출 • 국내에서 외화로 받는 판매 또는 공사 (주한미군 외화판매 등) • 보세구역 및 자유무역지역 입주기업체에 대한 공급 • 기타 - 외항선(기)에 선용품 공급, 원양어선에 무상반출, 대북반출물품
수출이행기간	• 다음 날짜로부터 2년 이내에 수입된 물품이어야 한다. - 수출신고수리의 경우에는 수출신고를 수리한 날 - 기타 수출은 수출, 판매, 공사, 공급을 완료한 날이 속하는 달의 말일
환급의 방법	• 환급의 방법에는 정액환급방법과 개별환급제도가 있다. • 정액환급방법 - 국가가 전년도 평균환급액 등을 기초로 환급액을 책정하고 수출자는 책정된 금액을 환급받는다. • 개별환급제도 - 소요된 원자재의 수입 시 납부한 관세 등의 세액을 소요 원재료별로 개별적으로 확인하여 환급금을 산출한다.

5 ATA 까르네

일시수입 후 재수출되는 물품 중 일정 물품에 대해 일시면세 수입절차를 용이하게 할 목적으로 체결된 ATA협약에 따라 보증단체(상공회의소)에서 발급한 까르네 증서를 수입신고서로 인정하는 제도이다. ATA까르네가 수출입신고서를 대신하기 때문에 통관 시 편리성을 제고할 수 있으며 재수출면세에 따른 담보제공과 수출 후 해제에 따른 번거로움을 제거할 수 있다. 현재 이러한 혜택을 누릴 수 있는 품목은 상품견본 및 광고용 물품, 직업용구, 전시물품, 수출입 물품의 포장용품, 선원후생용품, 과학장비, 교육용구 등이 해당된다. 다만, ATA협약에 가입한 국가에서만 동 까르네를 인정받을 수 있으나 주요 무역국들은 동 협약에 가입되어 있다.

ATA까르네를 발급받기 위해서는 각국이 정한 기관(주로 상공회의소)에 담보를 제공한 후에 발급받게 되며 해당 물품의 여정이 모두 끝나면 까르네를 반납한 후 담보를 해제하게 된다. 우리나라의 경우 까르네 수입물품의 재수출 면세기간은 1년 이내이고 부득이한 사유가 있는 경우에는 1년의 범위 내에서 재수출기간을 연장할 수 있다(단, 까르네의 유효기간을 초과할 수는 없다). 허용기간은 상품견본 12개월, 전시용품 6개월, 직업용구 6개월이다.

6 간이통관[49)]

무역업자가 아닌 일반인이 개인용으로 사용하기 위하여 휴대품으로 반입하거나 해외 친지 등으로부터 송부받는 물품은 정식수입신고절차와 달리 간이한 통관절차가 적용된다.

〈표 3-19〉 간이통관 대상물품

구분	내용
여행자휴대품 또는 별송품	• 여행자가 개인용품이나 선물을 휴대하여 반입하는 경우 • 여행자 개인용품을 화물로 탁송하여 반입하는 경우
우편물	• 외국의 친지나 친구로부터 우편을 통해 송부된 선물 • 국내거주자가 대금을 송부하고 자가사용으로 구입하여 반입한 우편물(이 경우 일반수입에 제한사항이 있거나 1,000불을 초과하는 경우 정식수입신고절차에 따라야 함)
탁송품 또는 특급탁송품	• 외국의 친지, 친구 및 관계회사에서 기증된 선물 또는 샘플이나 하자보수용 물품 등 • 국내거주자가 개인용으로 사용하기 위하여 인터넷 등 통신을 통하여 대금을 지불하고 구입하여 반입한 화물

출처 : 관세청 홈페이지

상기에 해당하는 물품은 수입신고생략 대상물품과 간이신고 대상물품으로 나눌 수 있다.

49) 수입통관 사무처리에 관한 고시 제3장 간이통관절차 참조

〈표 3-20〉 간이통관 대상물품

수입신고생략 대상물품	간이신고 대상물품
다음 물품 중 관세가 면제되거나 무세인 물품은 수입신고를 생략한다. • 외교행낭으로 반입되는 면세대상물품 • 국내 내방하는 외국의 원수와 그 가족 및 수행원에 속하는 면세대상물품 • 유해 및 유골 • 신문, 뉴스를 취재한 필름, 테이프 등 언론기관의 보도용품 • 재외공관 등에서 외무부로 발송하는 자료 • 기록문서와 서류 • 외국에 주둔하는 국군으로부터 반환되는 공용품	다음 물품은 첨부서류 없이 수입신고서만을 제출하여 신고한다. • 수입신고생략 대상물품 중 과세대상 물품 • 당해물품의 총 과세가격이 운임포함 15만원 이하이며 국내거주자가 자가사용[50]으로 수취하는 면세대상 물품 • 당해물품의 총 과세가격이 운임포함 미화 250불 이하의 면세되는 상용견품 • 설계도 중 수입승인이 면제되는 것 • 금융기관이 외환업무 영위하기 위해 수입하는 지불수단

상기 표에서 자가사용과 관련하여 수입통관 사무처리에 관한 고시 별표11에 품목별 자가사용인정기준이 있으며 합산과세 요건(① 동일날짜 동일국가에서 2건 이상 수입신고한 경우 ② 같은 해외공급자로부터 같은 날짜에 구매한 과세대상물품을 면세범위 내로 분할 반입한 경우 ③ 과세대상인 하나의 운송장 물품을 면세범위 내로 분할하여 수입통관하는 경우)인 경우에는 합산하여 기순 초과 여부를 결정한다. 합산하여 특송물품의 경우 미화 100불 초과의 물품은 목록통관을 배제하고 일반수입신고 한다. 우편물의 경우 과세대상은 미화 1000불 이하의 물품은 우편물 목록 등에 따라 과세처리하고 미화 1000불 초과의 물품은 일반수입신고(정식수입신고) 하여야 한다.

7 특급탁송물품[51]

특급탁송물품이란 특급탁송업체(관세법상 상업서류나 그 밖의 견본품 등을 송달하는 것을 업으로 하는 자로서 세관장에게 등록한 업체)[52]가 국내에 반입하는 물품이다. 특송물품의 통관과 관련해서는 다음의 절차를 따른다.

---

50) 자가사용 인정기준에 대해서는 관세청에서 고시를 하고 있다. 예컨대 참기름의 경우 5kg, 건강기능식품의 경우 6병, 의약품 6병 등에 대해서는 면세이며 요건확인도 면제된다. 그러나 면세범위 초과 물량의 경우에는 일반수입신고와 요건확인의 대상이 된다.

51) 특송물품 수입통관 사무처리에 관한 고시 참조

52) 관세법 제222조 1항 6호, 특송물품 수입통관 사무처리에 관한 고시 [관세청고시 제2014-91호, 2014.8.12] 제2조 참조

〈표 3-21〉 특송물품의 수입신고 방법

통관절차	대상물품	수입신고 방법
목록통관 특송물품	국내거주자가 수취하는 자가사용물품 또는 면세되는 상용견품 중 물품가격이 미화 100달러(한미FTA 적용물품은 200달러) 이하 물품	특송업체가 통관목록을 세관장에게 제출한다.
간이신고 특송물품	물품가격이 미화 100달러(한미FTA 적용물품은 200달러)를 초과하고 2000달러 이하인 물품	첨부서류 없이 전자서류로 수입신고한다. 다만, 검사대상의 경우에는 운송서류와 송품장을 제출
일반수입신고 특송물품	미화 2000달러를 초과하는 물품 또는 목록통관배제 대상물품 또는 간이신고 배제 대상물품	일반수입신고 절차가 적용된다.

한편, 목록통관 배제대상물품과 간이신고 배제대상물품은 모두 일반수입신고(정식수입신고) 절차에 따라 통관이 이루어져야 한다.

목록통관 배제대상물품은 의약품, 한약재, 야생동물 관련제품, 농림축산물 등 검역대상물품, 건강기능식품, 지식재산권 위반 의심물품, 식품류, 과자류, 화장품(기초화장품 제외), 통관목록 중 품명, 규격, 수량, 가격 등이 부정확하게 기재된 물품, 기타 세관장 확인대상물품이 포함된다.

간이신고배제 대상물품은 목록통관배제 대상물품, 용도세율 적용 사후관리 대상물품, 신고취하 또는 각하된 후 다시 수입신고하는 물품, 이사물품 수입통관 사무처리에 관한 고시 적용대상 물품, FTA협정관세 적용을 신청한 물품, 유통이력 신고 대상물품 등이 포함된다.

8 전자상거래[53)]

전자상거래란 물품의 주문, 대금결제 등 거래의 전부 또는 일부가 전자문서에 의하여 처리되는 상거래를 의미한다. 이를 업으로 하는 전자상거래업체는 특별통관대상업체로 신고할 수 있다. 특별통관대상업체로 신고된 전자상거래업체가 수입하는 특송물품은 원칙적으로 전산으로 선별된 것만을 검사한다. 세관장은 특별통관대상업체에 대해 법규준수도를 평가하고 그 결과에 따라 검사비율 차등적용, 통관

53) 전자상거래물품 등의 특별통관 절차에 관한 고시 [관세청고시 제2014-77호, 2014.6.16] 참조

편의 배제 등 통관절차를 차등 적용할 수 있다. 특별통관대상업체의 사업유형은 직접수입판매, 구매대행, 배송대행, 기타 등으로 나뉘어져 있다.

전자상거래물품의 수출신고는 간이한 방법으로 수출신고를 할 수 있으며 이를 위해서 전자상거래 업체로 세관에 신고한 업체가 수출하는 물품이어야 하며, 물품가격은 FOB 기준 200만원 이하여야 한다.[54] 이를 통해 중소기업인 전자상거래 업체가 제조한 물품을 수출하는 경우 관세환급을 받을 수 있으며, 부가가치세 영세율 적용과 구매확인서 등을 통해 수출실적을 인정받을 수 있다.

전자상거래 물품을 수입하는 때에는 1) 수입을 대행한 전자상거래업체의 상호와 특별통관대상업체 신고번호를 수입신고서에 기재한다. 2) 특급탁송으로 물품을 수입하는 때에는 화물운송장, 송품장, 통관목록에 특별통관대상업체 신고번호를 기재한다. 3) 전자상거래업체는 자신의 물품을 운송하는 특송업체에게 특별통관대상업체 신고번호를 사전에 통보한다.

전자상거래 물품은 주로 우편물 또는 특송으로 운송되는 바, 통관과 관련된 부분은 국제우편물, 특급탁송물품 통관에 대한 규정을 따르게 된다.

9 지식재산권 보호와 병행수입[55]

1) 지식재산권

세계무역협정(WTO)의 부속서인 무역관련 지식재산권 규정(TRIPS)은 특허권, 디자인권, 상표권, 저작권 등의 지식재산권에 대한 다자간 규범이다. 우리나라도 이 협정에 가입되어 있고 상표권 등(상표권, 저작권, 품종보호권, 지리적표시권, 특허권, 디자인권)을 침해하는 물품의 수출입을 할 수 없도록 규정하고 있다(관세법 235조). 다만 상업적 목적이 아닌 개인용도를 위한 여행자휴대품으로 소량으로 수출입하는 물품은 동 규정이 적용되지 않는다(단, 품목당 1개, 전체 2개에 한한다).[56] 상표권 등을 보호 받고자 하는 업체는 세관에 동 상표권의 내용, 범위, 상표권을 사용할 수 있는 권리자를 신고하여야 한다. 상표권 등의 침해 우려 물품이 수출입 신고 등이 된 경우 세관은 상표권 등 신고자에게 통보하고 상표권 등 신고자는 당해 수출입 물품의 과세가격의 120%를 담보제공하고 통관보류를 요청할 수 있다.

---

54) 수출통관사무처리에 관한 고시 35조의2
55) 지식재산권 보호를 위한 수출입통관 사무처리에 관한 고시 [관세청고시 제2014-57호, 2014.5.20]
56) 관세법시행령 [대통령령 제26516호, 2015.9.9] 제243조 지식재산권 수출입 고시 2조

2) 병행수입

병행수입은 상품권이 신고된 상표의 진정품을 신고자가 아닌 제3자가 수입하는 것으로서 이의 불법성 여부는 국가의 정책상 권리자를 보호할 것인가 또는 소비자의 선택권을 보호할 것인가에 따라 결정된다고 할 수 있다. 우리나라의 경우 상품권을 보호함과 동시에 다음의 조건이 충족되는 물품에 대해서는 병행수입을 허용하고 있다. ① 국내외 상표권자가 동일인이거나 계열회사 관계(주식의 30% 이상을 소유하면서 최다 출자자인 경우), 수입대리점 관계 등 동일인으로 볼 수 있는 관계가 있는 경우 ② 국내외 상표권자가 동일인 관계가 아니면서 국내 상표권자가 외국에서 생산된 진정상품을 수입하거나 판매하는 경우 ③ 국내 상표권자가 수출한 물품을 국내로 다시 수입하는 경우이다. 그러나 다음의 경우에는 병행수입이 불가능하다. ① 국내외 상표권자가 동일인이 아니면서 국내 상표권자가 해당상표가 부착된 지정상품을 수입하지 않고 제조만 하는 경우 ② 국내외 상표권자가 동일인 여부를 불문하고 국내 전용사용권자가 당해상표부착 지정상품을 수입하지 않고 제조, 판매만 하는 경우이다.

우리나라 정부는 수입물가를 낮추는데 기여하는 병행수입을 활성화하기 위한 방편으로 병행수입에 적극적인 태도를 취하고 있으며 그 중의 하나로 병행수입물품 통관인증제를 실시하고 있다. 이는 성실업체가 합법적으로 수입한 병행수입 물품에 통관표지를 붙여 소비자가 안심하고 물품을 구매할 수 있도록 하고 있다.

10 적하목록의 정정[57)]

1) 적하목록 전송

적하목록이란 적하목록 작성요령에 따라 선사 또는 항공사가 Master B/L의 내역을 기재한 선박 또는 항공기의 화물적재목록을 말하며, 화물운송주선업자가 House B/L의 내역을 기재한 경우에는 혼재화물적하목록이라 한다. 적하목록 작성책임자는 아래에 정한 기간 내에 적하목록을 입항 예정지 세관장에게 전자문서로 제출하여야 한다. 항공화물의 경우 항공기가 입항하기 4시간 전까지(다만, 근거리의 경우에는 적재항에서 항공기가 출항하기 전까지, 특송화물의 경우에는 항공기가 입항하기 1시간 전까지) 제출하여야 한다. 적하목록의 제출과 정정기한은 다음 표와 같다.

57) 보세화물입출항 하선하기 및 적재에 관한 고시 [관세청고시 제2014-92호, 2014.9.1]

〈표 3-22〉 적하목록 제출과 정정 기한

	적하목록 전송기한	적하목록 정정기한
해상운송	• 선박에 적재되기 24시간 전 • 근거리(중국, 일본, 대만, 홍콩, 러시아 극동 등)지역은 선박 출항 전	하선(기)결과 이상보고서 또는 반입결과 이상보고서가 제출된 물품은 15일 이내에, 기타 사유의 경우에는 입항 후 60일 이내에 정정신청이 이루어져야 한다(다만, B/L양수도, B/L분할과 합병의 경우에는 기간 제한이 없다.
항공운송	• 항공기 입항 4시간 전 • 근거리는 적재항 출항 전 • 특송화물은 항공기 입항 1시간 전	

2) 적하목록 정정신청

적하목록 작성책임자는 적하목록 제출 완료된 후에 일부를 정정하려는 때에 정정사유를 증명할 수 있는 자료를 첨부하여 적하목록 정정신청서를 제출한다. 적하목록의 정정사유는 ① 오송화물, ② Shipper측의 사무착오로 미 선적 또는 타 화물이 선적된 경우 ③ 운송 중 사고(도난, 유실, 파손 등), ④ 혼재화물 적하목록을 기한 내에 제출하지 않아 보완하는 경우, ⑤ 컨테이너 개장 후 과부족이 발생한 경우로서 봉인에 이상이 없음을 세관장이 확인한 경우 ⑥ B/L번호의 상이, ⑦ B/L 양수도로 인하여 수하인의 주소, 성명 등이 변경된 경우 ⑧ 기타 사유로 물품의 과부족 등의 사유가 있는 경우이다. 다만, 아래 <표 3-23>의 경우에는 적하목록 정정신청을 생략한다.

〈표 3-23〉 적하목록 정정신청 생략

<table>
<tr><th>해상운송</th><th>항공운송</th></tr>
<tr><td colspan="2">• 포장파손이 용이한 물품(예 : 비료, 설탕, 시멘트 등) 및 건습에 따라 중량의 변동이 심한 물품(예 : 펄프, 고지류 등)으로서 그 중량의 과부족이 5%이내인 경우
• 포장단위 물품으로서 중량의 과부족이 10%이내이고 포장상태에 이상이 없는 경우
• 적하목록 이상 사유가 단순기재오류 등으로 확인되는 경우</td></tr>
<tr><td>• 산물(예 : 광물, 원유, 곡물, 염, 원피 등)로서 그 중량의 과부족이 5%이내인 경우
• 용적물품(예 : 원목 등)으로서 그 용적의 과부족이 5%이내인 경우</td><td>• 적하목록보다 실제 물품이 적은 경우로서 하기결과 이상보고서 제출 후 7일 이내에 부족화물이 도착되어 병합관리가 가능한 경우
• 적하목록에 등재되지 아니한 화물로서 해당 항공기 도착 7일 이내에 선착화물이 있어 병합관리가 가능한 경우</td></tr>
</table>

〈서식 3-1〉 수출신고서

수 출 신 고 필 증 (갑지)

※ 처리기간 : 즉시

제출번호 99999-99-9999999 ①신 고 자 XXXXXXXXXXXXXXXXXXXXXXXXXXXXXXXXXXXXXXXX	⑤신고번호 999-99-99-99999999	⑥신고일자 YYYY/MM/DD	⑦신고구분 X	⑧C/S구분 X

수출자 등	거래 정보	
②수 출 자 XXXXXXXXXXXXXXXXXXXXXXXXXXX 부호 XXXXXXX 수출자구분 X 위 탁 자 XXXXXXXXXXXXXXXXXXXXXXXXXXX (주소) XXXXXXXXXXXXXXXXXXXXXXXXXXXXXXXXXXXXXXXXXXXXXXXX (대표자) XXXXXXXXXXXX (통관고유부호) XXXXXXXX-9-99-9-99-9 (사업자등록번호) 999-99-99999	⑨거래구분 XX / ⑩종류 X / ⑪결제방법 XX ⑫목적국 XX XXXXXXX ⑭운송형태 XX XXX ⑯물품소재지 XXX XXXXXXXXXXXXXXXXXXXXXXXXXXXXX	⑬적재항 XXXXX XXXXXXXXXXXX ⑮검사방법선택 X 검사희망일 YYYY/MM/DD
③제 조 자 XXXXXXXXXXXXXXXXXXXXXXXXXXXX (통관고유부호) XXXXXXXX-9-99-9-99-9 제조장소 XXX 산업단지부호 XXX	⑰L/C번호 XXXXXXXXXXXXXXXXXXX ⑲사전임시개청통보여부 X	⑱물품상태 X ⑳반송 사유 XX
④구 매 자 XXXXXXXXXXXXXXXXXXXXXXXXXX (구매자부호) XXXXXXXXXX	㉑환급신청인 X (1:수출/위탁자, 2:제조자) 간이환급 XX ㉒환급기관 XXXXXXXXXXXXXXXXXXXX	

· 품명 · 규격 (란번호/총란수: 999/999)

㉓품 명 XXXXXXXXXXXXXXXXXXXXXXXXXXXXXXXXXXXXXXXXXXXXXXXXXXX ㉔거래품명 XXXXXXXXXXXXXXXXXXXXXXXXXXXXXXXXXXXXXXXXXXXXXXXXXXX	㉕상표명 XXXXXXXXXXXXXXXXXXXX

㉖모델 · 규격	㉗성분	㉘수량	㉙단가(XXX)	㉚금액(XXX)
XXXXXXXXXXXXXXXXXXXXXXXXXXXXXXXXXXXXXXXXXXXXXXXXXXXXXXXXXXXX XXXXXXXXXXXXXXXXXXXXXXXXXXXXXXXXXXXXXXXXXXXXXXXXXXXXXXXXXXXX XXXXXXXXXXXXXXXXXXXXXXXXXXXXXXXXXXXXXXXXXXXXXXXXXXXXXXXXXXXX XXXXXXXXXXXXXXXXXXXXXXXXXXXXXXXXXXXXXXXXXXXXXXXXXXXXXXXXXXXX XXXXXXXXXXXXXXXXXXXXXXXXXXXXXXXXXXXXXXXXXXXXXXXXXXXXXXXXXXXX XXXXXXXXXXXXXXXXXXXXXXXXXXXXXXXXXXXXXXXXXXXXXXXXXXXXXXXXXXXX XXXXXXXXXXXXXXXXXXXXXXXXXXXXXXXXXXXXXXXXXXXXXXXXXXX	XXXXXXXXXXXXXXXXXX XXXXXXXXXXXXXXXXXX XXXXXXXXXXXXXXXXXX XXXXXXXXXXXXXXXX	999,999,999,999(XX)	9,999,999,999.99	999,999,999,999.99

㉛세번부호	9999.99-9999	㉜순중량	999,999,999,999(XX)	㉝수량	999,999,999,999(XX)	㉞신고가격(FOB)	₩999,999,999,999
㉟송품장부호	XXXXXXXXXXXXXXXXX	㊱수입신고번호	XXXXX-XX-XXXXXXX-X(XXX)	㊲원산지 XX-X-X		㊳포장갯수(종류)	999,999(XX)

㊴총중량	999,999,999,999(XX)	㊵총포장갯수	999,999 (XX)	㊶총신고가격 (FOB)	$ 9,999,999,999 ₩ 999,999,999,999
㊷운임(₩)	9,999,999,999	㊸보험료(₩)	9,999,999,999	㊹결제금액	XXX-XXX-999,999,999,999,999
㊺수입화물 관리번호	XXXXXXXXXXXXXXXXXX	X		㊻컨테이너번호	XXXXXXXXXX X

㊼수출요건확인 (발급서류명)	X-XXXXXXXXXXXXXXXXX (XXXXXXXXXXXXXXXXX)	X-XXXXXXXXXXXXXXXX (XXXXXXXXXXXXXXXXX)	X-XXXXXXXXXXXXXXXXX (XXXXXXXXXXXXXXXXX)	X-XXXXXXXXXXXXXXXXX (XXXXXXXXXXXXXXXXX)

※신고인기재란	㊽세관기재란
XXXXXXXXXXXXXXXXXXXXXXXXXXXXXXXXXXXXXXXXXXXXXXXXXXXXXXXXXXXX XXXXXXXXXXXXXXXXXXXXXXXXXXXXXXXXXXXXXXXXXXXXXXXXXXXXXXXXXXXX XXXXXXXXXXXXXXXXXXXXXXXXXXXXXXXXXXXXXXXXXXXXXXXXXXXXXXXXXXXX XXXXXXXXXXXXXXXXXXXXXXXXXXXXXXXXXXXXXXXXXXXXXXXXXXXXXXXXXXXX XXXXXXXXXXXXXXXXXXXXXXXXXXXXXXXXXXXXXXXXXXX	XXXXXXXXXXXXXXXXXXXXXXXXXXXXXXXXXXXXXXXXXXXXXXXXXXXXXXXXXXXXXXXXXXXXXX XXXXXXXXXXXXXXXXXXXXXXXXXXXXXXXXXXXXXXXXXXXXXXXXXXXXXXXXXXXXXXXXXXXXXX XXXXXXXXXXXXXXXXXXXXXXXXXXXXXXXXXXXXXXXXXXXXXXXXXXXXXXXXXXXXXXXXXXXXXX XXXXXXXXXXXXXXXXXXXXXXXXXXXXXXXXXXXXXXXXXXXXXXXXXXXXXXXXXXXXXXXXXXXXXX XXXXXXXXXXXXXXXXXXXXXXXXXXXXXXXXXXXXXXXXXXXXXXXXXXXXXXXXXXXXXXXXXXXXXX

㊾운송(신고)인 XXXXXXXXXXXXXXXXXXXXXXXXXXXXXX ㊿기간 YYYY/MM/DD 부터 YYYY/MM/DD 까지	◯51신고수리일자	YYYY/MM/DD	◯52적재의무기한	YYYY/MM/DD

Page : 999/999

〈서식 3-2〉 수입신고서

UNI-PASS

수 입 신 고 필 증

(갑 지)

※처리기간 : 3일

①신고번호	②신고일	③세관.과	⑥입항일
40864-07-	2007/08/14	040-11	2007/08/13

④B/L(AWB)번호	⑤화물관리번호	⑦반입일	⑧징수형태
	07)-0015-003	2007/08/13	11

⑨신 고 자
⑩수 입 자
⑪납세의무자
(주소)
(상호)
(성명)
⑫무역대리점
⑬공 급 자 (GB) / GBQUE0030U

⑭통관계획 D 보세구역장치후	⑱원산지증명서 유무 N	⑳총중량 326.0 KG
⑮신고구분 A 일반P/L신고	⑲가격신고서 유무 Y	㉑총포장갯수 1 CT
⑯거래구분 11 일반형태수입	㉒국내도착항 ICN 인천공항	㉓운송형태 40-ETC
⑰종류 K 일반수입(내수용)	㉔적출국 GB U.K	
	㉕선기명 025908 KR	
㉖MASTER B/L 번호 9888938		㉗운수기관부호

㉘검사(반입)장소 04077007 아시아나항공(02))

●품명 · 규격 (란번호/총란수 : 001/001)

㉙품 명 NICKEL ALLOY PLATE
㉚거래품명 NICKEL ALLOY PLATE
㉛상 표

㉜모델 · 규격	㉝성분	㉞수량	㉟단가 (USD)	㊱금액 (USD)
ALLOY 825 PLATE CUT TO SIZE		1 EA	22,940	22,940

㊲세번부호	7506.20-1000	㊴순중량	233.0 KG	㊷C/S 검사	S 청CS검사생략	㊹사후기관
㊳과세가격(CIF)	$ 22,940	㊵수 량		㊸검사변경		
	₩ 21,394,073	㊶환급물량	1.000 EA	㊻원산지	GB-B-E-	㊼특수세액

㊺수입요건확인 (발급서류명)

㊽세종	㊾세율(구분)	㊿감면율	(51)세액	(52)감면분납부호	감면액	* 내국세종부호
관	5.00 (A 기가)		1,069,703			
부	10.00 (A)		2,246,377			

본 수입신고필증은 수입통관사무처리에 관한 고시 제 2-1-8조 규정에 의거 수입 P/L신고에 의하여 수리된 것임

(53)결제금액 (인도조건-통화종류-금액-결제방법)	CFR - USD - 22,940 - TT			(55)환 율	932.6100
(54)총과세가격	$ 22,940	(56)운 임 1	(58)가산금액	(63)납부번호	0127-040-1: -1
	₩ 21,394,073	(57)보험료	(59)공제금액	(64)부가가치세과표	22,463,776

(60)세종	(61)세 액
관 세	1,069,700
특 소 세	
교 통 세	
주 세	
교 육 세	
농 특 세	
부 가 세	2,246,370
신고지연가산세	
미신고가산세	
(62)총세액합계	3,316,070

※관세사기재란
업태 = 도매
종목 = 화학,철강

(65) 세관기재란
-이 물품은 사후심사결과에 따라 적용세율이 변경될 수 있습니다.

인천공항세관관할
관세사
전자서류수입통관증명

(66)담당자	79	(67)접수일시	2007/08/14, 09:05	(68)수리일자	2007/08/14

세관 · 과: 040-11 신고번호: -07-1001050 Page : 1/1

* 수입신고필증의 진위 여부는 관세청 통관포탈시스템(http://portal.customs.go.kr) 또는 수출입통관정보시스템(http://kcis.ktnet.co.kr)에 조회하여 확인하시기 바랍니다.
* 본 수입신고필증은 세관에서 형식적인 요건만을 심사한 것이므로 신고내용이 사실과 다른 때에는 신고인 또는 수입화주가 책임을 져야 합니다.

No.2547 P.1 BILYONG

〈서식 3-3〉 ATA 까르네(ATA Carnet)

POUR L'ADMISSION TEMPORAIRE DES MARCHANDISES

CUSTOMS CONVENTION ON THE A.T.A. CARNET FOR THE TEMPORARY ADMISSION OF GOODS

CONVENTION DOUANIÈRE SUR LE CARNET A.T.A. POUR L'ADMISSION TEMPORAIRE DES MARCHANDISES

CONVENTION ON TEMPORARY ADMISSION / *CONVENTION RÉLATIVE À L'ADMISSION TEMPORAIRE*

ICC W.C.F.

(Before completing the Carnet, please read Notes on cover page 5 / *Avant de remplir le carnet, lire la notice en page 5 de la couverture*)

ATA CARNET / CARNET ATA

A. HOLDER AND ADDRESS / *Titulaire et adresse*

G. FOR ISSUING ASSOCIATION USE / *Réservé à l'association émettrice*
FRONT COVER / *Couverture*

a) **CARNET No.**
Carnet N° **GB/LO**

Number of continuation sheets:
Nombre de feuilles supplémentaires: ....

B. REPRESENTED BY* / *Représenté par**

b) **ISSUED BY** / *Délivré par*

LONDON CHAMBER OF COMMERCE AND INDUSTRY
33 QUEEN STREET, LONDON EC4R 1AP

C. INTENDED USE OF GOODS / *Utilisation prévue des marchandises*

c) **VALID UNTIL** / *Valable jusqu'au* ★

.... / .... / ....

year *année* **month** *mois* **day (inclusive)** *jour (inclus)*

P. This Carnet may be used in the following countries/Customs territories under the guarantee of the associations listed on the reverse of page five of the cover: / *Ce carnet est valable dans les pays/territoires douaniers ci-après, sous la garantie des associations reprises en page cinq de la couverture:*

☐ **EUROPEAN UNION**

AUSTRIA (AT), BELGIUM (BE), BULGARIA (BG), CYPRUS (CY), CZECH REPUBLIC (CZ), DENMARK (DK), ESTONIA (EE), FINLAND (FI), FRANCE (FR), GERMANY (DE), GREECE (GR), HUNGARY (HU), IRELAND (IE), ITALY (IT), LATVIA (LV), LITHUANIA (LT), LUXEMBOURG (LU), MALTA (MT), NETHERLANDS (NL), POLAND (PL), PORTUGAL (PT), ROMANIA (RO), SLOVAKIA (SK), SLOVENIA (SI), SPAIN (ES), SWEDEN (SE), UNITED KINGDOM (GB)

THIRD COUNTRIES

ALGERIA (DZ), ANDORRA (AD), AUSTRALIA (AU), BELARUS (BY), BOSNIA and HERZEGOVINA (BA), CANADA (CA), CHILE (CL), CHINA (CN), COTE D'IVOIRE (CI), CROATIA (HR), GIBRALTAR (GI), HONG KONG (HK), ICELAND (IS), INDIA (IN), IRAN (IR), ISRAEL (IL), JAPAN (JP), KOREA (KR), LEBANON (LB), MACAO, CHINA (MO), MACEDONIA (Former Yugoslav Republic) (MK), MALAYSIA (MY), MAURITIUS (MU), MEXICO (MX), MOLDOVA (MD), MONGOLIA (MN), MONTENEGRO (ME), MOROCCO (MA), NEW ZEALAND (NZ), NORWAY (NO), PAKISTAN (PK), RUSSIA (RU), SENEGAL (SN), SERBIA (CS), SINGAPORE (SG), SOUTH AFRICA (ZA), SRI LANKA (LK), SWITZERLAND (CH), THAILAND (TH), TUNISIA (TN), TURKEY (TR), UKRAINE (UA), UNITED ARAB EMIRATES (AE), UNITED STATES OF AMERICA (US)

● **THIS DOCUMENT MUST BE RETURNED TO THE ISSUING OFFICE AFTER USE.**
(Remember to photocopy pages 2,3 and 4 for your own protection in the event of it subsequently going missing.)

● **THIS DOCUMENT MAY NOT BE USED FOR:-** perishable or consumable items; goods for processing or repair; postal traffic; goods to be hired out abroad for financial gain; the sale of goods abroad; and foreign goods temporarily imported into the UK under a Customs Temporary Importation Concession.

★ **IN ORDER TO AVOID INCONVENIENCE AND A POSSIBLE MONETARY CLAIM** make sure that you can meet the Customs time limit in box 2 of the grouped counterfoils according to the type of goods (commercial samples; exhibition/trade fair goods; or professional equipment) on pages 2,3 and 4, as it may be less than the overall validity period of one year.

The holder of this Carnet and his representative will be held responsible for compliance with the laws and regulations of the country/Customs territory of departure and the countries/Customs territories of importation. / *A charge pour le titulaire et son représentant de se conformer aux lois et règlements du pays/territoire douanier de départ et des pays/territoires douaniers d'importation.*

H. CERTIFICATE BY CUSTOMS AT DEPARTURE
Attestation de la douane, au départ

a) **Identification marks have been affixed as indicated in column 7 against the following items No(s). ot the General List**
Apposé les marques d'identification mentionnées dans la colonne 7 en regard du (des) numéro(s) d'ordre suivant(s) de la liste générale

....

....

b) **GOODS EXAMINED*** / *Vérifié les marchandises**
Yes / *Oui* **No** / *Non*

c) **Registered under Reference No.***
*Enregistré sous le numéro** ....

d) .... / .... / ....

Customs Office Place Date (year/month/day) Signature and Stamp

I. Signature of authorised official and Issuing Association stamp / *Signature du délégué et timbre de l'association émettrice*

.... / .... / ....

Place and Date of Issue (year/month/day)
Lieu et date d'émission (année/mois/jour)

J.

X.......... X

011/5157/10 - 1

제4장 SCM과 글로벌 기업의 물류

제1절 공급사슬관리(SCM)

1 SCM의 등장배경과 개념

1) SCM의 등장배경과 필요성

1980년대 기업들은 적시생산, 칸반시스템, Lean생산 등을 통해 제조비용의 절감에 성공하였고 이후 전체비용에서 차지하는 부분이 많은 공급망[1] 관리의 필요성을 알게 되었다.[2] 1980년대 이후 규제완화로 인한 세계화의 가속화로 기업들의 공급관리의 복잡성이 크게 증가하게 되었고 고객의 욕구가 다양화되면서 다품종 소량생산으로 인해 재고를 관리하기 더욱 어렵게 되었으나 정보기술의 발달과 통신 비용의 감소는 공급사슬 내에서 재고관리를 효율적으로 수행하는 데 도움을 주었다. 또한 1970년대 자재관리기법인 MRP(Material Requirement Planning)가 1980년대 전사적자원관리기법인 ERP(Enterprise Resource Planning)를 거쳐 1990년대초 효율적인 공급망 관리를 목표로 한 SCM(Supply Chain Management)이 등장하게 되었다.[3]

공급망 관리의 필요성은 공급망 관련된 비용이 기업의 전체비용에서 차지하는 비율이 높아 이를 관리하는 것이 기업의 이익에 큰 영향을 주게 되며 또한 고객서비스를 유지하거나 제고시키기 위해서는 공급망이 원활하게 작동하여야 하기 때문이다. 그러나 공급망을 관리하는 데에는 많은 어려움이 존재한다. 즉 단일공장 또는 단일기업 수준이 아닌 전체 공급망이 목표하는 서비스 수준을 유지하면서 비용

1) 공급망은 자재와 완제품 등이 공급되고 판매되는 과정에서 공급사-자사-유통사 간에 구성된 네트워크이다.
2) Simchi-Levi et al., 『Designing & Managing the Supply Chain』, McGRAW-HILL, 2003, p.1.
3) 정호상 외, 「경쟁우위의 새로운 원천: SCM」, 삼성경제연구소, 2008, pp.1~20.

을 최소화하는 것(Global Optimization)은 단일기업에 비해 지수배 만큼 어려운 일이다.[4] 그리고 공급망에는 많은 불확실성이 존재하므로 이를 관리할 수 있어야 한다.[5]

2) SCM

이러한 공급망 관리의 필요성과 공급망 관리의 어려움을 극복하려는 노력이 이루어지면서 공급망(사슬)관리가 점차 체계화되어 현재의 모습을 갖게 되었다. 공급사슬관리에 대해서는 다양한 정의가 있는데 그 중 유력한 2개를 소개하면 다음과 같다.

(1) Simchi-Levi의 정의

SCM은 고객서비스 수준을 만족시키면서 시스템 전반적인 비용을 최소화할 수 있도록 제품이 적절한 수량, 적절한 장소, 적절한 시간에 생산과 유통이 가능하게 하기 위하여 공급자, 제조업자, 창고보관업자, 소매상을 효율적으로 통합하는 데 이용되는 일련의 접근법이다.

(2) CSCMP[6]의 정의

Supply Chain Management encompasses the planning and management of all activities involved in sourcing and procurement, conversion, and all Logistics Management activities. Importantly, it also includes coordination and collaboration with channel partners, which can be suppliers, intermediaries, third-party service providers, and customers. In essence, Supply Chain Management integrates supply and demand management within and across companies.

이러한 정의를 통해 공급망관리의 목적을 다시 정리하면 궁극적으로 수익성을

---

4) Simchi-Levi는 그 이유로 "① 공급사슬은 복잡한 네트워크로 구성되어 있으며 ② 다른 조직 간에 종종 목적이 다르거나 충돌할 수 있고 ③ 공급사슬은 항상 변화(Dynamic)하는 것이고 ④ 시간에 따른 변이가 있기 때문이다."라고 하였다(Simchi-Levi et al.(2003), pp.3~4 참조).

5) Simchi-Levi는 그 이유로 "① 공급과 수요를 일치시키는 것이 어렵다. ② 고객수요의 작은 변화에도 공급망에서의 재고와 백오더 수준이 크게 변동한다(Bullwhip effect). ③ 예측은 문제를 해결하지 못한다. ④ 수요만이 불확실성의 근원인 것은 아니다."라고 하였다(Simchi-Levi et al.(2003), pp.4~5 참조).

6) Council of Supply Chain Management Professionals(물류 및 공급망전문가 협의회)는 1963년 설립되어 공급망 관련 교육, 경력개발, 교류 등을 목적으로 한 단체이다. 미국 시카고 인근에 소재.

가져오는 경쟁우위를 확보하기 위하여 효율성(저비용)과 효과성(고객서비스 ; 고객만족과 가치의 창출)을 향상시키는 것이다.[7] 이러한 목적을 달성하기 위해서는 공급망 각 참여주체 간에 제품과 서비스의 원활한 흐름, 정보의 공유, 수요의 관리와 예측, 재무자원의 원활한 흐름 등이 확보되어야 할 것이다.

한편, 공급망의 구성요소를 기능과 조직측면에서 살펴보면 기능측면에서 공급망은 운송과 보관 등의 Logistics 기능과 제품개발, 고객서비스, 생산과 구매, 마케팅, 정보관리 등으로 구성되어 있으며 조직측면에서 공급망의 구성은 해당기업(자사, Focal Company)이 제품과 서비스를 생산하기 위해 공급자로부터의 원부자재를 공급받아 생산하고 이를 최종소비자에게 전달할 때까지 일련의 과정에서 복수의 주체들이 참여하게 되는데 일반적으로 공급업체(공급측)와 유통업체(수요측)는 1단계로 구성되어 있는 경우도 있으나 다단계로 이루어지는 것이 일반적이다.[8]

이를 그림으로 요약하면 다음과 같다.

〈그림 4-1〉 공급사슬관리의 구조

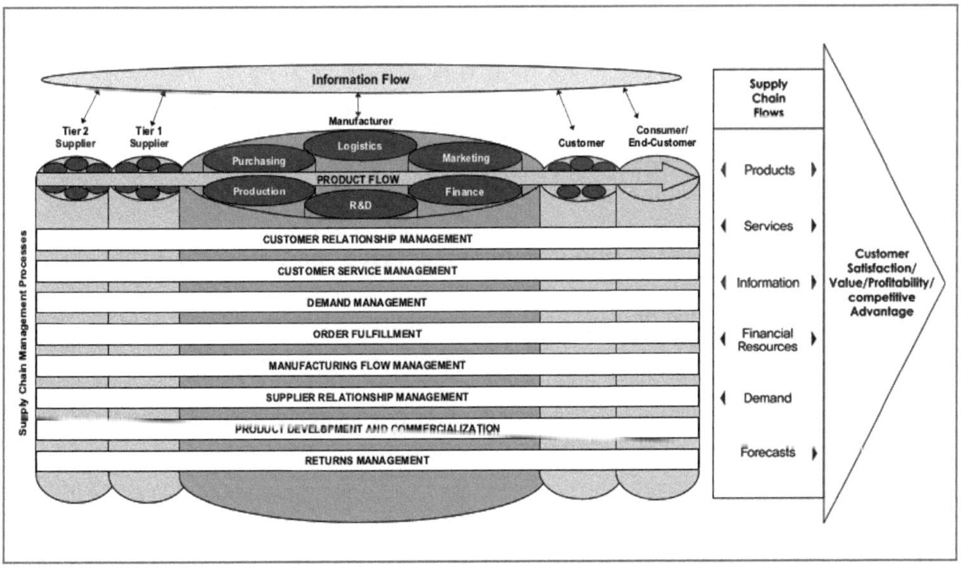

출처 : Lambert, 「Supply Chain Management: Implementation issues and Reserarch opportunities」, The Int'l Journal of Logistics Management vol.9 no.2, 1998, pp.1~20, 일부 수정.

---

7) Mentzer et al., 「Defining Supply Chain Management」, Journal of Business Logistics Vol.22 No.2, 2001, pp.1~22.

8) 공급자 중 해당기업에 직접 납품업체를 1차 공급업자(Tier 1 supplier)라 하고 이들에게 납품하는 업체를 2차 공급업자(Tier 2 supplier)라고 한다. 또한 해당기업의 물품을 유통(판매)하는 회사와 관련해서는 1차 유통업체(주로 도매상), 2차 유통업체(주로 소매상) 등으로 나눌 수 있을 것이다.

2 SCM의 주요이슈

SCM의 목적을 달성하기 위해서는 다양한 활동들이 협력 하에 이루어져야 하며 이러한 활동에는 전략적, 전술적, 운영적 수준의 활동들이 망라되어 있다. 예컨대 전략적 수준에서는 기업에게 장기적인 영향을 주는 공장과 창고의 수, 위치, 수용능력에 대한 것과 물류네트워크를 통한 물품의 흐름에 대한 의사결정이 이에 해당된다. 전술적 수준에서는 매 분기 또는 매년 조정되는 의사결정들로써 구매, 생산, 재고정책, 운송전략 등에 대한 의사결정이 있다. 운영적 수준에서는 일상에서 이루어지는 생산일정계획, 리드타임, 경로계획, 적재계획 등이 포함된다.[9)]

SCM은 단순활동 보다는 프로세스로 이해하여야 할 것이며 이에는 복수의 하부프로세스가 존재한다. Lambert[10)]는 SCM의 하부프로세스로서 다음의 8가지를 제시하였다.

1) 고객관계관리(Customer Relationship Management)

주요고객을 정의하고 그 고객들과 제품 또는 서비스에 대한 사양을 명확히 하여야 한다. 또한 고객서비스팀은 고객과의 협력을 통해 수요의 변이를 줄일 수 있도록 협력하여야 한다. 고객편익과 고객에게 제공한 서비스 수준의 성과를 평가하여 고객과 끊임없이 의사소통할 수 있도록 하여야 한다.

2) 고객서비스관리 프로세스(Customer service management process)

고객서비스는 고객정보의 단일원천을 제공한다. 고객서비스는 약속된 선적날짜와 조직체들의 생산과 유통 현황을 인터페이스하여 제품의 availability에 대한 정보를 실시간으로 제공해야 한다. 고객서비스 그룹은 제품신청에서 고객을 도울 수 있어야 한다.

3) 수요관리 프로세스(Demand management process)

재고에는 필수재고와 변동재고로 나눌 수 있다. 필수재고는 재공품 또는 운송 중의 재고를 의미하며 변동재고는 수요와 공급과정에서 변이 때문에 존재하는 재고이다. 고객수요변동은 변이의 가장 큰 원인이라 할 수 있으며 그것은 주로 고객의

9) Simchi-Levi et al.(2003), pp.8~11.
10) Lambert(1998), pp.1~20.

주문의 변이 때문에 발생한다고 할 수 있다. 수요관리 프로세스는 고객의 요구와 회사의 공급 능력을 균형 시키는 것이 필요하다. 선진 시스템을 활용하여 고객주문과 생산공정이 전체적 관점에서 재고관리가 이루어지게 하기 위하여 서로 정보가 유통되어야 한다.

4) 고객주문충족 프로세스(Customer order fulfillment process)

고객의 니즈를 충족시키는 것은 효과적인 SCM의 핵심이다. 주문충족 절차를 효과적으로 수행하기 위해서는 해당기업의 생산, 유통, 운송계획을 통합시키는 것이 요구된다. 또한 주요 협력업체, 운송업체 등과의 제휴가 발전되어야 한다. 목적은 다양한 고객세분시장까지 seamless 프로세스를 발전시키는 것이다.

5) 생산 프로세스(Manufacturing flow management)

기존의 업체들은 미래를 예측하여 재고를 쌓는 방법을 취하였으나 SCM을 통해 생산 프로세스는 고객의 니즈에 맞추어 pull방식으로 바뀌게 되었다. 이 과정에서 생산 프로세스는 시장의 변화에 유연하게 대응할 수 있어야 하며 mass customization을 충족시키기 위해 변화에 신속하게 대응할 수 있어야 한다.

6) 구매 프로세스(Procurement process)

구매의 범위는 세계적인 수준으로 확대되고 주요도에 따른 그룹별 차등관리가 필요하며 상품개발 등에 공급자를 조기에 참여시켜 사이클타임을 줄일 수 있다. 또한 그들과의 의사소통을 EDI 등을 통해 진행하면 거래에 소모되는 비용과 시간을 줄일 수 있을 것이며 구매담당자의 업무를 주문을 하는 업무에서 공급자들을 관리하는 업무로 변환시킬 수 있다.

7) 제품개발 및 상품화(Product development and commercialization)

신제품 개발은 기업에게는 생명수라고 할 수 있으며 이때 시장출시까지의 시간을 줄이기 위해 고객과 공급자들을 제품개발에 통합시킬 수 있어야 한다. 고객관계관리와 협력을 통해 고객의 명시적 또는 비명시적 요구사항을 반영하여야 하며, 구매부서와 함께 공급자와 자재를 선택하는 과정에서 협력하여야 하며, 생산과 시장간의 조화를 위해 생산기술을 발전시켜야 한다.

8) 회수 프로세스(Return process)

효과적인 Return process관리는 생산성 향상기회와 돌파구 프로젝트를 확인할 수 있도록 한다. 또한 기업의 지속적인 경쟁우위를 확보할 수 있는 기회를 제공하게 된다.

한편 SCM의 트렌드와 관련하여 공급망 참여 주체 간 협력을 통해 리드타임을 단축시켜 재고감축을 통한 비용절감만을 중시하던 시대에서 비용절감은 물론 고객의 니즈 변화 또는 공급망에 위기 발생 시 신속대응할 수 있는 탄력성 그리고 환경문제(폐기물 회수, CO2 등)에 대응하기 위한 그린공급망 구축이 필요하다고 하며 이를 기존의 SCM(비용절감만을 강조)과 차별화하기 위해 SCM 2.0(차세대 SCM)[11] 이라고 부르기도 한다.

제2절 글로벌 기업의 물류

1 기업물류의 개념과 기능

물류관리의 발전과정을 살펴보면 1920년대 Clark는 생산과 소비를 연결하는 개념이라는 측면에서 물류(Physical distribution)라는 용어를 사용하였다. 2차 세계대전 이후 미군의 전략물자의 보급시스템을 민간 기업들이 활용하여 기업물류(Business logistics)라는 용어가 새롭게 탄생하였다. 한편 1950년대 중반에 기업들은 마케팅과 생산 분야의 급격한 진전과 더불어 시장에서의 경쟁력 향상을 위하여 비용절감에 관심을 가지게 되었고 이때 유통과 물류가 크게 발전하게 되었다. 1965년 베트남전 이후에 미국경제는 어려워지고 이러한 상황에서 기업의 비용 절감을 위해 물류는 로지스틱스의 단계로 접어들게 된다. 즉 기존 물류의 개념 보다는 그 관심대상이 포괄적이며 적극적인 경영기법으로 물류가 자리잡게 되었다.[12]

물류와 SCM의 개념에 대해 다양한 관점이 존재한다. 조사에 의하며 물류와 SCM 간의 관계에 대하여 물류전문가들에게 조사한 결과 ① SCM이 물류에 포함된다고 보는 관점 ② 기존 물류가 SCM으로 호칭이 바뀌었다고 보는 관점 ③ SCM이

11) 정호상 외(2008), pp.1~20.
12) 여기태, 『물류의 역사』, 청람, 2011, pp.297~300.

물류를 포함한다는 관점 ④ 양 개념은 다른 것이며 부분적으로 겹치는 부분이 있다고 보는 관점 등으로 나누었으며 상기 중 ③과 ④의 관점으로 관계를 이해하는 전문가가 75%를 차지하는 것으로 나타났다.[13] 다만, 유력한 학자들이 양자의 개념을 같은 것으로 보고 실무상 양 개념을 명확히 분리하는 것은 어려우며 이들은 많은 영역에서 같은 미션을 추구하고 있음을 강조하여 SCM을 통합된 기업물류관리(Integrated business logistics management)로 보는 의견도 있다.[14]

그러나 많은 SCM과 물류의 전문가 집단인 CSCMP에서는 물류의 정의를 하면서 이것이 SCM의 한 분야임을 명확히 하였고[15] 이러한 정의가 많은 학자들에 의해 인용되고 있는 상황이다.

> Logistics is that part of the supply chain process that plans, implements, and controls the efficient, effective flow and storage of goods, services, and related information from the point of origin to point of consumption in order to meet customers' requirements.

2 물류의 중요성

첫째 비용적인 측면에서 2011년 기준으로 매출액 대비 기업물류비가 한국의 경우 8.03%, 미국 7.77%, 일본(국내물류비) 4.90%를 차지하고 있으므로 전체 기업 활동에서 많은 부분을 차지한다고 할 것이다. 둘째 공급사슬 측면에서 공급사슬이 점차 글로벌화 되어 공간과 시간적 거리가 확대되었고 이는 리드타임의 증가로 그 복잡성과 불확실성을 높이게 되어 리드타임을 줄이기 위해서는 물류의 기능이 중요하다. 셋째 고객서비스 측면에서 고객의 요구사항이 보다 다양해졌으며 이를 충족시키기 위해서는 미리 예측하여 재고를 쌓아 놓는 방법으로는 한계가 있으므로 그 보다는 물류적인 대응능력을 제고하여 고객의 요구에 신속하게 대응하는 것이 필요하게 되었다. 이처럼 물류에 있어서의 경쟁력은 재고의 수준을 축소하고 고객서비스를 강화할 수 있어 공급사슬의 전체적인 경쟁력을 끌어올리는 데 큰 역할을

13) Larson et al., 「Perspectives on Logistics vs. SCM: A Survey of SCM Professionals」, Journal of Business Logistics Vol.28 No.1, 2007, pp.1~24.

14) Simchi-Levi et al.(2003), p.2; Ballou, 『Business Logistics / Supply Chain Management』, 5th ed., 2004, pp.5~7.

15) SCM은 구매와 조달(Sourcing and procurement), 생산(Conversion), 물류(Logistics)와 관련된 모든 활동으로 정의하고 있다.

하게 된다.[16)]

물류활동은 다양한 기준으로 분류할 수 있는데 우선 물류의 활동영역을 기준으로 조달물류, 생산물류, 사내물류, 판매물류, 반품-회수물류로 나눌 수 있을 것이다. 또한 물류기능을 기준으로 하여 운송, 보관, 하역, 포장, 정보, 유통가공으로 분류할 수도 있을 것이다.[17)] 물류의 활동을 로지스틱스 관점에서 이를 주요활동과 보조활동으로 나누어보면 다음과 같이 정리할 수 있을 것이다.

〈표 4-1〉 물류의 주요활동과 보조활동

주요활동(Key Activities)	보조활동(Support Activities)
- Costomer service standards cooperate with marketing - Transportation - Inventory management - Information flows and order processing	- Warehousing - Material handling - Purchasing - Protective packaging - Cooperate with production/operations - Information maintenance

출처 : Bowersox and Calantone(1998), pp.83~93.

3 기업물류의 의사결정 문제

1) 물류의 목적

물류(Logistics)의 목적은 고객서비스 향상, 비용절감, 자본축소 등의 3가지로 볼 수 있을 것이다. ① 비용절감은 운송과 보관으로 발생되는 변동비를 줄이는 것에 있으며, ② 자본축소는 물류시스템 내에서 투자의 수준을 최소화하는 것이다. 다시 말해 ROLA(Return on logistics assets)[18)]를 최대화시키는 것이 그 목적이다. ③ 고객서비스 향상은 단기적으로는 비용을 늘려 수익을 감소시키는 경향이 있으나 장기적으로는 판매량의 증가로 매출액을 향상시켜 기업의 수익에 긍정적인 결과를 나타나게 할 것이다. 기업차원에서 물류의 목적을 요약하면 정해진 고객서비스 목표를 달성하면서 비용절감과 자본축소의 목적을 달성하는데 있다고 할 것이다.

16) Bowersox and Calantone, 「Global Logistics」, Journal of Int'l Marketing, Vol.6 No.4, 1998, pp.83~93.
17) 정부는 상기 영역별, 기능별로 격년으로 기업의 물류비를 조사하여 발표하고 있다.
18) (Contribution to revenue − logistics operating cost) / (Logistics assets)

2) 물류의사결정(물류시스템설계)

물류시스템을 설계하는 과정은 일련의 물류의사결정의 과정으로서 고객서비스 목표가 설정되고, 운송전략, 재고전략, 배치전략이 구축되는 과정이다. 이를 좀 더 자세히 살펴보면 운송전략은 운송수단의 선택문제와 운송수단의 경로와 계획 그리고 선적 사이즈와 집화의 문제 등이 주요이슈라고 할 수 있으며, 재고전략은 재고유지 수준, 재고배치, 재고통제 등이 주요 이슈라고 할 것이다. 또한 입지전략과 관련해서는 시설의 숫자와 크기, 위치 등과 수요에 대해 재고지점 중 어느 곳에 할당할 것인가 등에 대한 의사결정을 하게 된다. 이런 각 전략은 고객서비스 목적을 충족시키기 위해서 디자인 되어야 하는데 고객서비스 목표설정은 상품의 특성과 물류서비스 수준을 설정하고 주문처리와 사용할 정보시스템을 구성하는 과정이라고 할 것이다.

한편 이러한 4가지 부문에 대해서 계획하고, 조직하고, 이를 통제하는 과정을 통해 물류시스템의 관리가 이루어지게 된다.

〈그림 4-2〉 물류의사결정 구조

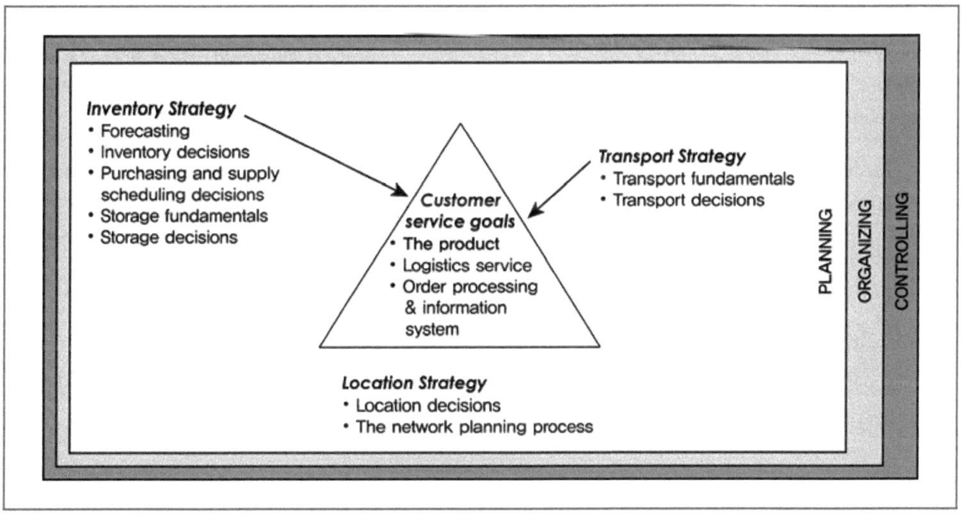

출처 : Ballow(2004), p.62.

3) 상충관계와 전체최적화

기업의 물류의사결정 과정에서는 부서 간 또는 기능 간의 상충관계[19](Trade-off)를 고려하여야 한다. 즉 <표 4-2>에서 보는 바와 같이 기업내 의사결정이 이루어지는 과정에서 관련된 부문 간의 이해가 서로 충돌되는 경우가 빈번히 발생할 수 있다.

〈표 4-2〉 기업의 기능 간 상충관계의 예

Trade-off	Finance	Production	Distribution	Marketing
Longer production runs	Lower production unit costs	Lower production unit costs	More inventory & storage required	Lower prices
Fewer depots	Reduced costs	No impact	Less complicated logistics structure	Service reduction due to increased distance of depots from customers
Lower FG stocks	Reduced costs	Shorter production run so higher production unit costs	No need to expand storage facilities	Poorer product availability for customers
Lower RM & component stocks	Reduced costs	Less efficient production scheduling due to stock unavailability	Lower stock-holding requirements	No direct impact
Less protective transport packaging	Reduced costs	No impact	Reduced transport modal choice	No impact
Reduced warehouse supervision	Cost savings through lower headcount	No impact	Reduced efficiency due to less supervision	Lost sales due to less accurate order picking

출처 : Rushton et al., 『The handbook of Logistics and Distribution Management』, 3rd ed, Kogan Page, 2006, p.18.

또한 물류의 각 기능 간에도 서로 이해가 충돌되는 경우가 있다. 예컨대 고객서비스를 향상시키면(재고의 증가, 신속한 운송 수단의 사용 등) 판매기회의 상실비용을 줄일 수 있는 반면에 재고비용, 운송비용, 주문처리 비용 등이 증가하게 된다. 기타 물류관련 비용에서 상충관계를 일으키는 의사결정의 내용은 아래 그림과 같다.

19) 상충관계(Trade-off)란 두 가지 목표 중 한 가지를 달성하려면 다른 한 가지를 희생해야 하는 관계를 의미한다.

〈그림 4-3〉 물류 기능 간의 상충관계

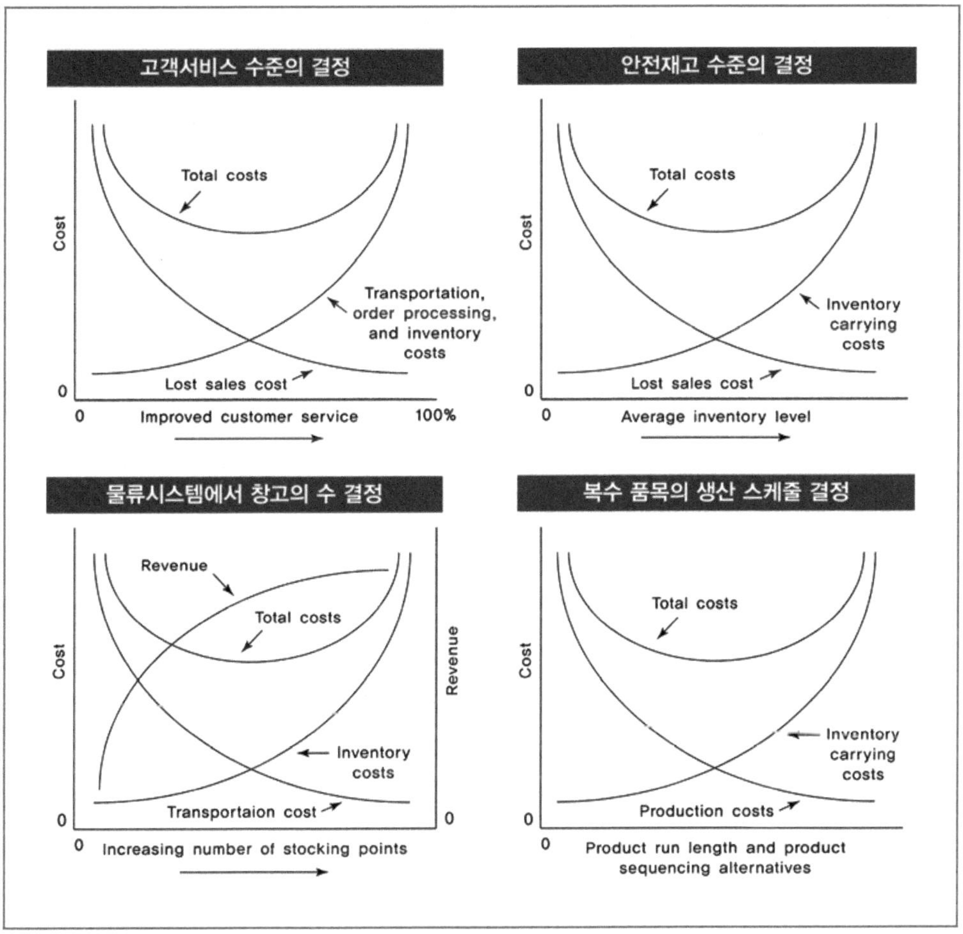

출처 : Ballou(2004), p.46.

이러한 상충관계 때문에 물류와 관련된 의사결정 시에는 각 부문을 모두 만족시키는 결정을 하기는 거의 불가능에 가깝다고 할 것이다. 따라서 최적의 의사결정을 하기 위해서 부서 또는 부문 간의 합의가 중요하며 부분을 최적화(예컨대 운송비 절감) 하기 보다는 전체의 최적화(Global optimization)(예컨대 전체 물류비 절감)를 추구하는 의사결정이 필요하게 된다.[20]

20) 이러한 이유로 물류의사결정에는 많은 최적화 기법들이 활용되고 있다.

제3절 국제물류

1 기업의 글로벌화와 국제물류의 발전

세계 2차 대전 이후 지속적으로 진행되던 기업의 해외진출은 1980년대 후반 이후 국제적인 해외투자 자유화, 통상규제의 축소, 선진국 내에서의 치열한 경쟁, 국제적 교류의 증대를 통한 해외소비자의 기호 동질화 등으로 인해 해외진출이 더욱 확대되어 글로벌화 되게 되었다.[21] 기업의 글로벌화 전략에 대하여 마이클포터(Michael Porter)는 가치사슬(Value Chain)을 구성하는 기업의 활동을 주 활동과 보조 활동으로 나누어 이들을 어떻게 전 세계에 배치(configuration)하고 배치된 활동을 어떻게 조정(Coordination)할 것인가를 글로벌 전략으로 정의하였다.[22]

글로벌화는 국경내외에서 고도화된 상품, 정보, 자금의 흐름을 요구하며 또한 글로벌한 생산전략과 판매전략을 위해서는 물류와 정보(IT)의 도움이 확보되어야 한다. 즉 국내외의 시간적, 공간적 장벽을 뛰어넘기 위해서 물류와 IT는 가장 필수적인 요소라고 할 수 있다. 예컨대 글로벌화된 기업들은 현지화된 마케팅과 글로벌화된 생산과 소싱[23]을 지향하게 되는데 이러한 전략을 대표하는 지연화 전략(Postponement)[24]에서는 재고현황과 수요현황을 실시간으로 파악할 수 있는 정보(IT)의 도움과 함께 물류의 기능(보관, 재고관리, 유통관리 등)이 중요한 역할을 하게 된다.

기업이 글로벌화 하는 과정과 관련하여 기업은 간접수출, 직접수출, 라이센스, 판매법인, 합작투자, 직접투자의 순으로 그 규모와 몰입이 점진적으로 확대된다. 예컨대 삼성전자의 경우도 삼성물산을 통한 간접수출의 단계에서 시작하여 현재는 판매는 물론 생산을 위해 세계 각지에 직접투자 방식으로 법인을 설립하여 운영하

---

21) 글로벌화와 함께 현지화의 압력도 존재한다고 한다. 즉 환율변동에 대한 위험축소, 보호무역주의에 대한 대비, 문화의 차이, 이질적인 유통경로, 정치적 위험 등은 기업을 현지화 하는 요인이다(장세진, 『글로벌 경쟁시대의 경영전략』, 박영사, 2010, pp.42~55 참조).

22) 장세진(2010), pp.42~55.

23) Bowersox and Calantone(1998), pp.83~93.

24) 차별화지연이라고도 하며 최종제품 확정을 지연시키는 것이다. 일례로 부분품 상태로 제품을 창고에 보관하고 고객의 주문 후에 최종제품을 창고에서 확정한다. 이 경우 생산 시에 최종제품 확정 보다 적은 재고를 유지할 수 있으며(재고감소), 고객주문 후 생산 보다 고객에게 신속하게 상품을 인도(서비스수준 향상) 할 수 있게 된다.

고 있다.[25] 이러한 글로벌화의 과정에서 물류의 기능 또한 국제화로의 확장을 통해 더욱 복잡하고 더욱 중요한 기능[26]을 수행하게 되었다.

2 국제물류의 구성요소와 특징

국제물류의 기능은 앞 단원에서 언급된 물류의 기능이 국제적으로 확장된 것이라고 할 수 있을 것이다. 다만 국제적인 거래의 특성상 수출입 신고와 통관을 위한 프로세스가 추가 되어야 할 것이며 국내물류와 비교한 국제물류의 특징을 보면 다음과 같으며 효과적인 국제물류 관리가 행해지기 위해서는 기존의 물류의사결정시 아래의 특징을 반드시 반영하여야 할 것이다.

국제물류의 특징	
• 문화와 언어의 차이 • 상관습의 차이와 통일된 법률이 부존재 • 다양한 운송수단 • 다양한 중간 참여자와 아웃소싱 활성화	• 긴 리드타임 • 수출입 통관절차 • 환율변동 • 높은 수준의 위험 • 서류의 복잡성

1) 문화와 언어의 차이

국가 간 언어와 문화의 차이는 기업의 글로벌화와 국제물류의 기획과 실행의 단계에서 가장 기본적으로 검토될 과제이다. 문화와 언어의 차이는 눈에 보이지 않지만 기업의 글로벌화와 국제물류에 있어서 가장 높은 장벽 중에 하나라고 할 것이다.

2) 상관습의 차이와 통일된 법률이 부존재

국제물류와 관련하여 통일적인 법률이 존재하지 않는다. 국제규범으로서 안전과 관련된 강제규정이 있으나 이외의 규정들은 강제성을 띄지 않는 것이 일반적이다. 따라서 물류활동에 대한 계약 과정에서 작성되는 계약서와 약관 등이 중요한 의미를 갖는다.

25) 장세진(2010) p.185.
26) 미국의 경우 무역거래액의 15%가 국제물류비에 해당하는 것으로 추정하고 있다(Pierre and Richard (2009), pp.33~34 참조).

3) 긴 리드타임

국제 간의 거래에는 물리적 거리에 의해 긴 리드타임이 발생하는 것이 일반적이다. 이러한 리드타임은 순환재고(Cycle Inventory)량을 늘리고 불확실성을 증가시키므로 반드시 관리되어야 한다. 물론 항공운송 등을 통해 이러한 리드타임문제를 극복할 수 있으나 항공운송의 수용력의 제한과 고비용으로 인해 제한적으로만 활용될 수 있을 것이다.

4) 수출입 통관절차

해외로 수출되거나 수입되는 상품은 예외 없이 해당국가의 관세당국에 수출신고 또는 수입신고를 하여야 하며 수출입 신고를 위해 각종 규정에 따라 허가, 승인, 신고 등을 하고 특히 수입물품에 대해서는 관세 등을 납부해야 한다. 이들은 시간, 비용, 절차 등에서 국제물류의 어려움을 더해 주는 요소라 할 것이다.

5) 환율변동

국제거래에서는 주로 달러, 유로 등이 많이 이용되게 되므로 자국화폐와의 교환비율(환율)의 문제가 있으며 특히 환율은 수시로 변동하게 되므로 이를 적절히 헤징(Hedging)[27]하는 것이 필요하다고 할 것이다.

6) 다양한 중간 참여자와 아웃소싱 활성화

국제물류의 과정에는 다양한 중간 참여자가 존재하며 중요한 당사자로는 항공사, 선사, 관세사, 운송사, 창고사, 포워더 등이 있다. 국제물류의 복잡성으로 인해 기업들은 상기 업무와 기타 업무에 대해 아웃소싱을 하게 되는데 이는 내부화에 비해 비용 측면의 장점이 있을 수 있으나 통제와 개선이라는 측면에서는 단점이 있다고 할 것이다.

7) 다양한 운송수단

국제운송수단으로 항공, 해상, 복합운송, 도로, 철도 등이 이용되며 이들은 리드

---

27) 가격변동으로 인한 손실을 막기 위해 실시하는 금융거래 행위로서 가격변동 리스크를 회피하는 행위이다.

타임, 운임, 수용력 등에서 서로 상이하다.

8) 서류의 복잡성

다양한 업무와 계약 등에 따라 많은 종류의 서류를 요구하며 각 서류마다 복잡한 환경을 반영하여 다양한 형태를 띄우게 된다. 서류의 복잡성을 줄이기 위해 전자서류화가 지속적으로 확대되고 있으나 국가 간 IT환경의 수준 차이로 인해 전자서류가 종이서류를 완전히 대체하는 데는 많은 시간이 소요될 것이다.

9) 높은 수준의 위험

국제물류에서는 기존의 위험에 추가하여 상품에 가해지는 위험. 즉 해상위험이 존재하는데 이에 대해서는 적절히 위험회피, 위험예방, 위험전가 등을 통해 관리하는 것이 필요하다. 예컨대 포장 등을 통해 미리 위험을 예방하는 것과 적절하게 보험에 부보하여 위험을 전가하는 것이 필요하다고 할 것이다.

3 국제물류의 트렌드

1) 국제적 종합물류서비스 제공

기업의 글로벌화가 진행되고 물류의 중요성이 더욱 증대되는 과정에서 화주기업들은 그 동안 지역적, 기능적(국내운송, 국제운송, 보관, 배송, 통관 등)으로 분리하여 다수의 물류업체와 계약을 하기 보다는 글로벌 전체 차원에서 모든 물류업무를 소수의 회사에게 의뢰하는 것을 선호하게 되었다. 이러한 화주기업들의 요구에 맞추어 포워더를 중심으로 한 국제물류기업들은 국제적인 네트워크를 강화하고 M&A 등을 통하여 국제운송뿐만 아니라 각 국가의 국내물류 분야까지 수행할 수 있도록 수직적, 수평적 통합을 강화하였다.[28] 물론 포워더 이외에 타 물류관련 업체들도 이러한 움직임에 가세하고 있으나 해외네트워크 차원에서 포워더가 유리한 위치에 있다고 할 수 있다.

---

28) 즉 포워더의 3자물류화가 강화되었으며 최근에는 화주기업들의 4자물류에 대한 요구가 강화되고 있다고 할 것이다.

2) 물류기업과 화주기업의 보다 밀접한 협력

화주기업은 물류기업에 대한 의존도를 높이게 되었으며 국제물류기업에 보다 다양하고 더욱 향상된 서비스를 요구하고 이를 아웃소싱하고 있다. 예컨대 화주기업들은 3자물류의 물류개선과 통제의 한계를 체감하여 4자물류로의 개선을 요구하고 있으며, 기존에 전형적인 물류기능에는 포함되지 않는 물류시설에서의 간단한 조립, 제조 등에 대한 요구를 하고 있다. 특히 이는 지연화전략과 잘 조응하는데 화주기업들은 최종제품 확정시기를 최대로 늦추기 위해 물류시설에서의 간단한 제조, 조립 과정을 요구하게 되었다.

3) 위기관리와 탄력성 확보

자연재해 등으로 인해 공급망에 위기발생 시 이에 대한 초기 대응과 신속한 회복이 중요한 문제로 부각되고 있다. 2011년 일본의 후쿠시마에서 발생한 지진과 원자로 붕괴사고는 일본의 자동차 부품 회사들의 시설에 피해를 주었고 일본자동차 회사들(토요타, 닛산, 혼다)이 생산에 막대한 차질을 빚게 되었다. 이러한 경험으로 공급망에 위기 발생 시 탄력성을 확보하는 것이 중요한 문제로 부각되었다. 예컨대 위기 발생시 탄력성을 확보하기 위해서는 적절한 수준의 중복성을 확보할 필요가 있으며 문제상황의 신속한 감지와 이에 대한 대응의 속도를 향상시키고 적응력을 가진 공급체인 커뮤니티를 구성하여 문제 발생시 서로 협업하여 해결할 수 있어야 할 것이다.

4) 전자상거래의 활성화

1990년 이후 인터넷의 발달은 상거래의 방식에 큰 영향을 주어 많은 부분이 온라인화 되었으며 특히 전자상거래가 급격히 발전하게 되었다. 이는 또 국제운송 네트워크에 큰 영향을 주게 되었다. 예컨대 국내 전자상거래와 택배가 상호작용하며 서로의 발전에 기여한 것처럼 국제 전자상거래의 발전은 항공특송분야의 발전에 서로 정의 작용을 하고 있다. 이로써 공급망과 국제물류망을 구축함에 있어서 전자상거래와 항공특송의 활용이 크게 필요하게 되었다.

5) 보안의 문제

2001년 911테러 이후 국경을 통과하는 상품에 대한 보안절차가 크게 강화되었다. 이로 인해 국제공급망의 운영에서 보안과 관련된 각종 제도들을 고려하여야 한다. 현재 보안와 관련된 대표적인 제도로는 미국의 C-TPAT, WCO의 AEO제도, 기타 항만과 공항의 강화된 각종 제도들이 있다. 이들은 국제공급망 관리에서 시간과 비용에 영향을 주고 있으며 이에 대한 적절한 대처가 공급망의 성공적 운영에 영향을 준다고 할 것이다. 예컨대 C-TPAT에 가입된 기업과 그렇지 않은 기업들의 국제물류 과정에서 발생하는 시간과 비용은 큰 차이가 나는데 이는 기업의 경쟁력에 영향을 주는 요인이 되었다.

6) 데이터의 활용

데이터마이닝,[29] 빅데이터[30] 등의 데이터 활용 이슈가 국제물류분야에서도 크게 부각되고 있다. 그 동안 기업들의 전산화 과정에서 많은 데이터들이 사내에 축적되고 또한 온라인상의 다양한 정보들을 활용할 수 있게 되었다. 특히 운송분야에서의 최적화, 물량예측 등에 있어서의 활용으로 보다 효율적이고 효과적인 물류를 가능하게 할 것으로 보고 있다. DHL의 보고서[31]에 의하면 실시간경로최적화, 전략적 네트워크 계획, 고객서비스 강화와 생산성 향상, 위험의 평가와 탄력성 확보 등에서 빅데이터가 활용될 수 있다고 한다.

---

29) 데이터마이닝은 대량의 데이터에서 유용한 상관관계를 발견하여 이를 의사결정에 활용하는 과정을 말한다(인터넷 두산백과 참조).

30) 빅데이터는 다양한 형태(Variety)의 대량(Volume)의 데이터가 신속하게(Velocity) 생성된 것을 의미하며 이러한 데이터들은 경영 등의 의사결정과 새로운 가치창출에 활용되고 있다.

31) DHL, 『Big Data in Logistics』, DHL, 2013.

제 2 부

포워더(Forwarder) 기본 업무

제5장 프레이트포워더(Forwarder)에 대한 이해

제1절 포워더의 의의

1 포워더(Forwarder)의 개념

포워더(Forwarder)의 개념과 관련해서는 2가지 측면으로 나누어 보는 것이 혼란을 줄일 수 있을 것이다. 즉 현실의 상거래 측면에서 포워더의 개념과 법률적 측면에서 포워더의 개념이 다소 상이한데 상거래 측면에서 포워더의 역할이 보다 다양하고 복잡해지고 있는 반면에 법률적 측면에서 이를 신속하고 완전하게 반영하는 것에는 한계가 있어 양 개념상의 차이가 존재한다고 할 것이다.

1) 법률적 측면에서 포워더의 의의

우리나라의 법률상에서 포워더와 관련된 법규로는 기존 화물유통촉진법에 복합운송주선업이라는 용어가 있었으나 동법이 2007년에 물류정책기본법으로 변경되면서 복합운송주선업을 국제물류주선업으로 변경하게 되었다. 따라서 포워더를 법적인 측면에서는 국제물류주선업이라 할 것이다.

법률상 국제물류주선업이라 함은 "타인의 수요에 따라 자기의 명의와 계산으로 타인의 물류시설, 장비 등을 이용하여 수출입화물의 물류를 주선하는 사업"[1]이라고 정의하고 있다. 한편 포워더와 유사한 개념으로 상법에서는 운송주선업에 대해 규정을 두고 있는데 이는 "자기의 명의로 물건운송의 주선을 영업으로 하는 자"[2]를 의미하며 "운송주선인은 다른 약정이 없으면 직접 운송할 수 있고 이 경우에는

1) 물류정책기본법 [법률 제13374호, 2015.6.22] 제2조 제1항 제11호
2) 상법 [법률 제12397호, 2014.3.11] 제114조

운송주선인은 운송인과 동일한 권리의무가 있다"[3]고 하고 있다고 하여 이를 포워더와 관련된 법률 규정으로 보는 경우도 있으나 상법에서 의미하는 운송주선업의 개념을 포워더에 적용하는 것에는 한계가 있다는 유력한 의견이 있다.[4]

국제물류주선업자의 정의를 좀 더 자세히 살펴보면 ① "타인"은 주로 수출입업체를 의미하며 ② "자기의 명의"는 타인의 대리인의 지위가 아닌 운송인 본인으로서 계약을 체결함을 의미한다. ③ "자기의 계산"이란 스스로 정한 요율을 정하여 타인과 계약함을 의미하며 ④ "타인의 물류시설, 장비 등을 이용"한다는 것은 예컨대 운송수단(항공기, 배 등)을 직접 소유하지 않고 실제운송인(항공사, 선사)과 하청운송계약을 체결하여 타인에게 서비스를 제공함을 의미한다. 이를 다시 요약하면 국제물류주선업자는 수출입업체에게 자기가 정한 요율로 대리인이 아닌 운송인으로서 운송서비스 계약을 체결한다. 다만 실제 운송수단을 보유하고 있지는 않은바 운송수단 이용을 위해서는 실제운송인(항공사, 선사)과 계약을 통하여 운송수단의 공간을 확보한다.

국내규범은 아니나 포워더에 대해서는 국가 마다 정하는 바가 다소 다른데 미국의 경우에는 1984년 미국 해운법에서 운송주선인을 NVOCC와 Ocean Freight Forwarder로 구분하고 이들의 면허 요건과 업무범위를 법정하였다. NVOCC (Non-Vessel Operating Common Carrier)는 자체 선박을 보유하지 않으나 운임을 받고 화물운송서비스를 제공하는 영업운송인을 의미한다. VOCC(선박소유운송인으로서 일반적으로 선사로 칭함)와 관계에서는 화주의 지위에 있게 된다. Ocean Freight Forwarder는 송하인을 대신하여 선사를 통해 화물을 발송, 예약, 서류작성 및 관련 업무를 수행한다. 즉 양자의 차이는 운송인으로서의 지위를 가지는지 여부가 핵심이다. 우리나라의 국제물류주선업은 양자의 성격을 모두 갖고 있다고 할 것이다.

포워더의 법률상의 의미와 관련해서는 실무상 큰 의미가 없다고 할 수도 있겠으나 분쟁이 발생하여 법률적인 판단을 받아야 하는 과정에서는 이러한 법률상의 의미가 중요성을 갖는다고 할 것이다. 여기서 특히 주의할 것은 포워더(국제물류주선업)는 국제물류 과정에서 단순한 업무 보조자 이거나 수출입업자와 실제운송인(선사, 항공사)를 단순히 연결시켜주는 것이 아닌 수출입업자에게는 운송인으로서

3) 상법 제116조 1항

4) 김창준(복합운송주선업자의 법적 지위에 관한 연구, 월간 해양한국 2004년 4월호)은 운송주선인은 운송인으로서의 지위를 처음부터 의도하는 것은 아니라는 측면에서 현실의 포워더(복합운송인으로서의 지위 처음부터 확보)와 잘 어울리지 않음을 지적하고 있다.

운송계약을 체결하며 실제운송인과는 화주로서 역할을 하므로 이에 따른 권리와 의무 관계에 따라 적절하게 대응할 수 있어야 한다.

2) 상거래 측면에서 포워더의 의의

현실에서 포워더는 화주(수출자 또는 수입자)를 위해 국제운송과 관련 부대서비스를 제공하여 화주에게 편의와 경제적 가치를 제공하는 업종을 의미한다.[5] 즉 포워더는 송하인(수출자)으로부터 화물을 인수하여 수하인(수입자)에게 인도할 때까지의 집화, 입출고, 선적, 운송, 보험, 보관, 배송 등 일체의 업무를 주선하기도 하며 스스로 운송을 책임지는 운송인이 되기도 한다. 이러한 과정에서 포워더는 물류관련 설비 또는 시설을 갖추어 직접 서비스를 제공하는 경우도 있고, 설비 또는 시설을 갖춘 협력업체와의 장기, 대량 계약을 통해 실제 설비 또는 시설을 확보하여 고객에게 서비스를 제공하는 경우도 있다. 이러한 자산을 보유 여부와 관계없이 포워더는 실제 서비스 공급자로서의 역할을 하게 되며 고유의 업무인 운송관련 업무는 물론 다양한 서비스를 제공하고 있다.

2 포워더(Forwarder)의 업무

포워더의 업무를 한마디로 요약하면 수출입 화주를 도와 운송서비스를 기본으로 하여 수출입 과정에서 발생하는 다양한 서비스를 제공한다. 그런데 최근 화주의 포워더에 대한 3자물류 서비스 요구에 맞추어 그 업무의 폭이 더욱 다양해지고 있다. 대표적인 포워더의 업무에 대해 살펴보면 다음과 같다.

1) 운송관련 업무

포워더는 화주를 위해 운송의 설계를 하며 다양한 운송서비스를 제공하게 된다. 예컨대 실제운송인(VOCC, 선사, 항공사, 철도회사)이 오직 자사의 네트워크만을

---

5) 이해의 편의를 위해 포워더를 여행사와 비교하면, 여행객이 해외여행을 위해서는 본인이 직접 항공권, 숙소, 여행지, 식당 등을 모두 예약해야하나 보다 편리한 여행을 위해 여행사를 통해 이러한 모든 서비스를 제공받는 것처럼 수출입업체는 자기 스스로 국제운송, 통관, 국내운송, 보관 등의 절차를 직접 예약하고 Arrange 해야 하지만 편의를 위해 포워더를 이용한다. 한편 비용 측면에서 여행사는 여러 여행객을 모집하여 규모의 경제를 달성하여 여행객이 혼자 여행하는 것보다 훨씬 경제적인 여행을 가능하게 하는데 포워더 또한 수출입업체에게 같은 경제적 이익을 달성할 수 있게 해준다.

이용하여 운송을 설계하나 포워더는 다양한 운송수단과 다양한 운송업자의 조합을 통해 고객이 요구하는 운송을 설계할 수 있으며 이를 각 운송업자(VOCC)들과 계약을 통해 실현하고 화주에게는 단일한 서비스를 제공할 수 있는 것이다.[6)]

2) 3자물류 업무

3자물류란 계약물류라고도 하며 장기적(전략적) 관점에서 화주가 자사의 물류를 3자 회사에게 외주(Outsourcing)하는 것을 의미한다. 3자물류업자는 기존에는 없는 새로운 기업군이 생겼다고 보기 보다는 기존의 포워더, 국내운송업자, 창고업자, 관세사 등이 화주의 요구에 의해 사업의 영역을 확장시킨 것으로 보아야 할 것이다. 특히 글로벌기업의 경우에는 물류에서 국제물류 부문이 차지하는 비중이 높아 포워더에 의존하는 바가 높고, 포워더에게 국제물류 분야뿐만 아니라 3자물류기능을 요구하게 되었으며 이러한 이유로 기존 포워더들이 3자물류업무에 본격적으로 진출하게 되었다. 예컨대 Dell Computer, Apple의 경우 동사의 국제운송물류와 3자물류를 독일계 포워더인 Schenker가 제공하고 있으며 많은 글로벌 화주기업들이 Kuehne & Nagel, DHL, KWE, YUSEN, Expeditors, CEVA, Kerry, SDV 등의 글로벌 포워더를 통해 국제운송과 각 국가에서의 3자물류 서비스를 행하게 하고 있다. 국내 포워더인 CJ 대한통운, 범한Pantos, 현대로지스틱스, 삼성전자로지텍, 고려해운항공, KCTC 등의 경우에도 3자물류 서비스를 적극적으로 행하고 있다.

3) Consolidation 업무

운송서비스는 타 분야와 마찬가지로 규모의 경제가 실현되는 분야이다. 즉 소형/소량화물 보다는 대형/대량화물이 보다 저렴한 요율을 적용받을 수 있다. 즉 항공운임의 경우에는 운임적용중량이 커질수록 낮은 요율이 적용되며, 해상운송의 경우에는 소량화물인 LCL화물 보다는 대량화물인 FCL화물로 운송될 때 저렴한 운송비용이 적용된다. 규모의 경제를 달성하기 위해 포워더는 화주들의 동일시점에 동일지역으로 가는 소량화물(반드시 소량일 필요는 없음)들을 모아 대량운송 건으로 집화하여 선사 또는 항공사와 운송계약을 하여 운송비를 절약하게 된다. 이러한 집화활동을 Consolidation 업무라고 하며 이렇게 집화를 통해 절약된 운임을 기초로

---

6) 이는 마치 운송관련서비스의 유통업체로 볼수도 있을 것이다. 다양한 운송서비스를 조합하여 고객에게 최적의 서비스를 만들고 제공하는 것이다.

포워더는 이익을 확보하고, 화주는 단독으로 운송했을 때보다 저렴한 운임으로 운송서비스를 제공받게 된다.

4) 보관, 하역, 포장 업무

국제운송과정에서 수출자가 수출상품을 포장하거나 컨테이너에 적입하는 작업이 필요하며 수입된 화물의 경우에는 통관을 위해 보세창고에 보관하거나 컨테이너를 해체하는 작업이 필요하다. 이러한 업무는 주로 포워더에 의해서 행해지며 이를 위해 포워더는 공항 또는 항구 주변에 보관시설(주로 보세창고)을 갖추어 보관, 하역, 포장 서비스를 제공하게 된다. 예컨대 수출상이 다양한 상품을 수배하여 포워더의 창고에 수출할 물품을 집중시키고 포워더에게 수출입계약상의 포장조건에 적합하게 포장하여 줄 것을 요구하면 포워더는 화주(수출상)를 대신하여 팔레트작업, 컨테이너의 적입(Stuffing) 또는 해체(Devanning)를 하게 된다. 특히 항공화물의 경우에는 공항에서 화주의 물품을 항공사에 인도하기 전에 중량확인, 라벨링 등 그라운드핸들링이 필요한 바 포워더가 이러한 서비스를 제공한다. 다만 이러한 서비스를 위해 포워더는 직접 공항에 시설을 운영하는 경우도 있으나 중소포워더의 경우에는 그라운드핸들링 전문업체를 통해 이를 대행시키기도 한다.

5) 통관업무

수출입 과정에서는 반드시 수출 또는 수입신고와 통관의 과정을 거쳐야 하는 바이에 대해 화주는 관세사 또는 포워더에게 이들 업무를 의뢰한다. 이때 의뢰받은 포워더는 자체 관세사를 고용하여 화주의 통관업무를 대행해 주는 경우와 계약된 관세사를 통해 통관 업무를 대행해 주게 된다.

6) 정보제공업무

포워더의 서비스는 한 국가에서만 이루어지는 것이 아니고 수출자에서 물품을 인수하여 수입자에게 인도할 때까지 서비스가 제공되어야 하므로 포워더는 자사가 서비스를 하는 지역에 지점설립 또는 파트너 계약을 통해 국제적인 네트워크를 갖추게 된다. 이러한 네트워크를 활용하여 포워더는 운송 중인 화물에 대한 각종 정보는 물론 다양한 지역에서 행해지는 물류, 무역, 통관 등에 대한 정보를 화주에게 제공하는 역할을 한다.

7) 기타 업무

상기의 포워더의 물류와 통관 관련된 업무와 함께 다음과 같은 다양한 업무를 하며 그 업무는 제한되어 있는 것이 아니라 화주들의 요구에 따라 얼마든지 확장될 수 있을 것이다.

① 각종 서류관련 업무 : 화주를 대신하여 각종 서류를 작성하거나 서류의 취급을 하는 업무
② 대납업무(Disbursement) : 화주가 수출입 과정에서 발생하는 많은 비용을 일일이 납부하는 대신 포워더가 대신 납부하고 사후적으로 모두 집산하여 함께 화주에게 청구하여 화주편의를 도모한다.
③ 서류상의 수입자 역할(Importer of Record) : 화주가 수출한 물품의 수입지 내에서 통관을 진행할 주체가 없는 경우 포워더가 이를 대신하기도 한다.
④ 금융업무 : 일부 포워더의 경우에는 보험회사와 연계하여 화주에게 적하보험을 판매하고 있으며 소수 포워더의 경우에는 수출입 되는 물품을 담보로 하여 금융서비스를 제공하는 경우도 있다.
⑤ 대리점 업무 : 항공사와의 관계에서는 판매 대리점의 역할을 하기도 한다.

3 포워더의(Forwarder) 효용

포워더가 화주기업과 운송인(VOCC) 등에게 기여하는 효용 즉 존재의 이유는 다음과 같다.

1) 저렴한 물류서비스의 제공

포워더의 가장 주된 역할은 운송을 기반으로 한 물류서비스를 저렴하게 제공한다는 것에 있다. 즉 포워더는 집화를 통해 규모의 경제를 달성하고 이로 인해 낮아진 비용과 높아진 구매력(Buying Power)으로 물류비용을 낮추어 화주에게 저렴한 서비스를 제공할 수 있게 된다.

2) 정보와 컨설팅 제공

국제적인 네트워크와 물류 분야에서 축적된 지식과 정보를 화주에게 제공하는

기능을 하게 된다. 글로벌 기업화주의 경우에도 동 조직은 주로 생산과 판매를 위한 조직으로서 각 지역에 대한 충분한 물류지식을 갖추고 있기는 어려운 바 이에 대해 포워더는 자사의 네트워크를 이용하여 물류에 관한 다양한 정보와 컨설팅을 제공하게 될 것이다. 특히 중소형 화주의 경우에는 새로운 지역 진출 시에 포워더의 도움이 큰 효용을 발휘하게 될 것이다.

3) 해외 물류센터 역할

때로 포워더는 화주의 해외 연락사무소 또는 물류센터의 역할을 할 수 있다. 예컨대 특정 해외국가에 초기 진출한 업체의 경우 지점 또는 물류센터를 구축하기 위해서는 높은 초기비용과 고정비용이 발생하게 되는 바 이때 포워더의 네트워크를 활용한다면 저비용으로 해외 연락사무소 또는 물류센터의 역할을 하게 할 수 있을 것이다.

4) 서비스의 구색과 단일창구 역할

포워더는 화주에게 상품구색(Assortment)을 갖추는 것이 일반적이다. 즉 포워더가 제공하는 서비스는 한 개의 항공사 또는 한 개의 선사의 서비스만을 제공하는 것이 아니라 수십 개의 항공사/선사 등과 계약되어 있는 바 화주에게 다양한 스케줄과 다양한 가격의 서비스를 제공할 수 있는 것이다. 또한 운송 서비스뿐만 아니라 각종 물류 및 통관 관련 서비스를 제공하고 있어 화주는 수출입을 위해 여러 업종의 기업(관세사, 창고사, 운송사, 선사 등)과 접할 필요없이 포워더의 단일창구 역할을 통해 편의를 제공받게 될 것이다.

5) 운송인에 대해서는 유통망으로서의 역할

운송사(선사와 항공사)는 일반적으로 수출입 화주를 대상으로 직접 영업을 하기보다는 이들의 화물을 집화하는 포워더를 대상으로 영업을 한다. 따라서 운송사는 슬림한 영업조직을 유지할 수 있으며 본연의 업무인 운송에 보다 집중할 수 있게 된다.

제2절 포워더의 다양한 분류기준

포워더는 그 업무의 성격과 영업 대상 등을 기준으로 다양하게 분류할 수 있는데 동절에서는 실무상에서 의미를 갖는 분류기준들을 소개한다.

1 일반적인 포워더와 Consolidator

일반적으로 모든 포워더는 집화를 통한 수익창출을 하지만 화물의 유통과정에서 Consolidation의 성격에 차이가 있다. 즉 Consolidator는 포워더들의 화물을 주로 모아 Consolidation을 하는 업체로서 소규모 포워더의 화물들을 유치하여 집화를 하게 되는 특성이 있다. 이에 반해 일반 포워더는 화주의 화물을 집화하여 Consolidation을 하게 된다. 즉 공산품의 유통과 비교한다면 일반 포워더가 소매상의 역할을 한다면 Consolidator는 도매상의 역할을 하는 업체라고 할 수 있다. 주로 Consolidator는 자금력이 우수하고 항공사 또는 선사와의 가격 협상력이 높고 해외네트워크가 잘 구성되어 있는 업체이다.

2 국제물류주선업 등록 여부

물류정책기본법에서 정한 국제물류주선업을 경영하려는 자는 국토교통부장관에게 등록하여야하며 등록된 업체는 3년에 한번 씩 등록기준 사항에 대해 신고하여야 한다.[7)] 국토교통부장관은 등록과 관련된 업무를 광역단체장에게 위임하고 있으므로 해당업체는 조건을 구비하여 해당 광역단체장에게 등록하여야 한다. 등록을 위해서는 자본금 3억원 이상, 1억원 이상의 화물배상책임보험의 가입 등의 조건을 갖추어야 한다. 한글 또는 영문으로된 자사발행의 선하증권과 항공화물운송장의 양식과 약관 등과 요구하는 서류들을 갖추어 신청하면 국제물류주선업 등록증을 발급받게 된다.

다만, 현업에서 포워딩 비즈니스를 수행하는 업체(주로 소형 포워더) 중에 국제물류주선업에 등록되지 않은 상태로 비즈니스를 하는 경우가 있다고 할 것이다. 이

---

7) 물류정책기본법 제43조

에 등록되지 않은 업체의 경우에는 항공사나 선사와 계약을 하는데 제한이 있으며 자체의 운송서류(B/L, 항공화물운송장)의 발급과 혼재적하목록의 전송에도 제한이 있다. 즉 국제물류주선업 등록증이 없는 기업은 동업종의 협회인 한국국제물류주선업협회[8]에 가입할 수 없고, 항공사 또는 선사와의 계약에도 제한이 있으며, 관세청의 화물운송주선업체[9]에도 등록을 할 수 없게 되어 포워딩 업무를 원활하게 하는 데 많은 제약을 받게 된다.

3 CASS 가입여부

동 분류는 항공화물 포워더에 국한된 것으로 CASS(Cargo Account Settlement System)는 IATA(International Air Transport Association)에 의해 설립된 조직이며 항공사와 포워더 간에 정산과 담보관리 등을 단순화하기 위해 설립되었다. CASS-Korea에 가입된 항공사는 47개 항공사 포워더는 310개(CASS Korea 홈페이지 2015년 1월 기준)에 이르고 있다. 포워더가 CASS Korea에 가입되어 있는 항공사와 거래하기 위해서는 담보를 설정하여 CASS Korea에 우선 가입하고 그 후에 항공사와 계약을 하게 되어 있다. 또한 CASS Korea에 가입하기 위해서는 우선 국제물류주선업에 등록되어 있어야 하고 국제물류주선업협회에도 가입(예외 있음) 되어 있어야 한다. 즉 CASS Korea에의 가입은 항공사와 직접 거래를 하기 위한 전제조건이 된다고 할 것이다.

만약 이에 가입하지 않은 포워더가 항공화물운송을 하기 위해서는 직접 항공사와 거래할 수 없으므로 이미 항공사와 계약되어 있는 업체를 이용하거나 Consolidator를 통해 항공운송서비스를 이용할 수 있다.

4 본사 소재지를 기준으로

포워더의 본사의 소재지를 기준으로 한국계 포워더와 외국계 포워더로 나눌 수 있을 것이다. 한국계 포워더는 일부 업체를 제외하면 주로 한국에 본사를 두고 해외지점은 10개 이내이며 지점이 없는 곳에서는 현지 업체들과 파트너십을 형성하여 네트워크를 구성하게 된다. 또한 한국계 포워더를 화주의 특성별로 나누면 대기

8) 홈페이지 www.kiffa.or.kr
9) 포워더들은 관세청에 화물운송주선업체로 등록되어야 혼재화물적하목록을 세관에 전송할 수 있다.

업 계열 포워더와 일반 포워더로 나눌 수 있다. 주로 해외 네트워크가 파트너 관계로 되어 있어 서비스의 브랜드별 통일성은 높지 않다. 또한 한 회사의 네트워크 내에서 지역별로 서비스가 균일하지 않은 경우가 있다. 다만, 최근 국내 대기업의 해외진출이 늘어나면서 이들의 물건을 취급하는 포워더들도 고객을 쫓아 해외로 지점을 확대하는 추세이나 이는 일부 포워더에 국한되어 있다고 할 수 있다.

외국계 포워더는 본사가 해외에 있으며 주로 해외의 40개 이상의 지점을 가진 포워더들이다. 이들은 다시 본사의 지역을 기준으로 유럽계 포워더, 미국계 포워더, 일본계 포워더 등으로 나누기도 한다. 이들은 특히 글로벌 화주들을 고객으로 갖는 경우가 많다. 지점 체계이므로 네트워크상의 브랜드의 통일성이 높고 전 세계적으로 균일한 서비스를 제공하는 특징을 가지고 있다.

5 3자물류 서비스 제공 여부

상기에서 언급한 바와 같이 화주기업들이 글로벌화 되어 가면서 포워더에게 3자물류서비스를 요구하는 경우가 많아져 외국계 포워더를 중심으로 3자물류서비스를 제공하는 업체들이 많아졌다. 다만 이를 위해서는 창고와 관련 시스템 등에 대한 투자가 이루어져야 하므로 주로 대형포워더를 중심으로 3자물류서비스가 제공되고 있다고 할 수 있다.

6 기타의 분류

상기 구분 이외에도 다양한 기준으로 포워더들의 특성을 분류할 수 있을 것이다. 즉 경쟁력을 갖는 분야(또는 주력 분야)를 기준으로 나눌 수 있을 것이다. 예컨대 대형 글로벌 포워더와 대기업 계열 포워더들의 경우에는 모든 분야에서 경쟁력을 갖는 경우도 있으나 일반적인 포워더는 일정한 부분에서만 경쟁력을 갖는 경우가 일반적이다. 몇 가지 기준을 나열하면 다음과 같다.

첫째, 구법인 화물유통촉진법 하에서 포워더가 복합운송주선업 제도가 시행된 이후 포워더는 항공업무와 해상업무를 구분 없이 수행할 수 있으나 항공운송을 주로 하는 업체와 해상운송을 주로 하는 업체가 있으며 이는 다시 수출화물을 주로 하는 업체와 수입화물을 주로 하는 업체로 나눌 수 있을 것이다.

둘째, 특별한 화물에 집중하여 위험품을 주로 운송하는 업체, 벌크화물을 주로 하는 업체, 프로젝트 화물을 주로 취급하는 업체 또는 TSR, TCR 등의 복합운송서비스를 주로 하는 업체 등으로도 나눌 수 있을 것이다.

셋째, 지역을 중심으로 미주, 중국, 일본, 동남아, 남미, 유럽, 중동, 아프리카 등 각 지역별로 경쟁력이 강한 업체들로 분류할 수 있을 것이다.

제3절 포워더의 조직

일반적인 포워더의 조직은 직원 130명 수준의 기업을 기준으로 다음과 같이 조직되어 있다. 스탭부서, 업무부서, 영업부서로 나눌 수 있다. 스탭부서는 인사총무, 경리회계, IT부서 등 타 산업분야와 큰 차이 없이 운영되고 있으며 업무부서는 항공업무, 해운업무, 3자물류, 통관 등으로 구성되고 이와 함께 부산과 인천공항 지역에 사무소를 갖는다.

우선 스탭부서인 인사총무는 회사의 인력과 사무실 등의 시설을 관리하는 업무를 하게 되며 타 업종과 큰 차이는 없다고 할 것이다. 경리회계는 화주사와 매출관리, 항공사, 선사, 운송사 매입관리 등을 행하며 장기적인 현금흐름을 기획하고 관리하는 업무를 수행하게 된다. 또한 IT부서는 회사 내의 전산 망과 장비를 기획하고 관리하는 업무를 한다.

업무부서 중 항공업무부는 영업이 이루어진 고객의 요구에 따라 항공운송서비스를 제공하며 항공수출업무와 항공수입업무로 나뉜다. 해운업무부 또한 해운서비스를 위해 해운수출과 해운수입으로 나뉘며 주로 창고에 위치한 3자물류부는 창고에서 고객을 위해 입고, 재고관리, 배송 등의 서비스를 제공한다. 통관팀은 주로 보세창고를 운영하는 포워더가 화주를 위해 통관 관련서비스를 제공하는 부서이다.

영업부서는 경쟁이 심하고 서비스의 차별화가 쉽지 않은 포워딩 업계에서 가장 중요한 고객을 유치하는 업무를 하며 소형회사의 경우 업무부와 함께 영업부가 있으나 대형 포워더의 경우에는 업무부서로부터 독립하여 존재한다.

포워더는 고객에게 서비스를 완성하기 위해서는 공항 또는 항구에서 관련서류를 취급하고 화물을 확인하기 위하여 공항 또는 항구에 사무실이 필요하며 대형 포워더의 경우에는 공항사무소와 부산지점이 주로 이일을 처리한다. 그러나 소형 포워더의 경우에는 사무소를 두기 보다는 전문업체에 아웃소싱을 하는 것이 일반화되고 있다.

〈그림 5-1〉 포워더의 조직도 예시

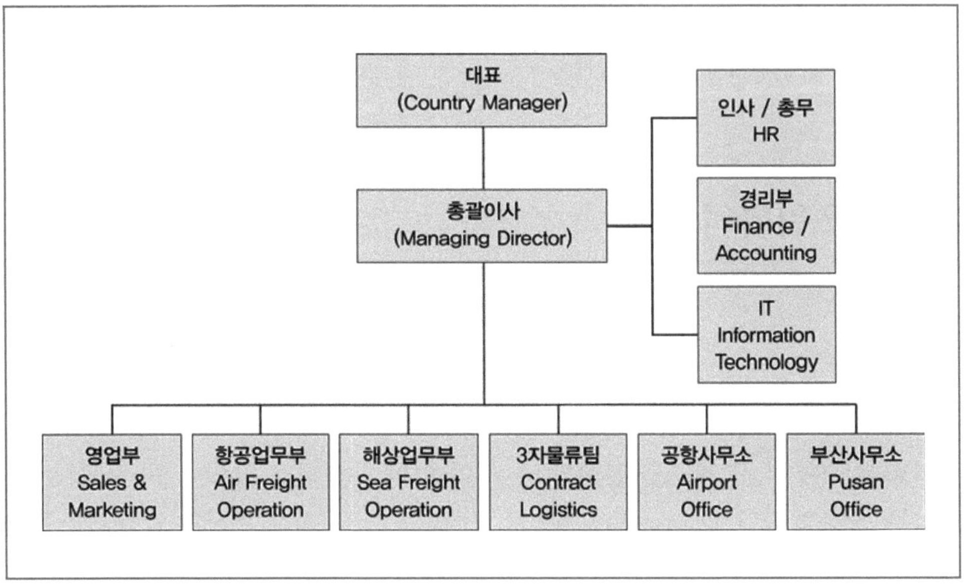

제6장

해상운송기초

제1절 해상운송시장의 이해

해상운송시장은 크게 정기선과 부정기선시장이 있는데 일반적인 해운시장은 정기선인 컨테이너운송이 주류를 이루고 있다. 따라서 제1절에서는 해상운송기초로서 선박과 해운업무, 부정기선에 대해 설명하고 제3절부터는 정기선을 중심으로 다룬다.

1 선박

1) 선박의 종류

〈표 6-1〉 선박의 종류

<table>
<tr><td rowspan="11">상선</td><td colspan="4">여객선</td><td>• 여객선, 유람선, 훼리선 등</td></tr>
<tr><td rowspan="10">화물선</td><td rowspan="8">건
화물선
(Dry)</td><td rowspan="2">일반
화물선</td><td>정기선</td><td>• 컨테이너선 (Container Ship)
• 재래정기선 (General Cargo Ship)</td></tr>
<tr><td>부정기선</td><td>• 일반부정기선 (Tramper)
• 살물선 (Bulk Carrier)</td></tr>
<tr><td colspan="2">전용선</td><td>• 광석 전용선 (Ore Carrier), 석탄 전용선 (Coal Carrier)
• 자동차 전용선 (Car Carrier),
• 목재 전용선 (Log Carrier), 곡물 전용선 (Grain Carrier)</td></tr>
<tr><td colspan="2">겸용선</td><td>• 광석/원유 겸용선,
• 광석/살화물/원유 겸용선
• 자동차/살화물 겸용선</td></tr>
<tr><td colspan="2">특수선</td><td>• 냉동선 (Refrigerating ship)
• 동물운반선 (Livestock Carrier)
• LASH 선, RoRo 선
• 중량물 운반선</td></tr>
<tr><td rowspan="2">탱커
(Tanker)</td><td colspan="2">유조선</td><td>• 원유 유조선 (Crude Oil ship)</td></tr>
<tr><td colspan="2">특수액체운반선</td><td>• LPG Tanker, LNG Tanker
• Chemical Tanker, Molasses Tanker</td></tr>
</table>

2) 선박관련 주요용어

- 만재흘수(Load Line) : 항행의 안전상 허락되는 최대의 흘수를 만재흘수(Full Load Draft)라 하며 평수구역내의 항해를 제외하고는 어떠한 경우에도 이를 초과하여 적재해서는 안 된다.
- 갑판(Deck) : 선박의 현측에서 현측까지 이어진 수평표면 즉 바닥판이라 할 수 있으며 위치에 따라 상갑판(Upper), 하갑판(Lower), 주갑판 또는 기타 다른 명칭이 부여된다.
- 화물창(컨테이너선 경우 Bay) : 화물수송을 위하여 설계된 공간이다.
- 선급제도(Ship's Classification) : 선급제도는 배의 안전성의 정도를 판단하는 것이다. 배가 안전하게 항해할 수 있는지를 감항성(또는 내항성, Seaworthiness)이라고 하는데 이를 평가하여 등급을 부여하는 것이다. 선급은 보험회사가 보험을 인수하고 보험료율을 결정하는데 이용되고 있으며 매년 일반검사를 받고 4년마다 정밀검사를 받아야 한다. 이 제도를 발전시키기 위해 국제적인 조직인 국제선급협회(International Association of Classification Societies)가 있으며 우리나라도 선급제도를 운영하기 위해 1960년 한국선급협회(Korea Register)를 창설하여 운영하고 있고 국제선급협회의 정회원이다.
- 편의치적제도(Flag of Convenience) : 선박의 등록과 관련되어 세금을 줄이고 외국인 선원을 승선시키고 각종 안전기준의 이행을 회피하기 위해 선주가 선박을 자국에 등록하지 않고 타국(주로 선박 등록 관련된 세금이 적은 파나마, 라이베리아, 온두라스, 바하마 등)에 선박을 등록하는 것을 의미한다.

3) 선박의 톤수제도

선박의 크기는 일반적으로 톤수로 나타내고 있는데 이때 톤수는 용적을 기준으로 하는 용적톤수와 중량을 기준으로 하는 중량톤수가 있다. 용적톤수의 대표적인 톤수로는 총톤수와 순톤수가 있으며 중량톤수로는 배수톤과 재화중량톤을 주로 이용하고 있다. 군함에 주로 사용되는 배수톤을 제외하고 톤수제도별 의미와 용도를 살펴보면 다음과 같다.[1)]

---

1) 톤의 유래는 다음과 같다. 15세기초 영국에서는 배의 크기를 술통의 크기와 무게로 정하였는데 술통은 지불하는 세금과 수수료를 Tonnage 라고 하였나. 이때 술통 하나의 무게는 1016kg(2240 lbs)로서 이를 1 ton으로 하였다. 즉 Ton은 부피를 나타내는 동시에 용적을 의미하기도 하였다. 톤수의 계산법은 여러 번의 변경 후에 증기선에 적합하게 1854년 영국의 Moorsom System에 따라

〈표 6-2〉 선박의 톤수제도

	의미	용도
총톤수 (G/T : Gross Tonnage)	• 용적을 기준으로 한 것 • 1 Ton = 1㎥ • 선박의 밀폐된 내부공간의 합	• 선박의 수익성을 나타낸다 • 관세, 등록세, 소득세, 체선료, 도선료, 각종 검사료, 세금의 기준
순톤수 (N/T : Net Tonnage)	• 용적을 기준으로 한 것 • 1 Ton = 1㎥ • 상행위에 사용되는 용적의 합	• 톤세, 항세, 등대사용료, 항만시설 사용료, 운하사용료 등의 기준
재화중량톤 (DWT : Dead Weight Tonnage)	• 중량을 기준으로 한 것 • 선박이 적재할 수 있는 화물의 최대중량(화물, 연료, 청수, 선용품 등)	• 화물선의 크기를 평가한다 • 선박의 매매, 용선료의 기준 등 해운경영관계에 사용된다

2 해운업

1) 해상운송의 의의

해상운송이란 선박을 운송수단으로 하여 원양항로와 연안항로를 따라 사람이나 재화를 이동시키는 행위이다. 즉 해상운송은 선박을 이용하여 장소적 효용을 창출하는 용역이라고 할 수 있다.

2) 해운의 특성

첫째, 수송비용이 저렴하다. 거리에 따른 운송비를 비교하면 해상운송은 가장 저렴한 운송수단이라고 할 수 있다. 해상운송은 한 번에 대량의 화물을 운송할 수 있으므로 규모의 경제를 달성할 수 있다. 물론 순수운송비용과 부대비용을 모두 포함하여 비교해 보아야 하지만 일반적으로 순수 운송료만을 비교할 때 해상운송 < 철도운송 < 도로운송 < 항공운송의 순으로 점점 비싸진다고 할 것이다.

둘째, 자유로운 운송이 가능하다. 해운은 도로운송이나 철도운송과 달리 길을 건설해야 하는 것이 아니기 때문에 바다와 강 등 수로가 있으면 어느 곳에나 운송을 할 수 있는 특성이 있다.

---

1 Ton = 100 cuft 로 변경되었다. 그러나 현재 사용되는 톤수제도는 1969 UN산하 국제해사기구(International Maritime Organization)의 주도하에 선박톤수측정에 관한 국제조약을 채택하여 1 Ton = 1㎥라는 기준을 적용하고 있다(임석민, 『국제운송론』 제6판, 삼영사, 2014, p.81).

셋째, 속도가 느리다. 컨테이너선의 경우 시속 50~60km 정도의 수준으로 그 속도는 타 운송수단과 비교하여 상당히 낮다.

넷째, 공급이 비탄력적이다. 선박의 사이즈에 따라 다르지만 대형선박을 짓기 위해서는 약 2년의 기간이 필요하다. 예컨대 수요가 늘어 가격이 올라간다고 하여 바로 공급이 늘어나지 못하므로 중고선박의 가격이 신품을 초과하는 경우도 발생할 수 있다.

다섯째, 해운은 국제성이 있다. 선박의 운항, 취득, 용선 등에 있어서 국경의 개념은 중요하지 않다. 따라서 해운에 종사하는 기업은 넓은 시장을 가졌다는 장점이 있으나 세계의 모든 기업과 경쟁을 할 수 있다는 어려움도 상존한다.

여섯째, 자본집약적인 성격을 갖는다. 선박은 고가의 장비이다. 즉 2015년 1월기준으로 가장 큰 컨테이너선인 MSC사의 오스카호의 경우에는 그 가격이 1500억원대이며 이러한 선박의 경우 하루당 체류 비용은 60,000달러를 상회하는 것으로 알려져 있다.

일곱째, 해운은 무형의 서비스 상품이다. 따라서 생산과 소비가 동시에 이루어지는 것으로 재고의 문제가 발생하지 않으며 낮은 한계생산비용으로 가격의 하락 가능성이 상존하므로 운송인은 가격하락을 막기 위해 많은 노력을 기울인다.

3) 해운시장의 구성요소

해운시장을 구성하는 요소로서는 선박의 소유권을 갖는 선주(Shipowner), 신조선, 중고선박 매매, 용선 계약에서 계약이 이루일어질 수 있도록 양 당사자를 엮어주는 중개인(Broker), 일반적으로 선박은 고가이므로 조선 또는 매매 시에 금융단(Banker)이 개입하여 금융서비스를 제공하며, 신조선을 담당하는 조선소(Ship- builder)로 구성되어 있다.

4) 해운의 4대 시장

해운의 4대 시장은 선주와 화주 간 운임을 받고 운송하는 운임시장(Freight Market), 선박의 구매 및 용선시장(Sales and Purchase Market), 신조선시장(New Ship-building Market), 해철시장(Demolition Market)으로 구성되어 있다.

이들 시장은 서로 연결되어 있는데 일반적으로 운임이 오르면 선박의 매매와 용선 가격이 상승하며 신조선시장도 이에 영향을 받아 활황을 맞는다. 그러나 곧 과잉공급이 발생하고 운임은 하락하게 되며 이에 대한 대응으로 기존 선박 중 고령 선박에 대한 해철 수요가 발생하게 된다. 또 이는 다시 공급의 부족을 가져와 운임의 인상을 가져오게 된다. 이렇듯 해운시장은 전형적인 순환주기를 갖는 것으로 알려져 있다.

3 정기선과 부정기선

해상화물운송은 정기선 해운업자에 의해 정해진 항로를 규칙적, 반복적으로 운항하는 정기선운송과 선주와 화주(용선자) 간의 계약에 따라 선복을 제공하여 운송하는 부정기선운송이 있다. 주로 완제품이나 중간재의 성격을 갖는 컨테이너화물은 정기선운송을 이용하고 1차 상품 중 대량으로 거래되고 운송되는 철광석, 석탄, 원목, 원유 등의 경우에는 부정기선 해운을 이용한다고 할 것이다. 기타 양 해운에 대한 비교는 다음과 같다.

〈표 6-3〉 정기선과 부정기선의 비교

	정기선 해운	부정기선 해운
운항 및 투입선대	• 특정 항구 간을 통상적인 항로로 미리 정한 일정에 따라 규칙적, 반복적으로 운항 • Common Carrier	• 선주와 용선자 간의 계약 방식(Charter Party)에 의해 결정 • Private Carrier
화물	• 불특정 다수 화주의 다종의 일반화물 또는 포장화물 • 컨테이너 화물	• 소수 화주의 동종, 동질의 대량 원자재 및 살화물 • 석탄, 철광석, 원목 등
운임	• 사전에 공표된 운임(Tariff)적용 • 화주와 운송인 간 Service Contract 또는 개품운송계약	• 수요와 공급에 따른 시장경쟁운임 • 운송인과 화주 간 합의에 의해 결정 • 선박이용률(소석률)에 의해 정함
운송계약	• 불특정 다수의 모든 화주에게 운송계약의 조건이 동일한 운송서류가 사용됨(B/L, SWB)	• 개별 화주와 운송인이 항해단위로, 운송시마다 계약조건이 다른 개별 용선계약서(Charter Party)를 사용함
집화	• 영업직원 또는 대리인을 통해서 집화	• 중개인을 통해서 집화

출처 : 방희석 외, 『프레이트포워딩관리론』, 박영사, 2009, p.39.

4 해운업체의 전략적 제휴

정기선 해운 사업은 정기노선에 투입한 선박에 화물이 충분히 예약되었는지 여부에 관계없이 정해진 시간에 운송을 해야 하므로 정기선사는 초기 투입자본이 막대하다. 이에 세계 각국은 정기선 해운업자를 보호하기 위해 타 업종에서는 일찌감치 금지시켰던 동종 업종의 공급자간 카르텔을 예외적으로 인정하였고 이에 정기선 선사들은 해운동맹을 결성하여 공급과 가격을 담합할 수 있었다.

그러나 2008년 EU가 해운업의 독점금지면제 조항을 철폐함으로써 많은 해운동맹은 와해되었다. 이로 인해 공급량과 가격의 담합을 통한 수익성 확보가 어렵게 된 정기선 선사들은 업체들 간 전략적 제휴(Alliance)를 통해 만회하게 되었다. 전략적 제휴는 공급과 가격을 담합하는 것이 아닌 각 사들이 소유하고 있는 자산을 공유하여 규모의 경제를 통해 비용을 낮추기 위한 것으로 카르텔과는 전혀 관련이 없는 것으로 볼 것이다. 현재 정기선 선사 간 합종연횡이 지속되고 있으며 2014년 재편된 해운업체 간 전략적 제휴 구도는 다음과 같다.

〈표 6-4〉 정기선 선사들의 전략적 제휴

협력체제	소속해운사(국적, 순위)	척수 (적재능력)	점유율
2M	Maersk(덴마크, 1), MSC(스위스, 2)	1091척 (529만 TEU)	29.7%
G6	Hapag-Lloyd(독일, 6), APL(싱가포르, 9), MOL(일본, 10), OOCL(홍콩, 11), NYK Line(일본, 13), 현대상선(한국, 15)	625척 (331만 TEU)	18.6%
CKYHE	Evergreen(대만, 4), Cosco(중국, 5), 한진해운(한국, 8), YangMing(대만, 14), K Line(일본, 16)	609척 (311만 TEU)	17.5%
Ocean 3	CMACGM(프랑스, 3), UASC(UAE, 19), CSCL(중국, 7)	629척 (259만 TEU)	14.6%

출처 : 한국선주협회, 2014년 10월 기준

제2절 부정기선 운송

1 부정기선 의의

부정기선 운송은 선주와 화주(용선자) 간의 용선계약을 통해 선박의 전부 또는 일부를 빌려서 화물을 운송하는 것이다. 운임부담력[2])이 낮은 목재, 석탄, 철광석, 곡물 등의 살화물(Bulky Cargo) 운송 시에 규모의 경제를 달성하기 위해 대량으로 운송되는 성격이 있으며 이때 부정기선을 이용하게 된다. 즉 부정기선은 한정된 품목에서 주로 이용된다고 할 수 있다.

2 부정기선 화물의 시장 구조

용선계약은 선주나 운송업자가 선박을 이용하는 자를 위하여 선박의 전부 또는 일부를 빌려주어 이용 가능케 하는 것을 말한다. 용선된 선박은 정기선에 활용될 수도 있고 부정기선 서비스에 활용될 수도 있다. 다만 부정기선 운송은 용선계약을 통해 이루어진다.[3])

부정기선 운송은 선주와 용선자 간의 계약에 의해 이루어지며 이러한 거래를 원활하게 하기 위해서 용선시장이 존재하며 선주와 용선자 간의 거래를 중개하기 위해 중개인(Broker)이 활약하게 된다. 대표적인 부정기선(용선)시장은 London, New York, Oslo, Tokyo, Hong Kong 등이다. 시장가격은 수요와 공급에 의해서 결정되며 시황 파악을 위해 이용하는 지수로는 런던의 Baltic해운거래소가 발표하는 Dry 화물의 빌크신 시황을 나타내는 BDI 지수(Baltic Dry Index)[4])를 활용한다.

---

2) 고가물품의 경우 높은 운임을 부담할 수 있으나 저가물품의 경우 높은 운임을 부담할 수 없다. 따라서 운임부담력이 낮은 1차 물품들은 운임부담을 낮추기 위해 규모의 경제 효과를 최대화하기 위해 배 한척 분의 대량으로 운송이 이루어진다.

3) 한진해운 해운일반에 따르면 부정기선의 선박확보와 운송계약을 용선이라고 한다.

4) BDI지수는 발틱해운거래소가 발표하는 용선운임지수로 세계 26개 항로의 벌크화물 운임과 용선료 등을 종합해 보여준다. 1985년 1월 4일을 기준(1000 point)으로 시황을 나타낸다. 2008년 중국 경제 활황으로 11,793까지 올라갔으나 2015년 1월말 기준 608 point까지 내려갔다.

〈그림 5-2〉 부정기선 시장 구조

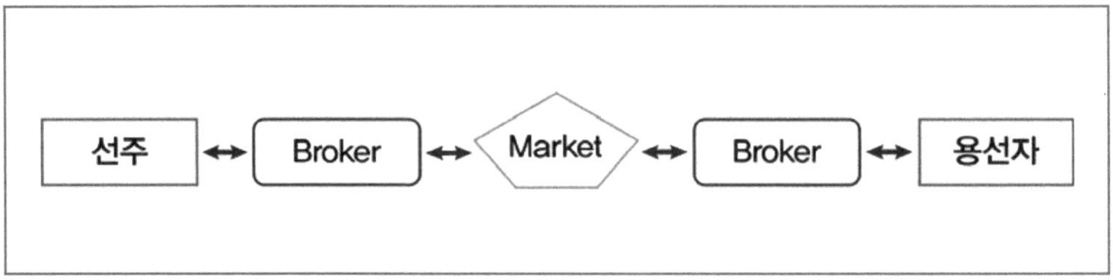

3 용선계약의 종류

부정기선 계약에서 선주는 선복(Space)을 제공하고 용선자(화주)는 대가로 운임(Freight)을 지불하게 된다. 이때 양자는 용선계약서(Charter Party)를 작성하게 되는데 용선계약의 종류로는 특정 항구 간의 운송을 기준으로 하는 항해용선, 특정 기간을 기준으로 용선하는 기간용선, 선체만을 장기간 용선하는 나용선 등으로 나눌 수 있다.

1) 항해용선(Voyage Charter)

항구에서 항구로 선주와 용선자 간에 서로 협정한 운임률과 조건으로 만선화물 또는 일부화물을 운송할 때 선주와 용선자 간에 선복을 사용하기로 하는 운송계약이다. 운임은 선적량, 양하량 또는 계약량으로써 단위 톤당 특정금액으로 정하게 된다. 용선자는 선적량이 예약량 보다 적은 경우에도 부적운임(Dead Freight)으로 운임을 지급해야 한다.[5] 선박의 운항관련 비용은 모두 선주 측에서 부담하며 선적비와 양하비와 관련해서는 양 당사자 간의 합의에 의해 FI, FO, FIO, FIOST, Liner Terms 등으로 거래한다. 여기서 FI(Free In)은 선주가 양하비만을 부담한다. FO(Free Out)조건은 선주가 선적비는 부담하나 양하비는 부담하지 않는다. FIO(Free In and Out)는 선주가 선적비와 양하비를 모두 부담하지 않는다. FIOST(Free In and Out, stowed & trimmed)는 선적비, 양하비는 물론 본선 내의 적부와 트리밍[6] 비용에 대해서도 선주

5) 다만 일정 선복 당 얼마로 계약하는 총괄운임계약(Lumpsum Charter)의 경우에는 부적운임이 발생하지 않는다.

6) 적부(Stowage)는 선박 내이 저전한 장소에 물품을 적새하는 것, 정리(Trim)는 물품을 균형있게 적부하는 것, 결박(Lashing)은 안전을 위해 선내 물품을 선체나 기타 물품에 묶는 작업(전순환, 『국제운송물류론』 개정판, 한올, 2007, p.135 참조)

가 부담하지 않는 조건이다. Liner Term(Berth Term, Gross Tem)은 선주가 선적비, 양하비는 물론 항비까지 모두 부담하는 조건이다.

2) 기간용선 또는 정기용선(Time Charter)

선복에 화물을 적재할 수 있는 설비와 용구를 갖추고 선원을 승선시켜 장기간 해상을 운항할 수 있는 선박을 용선자가 선주로부터 일정 기간 동안 용선하는 계약이다. 용선자는 용선기간에 따라 용선료를 지급한다. 자본비와 운항준비비는 선주 측에서 부담하며 운항과 관련된 비용(연료비, 항비, 항해비)은 용선자 측에서 부담한다. 동 계약은 선박임대차와 노무공급계약이 혼합된 형태의 계약이다.[7)]

3) 나용선(Bareboat Charter) 또는 선체용선(Hull Charter)

나용선은 자본력이 약한 선사가 선복을 보충하여 선대(Fleet)를 늘리기 위해 주로 사용하는 것으로서 일반적으로 선주의 역할은 금융기관[8)]이 담당하게 된다. 또한 해운선사가 용선자가 되어 리스형태로 계약이 이루어진다. 10~20년의 장기계약이 체결되고 일반적으로 계약이 만료되면 선박의 소유권이 선주에서 용선자에게로 이전된다. 동 계약에서 선주는 자본비만을 부담하고 나머지 모든 비용은 용선자 측에서 부담하게 된다.

한편 새로운 부정기선운송계약의 형태로 장기해송계약이 있는데 이는 주로 전용선시장에서 이루어지므로 전용선계약이라고 칭하기도 한다. 주로 장기, 대규모 물량의 거래에서 이루어지는 것으로서 4~5년 이상의 단위로 계약이 체결되며 계약시점에서 선박을 특정하지 않고 계약물량만을 합의하며 선박의 지명권은 선주 측에서 보유하게 된다. 이를 통해 화주는 안정적 화물운송을 보장 받을 수 있으며 선주 측은 유휴선박을 적설하게 활용할 수 있다는 장점이 있다 이는 주로 대규모 벌크 화물 운송에서 이루어지고 있다. 국내의 경우 대표적인 화주는 Posco, 현대제철, 한전 계열사, 가스공사 등이 있다.

용선계약의 각각 특징을 비교하면 다음과 같다.

---

7) 임석민(2014) p.112 참조

8) 선박투자회사제도는 투자자들이 자금을 모아 투자회사를 설립하여, 선박에 투자한 후 그 운용수익을 투자자에게 배당하는 일종의 뮤츄얼펀드로서 선박 구입시 활용되는 제도이다.

〈표 6-5〉 용선계약의 종류

	항해용선	정기(기간) 용선	나용선
선장 임명감독권	선주의 책임	선주의 책임	용선자의 책임
용선범위	용선자는 선복을 이용하고, 선주는 운송행위 수행	용선자 : 점유사용권을 갖고 운송행위	용선자가 선박을 일정한 기간 사용하며 운송행위
용선료	운임은 화물의 수량 또는 선복에 따라 결정된다	용선료는 원칙적으로 기간에 의하여 정한다	용선료는 기간을 기초로 하여 결정한다
재용선 감항담보 책임	용선자는 재용선자에 대하여 감항담보의 책임 없다.	항해용선과 동일	용선자는 화주 또는 재용선자에 대하여 감항담보 책임
선주 부담비용	선원급료, 식료, 음료수, 윤활유, 유지비, 수선비, 보험료, 상각비, 연료, 항비, 하역비, 제수수료, 예선료, 도선료	선원급료, 식료, 음료수, 윤활유, 유지비, 수선비, 보험료, 상각비	보험료, 상각비
용선자 부담비용		연료, 항비, 하역비, 제수수료, 예선료, 도선료	항해용선의 선주부담비용 중 상각비 이외 모든 비용

4 용선관련 용어

- Charter Party(용선계약서) : 화주와 용선자 간의 용선계약서이며 일반적으로 용선계약의 형태별로 또한 품목별로 표준화되어 있는 용선계약서가 존재한다.
- Fixture Note(성약각서) : 용선계약 시에 선주와 용선자 간에 용선계약의 주요 내용에 대해 간추려 정리하여 합의한 것을 의미하며 이의제기 없이 일정기간이 지나면 용선계약으로 성립된다.
- Laydays (Laytime, 정박기간) : 용선자(화주)가 용선한 선박에 하역(적재 또는 양륙)을 위해 사용할 수 있는 기간을 의미한다. 기간을 정하는 방법에는 관습적 조속하역(CQD; Customary Quick Dispatch), 연속시간(Running Layday), 호천작업일(WWD; Weather Working Days) 등의 기준을 이용하여 날짜를 계산한다. 한편 동 기간을 경과한 경우에는 체선료(Demurrage)[9]를 용선자가 선주에게 지불해야 하며 반대로 정박기간 이전에 출항을 할 수 있게 한 경우에는 선주는

용선자에게 조출료(Dispatch Money)를 지불하게 된다.

- Cancelling Date : 약정기간내에 본선이 선적을 위한 준비를 하지 못한 경우 용선인은 해약을 선택할 수 있는 권한이 생긴다.

제3절 컨테이너운송

컨테이너선은 살물이 아닌 컨테이너에 적재된 화물을 운송하는 선박을 의미하며 컨테이너에는 주로 완제품과 반제품 등이 적재되어 운송되지만 1차 생산품도 소량으로 운송되는 경우에는 컨테이너에 적재되어 운송 된다. 이처럼 컨테이너선은 범용성을 갖고 있어 정기선운송에서 사용되며 전체 상선에서 선박의 수를 기준으로 해서는 25%정도(나머지는 부정기선 수요임)를 점유하지만 화주의 수와 운송되는 화물의 가치 측면에서는 부정기선 보다 훨씬 보편적인 운송방법이라고 할 것이다.

1 컨테이너운송의 의의

1) 정기선의 컨테이너화

정기선 해상운송은 정해진 노선을 공시된 가격으로 반복적으로 운송하는 것이다. 선사 측에서 정기선 노선에 취항하기 위해서는 초기 투입자금이 많이 발생하고 투입한 선박의 예약률 또는 적재율이 아무리 낮더라도 정해진 시간에 출항하여야 하므로 선사에게는 큰 부담이 아닐 수 없다. 즉 정기선 선사는 운송수요 저변을 넓히고 한편으로는 선박운항의 효율성[10]을 높여야 할 과세를 깆게 되었다. 한편 화주 측에서는 원자재 보다는 고가인 완제품이나 중간제품을 운송할 때 운송비용과 (운송 중)재고비용을 낮추기를 원하였다.

---

9) 체선료(Demurrage)는 허용체박기간 내에서 작업이 완료된 경우에 발생하는 확정손해배상금(Liquidated damage)이나 허용체박기간을 초과한 경우에는 미확정손해배상금(Unliquidated damage)으로서 실제 손해가 발생한 금액을 배상해야 하는 체박손해금(Damage for Detention)을 용선자가 화주에게 지불해야 한다(전순환(2007) p.139 참조).

10) 선박운항의 효율성을 높이기 위해서는 선박에서 화물의 적하와 양하를 신속하게 하는 것이 가장 중요한 부분이라 할 것이다.

이러한 선사 측과 화주측 모두의 욕구를 충족시켜준 것이 컨테이너화였다. 즉 컨테이너화를 통해 운송의 시간이 획기적으로 줄어들었으며 환적비용이 크게 감소하게 되었다. 이에 따라 국제운송에서 컨테이너화는 빠르게 전개되었고 현재는 일반화 되어 "정기선=컨테이너선"의 등식 관계가 성립하게 되었다.

2) 컨테이너화와 그 장단점

컨테이너화는 운송 또는 취급할 물품을 원상태 그대로 다루는 것이 아니라 우선 컨테이너에 적입하여 단위화[11](Unitization)된 상태로 물품을 운송 또는 하역하는 것을 의미한다. 이때 사용되는 컨테이너는 표준화된 것으로서 선박, 내륙운송, 철도운송 등에 범용으로 이용될 수 있으며 수출자와 수입자는 컨테이너 상태로 물건을 선적하고 인수할 수 있게 되었다.

해상운송에 있어서 컨테이너화는 다음과 같은 편익을 갖게 하였다.

첫째, 다양한 물품을 운송할 수 있다. 컨테이너에는 일반화물을 넣어 운송하는 Dry컨테이너는 물론 냉장냉동기능을 갖는 Reefer컨테이너, 액체를 수송할 수 있는 Tank컨테이너, 산동물을 운송할 수 있는 Pen컨테이너 등 다양한 컨테이너가 있어 동일한 선박에 다양한 물품을 선적할 수 있다.

둘째, 중간 작업이 필요하지 않다. 송화인이 컨테이너에 물건을 적입하여 보내면 운송수단 간 표준화로 인해 운송 중에 재작업(환적을 위한 컨테이너 해체와 재적입)이 필요하지 않게 되어 운송 및 취급 과정에서 안전성이 높아지고, 인건비 등이 발생하지 않으며, 시간도 절약할 수 있게 된다. 또한 이러한 결과로 복합운송이 활성화되어 화주는 폭 넓은 운송서비스(예, Door to Door 서비스)를 이용할 수 있게 되었다.

셋째, 유닛로드화로 운송시간을 단축시켰다. 유닛로드화로 인해 생력화와 기계화를 실현할 수 있게 되어서 환적의 시간과 비용을 줄이게 되었으며 이를 통해 운송시간은 축소되었고 그것으로 인하여 (운송 중) 재고비용이 감소하게 되었다.

넷째, 유닛로드화로 하역시간을 단축시켰다. 기계화로 인한 하역시간의 단축은 선박의 정박기간을 획기적으로 줄이게 되었으며 이로 인해 고가의 장비인 선박의 회전율을 제고시킬 수 있게 되었다.

---

11) 단위화에는 팔레트화와 컨테이너화가 대표적이며 취급물품을 단위화함으로써 지게차(Folklift) 등의 장비를 활용하여 한 번에 대량취급이 가능하여 업무의 효율성을 높이게 된다.

그러나 컨테이너화의 단점으로는 첫째 선박과 터미널 시설 구축에 막대한 비용이 소요되며 둘째 소량화물(LCL)의 경우에는 그 편리성이 낮아지게 되고, 셋째 컨테이너운송에 적합하지 않은 화물이 있으며, 다섯째 공컨테이너의 회수의 문제가 있으며 여섯째 해상운송에 사용되는 컨테이너는 항공운송에는 사용할 수 없다는 것이다.

2 컨테이너터미널과 시설, 장비

컨테이너운송은 장점이 많으나 컨테이너를 처리할 수 있는 터미널과 시설, 장비에는 막대한 비용이 소요된다고 할 수 있다. 이렇게 컨테이너터미널과 시설, 장비에 대해여 살펴보면 다음과 같다.

1) 컨테이너선

컨테이너선은 컨테이너만을 운송하기 위해 제작된 풀컨테이너선과 선상의 일부를 컨테이너 전용으로 만든 세미컨테이너선으로 나눌 수 있으며 컨테이너를 적재하는 방식에 따라 선박에 설치한 문을 이용하는 RORO선(Roll-On Roll-Off)과 선박 또는 터미널 안벽에 설치된 기중기를 이용하는 LOLO선(Lift-On Lift-Off)으로 나누어진다.

컨테이너선은 1956년 미국의 말콤맥린(Malcom P. McLean)의 Pan Atlantic Shipping사가 유류운반선인 T2 Tanker를 컨테이너를 적재할 수 있도록 개조하여 미국 뉴저지의 Newark에서 텍사스 Houston까지 컨테이너를 운송 한 것이 컨테이너의 상업적 운송의 효시라고 할 수 있다.[12] 이후 1966년 Sea Land사가 대서양노선에 Full컨테이너서을 투입한 이후로 지속적으로 선박을 대형화하였으며 2015년 1월 기준으로 가장 큰 컨테이너선은 대우조선해양이 건조하여 MSC에 납품한 MSC OSCAR선으로서 최대적재 19,224TEU[13]를 적재할 수 있는 선박이다.

---

12) Levinson, 『The Box』, Princeton Univ. Press, 2006, pp.47~49.

13) TEU는 20ft Container 한 개를 의미하며 길이가 6m인데 19,224 TEU는 컨테이너를 일렬로 배열했을 때 서울에서 원주까지를 이을 수 있는 규모라고 할 수 있다.

〈표 6-6〉 컨테이너선의 변화(대형화)

구 분	제1세대	제2세대	제3세대	제4세대	제5세대	제6세대	제7세대	제8세대
길이(m)	190	210	210~290	270~300	290~320	305~310	355~360	365
속 력 (노트)	16	23	23	24~25	25	25	26.5	-
선폭(m)	27	27	32	37~41	40~47	38~40	43	55
흘수(m)	9	10	11.5	13~14	13~14	13.5~14	14.5	15
적재량 (TEU)	1,000	2,000	3,000	4,000 이상	4,900 이상	6,000 내외	8,000 내외	12,500 내외
갑판적	1~2단	2단 8열 2단 10열	3단 12열 3단 13열	3단 14열 4단 16열	6단 16열	6단 17열	6단 17열	7단 22열
창내적	5~6단	6단 7열 6단 8열	7단 9열 9단 10열	9단 10열 9단 12열	-	9단 14열	9단 14열	10단 18열
시 기	1960년대	1970년대	1980년대	1984년	1992년	1996년	2000년	2005년
선 형	개조선	Full Container	Panamax	Post Panamax	Post Panamax	Super Panamax	Super Panamax	Ultra Panamax

출처 : 국토교통부 홈페이지

〈그림 6-3〉 컨테이너선

〈그림 6-4〉 컨테이너터미널

2) 컨테이너터미널 시설

컨테이너터미널은 컨테이너선이 정박하고 화물의 적하 또는 양하 작업이 이루어지고 컨테이너들이 잠시 머물렀다 가는 곳이다. 국내의 주요컨테이너항은 부산항, 인천항, 평택항, 광양항 등이 있다. 컨테이너터미널이 제 기능을 수행하기 위해서는 여러 가지 시설이 필요한데 그에 대해 살펴보면 다음과 같다.

〈그림 6-5〉 컨테이너터미널 배치도

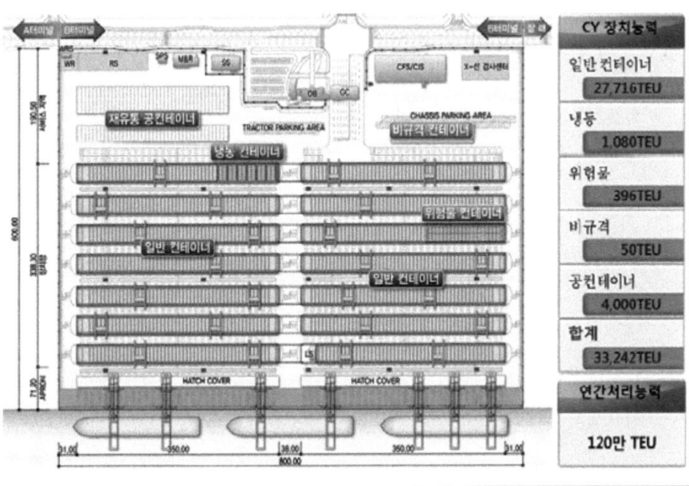

출처 : 인천선광컨테이너터미널

컨테이너터미널은 크게 선박이 정박하기 위한 장소와 적하와 양하 작업을 위해 장비가 설치된 공간과 적하 전 또는 양하 후 단기적으로 컨테이너를 보관하기 위한 시설 등으로 구성되어 있다. 이들 각 시설의 명칭과 용도를 살펴보면 다음과 같다.

〈표 6-7〉 컨테이너터미널의 시설

시설명	용도
Berth	선석은 선박이 계류하는 시설이다
Apron	부두안벽에 접한 부분으로서 컨테이너크레인이 설치되어 적하/양하가 이루어지는 장소이다.
Marshalling Yard	컨테이너선 도착 전에 적부계획(Stowage Plan)에 따라 적재 예정 컨테이너를 정렬해 놓은 장소이다.
Container Yard(CY)	컨테이너를 적치해 놓은 공간이다. 주로 3-5단으로 컨테이너를 적재하며 FCL화물의 경우 이곳에서 화물의 인수/인도가 이루어진다.
Container Freight Station(CFS)	LCL화물의 경우 화물을 인수하는 장소로서 컨테이너에 물품을 적입하거나 수입화물일 경우 컨테이너의 해체가 일어나는 장소이다.
Gate	컨테이너터미널의 출입구이다. 서류를 받고 컨테이너 이상유무와 중량 등을 확인하는 장소이다.
Administration Office	운영본부로서 컨테이너터미널 관련 행정업무가 이루어지는 장소이다.
Maintenance Shop	터미널 내의 모든 기기의 정비를 위해 마련된 공간이다.

3) 컨테이너터미널의 장비

〈표 6-8〉 컨테이너터미널 장비

장비명	사진	용도
Container Crane		컨테이너 하역용으로 설계된 것으로 Gantry Crane이라고도 부르며 Apron에 설치되어 있다. Transfer 크레인에 비해 훨씬 크고 고가의 장비이다. 컨테이너선의 하역시간에 큰 영향을 주는 장비이다.
Transfer Crane		Transtainer라고도 부르며 CY에서 컨테이너를 쌓거나 Chassis에 올리고 내리는 작업을 하는 장비이다.
Yard Tractor		컨테이너를 이동시키는 장비이다. 주로 CY와 Apron사이를 오고 가는 장비이며 뒤에 Chassis를 매달아 컨테이너를 운송한다.
Chassis(샤시)		컨테이너를 놓는 트레일러대차이다. 동력부분은 없으며 Yard Tractor와 연결하여 이용된다. 종류로는 Flat Bed, Flat Frame, Gooseneck, Low Bed 등이 있다.
Barge(부선)		항내 등에서 화물을 운반하거나 작업을 위해 사용되는 소형선박으로서 예인선에 의해 이동되는 것이 일반적이다.
Straddle Carrier		컨테이너를 운반 또는 적재하는 장비이다. 주로 Marshalling Yard, CY, Apron 등을 오가는 장비이다.
Top Handler		Yard Forklift라고도 하며 터미널 내에서 컨테이너를 이동시키는 장비로서 스프레더, 고리, 마스트 등으로 구성된 장비이다.
Reach Stacker		터미널 내에서 컨테이너를 이동하고 적재하기 위한 장비이다.

4) 컨테이너의 종류

컨테이너는 일반화물(General Cargo)를 적재하는 Dry Container와 특수화물을 적재하기 위한 특수컨테이너로 나눌 수 있으며 화물에 따라 여러 가지 타입의 컨테이너를 활용한다. 또한 컨테이너의 사이즈를 기준으로 20피트 컨테이너, 40피트 컨테이너가 주로 이용되고 용적화물에 대해서는 High-cubic 컨테이너를 사용하는 경우도 늘어나고 있다.

〈표 6-9〉 컨테이너의 종류와 취급화물

종류	컨테이너 종류	취급화물	비고
일반화물	Dry container	건화물	
온도조절 컨테이너	Reefer container	과일, 육류, 생선, 채소	냉동기능(+26~-28도)
	Insulated container	과일, 채소	보냉기능 (드라이아이스 등 이용)
	Ventilated container	과일, 채소, 종자	통풍컨테이너
특수 컨테이너	Bulk container	곡물, 비료, 화학제품	곡물, 낱알 등의 벌크화물을 적재
	Tank container	음료, 주류, 액체, 화학제품	액상화물 운송에 특화
	Open-Top container	목재, 기계류	적재, 양하시 크레인을 이용한다.
	Platform container	기계류, 철재	기둥도 존재하지 않음
	Flat rack container	철재, 목재, 파이프, 기계류	천정이 없고 기둥만 존재
	Side open container	기계류	장척화물 적재에 유리
	Car container	자동차	Skeleton 컨테이너
	Pen container	산동물	환기구를 가지며, 사료투입이 용이함
	Hide container	원피	액체가 흐르지 않도록 기밀성과 방수성을 가짐
	High-cubic conrtainer	용적화물	길이에 따라 40ft, 45ft 등이 있다

출처 : 임석민(2014), pp.214~218에서 일부 인용

〈표 6-10〉 컨테이너의 사양

Container spec.		20ft	40ft	40HC
내부 (mm)	길이	5,897	12,031	12,031
	폭	2,348	2,348	2,348
	높이	2,390	2,390	2,695
Door (mm)	폭	2,336	2,336	2,336
	높이	2,260	2,280	2,585
내부용적 (CBM)		33.0	68.0	76.0
중량(KG)	자체중량	2,240	3,750	3,940
	최대적재	28,240	28,750	28,560
	총중량	30,480	32,500	32,500

출처 : 한진해운홈페이지

• 참고 •

컨테이너의 관리와 과적 컨테이너

선사는 자사에 예약된 화물을 운송하기 위해서는 반드시 컨테이너가 필요하므로 컨테이너의 적정 재고를 유지하고 있어야 한다. 그러나 컨테이너는 일반컨테이너 마저도 개당 250만원을 상회하는 고가장비이므로 무조건 많이 보유할 수는 없게 된다(대형선사의 경우 컨테이너 보유량은 수십 만 개에 이른다고 한다). 따라서 컨테이너 부족으로 인한 화물의 지체를 막으면서도 총량을 최소화시켜야 하는 목표를 갖고 컨테이너를 관리하여야 한다.

관세청은 보세운송신고 시 B/L당 화물의 총중량이 25톤을 초과하는 컨테이너에 대하여는 보세운송신고가 되지 않도록 하고 있으며 한 B/L에 복수의 컨테이너인 경우 평균 중량이 25톤을 초과하는 경우에도 같다. 한편 우리나라의 도로법은 총중량 40톤 초과 축하중 10톤 초과하는 경우에는 1년 이내의 징역 또는 200만 원 이하의 벌금에 처한다고 규정하고 있다.

3 FCL과 LCL

해상운송에서 화물의 운송단위에 따른 구분으로 FCL과 LCL로 구분을 할 수 있다. 이를 구분하는 실익은 양자에 따라 운송프로세스, 운임과 기타 부대비용의 계산, 포워더의 역할 등이 상이하므로 정기선 운송에 있어서 중요한 분류기준이 된다고 할 것이다.

1) FCL/Full Container Load

FCL은 화주가 운송인에게 컨테이너 단위로 운송을 의뢰하는 것이다. 이때 컨테이너의 적입(Stuffing)과 해체(Devanning)는 화주측에서 책임지게 된다. 일반적으로 대량화물의 경우에는 LCL보다는 FCL로 운송 의뢰하는 것이 저렴하며 신속한 통관과 화물의 취급에 있어서 유리하다고 할 것이다. 운송인 측에서는 주로 CY(Container Yard)에서 화주측으로부터 인수하는 것이 일반적이다. 다만 복합운송의 경우에는 FCL상태로 Door to Door 운송을 제공하기도 한다.

2) LCL/Less than Container Load

LCL은 컨테이너에 적입하지 않은 상태로 운송인에게 운송을 의뢰하는 것으로서 동 화물의 적입과 해체에 대해서는 운송인이 책임을 부담하게 된다. 이때 운송인(선사 또는 포워더)은 다른 LCL화물과 Consolidation하여 컨테이너를 공유하는 것이 일반적이다. 운송인 측에서는 주로 CFS(Container Freight Station)에서 화물을 인수한다.

3) 운송형태

컨테이너운송은 화물의 양과 목적지, 집화 방식 등에 따라 운송형태가 다르며 그에 따라 운임과 화주와 운송인 간의 책임한계 등도 다르게 된다.

〈표 6-11〉 운송형태별 특징

운송형태	설명
FCL/FCL (CY/CY)	• 화주 책임 하에 컨테이너 적입 및 봉인(Sealing) • 운송인은 수출지 CY에서 수입지 CY까지 운송을 한다
LCL/LCL (CFS/CFS)	• 수출지 운송인(주로 포워더)이 다수의 송화인으로부터 LCL화물을 집화하여 CFS에서 적입하여 봉인 후 수입지에서 운송인이 CFS에서 컨테이너를 해체하여 수화인에게 물품을 인도 • 주로 House B/L이 발행됨 • Forwarder's consolidation
LCL/FCL (CFS/CY)	• 운송인이 다수의 송화인들로부터 CFS에서 LCL화물을 받아 혼재하고 혼재된 컨테이너를 수화인에게 CY에서 인도. • Buyer's consolidation
FCL/LCL (CY/CFS)	• 단수의 송화인이 다수의 수화인에게 LCL을 보내는 경우이다. • Shipper's consolidation

단, 일반적인 운송형태는 LCL/LCL, FCL/FCL이며 LCL/FCL, FCL/LCL의 경우에는 포워더의 역할이 중요하며 화주와 의사소통이 잘 이루어져야 한다.

4 컨테이너운송 관련 기업

컨테이너운송 과정에서는 다양한 업종들이 관계하게 되는데 컨테이너터미널을 중심으로 컨테이너운송에 참여하는 대표적인 업종과 그들의 업무는 다음과 같다.

〈표 6-12〉 컨테이너운송 관련 업체

주체	업무
터미널운영사	• TOC(Terminal Operating Company)라고 하며 항만공사로부터 컨테이너터미널부지를 임차하여 그곳에 시설과 장비를 투입하여 터미널을 운영한다. 선사를 대상으로 영업활동을 한다.
선사	• 해상운송수단인 선박과 컨테이너를 보유하고 컨테이너화물 또는 벌크화물을 운송하는 핵심적인 기능과 역할을 수행
선박대리점	• 선사와 계약을 체결하고 선사의 업무를 대신하는 역할을 수행한다.
포워더	• 국제물류주선업체로서 화주와 선사 간에서 중간자의 역할을 한다. 화주에 대해서는 NVOCC가 되고 선사에 대해서는 화주의 역할을 한다.
검수검량업체	• 적/양하되는 수출입 화물의 수량이나 중량 또는 용적을 검수하거나 검량하고 감정하는 역할
내륙운송업체	• 화주나 선사가 화물을 운송 의뢰하는 경우 도로나 철도 등의 운송 수단을 이용하여 목적지까지 수출입화물을 운송하는 역할 담당
예도선업체	• 예선업은 선박의 이/접안 시에 필요한 예선을 운영하는 업체를 말하며, 도선업은 선박의 입출항 시에 항만의 특정 해역 간을 도선사가 승선하여 선박을 안전하게 입/출항할 수 있도록 조력하는 역할 담당

5 컨테이너운송 절차

컨테이너운송과 관련된 세부절차에 대해서는 다음 장에서 설명될 것이며 본 항에서는 개략적인 컨테이너운송 절차에 대해서 살펴본다.

1) 수출절차

컨테이너운송의 수출절차는 FCL과 LCL에 따라 다르게 나타난다. 우선 FCL의 경우 화주는 포워더에 선적요청서를 보내고 포워더는 접수한 선적요청을 근거로 선사에 선적요청을 하게 된다. 이후 선사는 화주가 지정한 장소에 공컨테이너를 보내면 화주는 적입과 봉인 작업을 완료한 후 선사가 지정한 컨테이너터미널의 CY로 컨테이너를 보내게 된다. 선사는 이를 인수하고 포워더에게 Master B/L을 발급하게 되며 포워더는 이를 근거로 화주에게 House B/L을 발급한다. 화주는 인수한 서류를 해외에 있는 수입자 측에게 해외등기 또는 특송을 통해 전달하게 된다. CY에 있던 화물은 선박이 입항한 후 적재를 하면 선적이 완료된다. 출항 후 세관에 선적보고를 하는 것으로 수출은 마무리가 된다.

〈그림 6-6〉 FCL화물의 수출절차

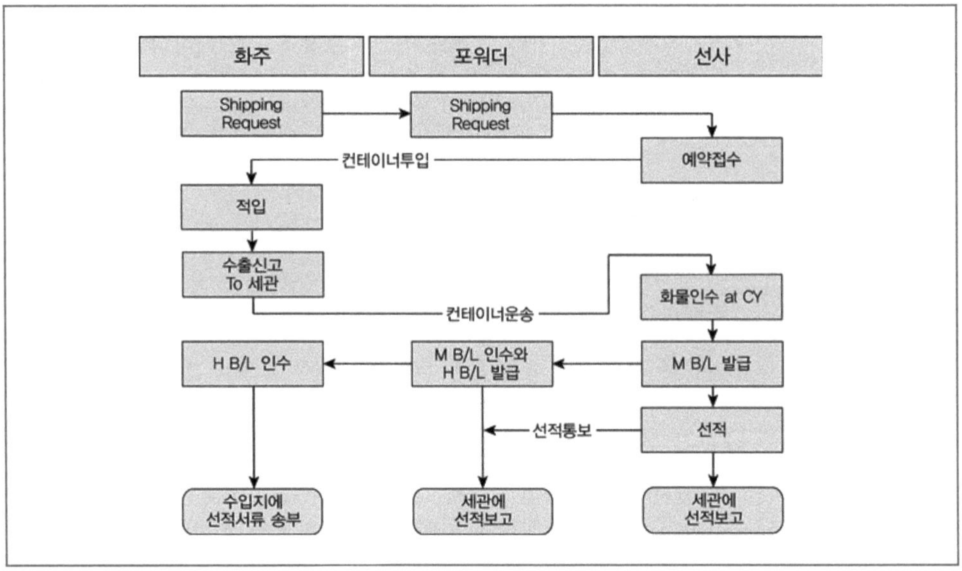

LCL화물의 수출의 경우에는 포워더의 역할이 다양해지는데 화주는 포워더에게 선적요청을 하게되며 포워더가 지정한 CFS에서 화물을 인수하고 이에 대한 증서로 House B/L을 화주에게 발급한다. 포워더는 LCL화주들의 화물을 집화하여 FCL화물로 선사에 선적의뢰를 하게 된다. 선사는 선적요청에 따라 공컨테이너를 포워더가 지정한 장소로 보내게 되며 포워더는 컨테이너에 집화된 화물을 적재하여 선사가 지정한 CY에서 선사에게 인도를 한다. 이에 선사는 포워더에게 Master B/L을 발급하고 선박이 입항하면 선적 후에 출항이 이루어진다. 출항 후 운송인은 세관에 선적보고를 하게 된다. FCL과 LCL 모두 수출신고는 선사의 서류마감 전에 이루어진다.

〈그림 6-7〉 LCL화물의 수출절차

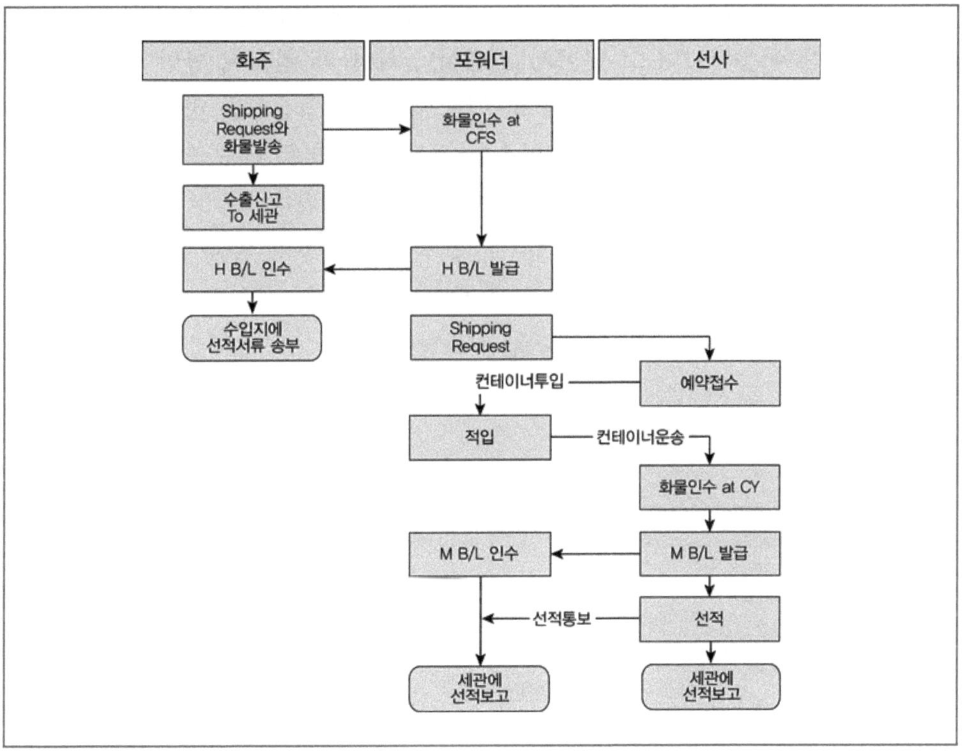

2) 수입절차

수입절차는 수출절차와 비교하여 통관에서 보다 복잡한 절차를 거치게 된다. 이는 수출화물과는 달리 수입화물에는 관세가 부가되고 이와 관련된 심사 등이 행해져야 하므로 수출에 비해 추가적인 절차들이 생기게 된다. 수입화물의 절차와 관련해서는 선박입항 전 절차, 입항 후 통관이 완료될 때까지의 절차, 통관완료 후 인도절차로 나눌 수 있다.

우선 선박입항 전 수입지 포워더는 수출지 포워더로부터 화물의 도착 예정일자와 화물내역 그리고 Original B/L을 인수하게 된다. 또한 화물이 도착하기 24시간 전에는 세관에 적하목록을 EDI로 전송하여야 하고 세관은 적하목록에서 검사대상 여부를 선별하여 선사 측에 전달하게 된다.

입항 후 본선하역이 이루어지며 이때 FCL 화물과 LCL 화물은 처리가 달리 이루어진다. 즉 FCL화물의 경우에는 CY에 반입되어 그곳에서 수입신고가 이루어지거나 화주가 원하는 경우 타 보세창고로 보세운송 후 그 곳에서 수입신고가 이루어진다. 수입신고 전에 반드시 화물은 보세창고 또는 CY에 반입되어 있는 것이 일반적이다. 한편 LCL의 경우에는 포워더는 입항된 컨테이너를 즉시 자사가 지정한 CFS로 화물을 이동시키며 그 곳에서 컨테이너 해체 후 창고에 반입[14]을 잡게 된다. 보세구역에 반입된 화물에 대해 화주는 세관에 수입신고를 하게 되며 세관은 신고의 적정성을 검토한 후 이상이 없으면 수입신고수리를 하게 되고 화주는 통관이 완료되었음을 나타내는 수입신고필증을 교부받게 된다.

마지막은 통관완료 후 절차인데 화주는 화물을 인도받기 위하여 통관이 완료되었음을 나타내는 수입신고필증, 그리고 Original B/L을 제출하고 받은 Delivery Order를 창고 측[15]에 제출하여 화물을 인도받게 된다.

〈그림 6-8〉 해상화물의 수입절차

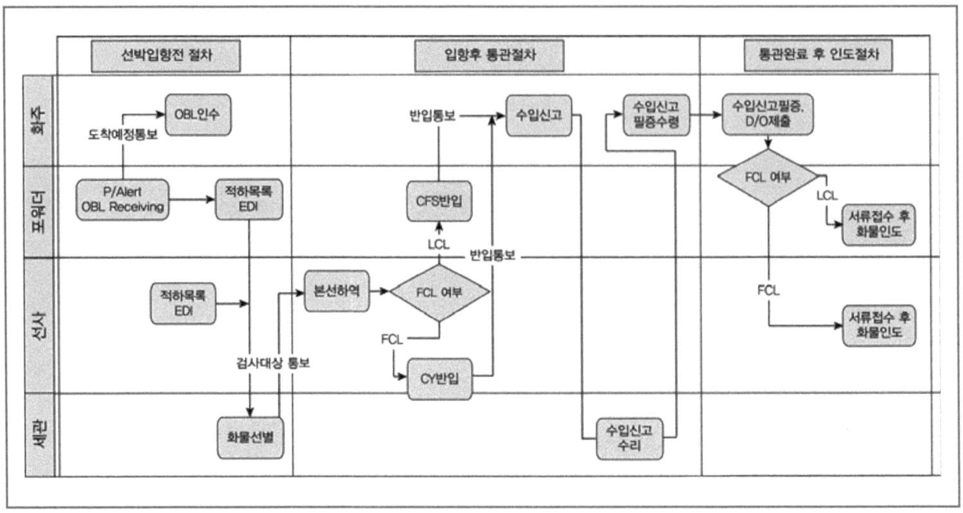

14) 반입은 서류상의 보세구역에 들어온 화물이 서류상의 내역과 실물 내역이 일치하는 지를 확인한 후 보세구역에 이상 없이 들어왔음을 세관에 보고하는 것이다.

15) 일반적으로 선사 또는 포워더와 화물을 보관하는 창고 측은 독립적으로 존재한다. 화주가 창고 측으로부터 화물을 인도받기 위해서는 B/L 원본을 대신하여 선사 또는 포워더로부터 받은 Delivery Order(인도승낙서)를 창고 측에 제시하게 된다.

제4절 해상운송서류

해상운송에서 가장 대표적인 서류는 선하증권이라 할 수 있으며 선하증권의 취급의 어려움을 피하기 위해 해상화물운송장이 이용되기도 한다. 한편 최근 해상운송과 타 운송수단과의 결합을 통한 복합운송이 빈번해지면서 복합운송증권 등도 해상운송에 많이 활용되게 되었다.

1 선하증권(Bill of Lading)

1) 선하증권의 의의

선하증권은 운송인이 선하증권에 기재된 화물을 수취 또는 선적하였음을 인증하고 해당 물품을 선적지에서 목적지까지 운송한 후 증권의 정당한 소지인(주로 수화인)에게 화물을 인도할 것을 약속하는 유가증권이다.

2) 선하증권의 법적 성격

선하증권은 화물의 수령 또는 선적이라는 원인을 전제로 발행된 것이므로 요인증권이며, 법적 효력을 유지하기 위해서는 법이 정한 형식이 필요한 요식증권이다. 선하증권에 상환하여서만 화물이 인도되므로 상환증권성이 있다. 선하증권이 발행된 경우 그 해당물품을 처분함에는 반드시 선하증권에 의하여야 한다는 처분증권성, 배서금지 문항이 없는 한 배서에 의해 양도할 수 있는 지시증권성, 증권의 인도가 운송물의 인도와 동일한 효력이 있다는 인도증권성 등의 법적 성격을 가지고 있다.

3) 선하증권의 기능

• 운송계약의 증서 : 선하증권은 운송계약서는 아니지만 송화인과 운송인 간에 그 선하증권에 기재된 내용과 조건으로 운송계약이 체결되었음을 증명하는 증거서류가 된다. 운송계약서가 따로 체결되지 않는 정기선운송에서는 선하증권이 운송서류와 운송계약 서류의 성격을 동시에 갖는다. 그러나 부정기선계약

에서는 용선계약서(Charter Party)가 작성되는 것이 일반적이기 때문에 용선계약서부 선하증권은 운송계약서로서의 기능은 하지 못한다.

- 운송인의 운송물 수령증서 : 선하증권은 운송물이 수령 또는 선적될 때 발행되는 서류로서 운송인이 화물을 화주로부터 수령하였음을 증명하는 서류이다.
- 권리증권기능(Document of Title)[16] : 선하증권은 그 자체가 화물을 대표하는(표창하는) 권리증권으로서 선하증권에 배서하여 운송 중의 화물을 양도 또는 매각할 수 있다. 선하증권을 정당하게 양수받은 자는 해당 운송물에 대해 목적지에서 운송인에게 화물인도청구권을 행사할 수 있다.

4) 선하증권의 역할

운송의 당사자들에게 있어 선하증권의 역할은 첫째 선박회사에 대해서는 화물수취증이며 운송조건과 약관 등을 명시한 서류이다. 둘째 수출업자에게는 선적을 증명하는 서류로서 계약조건대로 선적을 이행하였음을 증명하는 서류이다. 셋째 수입업자에게는 화물인도를 청구할 때 사용하는 서류이다. 넷째 은행에게는 신용장을 발행한 경우 대금회수를 위한 담보로서 이용하는 서류이다. 다섯째 보험회사에게는 화주에게 보험금을 지급한 후 대위 구상권을 행사하기 위한 증거서류의 역할을 하게 된다.

5) 선하증권의 종류

선하증권은 그것을 나누는 기준이 다양하며 이에 따라 다양한 이름으로 불리운다. 이러한 분류가 중요한 의미를 갖는 경우는 법률적 분쟁이 발생하는 경우와 신용장 거래의 경우라고 할 수 있다. 특히 신용장 거래에서 신용장 개설은행은 수출자에게 선적서류로 선하증권을 요구하는 경우에는 다음을 충족하는 선하증권을 요구하는 것이 일반적이다. “FULL SET OF CLEAN ON BOARD OCEAN BILLS OF LADING MADE OUT TO THE ORDER OF XXX BANK SEOUL MARKED "FREIGHT PREPAID" AND NOTIFY ACCOUNTEE.” 이때 선하증권은 무사고, 선적, 지시식, 국제항구 간 운송의 조건을 충족하는 선하증권이어야 한다.

---

16) 선하증권이 권리증권성을 갖고 있기 때문에 해외에서 물품의 수입자(상인)는 물건이 항구에 도착하기 전이라도 선하증권을 통하여 물건의 소유권을 타인에게 양도할 수 있다. 즉 권리증권성으로 인해 상인은 도착 전이라도 원활한 상행위를 할 수 있는 것이다.

〈표 6-13〉 선하증권의 종류

기준	종류	설명
증권발행 시기	수령(Received BL)	화물을 수령하였을 때 발행하는 선하증권이다.
	선적(Shipped or On-board)	화물을 선적한 후에 발행하거나(Shipped) 수령 선하증권 발행 후 적재 후 이를 확인한(On-board) 선하증권으로서 법적 효력은 같다.
수화인 기재	기명식(Straight)	수화인 란에 특정인의 성명이나 상호가 기재된 것. 다만 상법상 배서금지가 아닌 한 배서양도가 가능하다.
	지시식(Order)	수화인 란에 "Order"가 들어간 것으로 배서양도를 전제하여 발행한 선하증권이다.
운송물 하자	무사고(Clean)	운송물과 포장에 하자가 없는 물품으로 유보조항이 없는 것
	사고부 (Dirty or Foul)	하자가 있어 그 내용이 선하증권에 기재된 것
약관기재	정식(Long form)	이면에 약관이 있는 선하증권
	약식(Short form)	원본의 역할을 하나 이면에 약관은 없는 것
책임운송 구간	해양(Ocean)	운송인이 해상운송구간(Port to Port)에만 책임 부담
	통선하증권 (Through)	화물이 목적지까지 운송되는 과정에서 복수의 운송인(동종 여부를 불문)이 개입하나 첫 번째 운송인이 전 구간을 커버하는 선하증권
	복합운송증권 (Combined Transport B/L)	2이상의 운송수단을 결합한 복합운송이 이루어질 때 발행되는 것으로서 단일계약, 단일책임의 특성을 갖는다.
	내국(Local)	선적항과 목적항이 동일 국가인 경우의 선하증권
유통여부	유통(Negotiable)	일반적으로 선하증권의 원본은 유통이 가능하다.
	비유통 (Non negotiable)	증권의 양도를 하지 못하도록 한 선하증권. 즉 Copy본인 경우 유통을 금지하는 표식이 있다.
발행자	Groupage	선사(VOCC)가 포워더(or NVOCC)에게 발행하는 B/L로서 복수의 House B/L을 하나로 묶어 수출지 포워더가 송화인, 수입지 포워더가 수화인이 된다.
	House	포워더(or NVOCC)가 개별 화주에게 발행하는 B/L로서 이때 포워더는 운송인으로서 책임과 의무를 부담한다.

한편 현업에서 많이 이용되고 있는 특수선하증권의 종류로는 다음과 같은 것들이 있다.

〈표 6-14〉 특수선하증권

종류	설명
용선계약서부 (Charter Party)	용선자가 용선한 선박에 타 화주를 유치할 때 발행하는 B/L이다.[17]
지연(Stale)	신용장과 관련된 용어로서 선적 후 정한기일 또는 21일(정한기일이 없는 경우)이 경과한 후 은행에 제출된 B/L이며 이때 은행은 수리하지 않는다.
Surrender	B/L원본이 출발지에서 운송인에게 반환되고 B/L의 권리증권성이 배제된 B/L이다. 도착지에서 수화주는 본인 확인 절차만 이루어지면 Copy본으로 화물을 인수받을 수 있다. “O B/L Surrender” 또는 “Express Released B/L”이라는 문구가 이용된다. 기명식이며 비유통성을 갖는다.
Switch	공급자, 수출자, 수입자가 각각 다른 나라에 있는 경우 공급자가 수출자를 수화인으로 하여 발행한 원래 B/L을 수출자가 송화인 수입자가 수화인인 B/L로 교체하는 것이다. 주로 3국간 무역에서 이용된다.
제3자(Third Party)	신용장 거래에서 수익자 이외의 자가 송하인인 B/L이다.

6) 선하증권 관련 규칙

정기선 운송에서 선하증권은 운송계약서로서의 성격을 갖는 바, 운송인과 화주간에 분쟁이 발생할 경우 선하증권을 기준으로 하여 분쟁을 해결하게 된다. 이때 선하증권을 통일적으로 해석하기 위한 근거 규정이 필요하게 되며 대부분의 선하증권은 국제적으로 성립된 선하증권통일조약과 개별국가의 선하증권 관련 법규를 그 해석의 기준으로 하고 있다.

국제적으로 성립된 선하증권통일조약은 CMI(국제해사위원회)가 1924년 제정한 Hague Rule 과 이를 모태로 하고 있는 1968년 제정된 Hague-Visby Rule이 국제적으로 가장 널리 적용되고 있으며 1978년 제정된 Hamburg Rule이 있으나 이는 아직 산업 국가들의 큰 지지를 받고 있지는 못하고 있는 실정이다. 실례로 한진해운과 현대상선의 선하증권 이면약관에는 적용 규정으로 Hague Rule, Hague-Visby Rule, 미국의 해상화물운송법(COGSA)을 적용한다고 규정되어 있다. 아래에는 대표적인 국제규범 3가지에 대하여 살펴보도록 한다.

17) 용선계약서부 선하증권에서 하주는 선주와는 관계 없으나 용선자가 선주에게 채무 미이행 시 화물이 유치되는 등의 피해를 볼 수 있어 신용장 거래에서는 이를 인정하는 조건이 없는 한 수리하지 않는다.

(1) Hague Rule(1924)[18]

미국에서 제정된 Harter법[19]이 국내법에 머물러 있음에 따라 국제적인 규범이 필요하여 제정되었다. 운송인의 감항성 의무와 상업상의 과실에 대한 면책과 책임제한의 약관을 선하증권에 삽입하는 것을 금지하였다. 또한 화물손해에 대한 운송인 책임에 대해 과실책임주의를 원칙으로 하였다[20]. 운송화물에서 산동물과 갑판적 또는 비상업적으로 운송되는 특수화물에는 동규정이 적용되지 않는다.

(2) Hague-Visby Rule(1968)

2차대전이후 컨테이너운송이 늘어나면서 Hague Rule이 무역과 해운 실정에 부적합을 바로 잡기 위하여 Hague Rule을 근간으로 하고 Visby규칙[21]에 의해 가감삭제식으로 성립되었다. Himalaya조항을 신설하여 운송인의 사용인과 대리인도 책임제한권을 활용할 수 있다고 하였고 컨테이너약관[22]을 신설하여 컨테이너화물에 대한 보상규정을 보완하였다.

(3) Hamburg Rule(1978)

개발도상국들에 의해 발의되어 유엔국제무역법위원회(UNCITRAL) 주도하에 제정된 해상화물에 관한 UN협약(UN Convention on the Carriage of Goods by Sea)으로 운송인의 책임기간을 수령에서 인도까지로 확대하고[23] 운송인의 17가지 면책사유를 폐지하여 화주의 입장을 보다 많이 반영하려고 하였으며 기존의 Rule은 주로 선주의 입장을 대변하였으나 본 규정은 화주의 입장을 강화시켰다.

그러나 아직 선진국들로부터는 동 규칙이 지지를 받지 못하고 있어 일반적으로

---

18) 이의 정식명칭은 International Convention for the Unification of Certain Rules of Law Relating to Bill of Lading이다.

19) 동법은 운송인 중심의 법제계에 내한 빈발로 회주국인 미국에서 1893년 제정된 법으로서 화주와 운송인의 책임의 균형을 도모하였다. 즉 운송인의 면책규정 남발에 대항하여 운송인의 과실을 항해상의 과실과 상업상의 과실로 나누어 운송인은 전자의 경우 면책이나 후자의 경우에는 책임을 지도록 하였다.

20) 운송인은 주의의무 위반으로 인한 손해에 책임을 져야하고 이때 화주가 운송인의 주의의무 위반을 입증해야 한다(화주의 입증책임)(임석민(2014), p.305 참조).

21) Visby규칙은 Hague Rule의 추가의정서의 역할을 하며 기존 Hagule Rule과 Visby 규칙을 합쳐 Hague-Visby Rule로 부르게 되었다.

22) 컨테이너에 적입된 화물의 포장개수를 선하증권에 기재하면 개개의 단위를 책임제한액의 산정기준으로하고 기재되지 않은 경우에는 컨테이너를 1개의 포장으로 본다.(Visby규칙 제4조 5항)

23) 기존 Hague Rule이 적재에서 양하 까지(Tackle to Tackle)라면 본 규칙은 해상운송을 중심으로 타 운송까지 포함하여 집화와 인도를 위한 육상운송까지 포함한다(from receipt to delivery)(임석민(2014), p.311 참조).

적용되지는 못하고 있으며 과실책임주의를 그대로 유지하였다. 이밖에도 산동물과 갑판적 화물 등도 동 규정의 적용범위에 포함되어져 있다. 또한 Hague 규칙에는 없는 인도지연손해에 대한 규정, 클레임 기간의 연장 등 화주에게 유리한 규정도 추가되었다.

상기처럼 통일조약과 관련하여 실무적으로 가장 중요한 것은 책임의 범위와 입증책임 그리고 책임제한액에 대한 규정이라고도 할 수 있을 것이다. 이중 운송인의 책임제한액에 대해 살펴보면 다음과 같다.

〈표 6-15〉 선하증권통일조약 과 주요국의 운송인의 책임제한액 비교

규정명	운송인의 책임제한액
Hague Rules(1924)	100 Stering Pound/포장, 제소기간 1년
Hague-Visby Rules(1968)	666.67 SDR / 포장 or 2.0 SDR / kg ; 양자 중 높은 금액 지연 : 운임의 2.5배> 총운임 한도, 제소기간 1년
Hamburg Rules(1978) 1992년 발효 한국은 적용안됨	835 SDR / 포장 or 2.5 SDR / kg ; 양자 중 높은 금액 지연 : 운임의 2.5배> 총운임 한도, 제소기간 2년
한국 상법	666.67 SDR / 포장 or 2.0 SDR / kg ; 양자중 높은 금액, 제소기간 1년
일본 국제물품운송법	666.67 SDR / 포장
중국 해상법	666.67 SDR / 포장 or 2.0 SDR / kg ; 양자중 높은 금액 지연 : 운임액
미국 COGSA 1936	USD 500 / 포장
영국 COGSA 1971	Hague-Visby Rules와 동일
독일, 프랑스	Hague-Visby Rules와 동일
ICC/UNCTAD Rules for Multimodal transport Documents, 1992	Hague-Visby Rules와 동일

출처 : 방희석 외(2009), p.221

2 해상화물운송장(Sea Waybill)

해상운송에서 운송서류로 선하증권이 일반적으로 발행되지만 선하증권이 가지고 있는 원본서류의 법률적 성질로 인해 이의 취급에 많은 시간과 비용이 발생할 수 있다. 예컨대 화물이 목적항에 입항하였으나 선하증권 원본이 없어 수입자가 화물의 인수가 늦어지는 상황이 발생할 수 있으며 선하증권 원본을 보내기 위해 서류발송에 비용이 발생한다. 물론 선하증권으로 인해 수출자(송하인)와 수입자(수하인) 간에 서로 안전한 거래[24]에 도움을 주는 것은 사실이다.

그러므로 수출자와 수입자 간에 서로 충분히 신뢰관계가 성립되어 있거나 또는 양자 간에 무역대금이 발생되지 않는 거래의 경우에는 불편한 선하증권을 이용하기 보다는 보다 간단한 서류를 이용하는 것이 경제적이다 할 것이며 이때 사용되는 서류로 해상화물운송장이 있다. 해상화물운송장(SWB)은 주로 이사화물, 견본품, 글로벌 기업의 본지사 간의 거래, NVOCC가 집화한 화물을 목적지 파트너에게 발송할 때 등에는 동 서류를 많이 이용한다.

해상화물운송장은 운송인이 운송을 위해 화물을 수령 또는 선적하였음을 증명하고 목적지에서 화물을 수화인에게 인도할 것을 약속하는 화물운송서류이다. 기본적으로 비유통성(Not negotiable)이며 유가증권이 아닌 화물의 인수와 운송계약 증거로서의 기능만을 하게 된다. 화물의 인도와 관련하여 해상화물운송장은 원본과 상환하여 화물의 인도가 일어나기 보다는 서류상의 수화인(서류의 소지여부 불문, SWB상 수화인으로 지정된 자)에게 화물을 인도하게 되므로 원본의 취급에 따른 불편과 비용을 줄일 수 있게 된다. 한편 해상화물운송장의 통일적 해석과 안전한 거래를 위해 1990년 CMI Uniform Rules for Sea Waybill(국제해사위원회의 해상운송장 통일규칙)이 제정되었으며 우리나라도 2007년 상법에 해상화물운송장에 대한 규정이 추가되었다(제863조, 제864조).

3 전자선하증권

전자선하증권은 디지털기술의 발달로 종이 선하증권을 전자적인 선하증권으로서 대신할 수 있도록 한 것으로 선하증권의 발행, 인도, 보관, 상환, 양도 등이 전자적으로 행해진다. 이에 대한 규칙으로는 CMI Rule for Electronic Bill of Lading가 제정되어 규정하고 있으며 우리나라의 상법도 862조에서 전자선하증권에 대하여 종이선하증권과 동일한 법적 효력을 인정하고 있다.[25]

24) 예컨대 수출자가 무역대금을 인수한 후에 선하증권 원본을 수입자에게 인도하면 수출자는 자신의 허락없이 수입자가 수입항에서 물건을 인수하는 것을 막을 수 있다.

25) 운송인은 선하증권을 발행하는 대신에 송하인 또는 용선자의 동의를 받아 법무부장관이 지정하는 등록기관에 등록을 하는 방식으로 전자선하증권을 발행할 수 있으며 이는 종이선하증권과

전자선하증권은 실제서류의 이동이 없이 전자적인 형태로 선하증권을 유통시키게 되며 이로 인해 관련 당사자들에게 종이서류가 아닌 전자서류에서 오는 여러 가지 이점, 즉 원본의 취급에 따른 시간과 비용의 절감, 유통의 신속성 등 기업의 업무에 효율성을 제고시키는 역할을 한다고 할 것이다. 현재 전자선하증권을 가장 적극적으로 진행하고 있는 것은 BOLERO project[26] 하에서 전자선하증권의 이용을 추진하고 있으나 아직 실무적으로 보편화된 단계에 이르지는 못하고 있다.

동일한 법적 효력을 갖는다. 상법 재862조 제1항 참조

26) Bolero(Bill of Lading Electronic Registry Organization)은 볼레로사(은행과 물류관련 조직이 합자하여 만든 회사)에 의해 무역서류의 전자화를 도모하는 과정에서 선하증권의 전자화가 추진되고 있다.

제7장

해상포워딩업무

제1절 해상수출 운송업무 절차

〈그림 7-1〉 컨테이너 해상수출 운송절차

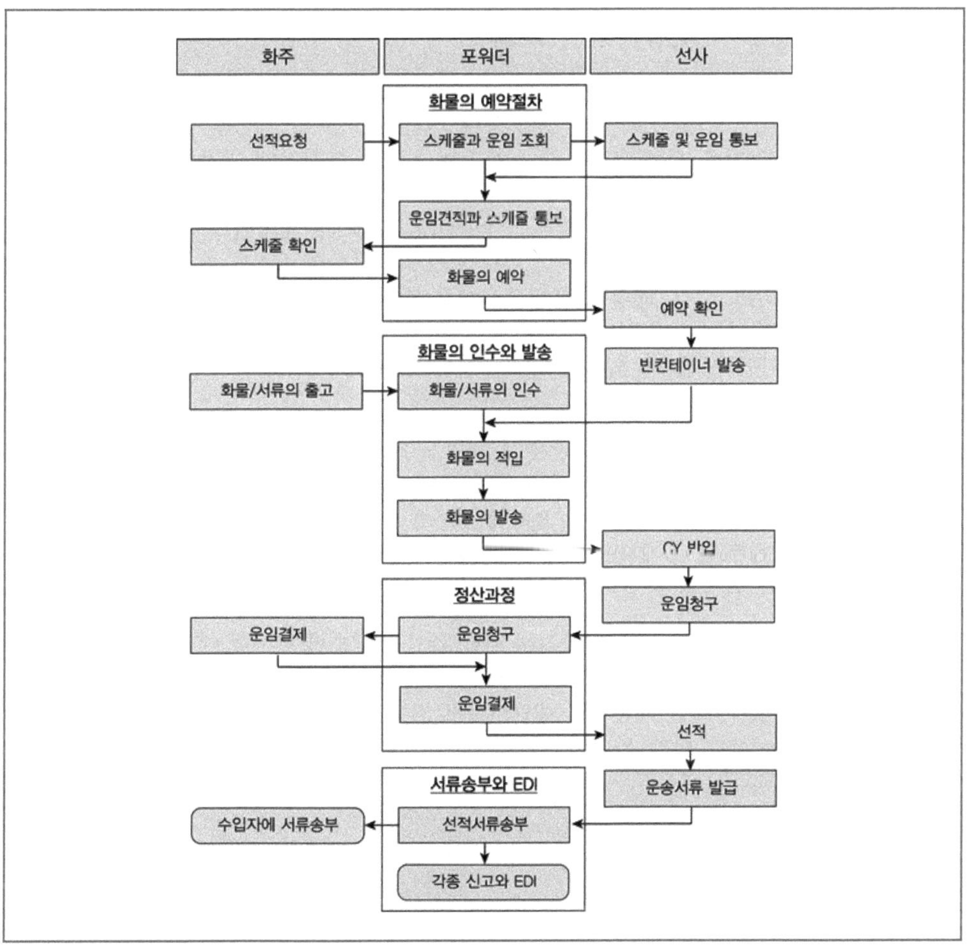

컨테이너 해상수출 운송업무를 포워더를 중심으로 살펴보면 다음과 같다. 즉 포워더는 선사와 화주 사이에서 업무를 하게 되며 이를 크게 나누면 1) 화물의 예약절차 2) 화물을 화주로부터 인수하여 선사에게 발송하는 절차 3) 운임을 화주로부터 받고 한편으로는 선사에게 운임을 지불하는 운임청구 절차 그리고 4) 선적서류를 송부하고 EDI를 전송하는 절차로 나눌 수 있을 것이다.

1 해상화물의 예약

해상화물의 예약업무는 화주로부터 S/R(Shipping Request)을 받고 이를 근거로 선사에 스케줄과 운임견적을 받아 화주에게 동 사항을 알린 후 화주의 최종 확인을 받아 선사에 화물의 예약을 하게 된다.

절차	내용	관련서류
1-1) 스케줄과 운임조회	화주의 S/R(Shipping Request)에 따라 화물 준비사항, 선적예정일자, 화물의 품목과 중량 등에 대한 사항을 확인한 후 이를 근거로 선사(VOCC)별 스케줄과 운임을 조회하는 과정이다. 스케줄은 주로 선사의 홈페이지와 쉬핑가제트 등을 통해 확인하며 선사로부터 받는 운임(Buying Rate)은 계약된 가격(S/C; Service Contract 등)일 수도 있고 Spot성으로 설정된 가격일 수도 있다. 대형 업체의 경우에는 S/C 형태의 장기적인 계약을 하는 것이 일반적이다. 단 소형 포워더의 경우에는 직접 선사와 거래하지 않고 콘솔리데이터 또는 Co-loader로부터 가격을 받는 경우도 있다.	• S/R • C/Invoice • P/List
1-2) 운임견적과 스케줄 통보	포워더는 선사로부터 받은 운임을 근거로 화주에게 스케줄, 가격(Selling Rate) 등을 통보하게 된다. 이때 Selling Rate은 선사 등으로부터의 Buying Rate에 이윤을 추가하여 견적을 하게 된다. 또한 스케줄을 확인할 때에는 출항시간도 중요하나 서류와 화물의 마감시간에 대해서도 반드시 통보해야 한다.	• 운임견적서 • 스케줄안내
1-3) 화물의 예약	화주로부터 스케줄과 가격에 대한 확인을 받으면 선사에 예약을 하는 절차를 따른다. 최근에는 주로 선사의 홈페이지에서 선적요청서를 제출하고 예약이 완료되면 선사로부터 Booking Number를 받게 된다.	• B/Note • S/R

상기 과정에서 추가적으로 검토하거나 참조할 사항은 다음과 같다.

1) 선사스케줄의 확인

선사의 스케줄을 확인하는 방법은 크게 2가지가 있다. 첫째 해당 선사의 홈페이지를 통해 스케줄을 조회하는 방법이 있으며 둘째는 코리아쉬핑가제트[1]라는 주간 매거진을 이용하는 것이다. 이때 출발날짜와 도착날짜의 확인과 함께 환적이 이루어지는 경우에는 환적스케줄을 확인하여야 할 것이며 특히 서류와 화물의 마감시간을 반드시 확인하여야 할 것이다.

〈그림 7-2〉 코리아쉬핑가제트의 스케줄안내

< Schedule Information >

구체 선명 및 항차 정보는 "http://www.hanjin.com" **접속 후 간편히 확인하실 수 있습니다.**
- Port to Port (구간별) 스케줄 : "e-Service 〉 스케줄 〉 구간별 스케줄"
- Lane별 스케줄 : "e-Service 〉 스케줄 〉 대륙별/Lane 스케줄"
- 분기/월간 스케줄 (엑셀시트) : "Local Page 〉 한국 〉 분기 스케줄"

EXPORT (EUROPE)

NORTH EUROPE - DIRECT NE6

LANE	광양		부산		ALGESIRAS	HAMBURG	ROTTERDAM	LE HAVRE
	입항/출항	출항일	입항/출항	출항일	DIRECT	DIRECT	DIRECT	DIRECT
NE6 (T/T)	Tue / Tue	8/19 8/26 9/2	Wed / Thu	8/21 8/28 9/4	Wed (28)	Mon (32)	Thu (35)	Sun (38)

Closing Time 광양 SR 금14:00 / CY 일24:00 CY 담당자 광양(한진광양) 차장 이재근 (TEL 061-760-7702 / FAX 061-760-7721)
부산 SR 월 오전11:30 / CY 월24:00 부산(한진신항만) 부장 권문현 (TEL 051-260-7022 / FAX 051-260-7335)

NORTH EUROPE - NON DIRECT NE6 T/S

LANE	NE6 광양		NE6 부산		ANTWERP	FELIXSTOWE	ST PETERSBURG	KOTKA
	입항/출항	출항일	입항/출항	출항일	T/S ROTTERDAM	T/S ROTTERDAM	T/S ROTTERDAM	T/S ROTTERDAM
(T/T)	Tue / Tue	8/19 8/26 9/2	Wed / Thu	8/21 8/28 9/4	Sat (39)	Wed (43)	Tue (46)	Tue (46)

Closing Time / CY 담당자 NE6 노선과 동일

출처 : 코리쉬핑가제트 중 한진해운 스케줄 일부 발췌

〈그림 7-3〉 선사 홈페이지 스케줄 조회

Recommendation by HMM

	Loading Port	Vessel	Depart	T/S	Vessel	Arrive	Discharging Port	T/time (days)	Detail
○	BUSAN, KOREA	HYUNDAI HOPE 008W (LP5)	SEP 07 2015			OCT 10 2015	ROTTERDAM, NETHERLANDS	33	D
○	BUSAN, KOREA	HYUNDAI AMBITION 016W (LP5)	SEP 14 2015			OCT 17 2015	ROTTERDAM, NETHERLANDS	33	D

Recommendation is commonly used service among customers.

Loading Port : **BUSAN, KOREA**

	Loading Port	Vessel	Depart	T/S	Vessel	Arrive	Discharging Port	T/time (days)	Detail
○	BUSAN, KOREA	HYUNDAI HOPE 008W (LP5)	SEP 07 2015			OCT 23 2015	ANTWERP, BELGIUM	47	D

All dates and times are local dates and times.
Estimated data is given without any guarantee and subject to change without prior notice.

출처 : 현대상선 홈페이지

1) 코리아쉬핑가제트는 매거진이나 해운 선사 등은 자사의 스케줄을 동매거진에 광고를 하고 있어 해외취항하는 대부분의 해상운송 스케줄을 동 잡지를 통해 확인할 수 있다.

2) 콘솔리데이터, Co-loader

포워더는 화주들로부터 인수한 FCL 화물의 경우에는 선사에 직접 Booking하여 해상운송 절차를 밟게 된다. 그러나 LCL 화물의 경우에는 자체 집화 능력이 있는 경우에는 LCL화물들을 FCL로 콘솔리데이션하여 선사에 예약하여 진행이 되지만 자체 집화 능력이 없는 중소형 포워더의 경우에는 선사에 직접 예약하지 않고 콘솔리데이터를 이용하거나 Co-loading을 하여 운송을 진행하게 된다.

콘솔리데이터는 포워더 또는 화주들의 LCL화물들을 집화하여 FCL화물로 만들어 선사에 Booking하는 업체이다. 즉 도매업체(Wholesaler)의 역할을 하며 자체 요율표와 스케줄을 가지고 화물을 모집한다. Co-loading은 포워더 간에 LCL화물을 모아 FCL로 만들어 선사에 Booking하는 것을 의미한다.

3) Selling Rate와 Buying Rate

포워더의 입장에서 Buying Rate는 선사에 지불하는 운임을 의미하며 Selling Rate은 화주에게 부과하는 판매가격을 의미한다. 포워더는 이들의 차액을 통해 수익을 얻게 된다.

4) S/C와 Spot Rate

Service Contract은 선사와 화주(또는 포워더) 간에 체결하는 것으로 특정 구간에서 화주는 월간 일정규모의 물량(예컨대 월간 100 TEU) 컨테이너를 Booking할 것을 약속하고, 선사는 동 규모의 물량에 대해 운송을 보장하고 일반 화주의 화물보다 낮은 정해진 요율을 적용할 것을 약속하는 것이다. 미주노선에서 체결된 S/C는 미국의 해사위원회에 신고하여야 한다.

Spot Rate은 운송인이 화주측에 장기적으로 적용되는 요율이 아니고 해당 운송건에 대해서만 적용하는 요율이다. 예컨대 선사들은 비수기에 대형물량에 대해 저렴한 Spot Rate를 적용하여 화물을 유치하려고 할 것이다.

5) 각종 서류

- S/R(Shipping Request, 선적의뢰서) : 화주가 포워더에게 또는 포워더가 선사에게 선적을 의뢰하면서 작성하는 서류이다. 동 서류에는 화물의 내역과 원하는 스케줄 등에 대한 정보가 들어가게 된다. 선사의 경우에는 S/R을 주로 홈페이

지를 통해 받고 있는 것이 일반적이다.

- Commercial Invoice(상업송장) : 송화인(수출자)이 수화인(수입자)에게 발송하는 것으로 발송하는 화물의 명세와 가격 등에 대한 정보가 있는 서류이다. (수출신고를 위해서도 필요한 서류임)
- Packing List(포장명세서) : 송화인(수출자)이 수화인(수입자)에게 발송하는 것으로 발송하는 화물의 포장상태와 개수 등에 대한 정보가 있는 서류이다.
- 스케줄안내서 : 선사가 포워더에게 또는 포워더가 화주에게 선편과 소요시간 등에 대해 안내하는 서류이다.
- 운임견적서 : 선사가 포워더에게 또는 포워더가 화주에게 운임의 내역과 견적을 하는 서류이다. 일반적으로 견적서와 스케줄안내서를 함께 보내는 경우가 많다. 다만 연간 계약을 한 업체들 간에는 건건이 견적서들이 발행되지는 않는다.
- Booking Note(선복예약서) : 선사가 화주에게서 예약을 받은 화물에 대한 명세표이다. 따로 발급하지는 않으며 주로 예약번호로 이를 갈음한다.

2 화물의 인수와 발송

화물의 예약 후에 포워더는 서류와 화물의 미감시간을 확인하여 화주로부터 화물/서류를 인수하게 되며 화주측에서 직접 적입(Stuffing)을 하는 경우를 제외하면 포워더가 이를 받아 컨테이너에 적입한 후 선사가 지정한 컨테이너터미널로 물건을 보내게 된다.

1) 화주가 적입하는 경우와 포워더가 적입하는 경우

LCL화물의 경우에는 포워더가 이를 인수하여 여러 화주들의 물품 중 같은 지역으로 가는 화물들을 모아 컨테이너에 적입하여 FCL 상태로 선사에게 인도하게 된다. FCL화물은 선사가 화주(송화인)의 창고로 보내어 화주에 의해 컨테이너 적입작업이 진행되는 경우가 있으나 화주가 유통업체인 경우에는 수출할 물건들을 포워더가 지정한 창고로 보내어 그곳에서 포워더의 책임하에 적입작업이 진행되는 경우도 있다.

절차	내용	관련서류
2-1) 화물/서류의 인수	화물과 서류는 화주가 포워더 지정 장치장소로 보내는 경우도 있고 포워더가 화주의 요구에 따라 픽업을 해오는 경우도 있다. FCL의 경우 화주가 적입을 한 경우에 화물은 바로 CY로 보내지며 LCL화물이나 FCL중 포워더가 적입 작업을 의뢰받은 화물은 포워더가 지정한 CFS(Container Freight Station)에 모이게 된다. 이 시점에 보통 서류도 함께 화주에서 포워더로 보내지며 그 때 보내지는 서류는 선적요청서, 상업송장(Commercial Invoice), 포장명세서(Packing List) 등의 선적서류와 수출신고서이다. 다만 수출신고서의 경우에는 화주가 수출신고를 하는 경우도 있으나 포워더에게 맡기는 경우가 많다. 운송관련 서류는 선적 후 B/L이 발급되나 FCR이 발행되는 경우도 있다.	• C/Invoice • P/List • 수출신고서 • FCR • Check B/L
2-2) 화물의 적입	화주로부터 인수한 화물은 CLP(Container Load Plan)에 따라 선사로부터 제공받은 공컨테이너[2]에 적입되게 되며 LCL의 경우에는 여러 화주들의 물건이 한 컨테이너에 Consolidation이 되게 된다. 화물의 적입 시 Shoring과 Lashing[3]도 고려해야 한다. 또한 컨테이너의 적입이 끝나면 Sealing(봉인)을 한다.	• CLP • EIR
2-3) 화물의 발송	화물적입이 끝난 컨테이너는 화주가 지정한 컨테이너터미널의 CY로 화물마감 시간 이전에 반입되어야 한다.	

2) 수출신고의 시기

일반적으로 수출신고는 화물을 선적하기 전에 이행하게 되며 선사에게 물건이 인도되기 전에는 수출신고가 끝나야 한다. 일반적으로 수출신고는 화주가 S/R을 포워더에 보내면서 상업송장 등도 보내게 되는데 이를 가지고 수출신고서를 세관에 제출하는 것이 일반적이다. 수출물품에 대한 세관의 검사는 일반적으로 행해지지 않으나 검사대상으로 분류된 경우에는 보세구역에서 검사가 이루어지게 된다.

3) 서류마감과 화물의 마감

예약된 선박에 화물을 적재하기 위해서는 화물과 관련 서류들이 선사에 인도되어야 한다. 일반적으로 서류마감은 화물마감 보다 우선한다. 따라서 화주나 포워더는 동 마감시간을 어길 경우 예약된 선박에 화물을 적재할 수 없으므로 항상 선편

---

2) 빈컨테이너 받을 때 기기수도증 EIR(Equipment Interchange Receipt)이 발급된다.
3) Shoring은 컨테이너 내에서 목재 등을 이용하여 화물을 고정시키는 것이며 Lashing은 컨테이너 내의 고리에 줄을 묶어 화물을 고박하는 것이다.

의 출발시간이 아니라 마감시간에 맞추어 업무가 이루어지도록 해야 한다.

4) 각종서류

- 수출신고서 : 화주(수출자)가 수출물품에 대해 세관에 신고를 하는 것이다. 일반적으로 화주는 동 업무를 포워더에게 의뢰하는데 수출신고는 상업송장을 첨부하여 신고하게 된다. 다만 상업송장 이외에 다른 수출요건이 필요한 경우에는 이를 충족시켜야만 수출신고수리가 될 것이다.
- FCR or Check B/L : FCR(Forwarder's Cargo Receipt)은 화물을 인수한 포워더가 화주에게 화물의 인수를 증명하는 서류로서 발급하는 것이다. 운송서류는 아니며 예약 전에 발급하는 서류이다.
  Check B/L은 Draft B/L이라고도 하는데 포워더 또는 선사가 화주로부터 받은 서류(상업송장, 포장명세서 등)를 근거로 B/L을 작성하여 화주가 B/L의 내용을 확인하기 위해서 발행된다. 화주가 이에 대해 OK를 하게 되고 화물이 선적되면 그 내용 그대로 원본 B/L(Original B/L)이 발급되게 된다.
- CLP : 컨테이너적부표(Container Load Plan)를 의미하는데 컨테이너에 적재하려는 화물을 어떻게 적재할 것인가를 계획하는 서류인 동시에 컨테이너 적입 작업을 하는 작업자에게는 지시서의 역할을 하게 된다.
- EIR : 기기수도증(Equipment Interchange Receipt)은 공컨테이너를 선사와 화주 간에 주고 받을 때 작성하는 서류이다. 인수 시 컨테이너 상태를 반드시 확인하여야 하며 문제가 있을 때는 그 내역을 EIR에 반드시 표시하여야 한다.

5) 포워더가 발송한 화물의 그 후 처리 절차

포워더의 창고에서 또는 화주의 창고에서 적입작업이 완료된 컨테이너는 선사의 CY로 출발하게 되고 그곳에서 컨테이너는 선사 측(터미널오퍼레이션 회사)에 넘어가게 된다. 화물은 일단 CY에서 대기하고 있다가 예약한 선박이 도착하면 컨테이너선에 적재를 하게 된다. 다만 선편에의 화물의 선적은 정산절차가 모두 정리되어야 진행된다.[4)]

---

4) 다만 운임은 선불(Prepaid)인 경우와 착지불(Collect)인 경우가 있는데 착지불의 경우

3 정산과정

해상운임은 기본적으로 선불이다. 특히 선사와 포워더 간의 거래에서는 선불(Prepaid)가 일반적이므로 운임이 지불되어야 선적이 이루어지고 B/L도 발급되어진다. 따라서 포워더는 화주에게 운임청구를 하게 되고 선사에게는 운임을 지불하게 된다.

절차	내용	관련서류
3-1) 운임의 청구	화물이 CY에 들어가면 화물의 중량 등 모든 것이 결정되고 선사는 포워더에게 청구를 하게 되며 포워더 또한 이를 근거로 화주에게 운임을 청구하게 된다. 이때 포워더와 화주 간에 신용금액이 설정되어진 경우 결제는 나중에 이루어지나(즉 월간 취합하여 청구하여 결제) 거래가 많지 않은 고객의 경우에는 건건이 청구/결제가 이루어지게 된다.	• 운임청구서 (Freight Invoice)
3-2) 운임의 결제	포워더는 선사에게 운임을 결제한다. 일반적으로 포워더는 화주에게는 착불을 인정하는 경우에도 선사와의 결제에서는 선불을 하는 것이 일반적이다. 또한 포워더와 선사 간에는 건건이 결제하는 것이 일반적이나 신용이 높은 포워더의 경우에는 선사에게 은행지급보증서 등을 제출하고 1주일 정도의 신용을 받는 경우도 있다.	• 입금증 • 세금계산서 • 은행지급보증서

상기 과정에서 추가적으로 검토하거나 참조할 사항은 다음과 같다.

1) 선불(Prepaid)과 착지불(Collect)

해상운송 운임은 선불인 경우와 착지불인 경우가 있다. 즉 선불의 경우에는 송화인(수출자)가 운임을 지불하는 것이고 착지불은 수화인(수입자)이 운임을 지불하게 된다. 인코텀즈 조건에 따라 운임의 부담 주체는 달라지게 된다.

2) 건별결제와 월말결제

송화인이 운임을 지불하는 선불의 경우에 포워더와 송화인 간에 결제가 이루어져야만 그 다음의 과정(화물의 선적과 Original B/L의 발급 등)이 진행된다. 다만 송화인과 포워너 산에는 운송 건마다 결제가 이루어지는 경우도 있으나 장기적이고 규칙적인 거래관계에 있을 때에는 월간 발생된 운임을 월말에 청구하여 결제하는 방식을 따르게 된다. 이때 포워더는 화주에게 신용기간(청구 결제시기)과 신용한도(금액한도)를 정하는 것이 일반적이다.

3) 각종서류

- 운임청구서 : Freight Invoice는 포워더가 화주에게 청구하는 운임의 내역서이다.
- 입금증 : 결제는 주로 은행을 통해 이루어지는데 입금의 확인서류이다.
- 세금계산서 : 입금이 완료되면 양사 간에 부가가치세법에 따라 세금계산서를 발급하게 된다. 이때 국내에서 발생하는 용역에 대해서는 부가가치세가 적용되나 국제운송용역에 대해서는 부가가치세가 부가되지 않는 영세율 적용대상이다.
- 은행지급보증서 : Bank Guarantee은 채무자(여기서는 포워더)가 채권자(여기서는 선사)에게 정해진 기일에 채무를 변제하지 않을 경우에 은행이 보증하여 지급할 것을 약속하는 서류이다. 즉 선사는 이를 근거로 하여 포워더에게 신용을 주게 된다.

4 서류송부와 EDI

결제가 이루어지면 선적이 행해지고 선사는 포워더에게 포워더는 화주에게 B/L을 발급하게 된다. 또한 포워더는 선적이 완료되면 각종 신고와 EDI를 세관 등에 제출하여야 한다.

절차	내용	관련서류
4-1) 선적서류의 송부	선적 후 포워더는 화주에게 화물의 선적 통지와 화물의 도착예정일자 등에 대해 통지를 하게 되고 B/L원본도 제출한다. 이와 함께 포워더는 도착지 포워더에게 화물의 도착예정시기와 선적서류사본 그리고 Credit/Debit Note[5])를 발송하게 된다.	• OBL • Credit/Debit Note • 선적서류
4-2) 각종 신고와 EDI	선적이 완료되면 포워더는 적하목록(화물의 선적 내용)을 세관에 EDI로 전송하고 선적보고를 하게 된다. 선적보고는 출항 후 1개월 내에 이루어지지 않을 경우 과태료의 대상이다. 또한 수입지의 세관 당국에도 적하목록 등을 EDI로 전송해야 한다. 특히 미국으로 수출되는 화물의 경우에는 화물이 적재되기 24시간 전에 화주 등에 대해 미국세관에 EDI를 전송한다(이를 요구하는 국가(일본, EU 등)가 늘고 있음).	• Manifest

상기 과정에서 추가적으로 검토하거나 참고할 사항은 다음과 같다.

1) 서류송부 방법

화주(수출자)는 포워더로부터 받은 OBL과 선적서류를 주로 항공특송을 통해 수입자 측에 발송하게 된다. 다만 신용장 거래의 경우에는 화주(수출자)는 관련된 서류를 국내의 매입은행에 제출하여 대금을 받게 된다.

2) 포워더 간 정산

수출지와 수입지 포워더 간에는 Credit/Debit Note를 발행하게 되는데 이때 양사가 같은 본사 내에 있는 지점인 경우와 단순한 파트너 관계인 경우로 나눌 수 있다. 전자의 경우에는 결제와 관련되어 대금회수의 문제가 크지 않으나 후자의 경우에는 대금회수와 관련된 다양한 조치를 취해야할 필요가 있을 것이다.

3) 서류

- OBL : 원본선하증권(Original B/L)을 의미한다. 취급에 각별한 주의를 요한다.
- Pre-Alert : 선적된 화물의 출발정보와 도착정보를 출발지 운송인 측에서 관련된 당사자들(주로 수출자, 수입자, 수입지 포워더)에게 통보하는 것이다. 여기에는 ETA(Estimated Time of Arrival, 도착예정일자)가 있어 당사자들을 준비할 수 있게 한다.
- Credit/Debit Note : 주로 장기적인 거래관계에 있는 쌍방 간에 대금을 받을 것과 줄 것을 서로 확인하는 서류이다.
- 선적서류: 일반적으로 신용장 거래에서 신용장 개설은행이 무역대금 지급을 위해 요구하는 서류를 통칭한다.
- Manifest : 적하목록은 특정 선편에 적재한 화물의 내역을 나타내는 서류인데 운송인(선사, 포워더)은 적하목록을 세관에 제출하여야 한다. 다만 포워더가 발행하는 적하목록은 혼재적하목록이라고 한다.

---

5) Credit/Debit Note는 출발지 포워더의 도착지 포워더 간에 수고 받을 금액에 대해 통지하고 확인하는 것이다. 즉 비용을 지출한 측과 화주로부터 대금을 받는 측이 다를 수 있고 또한 운송하는 과정에서 생긴 수익을 양사 간에 주고받을 때도 동 Note를 이용한다.

제2절 **해상수입 운송업무 절차**

해상수입 운송에서 포워더의 업무는 수출에 비해 다소 복잡하다고 할 것이다. 이는 일반적으로 세관과 관련된 업무들이 있으며 관세법에 따라 업무가 이루어져야 하기 때문이다. 포워더를 중심으로 본 전체적인 해상수입업무는 다음과 같은 절차로 이루어진다.

〈그림 7-4〉 컨테이너 해상수입 운송절차

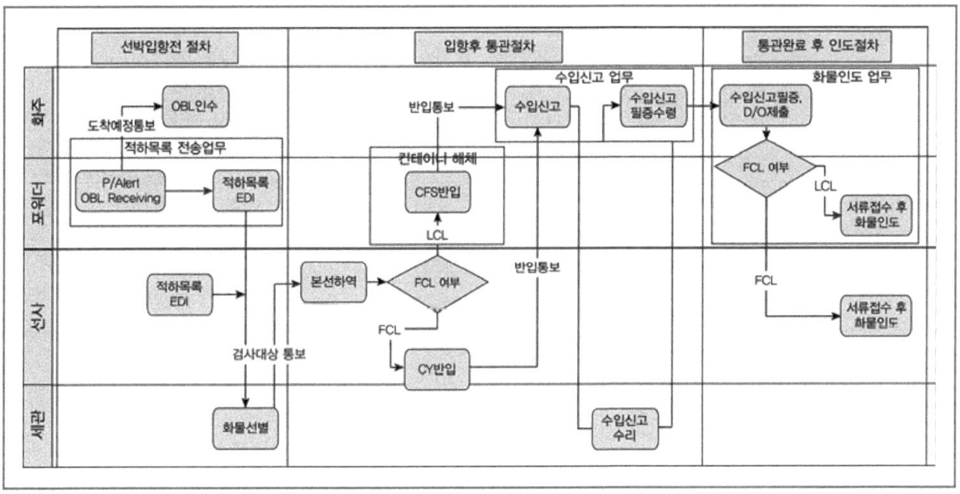

1 적하목록 전송업무

포워더는 수출지 포워더로부터 Master B/L원본(OBL) 등의 서류를 받아 적하목록을 세관에 EDI로 전송을 하게 되고 D/O를 발급받는다.

1) Routing Order

국제무역에서 운송인의 지정은 운임을 지불하는 측에서 그 권한을 갖는 것이 일반적이다. 즉 운임을 수출자가 지불하는 인코텀즈2010 조건 상 C와 D조건에서는 송화인(수출자)가 운송인을 지정하며 수출지 포워더에게 S/R을 보내 운송의뢰를 하게 된다. 그러나 인코텀즈2010 중 E와 F 조건에서 운송인의 지정은 수화인(수입자)에 의해 지정되며 수입자는 수입지 포워더에게 S/R을 보내 운송의뢰를 하게 된다. 운송의뢰를 받은 수입지 포워더가 해외파트너인 수출지 포워더에게 수출자로부터 화물을 받아 발송할 것을 지시하는 것을 Routing Order라고 한다.

절차	내용	관련서류
1-1) 서류와 도착예정통지 수령	수입지의 포워더는 수출지 포워더로부터 도착예정통지, OBL, 적하목록, 선적서류Copy, CLP, Credit/Debit Note를 받게된다. 또한 도착예정 2~3일 전에 선사로부터 입항예정통지를 받게 된다. 한편 이러한 도착예정통지를 수화인 또는 통지처(Notify Party)에 발송하게 된다.	• Pre-alert • 선적서류 • OBL
1-2) 적하목록 EDI전송	인수한 적하목록을 기준으로 하여 선박의 입항 24시간 전[6]에 적하목록을 세관에 EDI 제출하여야 한다. 적하목록에는 입항될 화물의 수량, 중량, 수화인, 송화인 등의 B/L상 내용과 함께 하선장소와 장치장소도 입력하게 된다. 하선장소는 화물이 입항하여 처음 머무는 장소이며 장치장소는 일반적으로 수입통관을 위해 화물이 반입되는 장소이다.	• Manifest
1-3) D/O수령	포워더(NVOCC)는 선사(VOCC)에 OBL을 제출하여 인도승낙서(D/O)를 발급받는다. 즉 선사는 OBL을 Surrender시키고 화물을 인도승낙하게 된다. 이것이 주로 도착 전에 이루어지는 것은 입항 후 신속한 처리를 위함이다.	• D/O • Surrender B/L

2) 하선장소와 장치장소

상기의 1-2) 적하목록 EDI전송에서 하선장소는 운항선사 또는 그 위임을 받은 하역업체에 의해 세관장에게 제출되며 주로 컨테이너터미널 내의 CY, ODCY[7] 또는 CFS가 하선장소가 된다. 한편 장치장소는 입항된 화물이 통관이 되기 전에 장치되는 보세구역을 의미하며 수화주 또는 포워더에 의해 장소가 결정된다. 이곳에서 주로 수입통관이 진행되며 하선장소가 바로 장치장소가 되는 경우도 있으나 타 보세구역으로 화물을 이동시키는 경우도 있다.

3) 서류

- D/O : 인도승낙서(Delivery Order)는 선하증권을 발행한 운송인(선사 또는 포워더)이 OBL을 회수하고 현재 화물을 보관하고 있는 창고 측에 물건을 인도해도

6) 다만 단거리 노선(중국, 일본 등)에서 출발한 선박의 경우는 입항 전에만 전송하면 된다.
7) ODCY(Off-Dock Container Yard)는 부두 밖에 위치한 컨테이너장치장을 의미한다.

좋다는 것을 나타내는 서류이다.

- Surrender B/L : OBL이 Surrender 되어 권리증권성이 사라진 상태를 의미한다. 이 때 운송인 측에서 물품의 인도는 OBL 제시자가 아닌 B/L상의 수화인에게 인도한다. B/L의 Surrender는 송화인의 운송인에게 신청하여 이루어지며 일반적으로 송화인이 수출지 포워더이고 수화인이 수입지 포워더인 B/L의 경우에는 Surrender B/L을 많이 활용한다(이때 B/L원본의 취급이 용이하다).

2 컨테이너 해체와 반입

입항된 화물은 컨테이너터미널에서 하역이 이루어진 후 하선장소를 경유하여 장치장소로 이동하게 된다. 이때 동 운송은 보세운송을 통해 이루어진다. 주로 보세운송된 장치장소에서 통관이 이루어진다.[8)]

절차	내용	관련서류
2-1) 장치장소로 보세운송	입항된 화물은 선사에 의해 CY에 하선이 완료되면 포워더는 이를 FCL상태로 장치장소로 보세운송을 하게 된다. 장치장소는 LCL의 경우에는 항구 주변에 있는 포워더의 CFS를 이용하는 것이 일반적이며 FCL의 경우에는 화주가 지정한 장소로 보세운송을 하게 된다.	• 보세운송신고서 • 위임장
2-2) 컨테이너 해체	장치장소(보세구역)에서 컨테이너는 봉인(Sealing)이 해제된 후 해체작업(Devanning)이 진행된다. FCL의 경우는 화물의 상세내역과 일치하는 지를 확인하게 되며, LCL의 경우에는 각 House B/L번호 별로 화물을 분류하고 확인하게 된다.	• CLP • Manifest
2-3) 화물의 반입	화물의 적하목록상의 내역과 실물 간의 확인이 완료되면 장치장소 측(주로 보세창고 회사)에서는 반입을 잡고 이를 세관에 EDI전송하게 된다. 일반적으로 수입통관은 반입이 이루어진 후에 진행되게 된다.	• 반입신고
2-4) 공컨테이너 반납	컨테이너가 해체되면 포워더는 빈 컨테이너를 반납하게 된다. 반납 장소는 컨테이너를 가져온 CY에 반납하는 경우도 있으나 선사가 지정한 ICD(Inland Container Depot) 등에 반환하는 것이 일반적이다. 이때 선사가 정한 반납시한을 지키지 못하면 Detention charge가 발생하게 된다.	

상기 과정에서 추가적으로 검토하거나 참고할 사항은 다음과 같다.

8) 다만, FCL의 경우에는 하선장소에서 부두직통관을 진행할 수 있다.

1) 보세운송업자의 지정

하선된 컨테이너를 컨테이너터미널에서 다른 보세창고(장치장소)까지 갈 때 보세운송업자의 선택과 관련하여 다양한 형태가 있다. 즉 이 구간에서 발생하는 보세운송은 선사가 지정한 보세운송업자가 진행하는 것이 일반적인데 반드시 선사가 선임한 보세운송업자를 이용할 필요는 없으며 화주측(화주 또는 포워더)가 지정한 보세운송업자를 통해 보세운송을 할 수도 있다. 이때 화주측에서는 위임장 등의 추가적인 서류를 제출하여야 선사 측에서 컨테이너를 인도하게 된다. 이처럼 절차상의 복잡함에도 불구하고 화주측이 보세운송업자를 지정하려고 하는 것은 운임할인 등을 받을 수 있기 때문이다.

2) 송화인 측의 Sealing 과 세관 Sealing

송화인(수출자)은 컨테이너 작업이 끝나면 봉인(sealing)을 하고 봉인의 번호를 수화인에게 통보한다. 컨테이너가 도착했을 때 수화인은 통보받은 봉인번호와 인수한 컨테이너의 봉인번호를 비교하여 타인의 컨테이너 개방여부를 확인할 수 있다. 일반적으로 송화인이 봉인한 컨테이너는 중간에 개방되지 않으나 세관 측에서 X-ray 검사 후 개방검사를 한 경우에는 검사 후 재봉인하고 개방 사실을 표시한다.

3) 서류

- 보세운송신고서 : 보세운송을 위해서 보세운송업자는 사전에 세관에 신고를 하여야 한다. 최근에는 EDI를 통해서 신고한다.
- 위임장 : 화주측에서 정한 보세운송업자가 선사 측으로부터 보세운송을 위해 인수를 받을 때 화주측으로부터 보세운송을 위해 위임된 내용을 표시하는 서류다.
- 반입신고 : 보세창고 측에서 보세화물이 창고에 입고되었음을 세관에 보고하는 것이다. 이는 EDI를 통해 세관에 신고된다.

3 수입신고업무

수입신고는 장치장소에 반입이 이루어진 후 화주 또는 관세사에 의해 행해지는데 이때 화주가 관세사를 통해 수입신고를 하는 경우도 있으나 포워더에게 이를 일임할 경우 포워더는 계약된 관세사를 이용하여 통관을 진행하게 된다.

절차	내용	관련서류
3-1) 수입신고	화주는 관세사를 선임하여 수입통관을 진행하기도 하지만 이를 포워더에게 일임하는 경우도 많다. 이 경우 포워더는 통관법인을 가진 경우도 있으나 협력 관계에 있는 관세사를 통해 수입신고를 의뢰하고 화주에게는 포워더의 이름으로 정산을 하게 된다.[9] 수입신고를 위해서는 세관에 운송서류(B/L 등), 상업송장을 기본으로 하여 필요서류를 제출해야 한다.	• 수입신고서 • C/Invoice • P/List
3-2) 관세/부가세의 납부	관세의 납부는 일반적으로 관세사를 경유하여 세관에 납부된다.	• 통관자금 청구서

상기 과정에서 추가적으로 검토하거나 참고할 사항은 다음과 같다.

1) 관세사의 지정

수입물량이 많고 수입신고 절차가 중요한 수입화주의 경우에는 관세사의 선임을 직접하지만 중소규모의 수입업체들의 경우에는 통관 관련 업무를 줄이기 위해 포워더에게 이를 의뢰하는 경우도 많다. 화주가 직접 관세사를 지정하는 경우에는 국내운송 업무 등에 대해 관세사에게 모두 일임하는 경우도 많다.

2) 서류

- 수입신고서 : 수입자는 수입하는 물품에 대하여 세관에 신고를 하게 된다.
- 통관자금청구서 : 수입신고대행을 의뢰받은 포워더(또는 관세사)는 화주에게 수입신고를 위해 관세와 부가세, 검사료 등(해당하는 경우) 통관 관련 비용을 수입자에게 청구하게 되는데 이때 이용되는 서류이다.

4 화물인도업무

1) 수입자 포워더의 청구

포워더가 화주에게 청구하는 금액은 의뢰받은 서비스의 내역과 깊은 관련이 있다. 해상운송에서 수입지에서 결제될 비용은 해상운임(착지불의 경우), Port Charge, 보세운송료, 통관관련 비용, 국내운송비용 등으로 나눌 수 있는데 이때 화주가 의

9) 이와 관련하여 포워더 발행 세금계산서의 문제가 발생한 사례가 있다.

뢰한 서비스 내역에 따라 청구내역이 달라진다.

절차	내용	관련서류
4-1) 대금의 청구	포워더는 화주에게 착불의 경우에는 운임을 포함하고 선불의 경우에는 Port Charge(컨테이너터미널에서 발생한 비용 등)를 청구하고 화주가 통관을 의뢰하였을 경우에는 그에 통관관련비용, 보세운송관련 비용 및 창고관련 비용을 화주에게 청구하고 대금을 받게 된다. 이때 건건이 거래하는 경우도 있으나 포워더가 화주에게 Credit을 주고 월말에 청구하는 경우도 많다.	• 운임청구서 • 월별청구서
4-2) D/O발급	화주의 결제가 이루어지고 화주의 B/L원본 제시에 대해 포워더는 화주에게 인도승낙서(D/O)를 발급하게 된다.	• OBL • D/O
4-3) 화물의 인도	화주는 화물을 보세창고측으로부터 인도받기 위해서는 통관이 완료되었음을 증명하는 수입신고필증, 포워더 발행 D/O, 창고료의 지급을 하게 되면 이로써 화물은 수하인에게 인도되게 된다. 다만 포워더가 창고에서 물건을 인수 받아 화주가 지정한 장소에서 인도하는 경우도 많이 있다.	• D/O • 수입신고서 • L/G

2) 서류

- 운임청구서 : 포워더가 수입자에게 보내는 청구서이다. 상기에서 언급한 것처럼 운임의 선불 또는 착불 여부, 수입자가 의뢰한 서비스의 내역에 따라 청구하는 금액은 달라진다. 운송인은 결제가 이루어지지 않으면 D/O를 발급하지 않는다.
- L/G : Letter of Guarantee는 신용장 거래의 경우 화물은 도착하였으나 B/L원본이 도착하지 않아 수입자가 물품을 인수할 수 없을 경우 운송인에게 화물의 선취를 보증하는 서류이다.

제3절 B/L의 발행

본 절에서는 전형적인 B/L을 3부분으로 나누어 각각의 항목에 들어가는 내용에 대해 살펴본다.

〈그림 7-5〉 B/L의 상단부

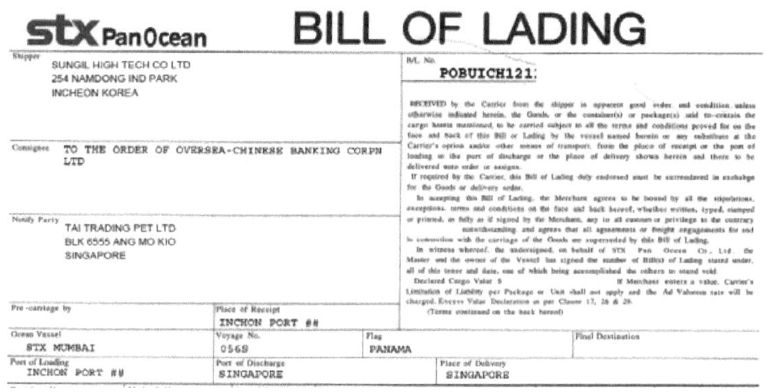
stx PanOcean BILL OF LADING

Shipper: SUNGIL HIGH TECH CO LTD, 254 NAMDONG IND PARK, INCHEON KOREA

B/L No. POBUICH121

Consignee: TO THE ORDER OF OVERSEA-CHINESE BANKING CORPN LTD

Notify Party: TAI TRADING PET LTD, BLK 6555 ANG MO KIO, SINGAPORE

Pre-carriage by:

Place of Receipt: INCHON PORT ##

Ocean Vessel: STX MUMBAI

Voyage No. 056S

Flag: PANAMA

Final Destination:

Port of Loading: INCHON PORT ##

Port of Discharge: SINGAPORE

Place of Delivery: SINGAPORE

항목명	기입내용	기입 예
B/L No	선사가 정한 일련번호이다. 향후 예약확인 등 선사와 의사소통 시에 기준이 되는 번호이다.	PO747578884
Shipper	송화인의 이름과 주소가 표기된다.	XXX Co Ltd
Consignee	수화인의 이름과 주소를 표기한다. 다만 신용장 건의 경우에는 은행명이 들어간다.	YYY Co Ltd, or To The Order of KK Bank.
Notify Party	통지처. 화물이 도착되었을 때 운송인은 통지처에 알린다. 신용장의 경우 수입자가 통지처가 됨.	YYY Co Ltd.
Pre-carriage by	화물 인수지에서 본선 선적항까지 운송수단을 기재한다.	
Place of Receipt	운송인이 화물을 인수한 장소이다.	Incheon CY or Incheon CFS
Ocean Vessel	본선의 선박명이다.	OSCAR
Voyage No	본선의 항차번호를 의미하다. 뒤에 E,W,S,N 등이 붙어 항로의 방향을 표시한다.	056S
Flag	본선이 등록된 국가를 표시한다.	Panama
Final Destination	화물의 최종 목적지이다. 해상운송의 경우 이를 기재하지 않아도 된다.	
Port of Loading	선적항과 국가명이 표기된다.	Incheon, Korea
Port of Discharge	양륙항과 국가명이 표기된다.	Singapore
Place of Delivery	운송인이 수화인에게 화물을 인도하는 장소이다.	Singapore

〈그림 7-6〉 B/L의 중간부

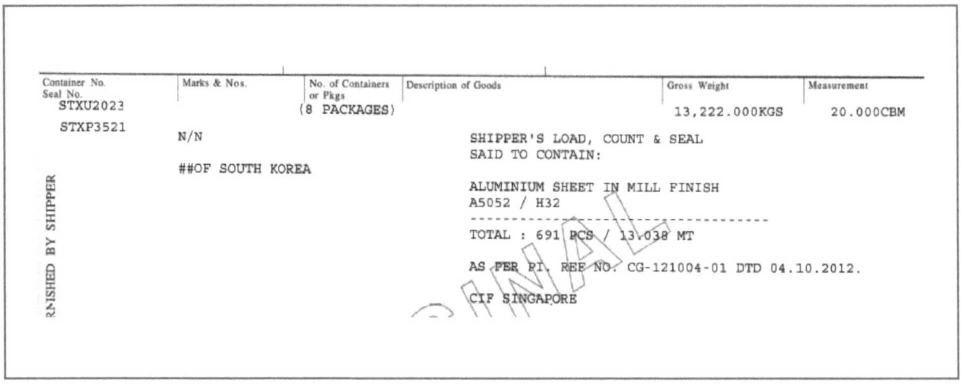

Container No. / Seal No. | Marks & Nos. | No. of Containers or Pkgs | Description of Goods | Gross Weight | Measurement

STXU2023 (8 PACKAGES) 13,222.000KGS 20.000CBM

STXP3521

N/N

SHIPPER'S LOAD, COUNT & SEAL
SAID TO CONTAIN:

##OF SOUTH KOREA

ALUMINIUM SHEET IN MILL FINISH
A5052 / H32

TOTAL : 691 PCS / 13.038 MT

AS PER PI. REF NO. CG-121004-01 DTD 04.10.2012.

CIF SINGAPORE

RNISHED BY SHIPPER

항목명	기입내용	기입 예
Container No	화물이 적입된 컨테이너번호가 기재된다. 선사별 코드와 일련번호를 부여한다.	STXU2023980
Seal No	컨테이너에 봉인된 Seal의 일련번호이다.	STXP352166
Marks & Nos	포장명세서에 기재된 화인과 포장의 일련번호를 기재한다.	C/T No : 1-200 Made In Korea
No of Containers or Pkgs	컨테이너의 수 또는 포장의 수를 입력한다.	10 Pallets “Shipper's Load and Count”
Description of Goods	상품의 상세내역을 표시한다. FCL 화물의 경우에는 부지조항을 입력해야 한다.	Said To Contain : 200 CTNS of Desk Top Computer
Gross Weight	화물의 총중량을 표기한다.	13,222 KGS
Measurement	화물의 용적을 기재한다.	20.3 CBM

〈그림 7-7〉 B/L의 하단부

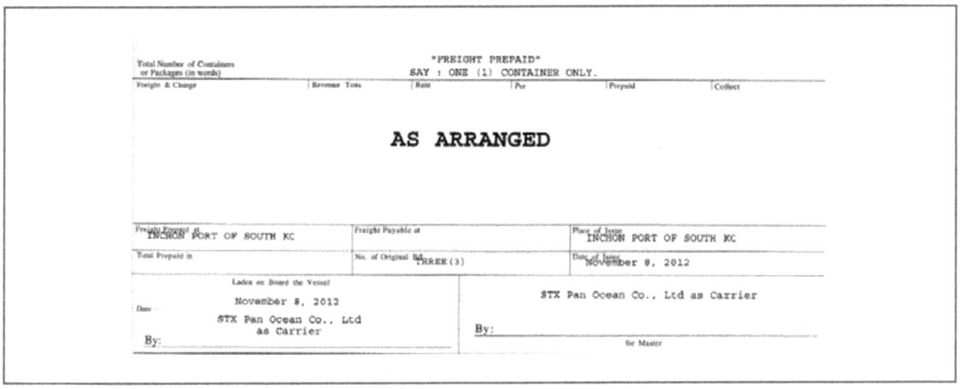
Total Number of Containers or Packages (in words)
"FREIGHT PREPAID"
SAY : ONE (1) CONTAINER ONLY.

Freight & Charge	Revenue Tons	Rate	Per	Prepaid	Collect
AS ARRANGED					

Freight Prepaid at	Freight Payable at	Place of Issue
INCHON PORT OF SOUTH KC		INCHON PORT OF SOUTH KC
Total Prepaid in	No. of Original B/L THREE (3)	Date of Issue November 8, 2012

Laden on Board the Vessel
Date : November 8, 2012
STX Pan Ocean Co., Ltd as Carrier
By:

STX Pan Ocean Co., Ltd as Carrier
By:
for Master

항목명	기입내용	기입 예
Total Number of Containers or Packages(in Words)	컨테이너의 수 또는 포장 갯수를 문자로 기입한다.	One Container Only
Freight & Charge	운임과 기타 요금을 기입한다.	Ocean Freight BAF CAF
Revenue Tons	운임톤을 기입한다. 실제중량과 부피중량을 비교하여 큰 것이 운임톤이다. (LCL의 경우)	10 M/T
Rate	운임과 기타 비용의 요율을 기입한다.	USD 50
Per	단위를 기입한다(용적당 또는 톤당 등)	M/T
Prepaid	선불요금을 기입한다.	USD 500
Collect	착불요금을 기입한다.	
Freight Prepaid at	선불요금이 결제되는 장소를 기입	Incheon, Korea
Freight Payable at	착불요금이 결제되는 장소를 기입	
Place of Issue	B/L발행 장소를 기입	Incheon, Korea
Total Prepaid in	선적지 통화를 기준으로 한 모든 요금을 표시한다.	KRW 500,000
No of Original B/L	OBL의 발행부수를 표기한다. 일반적으로 3부를 발행하며 이들의 용도는 같다.	Three(3)
Date of Issue	B/L의 발행일자이며 선적날짜이다.	DEC 23, 2015.
Laden on board the vessel	선적날짜를 기입	DEC 23, 2015.
By	선사의 상호와 담당자의 서명과 이름을 기재한다.	STX Pan Ocean Co Ltd

운임과 관련된 부분에 대해 노출을 원하지 않는 경우에는 “As Arranged”라고 표기하여 운임청구서를 따로 발행하는 경우가 있다.

제4절 해상운임과 부대비용

해상운송과 관련된 비용은 크게 4가지로 나눌 수 있을 것이다. 첫째 기본운임은 순수한 해상운임을 의미한다. 둘째 할증운임은 선사 측에서 추가로 발생되는 비용에 대해 화주측에 전가하는 비용이다. 셋째 추가운임은 특별한 취급에 대해 부가되는 비용이며 넷째는 기타비용으로서 컨테이너터미널 또는 그밖에 비용이다. 추가적으로 통관 또는 보세운송, 국내운송, 보세창고료 등의 비용이 발생되지만 이들에 대해서는 본절에서 간단히 언급하고 포워더의 협력사를 다루는 장에서 자세히 다룬다.

〈그림 7-8〉 해상운임과 부대비용

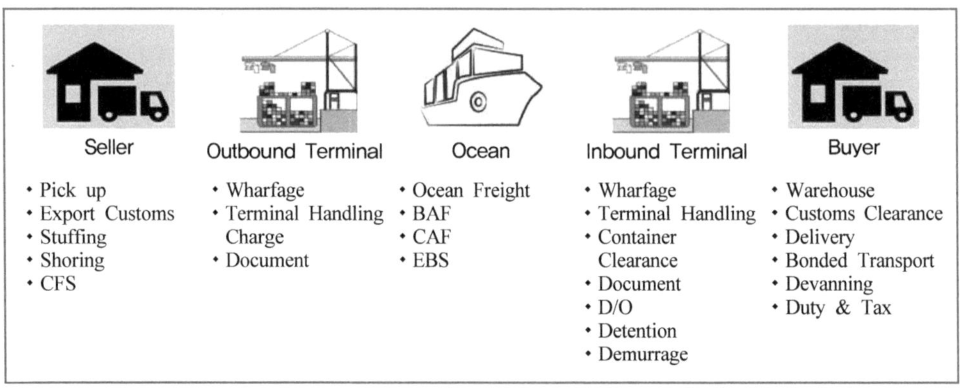

1 기본운임(Basic Rate)

순수한 해상운임이며 고정되어 있지는 않고 시장의 수요와 공급에 따라 운임은 변동한다. 주로 선사는 소리 없이 운임을 내리다가 성수기에 GRI(General Rate Increase)[10)]를 통해 운임을 인상(회복)시킨다. 한편 Service Contract은 앞 절에서 언급한 바와 같이 선사와 화주(또는 포워더) 간에 체결하는 우대계약이라 할 수 있는데 이때 화주의 물량규모와 화물특성 등에 따라 각각 다른 요율로 계약을 하기 때문에 모든 화주에게 동일한 요율이 적용되는 것은 아니다. 한편 포워더의 화주에 대한 운임적용도 화주의 물량규모 등에 따라 다른 요율을 적용하는 것이 일반적이다. 대형업체와는 연간 계약을 체결하며 소형 업체와는 건건마다 요율을 결정하기도 한다.

기본운임은 물론 대부분의 요금에서 FCL과 LCL의 요율체계는 많이 다른데 LCL은 운임톤당 얼마로 표현되면 FCL은 컨테이너 타입별로 컨테이너 한 대당 얼마식으로 요율이 적용된다. 자세한 사항은 다음과 같다.

1) LCL의 요율적용

LCL운임은 주로 운임톤(Revenue)당 금액으로 공시되며 이때 운임톤은 화물의 중량(Weight, KG)과 화물의 부피(Measurement, CBM[11])간에 비교를 통해 더 큰 쪽을 기준으로 하며 소수점 이하는 절상(Round up)한다. 다만 화물의 중량과 부피를 비교할 때는 1톤=1CBM을 적용한다. 예컨대 중량이 1.5톤이고 가로 1meter 세로 1meter 높이 2.5meter인 화물은 용적이 (1 × 1 × 2.5 = 2.5cbm)이므로 운임톤은 2.5에서 일단위로 절상한 3.0톤이 된다.

2) FCL의 요율적용

BOX rate의 형태로 적용된다. 즉 컨테이너당 금액으로 공시되며 컨테이너 종류별로 상이한 요율이 적용되는데 컨테이너 안에 있는 물건의 품목을 불문[12]하며 컨테이너를 얼마만큼 채웠는지도 불문한다. 다만 컨테이너별 적재한도만 지키면 된다.

2 할증운임(Surcharge)

운송인은 상황의 변화에 따라 기본운임에서 고려되지 않은 추가적인 비용이 발생한 경우 이를 화주에게 전가하게 된다. 다만 상황이 해소되면 부과를 하지 않는다. 다음과 같은 것이 있으며 2015년 하반기를 기준으로 BAF와 CAF가 FCL화물에 적용되고 있다.[13]

10) GRI는 전 화주에 대해 운임을 인상하는 것으로서 주로 1년에 1-2회 정도 실시한다. 실시 전 1-2개월 전에 고객들에게 GRI를 공고하고 실시하는 것이 일반적이다.

11) CBM(Cubic Meter)은 가로, 세로, 높이가 1 meter인 화물의 용적이며, 미국을 제외하고 일반적으로 해상화물의 용적을 나타낼 때 이용하는 단위이다.

12) 품목을 불문하여 적용되는 요율을 FAK Rate(Freight All Kinds)라고 칭한다.

〈표 7-1〉 할증료의 종류

할증료	내용
BAF(유류할증료, Bunker Adjustment Factor)	유가 인상으로 인한 운송인의 추가비용을 화주에 전가하는 것. 유가에 연동시켜 적용한다.
CAF(통화할증료, Currency Adjustment Factor)	운임표시 통화가 약세인 경우 현지통화 환전 시 얻게 되는 환차손을 보전하기 위한 것. 해상운임은 주로 USD로 표시된다. 따라서 USD가 약세인 경우 부과한다.
Congestion surcharge (혼잡항할증료)	도착항의 혼잡으로 인해 입항을 대기함으로써 발생하는 비용을 화주에 부과
EBS(긴급유류할증료, Emergency Bunker Surcharge)	전쟁 등으로 유가가 폭등하는 경우 긴급 부과하는 할증료. 즉 BAF로는 보전할 수 없는 폭등 시 부과한다.
War Risk surcharge (전쟁위험할증료)	전쟁지역이나 전쟁지역을 경유하는 화물에 부과하는 것.

3 추가요금(Additional Charge)

화물에 특별한 취급을 하게 된 경우 추가적으로 비용을 청구하는 것을 의미한다. 현행 모든 화물에 부가되는 요금은 없고 개별적으로 아래 항목에 관계된 화물에 대해서만 부가된다.

〈표 7-2〉 추가요금의 종류

추가요금	내용
Out port arbitrary charge (외항추가운임)	기지로 이용하는 항 이외의 지역에서 적/양하가 일어나는 화물에 부과한다.
Optional charge (선택항 추가운임)	화주가 선적 시 복수의 목적항을 정하고 도착 전에 양하항을 지정하는 경우에 부과한다.
Diversion charge(항구변경료)	화주가 화물 본선적재 후 목적항을 변경한 경우에 부과한다.
Transshipment charge (환적료)	기항하지 않는 항구가 목적지인 경우 환적으로 인해 추가 발생 비용을 보전하기 위해 부과한다.
Heavy lift charge (초과중량할증료)	화물의 단위당 일정중량 초과 물품에 부과한다. (이유: 일반 장비로는 조업이 어렵다.)
Long length charge (장척화물취급료)	화물의 길이가 일정 길이를 초과하는 경우 부과. (이유: 일반 장비로는 조업이 어렵다.)

13) LCL화물에 대해서 받지 않는 것은 이중징수가 발생하기 때문으로 보여진다.

4 기타요금

기타요금에는 상기 그림에서처럼 1) 컨테이너터미널에서 발생하는 비용들로서 해상운송에 고유하게 부가되는 비용들이 있으며 2) 출발지에서 터미널에 도착할 때까지 들어가는 비용과 도착지에서 터미널에서 통관되어 화주에게 인도될 때까지 들어가는 비용이 있다.

1) 해상운송에 고유한 비용

동 비용은 컨테이너터미널에서 발생되는 비용으로서 주로 선사 또는 포워더가 화주에게 청구하는 비용들이다.

〈표 7-3〉 기타요금 중 컨테이너터미널 발생비용

기타요금	내용
THC(터미널 취급수수료, Terminal Handling Charge)	화물이 터미널에 입고된 후부터 본선의 선측 또는 본선의 선측에서 화물 출고까지의 취급에 따른 비용
CFS Charge	LCL화물의 경우 CFS를 경유하며 혼재 또는 분류의 작업에 대한 댓가로 부과한다.
Wharfage (부두사용료)	정부에 의해 부과되는 것으로 항만시설사용료이다.
Documentation Fee (서류발급비)	수출 시 선하증권발급, 수입 시 D/O(Delivery Order) 발급에 대한 비용
Demurrage charge(체선료)	CY내 무료장치기간(Free time)을 경과한 화물에 대해 부과하는 비용(해당 시만 부과)
Detention charge(지체료)	선사가 대여해준 컨테이너를 정한 기간 내에 반납하지 않았을 시 부과하는 비용(해당 시만 부과)
DDC (도착지 화물인도 비용, Destination Delivery Charge)	수입컨테이너화물에 부과하는 것으로 화물의 북적항 노착 후 선측에서 선사의 CY(또는 CFS)까지의 구간에서 발생하는 비용이다. 북미항에서만 발생한다.

2) 컨테이너터미널 이외 비용

컨테이너터미널 외에서 발생되는 비용으로서 아래 비용은 반드시 포워더가 하는 업무는 아니므로 화주가 아래 업무를 타업체들에게 맡길 수도 있고 또는 포워더에게 전부 또는 일부를 의뢰할 수도 있다.

〈표 7-4〉 기타요금 중 컨테이너터미널 이외의 비용

	기타요금	내용
출발지	Pick up	수출자의 창고에서 포워더의 창고까지 발생하는 운송비용
	Export Customs	수출신고수수료
	Stuffing	FCL의 경우 창고에 화물을 적입하기 위해 발생하는 비용
	Shoring	컨테이너 내에서 화물을 고정시키기 위해서 발생하는 비용
도착지	Bonded Transportation	보세운송료로서 주로 컨테이너터미널에서 보세창고까지 운송에 부과되는 비용
	Warehouse charge	보세구역에서 통관수속을 밟는 동안 보관비용
	Customs Clearance	수입신고수수료
	Devanning charge	FCL의 경우 컨테이너에서 물건을 해체시키는 비용
	Delivery charge	보세창고에서 수입자의 창고까지 운송비용
	Duty and Tax	수입물품의 관세와 부가세(기타요금은 아니나 수입 시 발생비용이다)

5 운임견적서의 예시

해상운송현장에서 볼 수 있는 견적서의 예이다.

〈그림 7-9〉 해상운임 견적서의 일부 발췌

◐ 아 래 ◑

1. OCEAN FREIGHT EX BUSAN TO HAIPHONG (C : USD)

PORT	HAIPHONG				
<FCL>	20FT	40FT	FAF	ETD	T/TIME
STX	$500.00	$920.00	ALL IN	WED - SAT	6 DAYS
HEUNG-A	$500.00	$920.00	ALL IN	FRI - SAT	6 DAYS
HANJIN	$470.00	$850.00	ALL IN	SAT	6 DAYS
NAMSUNG	$470.00	$870.00	ALL IN	SUN	6 DAYS
<LCL>	$13.00		-	THU , SUN	6 DAYS

2. OCEAN FREIGHT EX BUSAN TO YANGON (C : USD)

PORT	HAIPHONG				
<FCL>	20FT	40FT	FAF	ETD	T/TIME
HANJIN	$950.00	$1,650.00	ALL IN	SUN	17 DAYS
<LCL>	$75.00		-	SUN	17 DAYS

*** 해상 수출시 발생되는 기타 비용

	<LCL>	20FT	40FT
1. THC	₩ 5,500 / CBM	₩101,000	₩137,000
2. CFS	₩ 6,500 / CBM	-	-
3. WHAFAGE	₩192	₩2,940	₩5,880
4. DOCUMENT FEE	₩19,000	₩19,000	₩19,000

제5절 화물사고와 클레임(Claim) 처리[14)]

해상화물은 운송 중에 장기간 다양한 위험에 노출되게 되며 이로 인해 사고가 발생한다. 사고 발생의 경우에 포워더는 한편으로는 운송인으로서 화물사고에 대하여 책임을 져야 하고[15)] 다른 한편으로는 선사에 대하여 화주로서 손해배상을 주장할 위치에 있게 된다. 따라서 포워더는 화물사고와 클레임 관련하여 양측의 입장에 대해 이해하고 양측에 적절하게 대응할 수 있어야 한다.

1 화물인수 시 검토해야 할 사항

화주는 선사 측으로부터 화물을 이의제기 없이 인수한 후 차후 화물의 손상 등을 발견하고 이의를 제기하는 경우는 그에 대해 선사 측으로부터 쉽게 보상받기 어렵다.

따라서 화주는 선사 측으로부터 화물을 인수할 때 화물의 상태를 주의 깊게 살펴야 하며 만약 화물에 이상이 있는 경우에는 화물의 인도자(선사 측)로부터 동 사실을 인징하는 서명을 받아놓아야 향후 이의제기 절차가 쉽고 신속하게 진행될 수 있다. 특히 화물의 인수 시에 다음을 주의해야 한다. 1) 컨테이너의 외관이 양호하고 손상이 없는지 확인 2) 봉인(Seal)이 정상적으로 채워져 있는지와 송화인으로부터 받은 Seal number와 일치하는지 확인 3) 냉동컨테이너의 경우 가능하면 온도, 습도, 환기 설정 등을 확인하여야 한다.

2 화물의 사고가 발생된 경우

화물사고가 발생된 경우에는 인도자에게 화물의 이상에 대한 사실을 서로 확인하여 이를 문서로 남긴다. 그 후 화주는 선사 측에 신속한 클레임[16)]을 제기하여야

14) 본절에서는 해상운송에서 발생하는 클레임의 절차에 대해서 다루고 기타 사고의 유형과 해결의 유형(예컨대 소송 등) 등에 대해서는 본서 제9장 제6절을 참조하기 바란다.

15) 다만, 이때 포워더가 운송인으로서의 역할을 하였는가 또는 순수한 운송주선인 또는 송화인의 대리인으로 역할을 했는가에 따라 그 책임의 정도가 달라질 수 있다. 본 절에서는 운송인으로서의 역할을 기준으로 기술한다. 이에 대한 자세한 내용은 김인현, 『해상법연구2』, 삼우사, 2008의 제2장 제4 "운송주선인의 다양한 법적 지위에 따른 법률관계"를 참조하기 바람.

16) 무역에서 클레임은 크게 무역클레임(물품매매계약), 보험클레임(보험계약), 운송클레임(운송계약)이 있는데 여기서는 운송클레임 즉 운송계약 위반에 대하여 제기하는 손해배상요구로서 주

한다. 운송계약서인 선하증권의 약관에는 화물의 인도 후 3일 이내에 선사에 클레임을 제기하도록 하고 있다. 또한 소송을 제기하는 경우에는 1년 이내에 제기하여야한다. 이는 제척기간으로서 시간이 경과하면 더 이상 손해배상을 주장할 수 없게 된다.[17] 한편 적하보험에 부보한 화물의 경우에는 선사 측에 클레임을 제기한 후에 이를 보험회사에 알리고 화물의 현재 상태를 유지한 후에 보험회사의 지시에 따라 손해사정인(감정인)과 함께 손해에 대한 조사를 진행해야 한다.

3 클레임의 제기

클레임은 운송인에게 제기하여야 한다. 즉 화주는 포워더에게 포워더는 선사에게 클레임을 제기한다. 클레임제기 시에 일반적으로 제출하는 서류는 다음과 같다.

- Notice of Claim(클레임통지서)
- Master B/L, House B/L 등 운송서류
- Commercial Invoice 와 Packing List 등 화물의 가격과 포장상태를 증명하는 서류
- 인도확인서 또는 검수확인서 (선주 측 인도자의 서명이 있는 것)
- Damaged Cargo Survey Report(감정인의 손상화물검사보고서)
- 사고정황을 증명할 수 있는 사진
- 수리 또는 원상회복 처리 관련 영수증
- 잔존물이 매각 되거나 폐기 된 경우 영수증과 증명서
- 기타 사실을 입증할 수 있는 서류

상기 서류 중 Notice of Claim은 반드시 시한 내에 선사 측에 접수되어야 하며 나머지 서류들은 선사와 보험회사 등과 서로 의사소통하며 추후 보완할 수 있다. 이때 클레임통지서만 있고 손해배상청구금액이 없는 클레임을 예비클레임(Preliminary Claim)이라고 하며 청구금액과 모든 서류가 접수되면 정식클레임(Formal Claim)이 된다. 클레임 제기시한(인도 후 3일 이내)내에는 예비클레임(Pre-Claim)만 제기되어도 된다.

로 화물의 사고 등에 대해 최주기 운송인(선사 또는 포워더)에게 제기한다.

17) 권오, 「국제운송 관련 규칙의 멸실, 손상 및 지연손해 조항에 관한 연구」, 관세학회지, 제13권 제3호, 2012, pp.287-307.

한편 적하보험을 부보한 화물의 경우 선사 측에게 클레임을 제기하지 않고 직접 보험회사에만 클레임을 제기해서는 안 된다. 즉 피보험자(화주측)는 보험계약상 손해방지의무가 있으므로 선사에 클레임을 제기한 후에 보험금을 청구해야 정상적인 보험금을 지급받을 수 있을 것이다. 또한 잔존물의 매각 등도 화주 단독으로 판단해서는 안 되며 보험회사 측의 합의하에 이루어져야 할 것이다.[18]

4 선사의 업무처리 절차

선사는 클레임을 접수하면 통상 30일 이내에 이를 확인한 후 클레임을 처리한다. 예비클레임(Pre Claim)은 정식클레임으로 인정하지 않지만 정식클레임 접수 시까지 이를 유보하게 된다. 다만 최초 클레임이 완전한 서류를 갖추고 있는 경우 정식클레임으로 인정되어 클레임 절차를 진행하며 선사는 정식클레임 서류를 접수한 날로부터 90영업일 내에 해결한다.[19]

한편 클레임에 따른 책임과 배상한도 등은 한국계 선사들의 경우 Hague Rule, Hague-Visby Rule, 한국법률, 미국 COGSA 등 관련 국제법 및 현지법을 따른다고 하고 있다. 우리나라는 Hague-Visby Rule에 조인하지는 않았지만 동 규정을 상법에서 받아들이고 있어 서로 일치하는 부분이 많다고 할 것이다. 예컨대 운송인의 책임은 과실책임주의로 하고 있고 운송인의 손해배상한도(포장단위 당 666.67 SDR 또는 kg당 2SDR 중 큰 금액)[20]를 인정하고 있다. 다만, Hague-Visby Rule은 클레임의 사유로 화물의 훼손, 멸실 만을 규정하고 있으나 상법은 지연에 대해서도 운송인의 책임을 인정하였다.[21]

5 위험을 피하기 위한 방법

위험을 회피하기 위해서는 우선 포장 및 컨테이너 적재 등에 각별한 주의[22]가 필요하며 이렇다고 모든 위험에서 보호되는 것은 아니므로 무역업자의 경우 적하

---

18) 다만, 손해를 경감하기 위해 신속한 매각 또는 처리가 필요한 경우에는 사후적으로 승인을 이끌어 낼 수 있을 것이다.
19) 현대상선 홈페이지 참조
20) 다만, 운송인의 고의 또는 무모한 작위 또는 부작위로 인한 사고의 경우에는 배상한도를 주장할 수 없다(상법 제797조 참조).
21) 상법 제795조 제1항 참조
22) 이에 대해서는 본서 제14장 제2절 수출포장실무 참조

보험을 포워더의 경우 화물배상책임보험 등을 부보하여 미래의 위험에 대비해야 할 것이다.[23)]

23) 이에 대해서는 본서 제15장 포워더의 책임과 보험 참조

〈서식 7-1〉 선적요청서(Shipping Request)

SHIPPING REQUEST

TEL : FAX : ATTN: E-Mail :

Shipper ABC CO., LTD	Reference No. ME12120049
Consignee XYZ CO., LTD	Liner Information HYUNDAI MERCHANT MARINE CO.,LTD. Attn. Tel. : Fax. :
Notify SAME AS CONSIGNEE	Remark

Place of Receipt	Port of Loading BUSAN, KOREA		
Vessel KMTC ULSAN	Voyage 306S	ETD 2012-12-21	ETA 2012-12-30
Port of Discharge BANGKOK, THAILAND	Port of Delivery BANGKOK, THAILAND	Final Destination BANGKOK, THAILAND	

Continer No.	Seal No. Marks and Numbers	Number of Containers or packages	Description of goods	Gross Weight	Measurement
				3,483.00 KGS	31.600 CBM
		20 X 1 (461 CARTONS)	SAID TO CONTAIN		
CY/CY			FREIGHT PREPAID		

Total Number of Containers or Other packages or units received by the Carrier (in words)	ONE(20'X1) CONTAINER(S) ONLY.

〈서식 7-2〉 선하증권(Liner's Bill of Lading)

stx PanOcean BILL OF LADING

Shipper SUNGIL HIGH TECH CO LTD 254 NAMDONG IND PARK INCHEON KOREA	B/L No. POBUICH121:
Consignee TO THE ORDER OF OVERSEA-CHINESE BANKING CORPN LTD	
Notify Party TAI TRADING PET LTD BLK 6555 ANG MO KIO SINGAPORE	

RECEIVED by the Carrier from the shipper in apparent good order and condition unless otherwise indicated herein, the Goods, or the container(s) or package(s) said to contain the cargo herein mentioned, to be carried subject to all the terms and conditions proved for on the face and back of this Bill or Lading by the vessel named herein or any substitute at the Carrier's option and/or other means of transport, from the place of receipt or the port of loading to the port of discharge or the place of delivery shown herein and there to be delivered unto order or assigns.

If required by the Carrier, this Bill of Lading duly endorsed must be surrendered in exchabge for the Goods or delivery order.

In accepting this Bill of Lading, the Merchant agrees to be bound by all the stipulations, exceptions, terms and conditions on the face and back hereof, whether written, typed, stamped or printed, as fully as if signed by the Merchant, any to all custom or privilege to the contrary notwithstanding, and agrees that all agreements or freight engagements for and in connection with the carriage of the Goods are superseded by this Bill of Lading.

In witness whereof, the undersigned, on behalf of STX Pan Ocean Co., Ltd. the Master and the owner of the Vessel has signed the number of Bill(s) of Lading stated under, all of this tenor and date, one of which being accomplished the others to stand void.

Declared Cargo Value $ If Merchant enters a value, Carrier's Limitation of Liability per Package or Unit shall not apply and the Ad Valorem rate will be charged. Excess Value Declaration as per Clause 17, 26 & 29.

(Terms continued on the back hereof)

Pre-carriage by	Place of Receipt		
	INCHON PORT ##		
Ocean Vessel	Voyage No.	Flag	Final Destination
STX MUMBAI	056S	PANAMA	
Port of Loading	Port of Discharge	Place of Delivery	
INCHON PORT ##	SINGAPORE	SINGAPORE	

Container No. Seal No.	Marks & Nos.	No. of Containers or Pkgs	Description of Goods	Gross Weight	Measurement
STXU2023 STXP3521	N/N ##OF SOUTH KOREA	(8 PACKAGES)	SHIPPER'S LOAD, COUNT & SEAL SAID TO CONTAIN: ALUMINIUM SHEET IN MILL FINISH A5052 / H32 ------------------------------------ TOTAL : 691 PCS / 13.038 MT AS PER PI. REF NO. CG-121004-01 DTD 04.10.2012. CIF SINGAPORE	13,222.000KGS	20.000CBM

PARTICULARS FURNISHED BY SHIPPER

ORIGINAL

NULL AND VOID

Total Number of Containers or Packages (in words)
"FREIGHT PREPAID"
SAY : ONE (1) CONTAINER ONLY.

Freight & Charge	Revenue Tons	Rate	Per	Prepaid	Collect

AS ARRANGED

Freight Prepaid at	Freight Payable at	Place of Issue
INCHON PORT OF SOUTH KC		INCHON PORT OF SOUTH KC
Total Prepaid in	No. of Original B/L THREE(3)	Date of Issue November 8, 2012

Laden on Board the Vessel Date : November 8, 2012 STX Pan Ocean Co., Ltd as Carrier By:	STX Pan Ocean Co., Ltd as Carrier By: for Master

STX FORM No. BL-4000

〈서식 7-3〉 선하증권(Forwarder's Bill of Lading)

COMBINED TRANSPORT BILL OF LADING

INO FREIGHT
Int' l Freight Forwarding & Logistics
TEL:82 2 6353 1306 FAX:82 2 2179 9980

Consigned to order of

Notify address

	Place of receipt
Ocean vessel	Port of loading
Port of discharge	Place of delivery

Marks and Numbers	Number and Kind of packages	Description of goods	Gross weight	Measurement

COPY
NON-NEGOTIABLE

according to the declaration of the consignor

Declaration of interest of the consignor in timely delivery(Clause 6.2.)

Declared value for ad valorem rate according to the declaration of the consignor(clauses7 and 8).

The goods and instructions are accepted and dealt with subject to the Standard Conditions printed overleaf.

Taken in charge in apparent good order and condition, unless otherwise noted herein, at the place of receipt for transport and delivery as mentioned above. One of these Multimodal Transport Bills of Lading must be surrendered duly endorsed in exchange for the goods. In Witness where of the original Multimodal Transport Bills of Lading all of this tenor and date have been signed in number stated below, one of which being accomplished the other(s) to be void.

Freight amount	Freight payable at	Place and date of issue
Cargo insurance through the undersigned ☐not corvered ☐Covered according to attached policy	Number of Original FBL' s	ACTING AS A CARRIER INO FREIGHT CO.,LTD. Stamp and Signature

〈서식 7-4〉 적하목록(Manifest)

대 한 민 국 세 관
KOREA CUSTOMS SERVICE

혼재화물적하목록(해상수출)
Sea Consolidated Cargo Manifest

1. 연번(PAGE NO)	1 OF 1
2. 적하목록관리번호(Manifest Reference No.)	

3. 선박회사(Name of Carrier)	4. 국내화물운송주선업자명(Deconsolidator)	5. 선박명(Name of Ship / Voyage No	6. 출항일자(Date of Departure
(주)한진해운서울판매지점	YUHANTECHNOS [YHTX]	VESSEL /VOYAGE	2010-08-02

7. 선하증권번호 (M B/L NO.)	9. 화물 구분 (E:Export, R:R/S) 8. 선하증권번호 (H B/L NO.)		10. S)송하인 (Shipper) C)수하인 (Consignee)	11. 콘테이너번호 (ContainerNo)	12. 품 명 Description	13. 포장 개수 (No. of Pieces)	14. 1)총중량(KGS) 2)총용적(CBM)	15. 세관기재란 Customs Use Only
HJSC100812345	HANS201008001	E	S)SHIPPER NAME(CUSTOMER : YUHAN) SHIPPER ADDRESS SEOUL, KOREA TEL:82-2-6277-8000 FAX:82-2-6277-8080 C)CONSIGNEE NAME(CUSTOMER : YUHAN) CONSIGNEE ADDRESS SEOUL, KOREA TEL:82-2-6277-8000 FAX:82-2-6277-8080 N)SAME AS CONSIGNEE	CONTR99999/ SEAL888	ITEM	100	5,300.00 12.340	
To:al Master BL 1	Total House BL 1					Total Package 100	Total (KGS, CBM) 1) 5,300.00 2) 12.340	

〈서식 7-5〉 도착예정통보(Pre-alert)

YUHANTECHNOS

57 UBI AVE 1 #05-07 UBI CENTER SINGAPORE408936
Tel:+82-51-442-1108 Fax:+82-51-442-1022 e-mail:yht.yht.co.kr URL:www.yht.co.kr

Printed By : 유한 Date : 2010-08-02

(OCEAN OUTBOUND)

SHIPPING ADVICE

To. [FPTNF001]OVERSEA PARTNER NAME(PARTNER : YUHAN)

ATTN. TEL/FAX.

REF NO.		ONBOARD DATE.	2010-08-02
M.B/L NO.	HJSC100812345	ARRIVAL DATE.	2010-08-02
PORT OF LOADING.	BUSAN KOREA	LINE	HANJIN SHIPPING CO,LTD
PORT OF DISCHARGE.	HONG KONG	VSL / VOY	VESSEL VOYAGE
DESTINATION.		CONTAINER	20DRx1

H.B/L NO	SHIPPER / CONTAINER/SEAL NO.	CONSIGNEE / NOTIFY	P'KGS	G.W/T	CBM	FREIGHT TERM
			DESCRIPTION OF GOODS			
HANS201008001	SHIPPER NAME(CUSTOMER : YUHAN) SHIPPER ADDRESS SEOUL, KOREA TEL:82-2-6277-8000 FAX:82-2-6277-8080 CONTR99999 & SEAL888	CONSIGNEE NAME(CUSTOMER : YUHAN) CONSIGNEE ADDRESS SEOUL, KOREA TEL:82-2-6277-8000 FAX:82-2-6277-8080 SAME AS CONSIGNEE	100 ITEM	5,300.00	12.335	PREPAID
TOTAL	1		100	5,300.00	12.335	

REMARK

〈서식 7-6〉 운임견적서(Rate Quotation)

AJS FREIGHT FORWARDING CO LTD

Unit 55, The Heathrow Estate,
The Parkway, Hounslow, Middx.
TW4 6NQ U.K.

Phone 44-20-6784-5599
Fax 44-20-8678-5999
E-mail LEE@AJF.COM

We are also pleased to inform you of the following new ocean rates for general cargo from The UK port to Busan port with effective **5th Aug 2012 – UFN**

1. FCL rates - for non haz general cargo

Carrier	20ft	40ft	ETS	Cut-off	POD
Senator Lines	$75	$150	Tuesday	Thursday	Felixstowe
OOCL	$100	$200	Saturday	Wednesday	Southampton
Hyundai	$75	$150	Wednesday	Monday	Thames Port
Hanjin	$135	$235	Tuesday	Thursday	Felixstowe

**** Other Charges ; -**

a. BAF : ruling at the current rates
b. CAF : ruling at the current rates
c. Terminal Handling Charge : £69.00 per container
d. Documentation : £25.00 per B/L
e. N.E.S (Custom Clearance) : £20.00 per B/L
f. Security Surcharge : £7.00 per B/L

2. LCL rates – for non haz general cargo

**** Ocean Freight** : $40.00 per 1 cbm or 1000 kgs (Minimum $40.00)

Cut-off by Wednesday, Departing on Saturday from Southampton Port

**** Other charges –**

a. Terminal Handling Charges: £8.00 per cbm or 1000 kgs (min £16)
b. Documentation : £25.00 per B/L
c. N.E.S (Custom Clearance) : £20.00 per B/L

- Transit time of 26 days with the direct schedule.

- **The above rates are subject to carrier's GRI without notice.**

Should you need any further information, please do not hesitate to contact us.

Sincerely,

Alfred Yonsen
Managing Director
AJS Freight Forwarding Co.,Ltd

〈서식 7-7〉 운임청구서(Freight Invoice)

INVOICE (청구서)

(화 주 용)

(주) ABC 무역상사

청구일 :2012-06-06

1. 거 래 내 역

INV. No. : 7400-0194

Consignee TRADING INVESTMENT CORPORATION				출발지: 도착지:	
MBL No. BSNHPG120249 HBL No. BSNHPG120249		VESSEL NAME : SINAR BANGKA VOYAGE : 1214S		E.T.D 2012-06-06	E.T.A 2012-06-11
Package 15	C/W(Kg) 3,000.00	CBM 4.860	Rate: 22GP: 42GP: RTon: 10.00		Ocean Freight 48.60
Items:					

2. 청 구 내 역

Ex.Rate Date: 2012-06-06 환 율 : USD 1,193.40

청 구 내 역	USD	KRW	VAT
OCEAN FREIGHT(SEA OUTBOUND) 4.860 x 10.00	48.60	57,999	
DOCUMENT FEE		19,000	1,900
CUSTOMS CLEARANCE CHARGE		76,225	7,622
HANDLING CHARGE		59,670	5,967
INSPECTION FEE 보험료		17,730	
Total VAT		15,489	
청 구 금 액 (TOTAL)	**48.60**	**246,113**	

* 은행계좌번호 : FREIGHT CO.,LTD.

외환은행: 650-00582

TEL:82-31-8076-1306~7 FAX:822-2179-9980

담당자 :

(주) 엘리프레이트코리아

〈서식 7-8〉 세금계산서(Tax Invoice)

[별지 제11호 서식]

세금계산서 (공급자 보관용)	책번호	권	호
	일련번호		

공급자				공급받는자			
등록번호	209-08-58935			등록번호	204-65-73593		
상호(법인명)	제이앤로지스틱스	성명	유동수 인	상호(법인명)	루드무역	성명	김영섭 인
사업장 주소	서울 송파 잠실동 잠실빌딩 5층			사업장 주소	서울 마포구 동교동 동교빌딩 3층		
업태	서비스	종목	복합운송주선	업태	도매	종목	무역업 (화학,철강,농산물)

작성 년	월	일	공란수	공급가액	세액	비고
2014	1	31	5	366951	36695	

월	일	품목	규격	수량	단가	공급가액	세액	비고
1	31	OCEANFREIGHT		1	366,213	366,213		

합계금액	현금	수표	어음	외상미수금	이 금액을 **영수** 함
366,213					

22226-28131일 '96.3.27승인 인쇄용지(특급)34g/m2 182mmx128mm

[별지 제11호 서식]

세금계산서 (공급자 보관용)	책번호	권	호
	일련번호		

공급자				공급받는자			
등록번호	209-08-58935			등록번호	204-65-73593		
상호(법인명)	제이앤로지스틱스	성명	유동수 인	상호(법인명)	루드무역	성명	김영섭 인
사업장 주소	서울 송파 잠실동 잠실빌딩 5층			사업장 주소	서울 마포구 동교동 동교빌딩 3층		
업태	서비스	종목	복합운송주선	업태	도매	종목	무역업 (화학,철강,농산물)

작성 년	월	일	공란수	공급가액	세액	비고
2014	1	31	6	57050	5705	

월	일	품목	규격	수량	단가	공급가액	세액	비고
1	31	관세사수수료		1	35,255	32,050	3,205	
		DO CHARGE		1	27,500	25,000	2,500	

합계금액	현금	수표	어음	외상미수금	이 금액을 **영수** 함
62,755					

22226-28131일 '96.3.27승인 인쇄용지(특급)34g/m2 182mmx128mm

〈서식 7-9〉 해외파트너정산서(Credit/Debit Note)

Elisa Freight Forwarding USA
Tel: 1-203-457-6588 Fax: 1-203-457-6889

AGENT STATEMENT

TO : FREIGHT CO., LTD.

STATEMENT DATE	:	January 12, 2012
PERIOD	:	01/01/2011 - 12/31/2011
DEPARTMENTS	:	OI,OO,AI,AO,GE
OPEN / ALL	:	OPEN
REMIT AMOUNT	:	

DATE	OUR REF. NO	YOUR REF. NO. ITEM DESCRIPTION	B/L NO.	CRDR NO.	DR (+)	CR (-)	PAYMENT	BALANCE	
11-17-11	AIC99122INO		INOF 3000249	CCDR65048	**470.00**	**0.00**	0.00	470.00	☑
		AIR IMPORT SUB TOTAL ■		1 Record(s).	**470.00**	**0.00**	0.00	470.00	
12-04-11	OEC54485K		ITC54485-11	CCDR65170	**120.92**	**0.00**	0.00	120.92	☑
		OCEAN EXPORT SUB TOTAL ■		1 Record(s).	**120.92**	**0.00**	0.00	120.92	
GRAND TOTAL ■		2 Record(s).		**USD**	590.92	0.00	0.00	590.92	

REMARK :

〈서식 7-10〉 인도승낙서(Delivery Order)

YUHANTECHNOS

57 UBI AVE 1 #05-07 UBI CENTER SINGAPORE408936
Tel:+82-51-442-1108 Fax:+82-51-442-1022 e-mail:yht.yht.co.kr URL:www.yht.co.kr

Printed By : 유한 Date : 2010-08-02
(OCEAN INBOUND) Branch : 본사

DELIVERY ORDER

Shipper. SHIPPER NAME(CUSTOMER : YUHAN) SHIPPER ADDRESS SEOUL, KOREA TEL:82-2-6277-8000 FAX:82-2-6277-8080	**MRN** **MSN** **M.B/L No.** HJSC100812345 **H.B/L No.** HANS201008001 **HSN** 001 **Delivery Date.** 2010-08-02
Consignee. CONSIGNEE NAME(CUSTOMER : YUHAN) CONSIGNEE ADDRESS SEOUL, KOREA TEL:82-2-6277-8000 FAX:82-2-6277-8080	**TO.** 수입자(화주:유한) **ATTN.** **TEL.** 82-2-6277-8000 **FAX.** 82-2-6277-8080
Notify. SAME AS CONSIGNEE	**FROM.** (주) 유한테크노스 **ATTN.** 유한 **TEL.** +82-51-442-1108 **FAX.** +82-51-442-1022

Port of Loading	**Port of Receipt**	**Vessel Name**	**Voyage No.**	
HONG KONG	HONG KONG	VESSEL	VOYAGE	
Port of Discharge	**Port of Delivery**	**Final Destination**	**E.T.D**	**E.T.A**
BUSAN KOREA	BUSAN KOREA		2010-08-02	2010-08-02

Mark & Number	**No of Package**	**Description of Goods**	**Weight**	**Measurment**
	100 OTHER(GT)		5,300.00 KG	12.335 CBM

*CONTAINER NO.
CNTR9999/22GP/SEAL888/100 GT/5300.00 KG

N/M

"SHIPPER`S LOAD & COUNT"
SAID TO CONTAIN:

WAREHOUSE:02002048 (인천항부두관리공사)

ASSGNMENT:G (보세운송)

ITEM
INV NO:
PO NO:

FREIGHT COLLECT

REMARK

본 D/O를 제출한 수하인에게 화물인도를 승락합니다.

Signature: ____________________
(주) 유한테크노스

〈서식 7-11〉 수입화물선취보증서(Letter of Guarantee)

Letter of Guarantee 운송인용 신한은행 SHINHAN BANK

■ TO ______________________
(Shipping Company)

■ L/G No. :
■ Date :
■ Branch :
■ TEL No. :
■ FAX No. :

Vessel Name/ Voyage No.				Letter of Credit No.		Date of Issue	
Port of Loading				Invoice Value			
Port of Discharge (or Pace of Delivery)				Description of Cargo			
Bill of Lading No.		Date of Issue					
Shipper				No. of Packages		Marks & Nos.	
Consignee							
Party to be Delivered							

Whereas you have issued a Bill of Lading covering the above shipment and the above cargo has arrived at the above port of discharge(or the above place of delivery), we hereby request you to give delivery of the said cargo to the above mentioned party without production of the original Bill of Lading.

In consideration of your complying with our above request, we hereby agree as follows:

1. To indemnify you, your servants and agents and to hold all of you harmless in respect of liability, loss, damage or expenses which you may sustain by reason of delivering the cargo in accordance with our request, provided that the undersigned Bank shall be exempt from liability for freight, demurrage or expenses in respect of the contract of carrige.
2. As soon as the original Bill of Lading corresponding to the above cargo comes into our possession, we shall surrender the same to you, whereupon our liability hereunder shall cease.
3. The liability of each and every person under this guarantee shall be joint and several and shall not be conditional upon your proceeding first against any person, whether or not such person is party to or liable under this guarantee.
4. This guarantee shall be governed by and construed in accordance with Korean law and the jurisdiction of the competent court in Korea.

Should the Bill of Lading holder file a claim or bring a lawsuit against you, you shall notify the undersigned Bank as soon as possible.

Yours faithfully,

For and on behalf of (Name of Requestor)	For and on behalf of (Name of Bank)
______________________ Authorized Signature	______________________ Authorized Signature

(2006.10 제정) 3-304-0066(21.0×29.7) NCR용 45g/m²

제8장 항공운송의 기초

제1절 항공운송기초[1)]

1 항공화물운송의 이해

1) 항공화물운송의 개념

항공운송은 항공기의 선복(Space)에 승객과 화물을 탑재하고 국내외의 공항에서 항로를 이용하여 다른 공항까지 운항하는 운송시스템을 의미한다. 우편물과 여객이 휴대하는 수화물을 제외한 모든 물품을 항공화물이라 하며 이를 항공으로 운송하는 시스템을 항공화물운송시스템이라 할 수 있을 것이다.

2) 항공화물운송의 종류

항공기에 의한 화물운송서비스는 일반항공화물(General Air Freight)과 특송화물(Air express) 및 항공우편(Air mail)의 3가지 영역으로 구분할 수 있다. 3가지 항공운송의 특징을 비교하면 <표 8-1>과 같다.

2 항공화물운송의 특성

항공화물운송의 특성에 대해 공급 측면, 수요 측면, 서비스 측면, 운송되는 화물 측면에서 나누어 보면 <표 8-2>와 같다.

---

1) 본절과 제2절은 저자의 박사학위논문을 요약하고 수정하여 게재하였음.

〈표 8-1〉 항공운송의 종류

<table>
<tr><th colspan="2">서비스 영역</th><th>일반항공운송
(Air Freight)</th><th>항공특송
(Air Express)</th><th>항공우편
(Air Mail)</th></tr>
<tr><td colspan="2">서비스 주체</td><td>포워더</td><td>항공특송사</td><td>우정사업본부</td></tr>
<tr><td colspan="2">자체 터미널</td><td>보유 또는 미보유</td><td>보유 또는 세관창고 이용</td><td>보유</td></tr>
<tr><td colspan="2">운송서류</td><td>항공화물운송장
(Air Waybill)</td><td>특송운송장
(Express Bill)</td><td>EMS 운송장</td></tr>
<tr><td colspan="2">주요고객</td><td>기업</td><td>기업, 개인</td><td>개인</td></tr>
<tr><td colspan="2">서비스 형태</td><td>공항 간 서비스 또는 문전서비스</td><td>문전서비스</td><td>문전서비스</td></tr>
<tr><td colspan="2">운송과정 중 책임 부담</td><td>부문 책임 또는 일관책임</td><td>일관책임</td><td>일관책임</td></tr>
<tr><td rowspan="4">운송 프로세스 상 협력 관계</td><td>항공운송</td><td>일반항공사</td><td>자사 항공편 또는 일반 항공사</td><td>일반 항공사</td></tr>
<tr><td>수출입 신고</td><td>계약 또는 화주 지정 관세사</td><td>자사 소속 또는 계약 관세사</td><td>소속 관세사</td></tr>
<tr><td>통관 보세창고</td><td>자사/계약 또는 화주 지정 창고</td><td>자사 시설 또는 세관 장치장 내 특송장</td><td>통관우체국</td></tr>
<tr><td>국내운송</td><td>계약 또는 화주 지정 운송사</td><td>자사망 또는 계약사 운송망</td><td>우체국망</td></tr>
</table>

출처 : 정연봉, 「국제항공특송의 일반항공운송 대비 경쟁력 실증연구」, 박사학위논문, 2014.

〈표 8-2〉 항공화물운송의 특성

분류	내용
공급 측면	• 공급탄력성이 낮다. • 정부의 시장개입 수준이 높다. • 공급자 간 경쟁과 협력이 활성화되어 있다. • 인건비와 연료비의 비중이 높다. • 시장경쟁력 확보를 위해 운항빈도 증가와 초과공급이 발생한다. • 한계비용이 낮다.
수요 측면	• 파생수요이다. • 서비스 지향적 시장이다. • 일방향성이다. • 수요에 계절성이 있다. • 수요가 불균형하다. • 수요예측이 불확실하다. • 타 운송수단에 대해 보완적 성격을 갖는다.
서비스 측면	• 일반적인 서비스의 특성으로 무형성, 소멸성, 이종성을 갖는다. • 서비스 구간에 따라 공항 간 서비스와 문전서비스로 나뉜다. • 중간 공항 경유 여부를 기준으로 직항서비스와 경유서비스가 있다. • 판매방식을 기준으로 직접판매와 간접판매가 있다.
운송화물 측면	• 수요발생이 긴급한 것 • 장기간의 수송에 의해 가치가 절감되는 것 • 긴급수송을 요하는 것 • 운임부담력이 큰 품목 • 반제품으로 조립, 가공을 위해 발송하는 것 • 여객에 부수하여 급송을 필요로 하는 것 • 전자상거래 물품 • 취급과 보관비용이 높은 화물

출처 : 정연봉(2014)

3 항공화물운송의 장점과 단점

1) 비용 측면

항공운송과 다른 운송을 비교함에 있어서 직접적 비용과 간접적 비용으로 나누어 항공운송의 장점을 살펴보면 첫째 직접적 비용 측면에서 항공운송은 타 운송에 비해 운송되는 기간이 짧고 사고위험도 낮기 때문에 포장비와 보험료[2)]를 절감할

2) 항공운송의 위험이 해상운송에 비해 작다는 것은 보험료율을 통해서 간접적으로 추정할 수 있을 것이다. 통상적으로 동일 아이템 동일 지역으로 발송되는 화물에 대해 항공운송에 따른 적하보험

수 있다. 또한 운송되는 제품(운송 중 재고)에 투자된 자본비용이 절감 된다.[3] 둘째 간접적 비용 측면에서 재고비용을 줄인다. 즉 리드타임(화물이 운송되는 기간) 동안의 재고인 안전재고가 줄어 재고비용을 감소시킬 것이며 진부화[4]비용을 줄일 것이다. 그러나 그 운임이 타 운송수단에 비해 현격하게 높으며 운송할 수 있는 화물의 사이즈에 있어서도 많은 제한이 있다.

2) 시간 측면

유행 또는 긴급 필요에 대한 신속한 대응을 할 수 있으며 장거리도 신속하게 이동할 수 있다는 장점을 갖는다. 이로 인해 시간제약과 공간제약에서 자유롭다는 장점이 있다.

3) 서비스 질 측면

손실, 분실, 도난 등의 사고가 감소하게 된다. 이로 인해 관리와 포장에 대한 수고를 줄일 수 있을 것이다. 또한 정시발착이 가능하고, 화물의 소재파악이 용이하며 신뢰도가 높다.

제2절 항공화물운송 현황

1 항공화물운송의 최근 현황

1) 항공운송 현황

물동량 기준으로 항공운송 시장은 큰 틀에서는 지속적인 성장을 하고 있으나 국제경제에 영향을 주는 사건이 발생할 때마다 1-2년 동안의 정체 또는 후퇴의 시기

이 저렴하다.

3) 임석민(2014), p.361.

4) 위키피디아(www.wikipedia.com)에 의하면 진부화(Obsolescence)는 사물, 서비스 등이 제 기능을 할 수 있음에도 불구하고 더 이상 이용자들에 의해 필요하지 않게된 상태를 의미한다. 이의 가장 큰 원인은 보다 나은 대체품의 출현 또는 유행의 변화로 발생한다. 이로인해 진부화된 제품은 그 가치가 크게 하락하게 된다.

를 겪어왔다. 아래 표에서 보는 바와 같이 최근에 항공수출입 물량은 뚜렷한 성장을 보이지 못하고 정체 상태에 있다고 할 것이다.

2) 항공운송의 분담율

항공운송이 우리나라의 전체 수출입 물량과 금액에서 차지하는 비중은 아래 표와 같다. 예컨대 2014년을 기준으로 수송량은 수출의 경우 0.3%, 수입의 경우 0.1% 수준이다. 그러나 금액을 기준으로 하는 경우는 수출의 31.5%, 수입의 28.1%를 차지한다.

〈표 8-3〉 항공과 해상의 물동량(중량기준)

(톤)	해운		항공		항공의 비율	
	수출	수입	수출	수입	수출	수입
2011	181,683,965	505,013,280	536,257	487,807	0.30%	0.10%
2012	186,736,122	510,883,029	530,309	455,972	0.28%	0.09%
2013	183,240,875	511,949,874	533,440	498,534	0.29%	0.10%
2014	189,809,914	532,611,232	563,568	594,036	0.30%	0.11%

출처 : 무역협회 통계 요약

〈표 8-4〉 항공과 해상의 물동량(금액기준)

(백만불)	해운		항공		항공의 비율	
	수출	수입	수출	수입	수출	수입
2011	436,126	406,802	116,583	110,123	26.73%	27.07%
2012	427,275	407,862	118,284	103,663	27.68%	25.42%
2013	425,140	398,481	132,044	108,355	31.06%	27.19%
2014	433,555	402,447	136,764	113,268	31.54%	28.14%

출처 : 무역협회 통계 요약

2 항공화물시장의 환경변화

1) 국제물류 환경의 변화

국제교역환경은 세계시장 단일화, 경제의 블록화, 지식기반산업과 전자상거래의 발달이 이루어지고 있으며 국제화에 따라 물류패턴이 다품종 소량물류, 재고축소형, 국내외 물류 통합형, 생산, 판매, 물류의 독립성이 강화되고 있다. 이에 따라 화주기업들의 글로벌화가 촉진되고 있다. 또한 화주기업들은 글로벌 경쟁에서 생존을 위해 제품개발과 판매에 보다 집중하고 물류 부문에 대해서는 아웃소싱을 통해 물류기업의 전문성을 활용하고 있으며[5] 원스탑(One Stop)서비스를 요구하고 있다. 즉 글로벌 화주기업들은 국제물류 서비스 공급자에게 국제운송뿐만 아니라 보관과 국내 배송 등의 통합적인 물류서비스를 1국이 아닌 국제적 네트워크 하에서 제공받기를 원하고 있다.

2) 공급사슬관리의 고도화

소비자의 니즈가 고도화되고 다양화되어 유통대상 품목이 많아지고 제품수요의 불확실성이 높아져 재고 및 물류관리가 복잡해졌고 이로 인해 공급사슬관리의 중요성이 더욱 부각되었다. 특히 SCM 내에서 탄력성과 대응성 제고에 대한 요구에 따라 항공운송의 역할이 더욱 커질 것으로 예상된다.

3) 국제 전자상거래의 활성화(직구물량의 증가)

직구는 주로 개인이 해외 온라인사이트를 통해 물품을 구매하여 항공특송을 통해 국내로 들여오는 것으로서 동물량이 폭발적으로 증가하고 있다. 최근 유통관련 가장 큰 변화 중 하나는 전자상거래의 활성화라고 할 수 있을 것이다. 전자상거래 시장은 최근 지속적으로 크게 발전하고 있는데 이는 국내외를 불문하고 있다. 국제 전자상거래 수입금액과 건수는 다음과 같다.

〈표 8-5〉 전자상거래 물품 수입동향

(천건, 백만불)	특송(A)		전자상거래(B)		비율(B/A)	
	건수	금액	건수	금액	건수	금액
2009	7858	5326	2422	159	30.8%	3.0%
2010	8777	6789	3319	255	37.8%	3.8%
2011	11508	11506	5598	469	48.6%	4.1%
2012	14141	14207	7941	704	56.2%	5.0%
2013	17721	15133	11155	1036	62.9%	6.8%

출처 : 대한상공회의소 SCM CEO Report 제16호

5) 박귀환 외(2007), 하영석(2012), 이충배, 김재철(2010)

4) 보안의 강화

2001년 911테러이후 미국은 국경을 통과하는 물품에 대하여 보안조치를 강화했다. 현재까지 미국은 항공보안 및 테러방지를 위해 여러 정책을 적용하고 있는 바 국제무역 및 물류업계에 가장 큰 영향을 주는 제도로는 C-TPAT, CSI제도, 적하목록 사전전송제도 등이 있다.[6]

이러한 각종 보안 관련된 제도는 보다 안전한 국제무역과 물류 환경을 위해 필요하다고 할 수 있으나 관련 기업 입장에서는 추가적인 비용과 인력이 필요하게 되므로 중소기업 보다는 대형 기업에 유리하게 작용할 가능성이 높다고 할 수 있다.

5) 환경관련 규제 강화

항공운송은 여러 가지 환경문제를 야기한다. 즉 기후변동, 소음, 공기오염, 생태계 교란, 수질오염, 폐기물오염 등의 환경 문제를 야기하는데 그중 기후변동과 관련하여 OECD의 2000년 자료를 이용한 분석에 따르면[7] OECD 국가 내에서 부문별 이산화탄소 배출 점유율을 에너지 생산 (41%), 운송 (26%), 제조와 건축 (19%), 주거(8%), 상업과 기타(6%)로 조사하였다. 이중 운송이 배출하는 양을 운송수단 별로 나누면 도로운송(65%), 철도/국내항공/수로(23%), 국제항공(5%), 국제해운(7%) 차지한다고 하였다.

이를 통해 보면 국제항공이 운송량 부분에서 차지하는 비중이 낮음에도 불구하고 이산화탄소 배출량에서는 국제해운과 큰 차이가 없음을 보여주고 있다. 항공운송의 이산화배출 문제에 대해 EU는 2012년부터 항공부문에 대한 배출권거래제도(ETS: Emission Trading Scheme)[8]를 시행하였다. 동 제도는 시행 첫해 과거 항공사의 이산화탄소 배출량의 97%에 해당하는 배출권을 할당받는다. 그 한도를 넘기게 되면 초과된 부분만큼의 배출권을 구입해야 하는 것이므로 항공사에게는 성장을 제약하는 부담으로 작용하게 될 것이다.

이러한 환경규제는 항공산업의 지속적인 성장을 위해서는 긍정적인 영향을 줄

---

6) 이에 대해서는 본서 제16장에서 자세히 서술하였다.
7) Chapman, Transport and climate change: review, Journal of Transport Geography, Vol. 15, 2007.
8) 지구온난화를 막기 위한 교토의정서에서는 온실가스감축 의무를 이행시키기 위해 경제적 수단을 3가지 도입하였다(배출권거래제, 청정개발체제, 공동이행제도). 그중 배출권거래제도는 각국 또는 기업은 연간 배출허용량을 할당 받게 되며, 연간 사용량이 배출허용량을 초과한 국가나 기업이 감축 목표를 초과달성하여 배출허용량을 모두 사용하지 않은 국가나 기업으로부터 배출권을 구입하게 하는 제도이다.

수 있으나 단기적으로 항공운송산업의 발전을 제약하는 측면도 있으며 보안에 대해서와 마찬가지로 대기업 보다는 중소기업에게 보다 큰 부담요인으로 작용하게 될 것이다.

6) 전략적 제휴 강화

항공운송업은 동종기업 간 전략적 제휴[9]와 인수합병이 활성화되어 있는 업종이라고 할 수 있다. 인수합병에 대해서는 최근 사례만 보더라도 거대항공사 간의 인수합병이 진행되었다. US Airways 와 American Airline의 합병결정과 정부승인이 2013년에 있었으며, 유나이티드항공(United Air Lines)과 컨티넨탈 항공(Continental)의 합병 (2010), Air France-KLM 의 Alitalia 지분 25% 매입을 통한 경영 참여(2009) 등이 있었다.

〈표 8-6〉 주요 항공얼라이언스 현황

글로벌 제휴	항공사	
스카이팀 (Sky Team) 19개 항공사	Aeroflot / Aerolíneas Argentinas Aeromexico / Air Europa Air France / Alitalia China Airlines / China Eastern China Southern / Czech Airlines	Delta Air Lines / Kenya Airways KLM / Korean Air Middle East Airlines / Saudia TAROM / Vietnam Airlines Xiamen Air
스타얼라이언스 (Star Alliance) (29개 항공사)	Adria Airways / Aegean Airlines Air Canada / Air China Air New Zealand / ANA Asiana Airlines / Austrian Avianca / Brussels Airlines Copa Airlines / Croatia Airlines EGYPTAIR / Ethiopian Airlines	EVA Air / LOT Polish Airlines Lufthansa / Scandinavian Airlines Shenzhen Airlines / Singapore Airlines South African Airways / SWISS TAM Airlines / TAP Portugal THAI / Turkish Airlines United / US Airways
원월드 (One World) (14개 항공사)	airberlinAmerican Airlines / British Airways Cathay Pacific / Finnair Iberia / Japan Airlines	LAN / Malaysia Airlines Qantas / Qatar Airways Royal Jordanian / S7 Airlines Mexicana

참조 : 각 제휴 홈페이지 / 2014년 기준

9) 경쟁관계에 있는 기업이 일부사업 혹은 기능별 활동부분에 있어 경쟁기업과 일시적 협조관계를 갖는 것을 의미한다(윤문길 외, 2011).

전략적 제휴의 근본적 동기는 법적 또는 재정적 제한 하에서 새로운 국가 또는 지역으로 서비스 노선을 확장하기 위한 것, 수송량 증대, 비용의 절감,[10)] 서비스 질의 향상, 운항스케줄의 증가 등의 효과를 들 수 있을 것이다. 따라서 전략적 제휴의 형태로는 제휴 분야 공동 지상조업, 지상시설의 공동이용, 상용고객우대프로그램의 연결, 코드쉐어링, 공동운항, 좌석(또는 공간)할당, 운항스케줄의 조정, 공동광고 및 판촉, 공동정비, 항공기 및 항공유의 공동구매 등이 있다.[11)] 현재 가장 대표적인 글로벌 얼라이언스인 Star Alliance, Sky Team, One world 의 참여 항공사 내역은 <표 8-6>과 같다.

제3절 항공화물 시설과 장비

항공화물운송을 위해서는 항공기가 있어야 하며 항공기가 계류하고 항공기로부터 화물의 탑재 또는 하기를 위해서는 항공화물터미널 내에 각종 시설과 장비가 구비되어 있어야 한다. 또한 현대의 항공기는 팔레트, 컨테이너와 같은 ULD(Unit Load Device)들이 활용되고 있다.

1 항공화물터미널 시설과 장비

항공화물터미널에는 항공기에서 도착한 화물을 다루기 위한 항공사의 계류장과 화물터미널과 함께 주변에 세관이 있으며, 포워더, 보세운송업체, 관세사 등의 공항사무소가 위치한 사무동, 그리고 각 물류업체들이 운영하고 있는 보세창고 등이 위치해 있다.

---

10) 비용이 절감되는 이유는 규모의 경제와 밀도의 경제에 의한다고 할 수 있다. 규모의 경제성(Economies of scale)은 공동구매에서 보는 것처럼 대량구매를 통해 단가를 낮추는 효과이다. 밀도의 경제성(Economies of density)은 항공사가 제휴를 통해 운항효율성이 높은 대형기종을 이용하거나 지상설비 및 인력을 보다 집약적으로 활용할 수 있을 경우 발생한다.

11) 항공진흥협회(1999)

〈그림 8-1〉 화물터미널의 전경과 내부

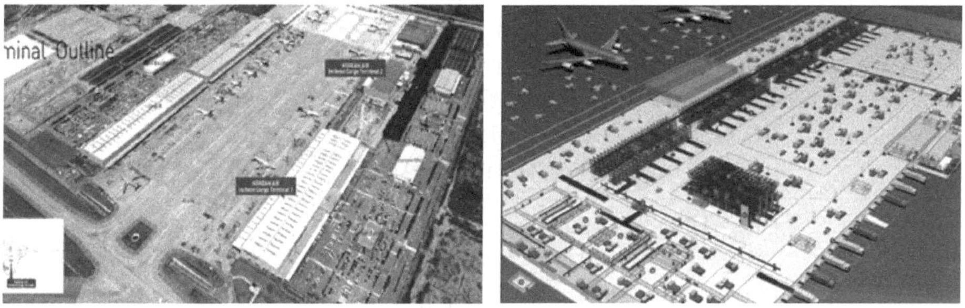

출처 : K항공사 발표자료

항공사의 항공화물터미널을 중심으로 여러 가지 장비들이 존재하는데 그것은 다음과 같다.

〈그림 8-2〉 항공화물터미널 내 시설과 장비

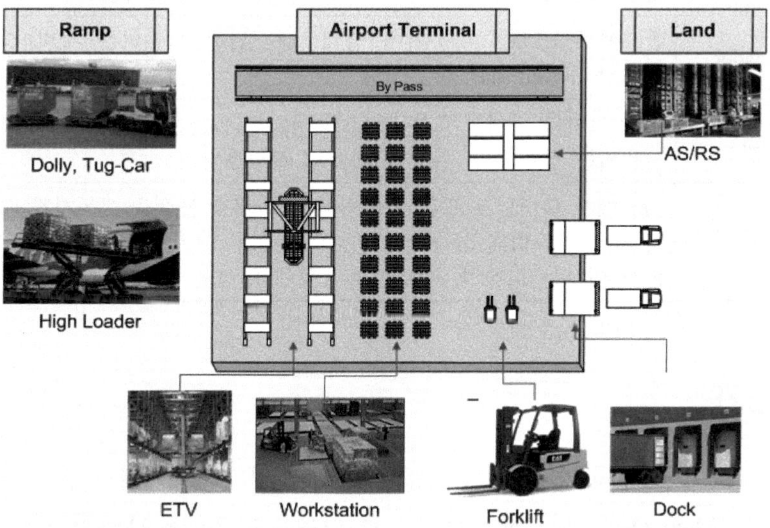

출처 : K항공사 발표자료

각 시설과 장비의 기능과 용도는 <표 8-7>과 같다.

〈표 8-7〉 항공사터미널의 시설과 장비

시설, 장비명	내용
ETV (Elevating Transfer Vehicle)	터미널 내에서 램프 쪽에 있는 시설로서 항공기에서 ULD를 내린 후 작업(Breakdown) 전에 대기하는 곳이다. 수출화물의 경우에는 ULD 작업(Build-up)이 완료된 ULD가 항공기 입항을 기다리는 곳이기도 하다. 보통 Rack 과 ETV가 함께 시설되게 되며 ETV는 수평이동과 수직이동을 자유롭게 하면서 Rack에 ULD를 놓거나 픽킹 작업을 하게 된다.
Workstation	이는 ULD작업 (Build-up, Breakdown)을 하는 작업대이다. 일반 작업대와 다른 특징은 작업대를 높이거나 내릴 수 있도록 장치를 해 놓았다는 것이다. 이는 일반적으로 항공운송용 ULD의 높이가 2미터를 넘게 되므로 작업자의 편의를 위해 ULD를 수직으로 조작할 수 있게 해 놓은 것이다.
AS/RS (Automated Storage/Retrieval System)	주로 수입화물 중 ULD Breakdown이 완료된 소량의 화물을 보관하기 위한 장비이다. Rack 과 Rack 간에는 무인 반송기가 오고가면서 자동으로 물품을 픽업 또는 적입할 수 있도록 해 놓은 장비이다.
By-pass Line	작업이 완료된 ULD를 램프지역으로 바로 반출될 수 있도록 장비하여 놓은 것이다.
Dolly, Tug-car	Dolly는 ULD를 올려 놓는 대차의 역할을 한다. Tug-car는 Dolly를 고리로 걸어 운송하는 장비이다. 일반적으로 Tug-car는 여러 개의 Dolly를 연이어 매달아 운송을 한다. 일반적으로 터미널과 램프사이를 오고가게 된다.
High Loader	램프에서 ULD를 항공기에 탑재/하기 위해 이용하는 장비이다. Main Deck과 Lower Deck용이 있다.
Forklift	주로 터미널 내에서 또는 Landside에서 물품을 팔레트 단위로 이송할 때 사용되는 장비이다. 일명 지게차로 불리운다.
Dock	Land에서 터미널로 또는 터미널에서 Land로 물품을 이동시킬 때 터미널의 바닥과 트럭의 화물적재 부분의 높이를 고르게 해 놓은 곳이다. 이의 존재 여부는 상하차 작업의 효율성에 영향을 많이 준다.

2 항공기

항공기는 그 용도에 따라 여객기, 화물기 그리고 화객혼용기로 나눌 수 있다. 대형 항공기는 Main Deck 과 Lower Deck으로 나눠는데 Lower Deck은 화물을 싣는 용도로 이용이 되며 Main Deck에 화물을 싣는 것을 화물기, 여객이 탑승하는 것을 여객기 그리고 Main Deck를 2부분으로 나누어서 앞 부분은 승객이 탑승하고 뒷부분은 화물을 싣는 화객혼용기(Combination Aircraft)가 있다.

항공사는 규모의 경제를 위해 항공기를 대형화하려고 하며 항공기의 Type도 가능하면 많은 종류 보다는 적은 수의 종류를 보유하여 관리하려고 하고 있다.

〈그림 8-3〉 항공기의 단면 구조와 Main Deck의 내부

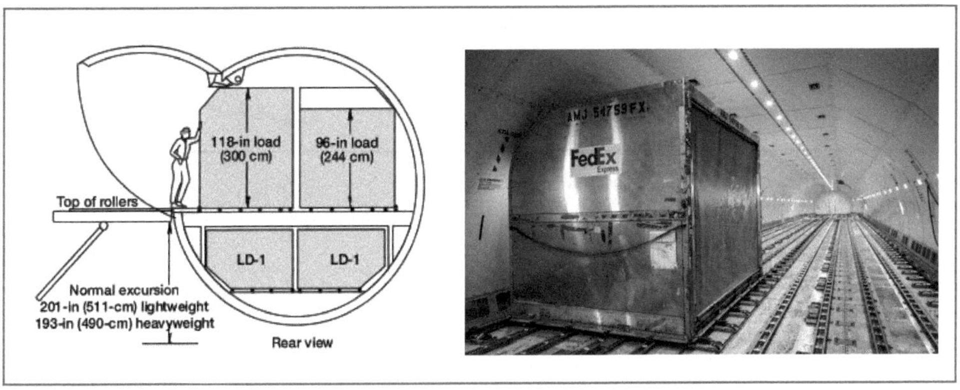

출처 : 인터넷 자료

화물기의 Main Deck과 Lower Deck은 아래 그림과 같은데 Main Deck의 천장 높이는 앞쪽은 낮고 뒤쪽은 높게 구성되어 있다. Lower Deck은 그 바닥과 높이가 Main Deck보다 좁기 때문에 Main Deck에 적재하는 ULD와 Lower Deck에 적재되는 ULD의 사이즈는 서로 다르다.

〈그림 8-4〉 B747-400ERF 기종의 화물칸 구성

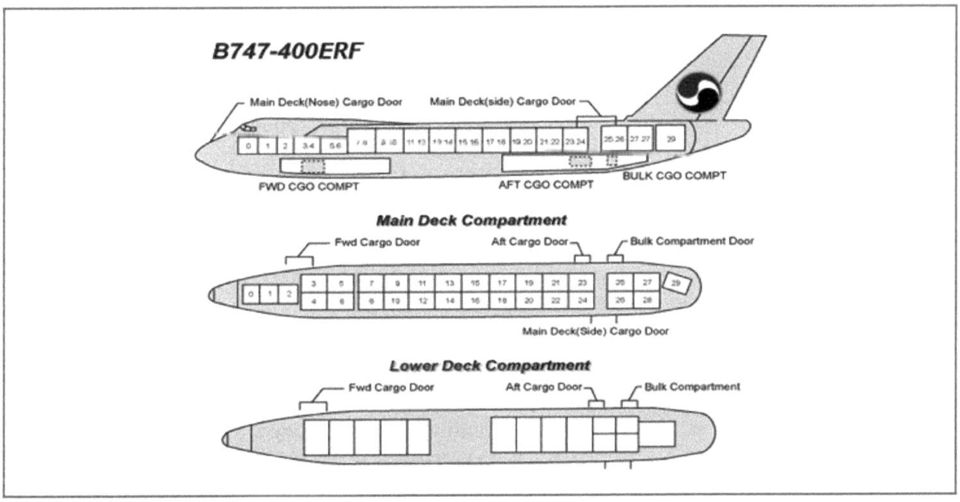

출처 : 대한항공 홈페이지

〈표 8-8〉 국내 주요화물기 타입별 적재능력

	B744ERF	B777F	B747-8F	B767-300
최대적재중량	117.55 Ton	103 Ton	130 Ton	51 Ton
최대적재용적	24,923 cuft	21,822 cuft	27,542 cuft	10,805 cuft
적재 ULD	30M+32LDC	27M+32LDC	34M+40LDC	29M+11LDC

출처 : 대한항공, 아시아나항공 홈페이지

3 ULD

화물기에 화물을 탑재하는 방식에는 컨테이너에 넣어 탑재하는 방식, Pallet를 이용하여 탑재하는 방식, 그리고 이러한 ULD(Unit Load Device)를 사용하지 않고 Bulk 상태로 화물을 탑재하는 방식이 있다. Bulk방식의 경우 탑재에 많은 시간과 노동력을 필요로 하기 때문에 대형항공기 기종에서는 사용하지 않는 방식이며 대부분 ULD를 이용하여 탑재한다.

1) 팔레트

〈표 8-9〉 항공운송용 팔레트의 종류

Lower Deck	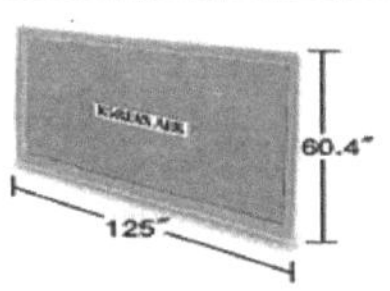	• **Half Pallet (PLB)** Max Capacity : 3176kg (90kg) Dimension : 60.4 X 125 inch AC Type : B747, MD11, A300
Main Deck	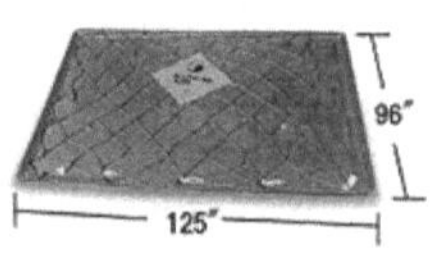	• **96inch Pallet (PMC)** Max Capacity : 6804kg (130kg) Dimension : 96 X 125 inch AC Type : B747, MD11, A300
	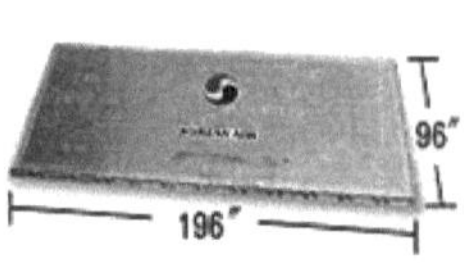	• **20ft Pallet (PGE)** Max Capacity : 13608kg (555kg) Dimension : 96 X 238.5 inch Utility : General Cargo, Long, Heavy Cargo AC Type : B747, MD11, A300

위에서도 언급한 바와 같이 Main Deck과 Lower Deck은 바닥의 면적이 다르므로 각자 다른 사이즈의 팔레트를 이용한다. 특히 Main Deck의 경우에 팔레트를 많이 이용하는데 그 이유는 항공기 Main Deck의 천장 높이와 Contour(천장의 곡면)가 있어 팔레트를 이용하면 곡면을 최대한 활용하여 적재효율을 높힐 수 있고, 자체무게(Tare weight)에서도 팔레트가 우수하다.

2) 컨테이너

컨테이너는 지붕과 벽이 있는 ULD이다. 앞서와 같이 Lower Deck용과 Main Deck의 사이즈는 서로 다르므로 다른 사이즈의 컨테이너를 이용한다.

〈표 8-10〉 항공운송용 컨테이너의 종류

		• LD3 (AKE) Max Capacity : 1588kg (114kg) Dimension : 60.4 X 61.5 X 64 inch AC Type : B747, MD11, A300
Lower Deck		• LD3 Refrigerated Container (RKN) Max Capacity : 1588kg (257kg) Dimension : 60.4 X 61.5 X 64 inch AC Type : B747, MD11, A300
		• LD6 (ALF) Max Capacity : 3175kg (210kg) Dimension : 60.4 X 125 X 64 inch AC Type : B747, MD11, A300
		• M1 Container (AMA) Max Capacity : 6804kg (410kg) Dimension : 96 X 125 X 96 inch AC Type : B747F
Main Deck		• MD11F M1 Container(AMJ) Max Capacity : 6804kg (475kg) Dimension : 96 X 125 X 96 inch Utility : General Cargo AC Type : B747F, MD11F
		• Horse Stall (HMA) Max Capacity : 6804kg (945kg) Dimension : 60.4 X 125 X 94.5 inch Utility : Horse AC Type : B747F

이밖의 특수ULD로는 자동차 운반을 위한 것, 소 또는 말의 운송시에 이용되는 Horse Stall, 고가의 의류 운송시에 이용되는 GOH(Garment on hanger) 등이 있다.

제4절 항공화물운송장(Air Waybill)

1 항공운송장의 개념

항공화물운송장(Air Waybill 이하 AWB)은 항공운송의 가장 기본적인 서류이며 해상운송의 B/L 또는 해상운송장의 역할을 하는 서류이다. 즉 운송인(항공운송인)과 송화인 간의 운송계약을 위한 서류이다. 다만, B/L과는 다르게 권리증권성은 갖지 않으며 비유통성 서류이다.

한편 항공화물운송장은 B/L과는 다르게 표준화의 정도가 높은 서류이다. 즉 항공화물운송장은 IATA(국제항공운송협회)가 회원사들에게 표준화된 양식을 사용하도록 하고 있고 특히 한국의 경우에는 대부분의 항공사들이 IATA산하의 CASS 정산방식에 따르고 있으며, 참여 항공사들은 통일된 AWB 양식을 사용하고 있다.

2 항공운송장의 기능과 역할

〈표 8-11〉 항공운송장의 기능과 역할

기능과 역할	내용
항공운송계약서	항공화물운송장은 송화인과 운송인 간의 운송서비스 계약서의 역할을 한다. 다만 원본 중 발행항공사용(Issuing Carrier)과 송화인용(For Shipper)만이 계약서의 역할을 하게 된다.
화물수령증	AWB은 운송인이 화물을 수령하였을 때 발급하는 것으로서 수령을 증명하는 서류의 성격을 갖는다.
운임청구서	AWB에는 운임의 내역이 기입되어 이를 근거로 운송인이 화주에게 청구를 하게 된다. 이때 선불조건(Prepaid)일 경우 송화인에게 착불조건(Collect)일 경우에는 수화인에게 청구한다. 다만 화주가 운임의 노출을 원하지 않을 때는 As agreed 또는 As arranged 라고 표시하고 청구서를 따로 발급하기도 한다.

수입신고 시 제출서류	수입자는 수입신고 시에 수입신고서와 함께 운송서류인 AWB과 상업송장을 반드시 제출하여야 한다.
운송지시서	AWB에는 도착지와 수화인 등은 물론 화물 운송시에 특별히 주의해야할 것들에 대한 언급도 있으므로 그 자체가 운송인에게는 송화인의 운송지시서의 역할을 하게 된다.
수화인에의 화물인도증서	도착지에서 화물을 인도할 때 항공사는 AWB중 인도항공사용(Delivery Receipt)에 수화인의 서명을 받는다.
보험계약증서	송화인이 AWB에 보험금액을 표기하고 보험료를 지불하면 운송서류는 보험증서의 역할을 하게 된다.

3 항공화물운송장의 종류와 구성

1) 종류

(1) Master AWB과 House AWB

항공화물운송장은 발행자를 기준으로 하여 Master AWB과 House AWB이 있다. Master AWB은 항공사가 발행하는 것이고, House AWB은 포워더가 발행하는 AWB이다. AWB의 발행과 관련하여 실화주(수출업자)는 항공사와 직접 거래하여 Master AWB을 발급받는 경우[12]도 있으나 일반적으로 포워더와 운송계약을 하며 포워더로부터 House AWB을 발급받고, 포워더는 여러 화주들에게 House AWB을 발행한 후 Consolidation을 하여 항공사와 단일화물로 계약하여 항공사로부터 Master AWB을 발급받게 된다. 포워더의 책임과 관련하여 포워더가 House AWB을 발행하였을 때 포워더는 법률상 보조적인 위치에 있는 것이 아니므로 운송인으로서의 책임과 의무를 부담하여야 한다.

한편 포워더와 항공사 간 Master AWB을 발행할 때 포워더는 한편으로는 화주 본인으로서 다른 한편으로는 항공사의 대리인으로서 계약을 체결하게 되므로 Master AWB의 작성은 항공사의 대리인으로서의 포워더가 작성하게 된다.

12) 실화주가 항공사와 직접 운송계약이 이루어지는 경우는 첫째 중간에 포워더를 배제하고 운송하는 경우 둘째 포워더가 House AWB을 발행하여 위험을 부담하기를 원하지 않는 경우(예, 위험물, Perishable화물 등) 셋째 도착지에 포워더의 파트너가 없는 경우 등이 있다.

〈그림 8-5〉 AWB의 발급 관계

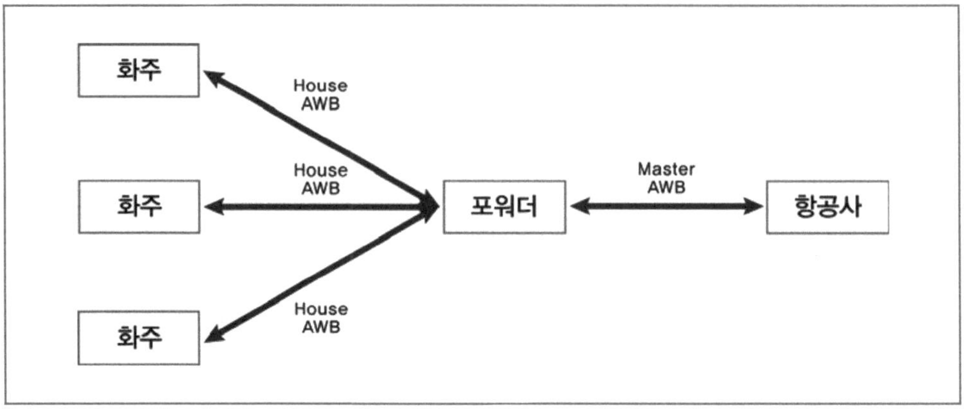

(2) Airline AWB vs Neutral AWB

Master AWB의 양식과 관련된 것으로 Airline AWB은 발행항공사의 이름과 AWB 번호가 사전인쇄된 것을 의미하며 Neutral AWB은 발행항공사명과 AWB번호가 공란으로 있어 향후 서류 발행 시 이들을 입력하여 사용하게 된다. Neutral AWB은 주로 CASS 정산체계와 관련성이 높다. 예컨대 CASS정산은 위에서도 언급한 바와 같이 항공사와 그들의 대리점인 포워더 간의 정산을 CASS를 경유하여 하는 것으로서 CASS는 정산, 담보, 미수금관리 등과 함께 항공사의 AWB 불출도 항공사를 대신하여 행하게 된다. 이때 CASS는 포워더에게 Airline AWB을 불출하는 것이 아니라 AWB번호만을 불출하게 되고 포워더는 Neutral AWB을 구입하여 각 항공사의 운송장을 이용할 때 CASS로부터 부여 받은 운송장번호를 이용하게 된다. Neutral AWB은 항공사와 포워더 간의 업무에 효율성을 높이는데 기여하였으며 특히 운송장 발급절차를 전산화하는데도 크게 기여했다.

4 항공화물운송장 관련 규칙

IATA의 AWB약관에는 운송의 최종목적지가 외국이거나 외국을 경유할 경우 바르샤바협약(Warsaw Convention)이나 몬트리올협약(Montreal Convention)이 적용된다고 하였다.

또한 바르샤바조약(1929), 헤이그의정서(1955), 과달라하라협약(1961), 몬트리올협정(1966), 과테말라의정서(1971), 몬트리올추가의정서(1975), 몬트리올협약(1999)을 모두 총칭하여 바르샤바체제라고 한다.

1) 바르샤바조약(Warsaw Convention)

1929년 바르샤바조약은 항공운송의 통일된 규칙을 제정하였다. 특히 운송인의 책임을 과실책임원칙을 기초로 하고 있다(1966년 몬트리올협정부터 무과실책임주의로 변경) 이때 입증의 책임은 항공사가 부담한다. 또한 동 조약은 항공운송인의 책임한도를 정하고 있다. 다만 항공운송인에게 고의 또는 과실이 있는 경우에 책임한도액을 적용할 수 없다. 이때 입증의 책임은 화주가 부담한다. 즉 운송인 또는 그 사용인이 손해방지를 위해 모든 조치를 취하였거나 취하는 것이 불가능한 경우에는 면책된다. 이의제기 시한은 위탁수화물의 경우 3일 이내, 지연의 경우 처분가능일 후 14일 이내, 손실화물 수령 후 7일 이내로 규정하였다.

2) 헤이그의정서(Hague Protocol)

책임한도액을 현실에 맞게 조정하기 위해 1955년에 체결되었으며 개정바르샤바협약이라고 칭한다. 이의제기를 위한 시한은 위탁수화물의 경우 수령일 후 7일, 지연의 경우 21일, 화물의 손실 14일 이내. 우리나라는 바르샤바조약에는 가입하지 않았으나 헤이그의정서에 가입, 비준하였다(1963).

3) 몬트리올협약(Montreal Convention)

국제항공운송에 있어서의 일부 규칙 통일에 관한 협약(The Convention for the Unification of Certain Rules For International Carriage by Air)으로서 국제민간항공기구(ICAO)의 1999년 회의에서 채택되었다. 바르샤바체제를 통합하여 통일된 운송인의 책임제도를 규정하는 단일 협약문서를 새로 만들어내는 것에 목적을 두었다.

몬트리올협약 18조 1항~3항에서 항공운송에는 화물이 운송인의 보관 하에 있는 기간을 포함하지만 공항외부에서 행한 육상운송, 해상운송 또는 내수로의 운송에는 미치지 않는다(바르샤바협약과 동일). 그러나 18조 4항에 의하면 운송인이 약정된 항공운송의 전부 또는 일부를 육상, 해상운송으로 대체하는 경우에 그와 같은 육상, 해상운송은 몬트리올협약이 적용된다.[13)]

기존의 규정에 비해 항공운송인의 손해배상책임을 강화하였다. 즉 손해배상금액을 기존 보다 인상하였으며 (USD 20 → 17SDR) 5년 마다 인플레이션 등을 감안하

---

13) 국내는 물론 유럽의 경우 항공사에 의한 Trucking으로 항공운송이 대체되는 경우가 많은데 이는 항공사의 책임하에 이루어지는 것으로 동 규정에 의해 항공운송으로 보아야 할 것이다.

여 재검토할 가능성을 규정하였다. 이에 따라 현재는 19SDR이 적용되며 USD 기준 30달러가 적용되고 있다. 무과실 책임주의를 채택하였다. 우리나라는 2007년에 가입하여 국회의 동의를 받았으며 이의 내용이 상법에도 반영되었다.

〈표 8-12〉 주요 항공운송 규칙과 해상운송규칙인 Hague-Visby규칙 비교

구분	Hague-Visby	Warwaw	Hague Protocol	Montreal Convention	상법
적용범위	증권이 체약국에서 작성 체약국 항구에서 운송시작	항공기에 의한 여객, 화물의 국제운송			
책임원칙	1. 과실책임원칙 2. 멸실, 훼손	1. 과실책임원칙 (입증책임 운송인) 2. 멸실, 훼손, 지연		1. 무과실책임제도 2. 엄격책임제도. 3. 다만, 지연은 과실책임원칙(입증책임: 운송인) 4. 멸실, 훼손, 지연	
면책사유	1. 항해과실 2. 화재 3. 기타 면책카탈로그 (해상고유의 위험, 동맹파업, 전쟁, 화주과실, 고유하자 등)	1. 운송인 및 사용인이 손해를 방지하는데 필요한 모든 조치를 취하였다는 것 또는 그러한 조치가 불가능함을 입증 2. 운송인이 손해가 조종, 항공기의 취급 또는 항행에 의한 과실에서 발생했음을 입증[14] 3. 청구자측의 과실, 손해가 운송인 또는 그 사용인의 고의 또는 고의에 상당하는 과실로 발생한 경우 운송인의 책임제한에 관한 권리 상실		1. 화물의 고유한 흠결, 품질 또는 하자 2. 운송인, 고용인 또는 대리인 이외의 자가 행한 화물의 결함이 있는 포장 3. 전쟁 또는 무력충돌(폭동, 내란) 4. 화물의 입출국, 통과에 관련되어 행한 공공기관의 행위	
책임한도	1포장당 667 SDR과 Kg당 2SDR중 높은 금액	kg당 250프랑(20달러)		화물 1kg당 17SDR (5년마다 재검토, 현재 19SDR)	
제소기간	1년	2년	2년	2년	2년

출처 : 박병호(2013), p.1377, 일부 변경된 내용 수정

14) Hague 의정서에는 동 조항이 빠져 있다.

제9장 항공포워딩업무

제1절 항공운송화물의 수출절차

항공화물의 전체적인 수출절차는 다음과 같다.

〈그림 9-1〉 항공운송화물 수출절차

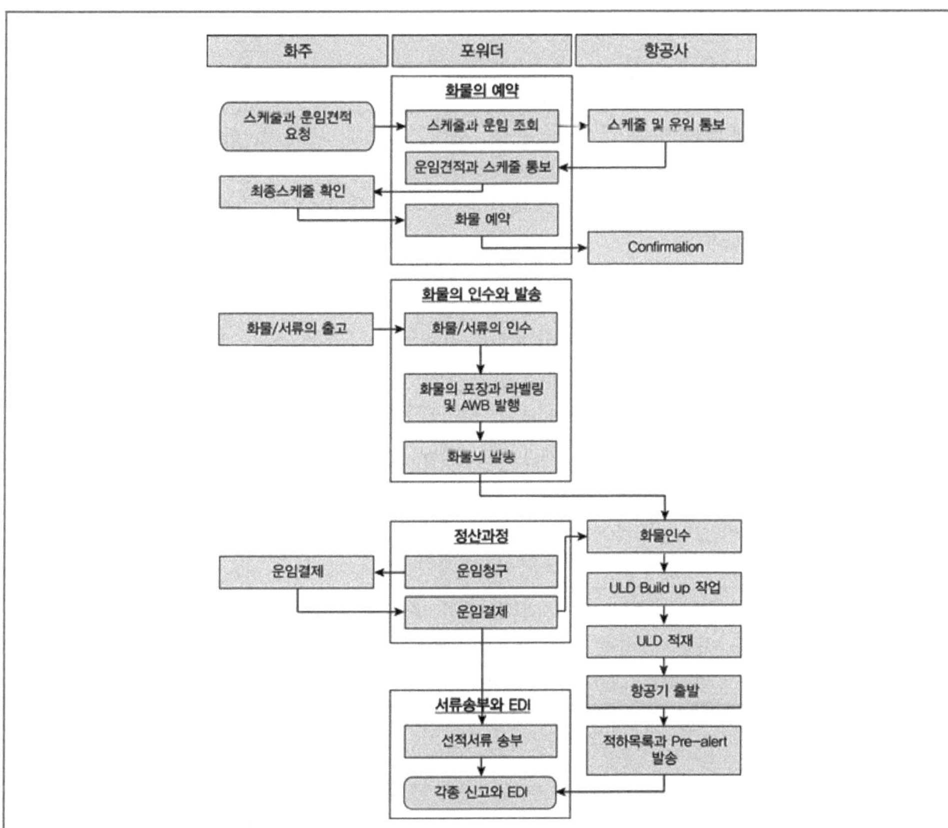

수출자는 수입자에게 화물을 보내기 위해 포워더에 화물선적을 의뢰하고 포워더는 화주로부터 화물과 서류를 픽업함과 동시에 항공편을 예약하게 된다. 항공사는 예약에 대해 확인(Confirm)을 하게 되면 해당 항공편으로 화물을 운송할 책임이 생기게 된다. 화물과 서류를 픽업한 포워더는 인수식 서류인 House AWB을 발행하게 되고 운임이 착불(Collect)이 아닌 한 송화인은 포워더로부터 House AWB을 받고 운임을 지불 하게 된다. 포워더는 인수한 화물을 근거로 송화인을 대신하여 수출신고를 하고 화물을 항공사에 넘기기 전에 각종 작업(포장과 라벨링 등)을 하고 항공사에 화물을 인도한다. 항공사는 인수한 화물을 ULD에 적재하고 항공기에 탑재하여 목적지로 향하게 된다. 화물의 출발과 도착 예정시간에 대해 포워더는 수출자, 도착지 파트너에게 서류의 카피본과 함께 전송을 하게 된다. 또한 화물이 기적되었음을 세관에 신고하게 된다.

이 과정에서 포워더가 하는 일을 자세히 살펴보면 다음과 같다.

1 항공화물의 예약

절차	내용	관련서류
1-1) 스케줄과 운임조회	화주로부터 화물의 수량, 중량, 사이즈, 품목, 목적지, 화주명 도착예정일자 등을 확인하여 항공사에 예약을 하게 된다. 이때 항공사별로 다양한 스케줄과 가격을 갖고 있는 바 이를 확인하여야 한다. 스케줄은 주로 항공사의 홈페이지나 Traxon 등을 통해 확인하게 되며 운임은 항공사로부터 건건이 받는 경우와 특정기간 동안 적용되는 계약가격(CIC)이 적용되기도 한다(후술 참조). 단 소형포워더의 경우에는 항공사와 직접 거래하지 않고 콘솔리데이터 또는 Co-loader를 이용하는 경우가 많다.	• Commercial Invoice • Packing List • Schedule • Manifest
1-2) 운임견적과 스케줄 통보	포워더는 항공사로부터 받은 운임(Buying Rate)을 근거로 화주에게 스케줄, 가격(Selling Rate) 등을 통보하게 된다. 스케줄을 확인할 때에는 출발시간도 중요하나 서류와 화물의 마감시간에 대해서도 반드시 통보해야 한다.	• 운임견적서 • 스케줄안내
1-3) 화물의 예약	화주로부터 스케줄과 가격에 대한 확인을 받으면 항공사에 예약을 하는 절차를 따른다. 최근에는 주로 항공사의 홈페이지에서 Master AWB 번호로 예약을 하게 된다.	• Booking List

화주로부터 예약을 받고 이를 근거로 항공사에 스케줄을 조회하여 화주에게 예상운임과 스케줄에 대해 통보하게 된다. 화주는 복수의 포워더로부터 이를 받은 후

가장 합당한 스케줄과 가격을 제시한 포워더를 선택하게 된다. 또는 연간계약이 되어 있을 경우에는 견적과 포워더 선택의 절차 없이 예약을 진행하게 된다.

스케줄과 운임을 조회하는 과정에서는 포워더는 사전에 충분한 지식을 가지고 있어야 하며 포워더의 능력이 가장 크게 발휘되는 부분이라고 할 것이다. 이를 위해 몇 가지 참고사항을 살펴보면 다음과 같다.

1) 항공사의 서비스 종류

항공사가 제공하는 서비스 가치는 시간이다. 따라서 항공사 간의 운임은 그 신속성에 의해 좌우된다. 즉 아래와 같이 각 노선에 3가지 타입의 항공사들이 존재한다. 일반적으로 운임은 Direct항공사가 가장 고운임이며 Off-line항공사가 가장 저렴하다고 할 수 있다. 다만 2nd 항공사와 Offline 항공사를 이용하는 경우에는 환적지에서 이루어지는 화물의 스케줄에 대해서도 면밀히 파악할 필요가 있다.

Direct 항공사	출발공항과 도착지공항을 직항편으로 연결하는 항공사이다. 예컨대 목적지 공항이 London인 경우 직항 항공사로는 대한항공, 아시아나, 영국항공 등이 있다.
2nd 항공사	출발공항과 도착지공항을 직접 연결하지 못하고 중간에 환적이 일어나는 경우의 항공사 이다. 다만 출발공항과 환적공항에서 출발하는 항공편이 모두 자사의 항공편을 이용하는 경우이다. 환적으로 인해 직항에 비해 추가 시간이 소요된다.
Off-line 항공사	2nd 항공사처럼 환적이 일어나지만 일부 항공편은 타사의 항공편을 이용하여 최종목적지에 도착하는 경우이다. 주로 항공사 간의 계약을 통해 타사의 항공편을 이용한다.

2) Consolidation과 Back-to-Back service

포워더가 화주로부터 의뢰받은 화물을 항공사에 예약하여 운송하는 방식에는 상기 2가지 방식이 있다. 일반적으로 급하지 않은 화물은 Consolidation 서비스를 급한 화물은 Back-to-Back 서비스를 이용한다.

Consolidation 서비스	포워더가 정해진 Consolidation 스케줄에 따라 운송하는 것으로서 마감시간을 미리 정해 놓고 집화를 하며 마감시간까지 도착한 모든 화물은 Consolidation 하여 운항하게 된다. 운임은 저렴하지만 Lead time이 많이 소요된다. 주로 Master AWB 한 건에 여러 건의 House AWB이 대응된다.
Back-to-Back 서비스	기존에 정해진 스케줄이 아닌 화물 출하 즉시 가장 가까운 항공편을 이용하여 운송이 이루어진다. Lead Time이 짧으나 운임은 고가이다. 주로 Master AWB 한 건에 한 건의 House AWB이 대응된다.

3) 마감시간

항공화물 예약을 위해서는 항공기의 출도착 시간이 중요하지만 마감시간도 중요하다. 예컨대 대한항공의 경우 화물기의 마감은 항공기 출발 4시간 전이며 여객기의 경우에는 항공기 출발 3시간에 마감이 된다. 다만 일부 정시서비스(Time Definite) 상품의 경우에는 운임이 높은 대신 마감시간을 항공기출발 90분전으로 해 놓은 경우도 있다.

4) 탑재 가능성 확인

항공기에 탑재 가능성을 확인하기 위해서는 항공기별 Loadability Check Sheet 또는 항공사의 홈페이지를 이용한다. 즉 항공기별 최대 적재 가능한 길이, 높이, 넓이 등을 동표를 통해 확인할 수 있다.

5) 특수화물의 여부

특수화물의 종류에는 위험품, 생동물, 중량/대형화물, 부패성화물, 유해, 귀중화물, 외교행낭, 자동차 등을 들 수 있으며 이들은 일반화물과는 다른 취급상의 주의를 요하는 바 포워더는 예약된 화물이 특수화물의 범주에 들어가는 지에 대해 반드시 확인 하여야 한다.

6) 항공스케줄 조회

항공스케줄을 조회하기 위해서는 항공사의 사이트를 이용하는 방법과 Traxon을 이용하는 방법이 있다. Traxon에 대해서는 본서 제12장에서 후술한다.

2 화물의 인수와 발송

화물의 예약 후에 포워더는 화물을 지정한 장소에서 인수하고 포장과 라벨링 작업을 한 후에 물건을 항공사에 인도하게 된다.

절차	내용	관련서류
2-1) 화물/서류의 인수	화물과 서류는 화주가 포워더가 지정한 장치장소로 보내는 경우도 있고 포워더가 화주의 요구에 따라 픽업을 해오는 경우도 있다. 수출신고는 화주측에서 신고 완료 후에 수출신고필증을 포워더에 전달하는 경우와 포워더가 수출신고를 대행하는 경우가 있다. 화주로부터 출발한 화물은 포워더의 지정 창고에 입고하게 되며 입고 시에 화물의 상태를 파악하고 중량 등을 확인한 후 반입계가 생성된다.	• C/Invoice • P/List • 수출신고서 • 신용장 등 • 반입계
2-2) 화물의 포장과 라벨링 및 AWB 발행	대형포워더의 경우에는 주로 공항에 사무실과 창고를 운영하며, 소형포워더의 경우에는 조업전문회사에 외주를 주어 공항에서 이루어지는 작업을 대행시킨다. 대행을 시키는 경우에는 해당 조업사와의 업무 협력이 중요하다. 창고에 반입된 화물은 중량/부피 확인, 포장, 라벨링, Consolidation 등의 작업이 이루어지고 AWB 등 항공운송과 관련된 서류가 발행된다.	
2-3) 화물의 발송	창고에서 Consolidation작업과 포장 그리고 라벨링 작업이 완료되면 항공사에 RFC(Ready For Carriage) 상태로 인도되게 된다.	• M/AWB • H/AWB • 선적서류 • 수출신고서

상기 과정에서 추가적으로 검토하거나 참고할 사항은 다음과 같다.

1) 수출신고

2-1)에서 화주가 수출신고를 포워더에게 의뢰한 경우 포워더는 거래하는 관세사 사무소를 통해 상업송장 등을 보내주고 수출신고를 의뢰한 후 신고가 완료된 후 수출신고필증을 수령한다.

2) 항공사의 포워더에 대한 판매방식

항공화물은 대부분이 LCL판매이며 BUC 또는 BUP 판매(ULD 단위 판매)는 예외적으로 이루어진다. BUP 판매 방식 중 항공사가 특정 포워더에게 항공기의 일정 공간을 Block space 방식으로 장기계약을 하는 경우도 있다. 이때 항공사는 연간 안정적인 수요를 확보할 수 있으며 포워더 또한 연간 안정적인 공급을 확보할 수 있을 것이다.

3) Consolidator

Consolidator는 항공화물서비스의 유통과정에서 도매상의 위치에 있다고 볼 수 있다. 항공사와 일반포워더의 중간에서 도매상의 역할을 하게 된다. 즉 Consolidator는 실화주를 유치하기 보다는 포워더들을 대상으로 영업을 한다. 소형 포워더들의 경우 항공사와 계약을 위해서는 비용이 발생하며 처음부터 좋은 가격조건을 받을 수 없으므로 항공사와 직거래를 하기 보다는 결제 조건과 가격에서 보다 유리한 조건을 제시하는 Consolidator를 많이 이용하게 된다. 한편 항공사의 입장에서도 소규모 포워더의 물량까지 모두 영업을 하기는 어려운 바 Consolidator를 통해 소형포워더와 간접적인 거래를 하는 것이다. 이 과정에서 항공사는 Consolidator보다 유리한 가격을 제공하고 BUP 등을 통해 Consolidator가 보다 적극적으로 영업할 수 있는 환경을 제공하여 주는 측면도 있다고 할 것이다.[1)]

4) RFC

RFC는 포장(Unitization), 포장내역 표기작업, 라벨링, 항공운송장 작성, 서류작업(위험물 화주신고서 등)을 하여 선적을 위해 모든 준비가 완료된 상태를 의미하며 항공사는 포워더로부터 물건을 인수할 때 RFC상태일 때만 인수한다.

5) 항공사의 화물인수 후 업무

항공사는 포워더가 발송한 화물을 인수하면서 실화물과 관련된 서류를 확인하게 된다. 특히 Master AWB은 포워더가 작성하여 가져오면 항공사용 원본만을 인수한

---

1) Consolidator와 유사한 개념으로 Co-loading이 있다. 이는 포워더들 간에 집화를 하는 것으로 자사보다 유리한 가격을 항공사로부터 받은 경우, 또는 자사의 파트너가 없는 곳에 화물을 보내는 경우 동종 포워더들의 가격과 네트워크를 이용하는 것이다.

다. 서류와 실물의 확인이 끝나면 Work Station 위에 ULD(컨테이너 또는 팔레트)를 놓고 인수된 화물을 Build-up 하는 작업을 실시하고, 작업이 완성된 ULD를 Tug car와 Dolly 등을 이용하여 항공기 옆까지 이동하고 High Loader 등을 이용하여 항공기에 화물을 탑재하게 된다. 탑재된 화물이 출발하면 포워더 등에게 항공기의 출발과 적하목록을 통지한다. 적하목록은 세관에도 제출되게 된다.

3 정산과정

항공운임은 송화인이 지불하는 것(선불)이 일반적이지만 무역계약조건에 따라 착불이 될 수 있으며 항공사와 포워더 간에는 특별한 사정이 없는 한 선불이 적용된다.

절차	내용	
3-1) 운임의 청구	포워더는 화주에게 운임을 청구하게 된다. 일반적으로 선불의 경우에는 포워더가 청구하며 착불의 경우에는 도착지에서 파트너 포워더가 수금한 후 포워더 간 정산을 하게 된다. 포워더와 화주 간에 신용금액이 설정되어진 경우 결제는 나중에 이루어지나(즉 월간 취합하여 청구하여 결제) 거래가 많지 않은 고객의 경우에는 건건이 청구/결제가 이루어지게 된다.	• 운임청구서 • 세금계산서
3-2) 운임의 결제	포워더는 항공사에 운임을 결제한다. 다만 포워더는 항공사와 대리점 계약이 되어 있으므로 담보를 조건으로 45일간의 Credit을 적용 받으며 일반적으로 CASS를 경유하여 정산이 이루어진다.	• 입금증 • 세금계산서

운임의 청구 시에는 세금계산서가 발행되는데 국제운송용역에는 부가세가 부가되지 않는다. 즉 국내에서 발행한 트럭운송료 등을 청구할 경우에는 10%의 부가가치세를 가산하여 청구하지만 국제운임에 포함되는 것들에 대해서는 부가세는 영세율이 적용된다. 정산에 대한 보다 자세한 내용은 본장 제4절에서 후술한다.

4 서류송부와 EDI

기적(항공기 적재)이 완료되면 항공사는 포워더에 기적사실을 통보하고 포워더는 수출자와 수입지 파트너 포워더에게 화물의 출발 사실을 알리게 된다. 또한 세관에 기적신고를 하고 도착지 세관에 적하목록을 EDI로 전송한다.

절차	내용	
4-1) Pre-Alert 와 M/Fest발송	선적 후 포워더는 송화인에게 화물의 기적 사실을 통지하고 도착 예정시간과 관련 서류의 카피본을 보내게 된다. 한편 수출지 포워더는 도착지 포워더에게 화물의 도착예정시간과 선적서류 사본, Manifest(적하목록), 그리고 Credit/Debit Note를 발송하게 된다.	• Manifest • Credit/Debit Note • 선적서류 사본
3-2) 각종 신고와 EDI	포워더는 적하목록(화물의 선적 내용)을 세관에 EDI로 전송하고 선적보고를 하게 된다. 선적보고는 출항 후 1개월내에 이루어지지 않을 경우 과태료의 대상이다. 또한 수입지의 세관 당국에도 적하목록 등을 EDI로 전송해야 한다. 특히 미국으로 수출되는 화물의 경우에는 화물이 선적된 후에 미국세관에 적하목록 EDI를 전송해야 한다. (이를 요구하는 국가가 증가하고 있음.)	• Manifest

Pre-alert는 도착예정통지로서 서류의 사본을 함께 보내는 것이 일반적이다. 이를 받은 송화주는 수화인에게 이를 보내어 수화인이 통관 등을 준비할 수 있도록 한다. 항공운송의 경우에는 이 Pre-alert의 중요성이 높다. 그 이유는 화물이 도착한 이후에 수입통관 등의 업무처리를 시작하게 되면 전체적인 처리 시간이 지체 될 수 있으므로 화물이 도착하기 전에 모든 준비를 해 놓아야 할 것이다. 따라서 화주들이 포워더를 평가할 때 Pre-alert를 중요시한다.

제2절 항공운송화물의 수입절차

전체적인 항공운송화물의 수입절차는 다음과 같다.

첫째 항공기 도착 전 절차로서 수입지 포워더는 출발지 파트너(포워더)에게 화물의 픽업과 발송(Routing order)을 요구하게 되며 화물이 발송되면 화물의 적하목록을 출발지 파트너로부터 인수하여 이를 세관에 전송하게 된다.

둘째 화물도착 후 수입신고 전 업무는 주로 공항터미널 등 현장에서 일어나는 업무로서 화물이 항공사 터미널 내로 반입되면 포워더는 항공사로부터 서류를 인수하고 화주(수입자)에게 도착의 통지와 운임을 청구하여 수납하게 된다. 또한 화주가 원할 경우에는 화물을 화주 요청 보세창고까지 보세운송을 하게 된다.

셋째 수입신고 업무로서 포워더는 관세사와 조력하여 화주를 대신하여 수입신고를 하고 화주로부터 관세를 받아 세관에 납부하여 세관으로부터 수입신고수리를 받게 된다.

넷째 화물인도업무로서 포워더는 화주로부터 통관과 배송업무에 대한 의뢰를 받지 못한 경우에는 화물인도승낙서를 발급하는 것으로 업무를 종결짓기도 하지만 화주가 원하는 경우 화물을 보세창고에서 출고하여 화주에게 운송하여 인도하기도 한다.

상기에서 셋째와 넷째 절차는 항상 포워더의 업무는 아니며 화주가 통관과 배송을 요구하는 경우에만 포워더가 동 서비스를 제공하게 된다. 아래에서는 포워더가 통관과 배송서비스를 제공한다는 전제하에 각 절차에서 포워더의 업무를 살펴본다.

〈그림 9-2〉 항공운송화물 수입절차

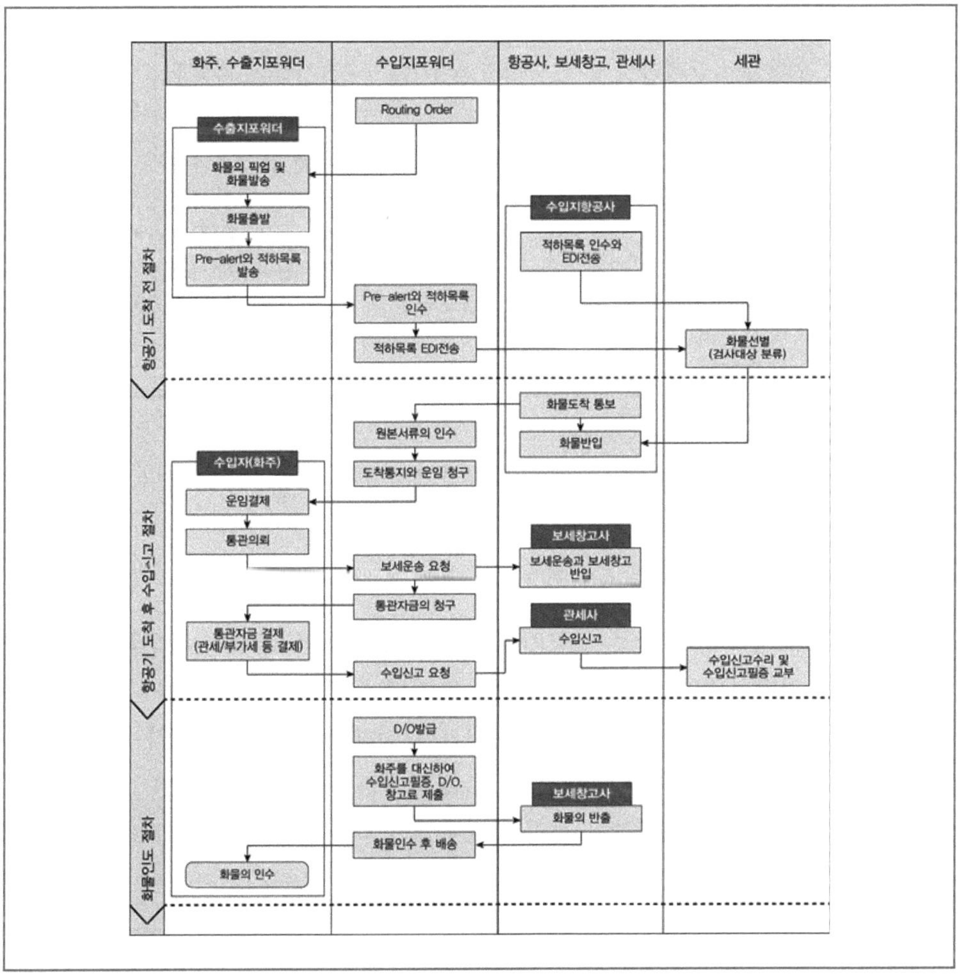

1 항공기 도착 전 업무

수입자가 운송인을 지정하는 경우에는 수입지 포워더가 수출지 포워더에게 Routing Order를 발송하게 되며, 수출자는 그 지시에 따라 화물을 발송하게 된다. 화물이 발송된 후 수출지 포워더로부터 Pre-alert 와 Manifest를 받게 되고 이를 세관에 EDI로 전송하게 된다.

절차	내용	관련서류
1-1) Routing Order 발송	수입자가 운송인을 지정하는 경우(인코텀즈조건 중 E,F조건) 수입자의 요청에 따라 수입지 포워더는 수출지 포워더에게 화물의 픽업과 항공운송으로 화물 발송할 것을 지시한다. 수출지 포워더는 Routing Order에 따라 수출자로부터 화물을 인수하여 수출프로세스를 진행하게 된다.	• Routing Order
1-2) Pre-alert와 Manifest인수	화물이 도착하기 전에 수입지 포워더는 수출지 포워더로부터 Pre-alert와 Manifest 등을 이메일 등으로 통보받게 된다.	• Pre-alert • Manifest
1-3) 적하목록 EDI전송	수출지포워더는 적하목록을 항공기 입항 전까지 한국세관에 EDI로 전송하고 수입지포워더는 창고배정만 한다. 적하목록에는 입항될 화물의 수량, 중량, 수화인, 송화인 등의 AWB상 내용과 함께 하기장소와 장치장소도 입력하게 된다. 하기장소는 일반적으로 인천공항과 김포공항 지역이 되는 것이 일반적이며 장치장소는 화주의 요청에 따라 다양한 지역의 보세창고가 지정된다.	• 창고배정신청서 • Manifest

상기 과정에서 추가적으로 검토하거나 참고할 사항은 다음과 같다.

1) 하기장소와 장치장소

1-3)에서 하기장소는 화물을 항공기에서 하기하여 처음 물건이 확인되는 항공사의 터미널을 의미하며(예외적으로 항공사 터미널 이외의 지역을 하기장소로 인정하기도 한다) 장치장소는 수입통관을 진행하기 위해 화물을 반입시키는 장소이다. 일반적으로 포워더와 화주는 당일 통관의 경우에는 항공사의 터미널 내의 보세창고를 활용하며, 통관까지 시간이 걸리는 경우에는 타 지역에 있는 보세창고로 보세운송을 하게 된다.[2)]

---

2) 이에 대한 자세한 사항은 본서의 제13장 포워더의 협력사 활용 중 제1절 보세창고 관련 업무 참조.

2) 적하목록에 따른 세관의 검사대상 통보

세관은 적하목록을 기준으로 검사대상과 비대상을 분류하여 이들의 내역을 항공사에 보내어서 하기 시에 참조하도록 한다. 즉 검사대상이 되는 화물은 세관의 지정장치장으로 이고되어 검사 후에 타 장소로 이동될 수 있다.

한편 창고의 배정, 검사대상의 해제 등 각종 보세창고 관련된 업무에 대해서는 본서의 제13장 포워더의 협력사 활용 제1절 보세창고 관련 업무에서 자세히 다룬다.

2 항공기 도착 후 수입신고 전 업무

절차	내용	관련서류
2-1) 항공사 터미널 내 화물반입	항공기가 입항되면 항공사는 ULD 하기와 해체(Breakdown)를 하며 적하목록 상의 화물과 실제 입항된 화물을 비교하여 일치되면 항공사터미널에 반입을 잡게 된다. 다만, 이 과정에서 화물의 적하목록 내용과 실제 화물과 불일치가 있으면 화물은 반입보류가 되어 보류 사유가 해제된 후에 반입을 잡게 된다.[3)] 세관에 의해 검사대상으로 지정된 화물은 세관의 지정장치장으로 옮거지며 세관검사를 통과한 후 다음 절차에 들어간다.	
2-2) 원본서류의 인수	포워더는 항공사로부터 AWB 등 선적서류를 인수하게 된다. 해상운송과 달리 항공운송서류는 화물과 함께 Pouch로 묶여 운송되며 항공기가 도착하면 포워더는 항공사로부터 서류를 인수한다.	
2-3) 도착의 통지와 운임수령	화물의 도착을 수화인에게 통지하고 운임을 청구하게 된다. 이때 착불(Collect)인 경우에는 화물운임 등을 포함하여 청구하며 선불(Prepaid)일 경우에는 운송서류 취급수수료만 청구한다. 운임을 수령하면 서류원본을 화주에게 인도한다. 다만, 화주가 통관을 의뢰한 경우에는 결제는 통관이 완료된 시점으로 늦추어 지게 된다.	• 반입신고
2-4) 보세운송과 보세창고 반입	항공사의 화물터미널에 반입된 상태에서 통관이 이루어지는 경우도 많이 있으나 화주들이 원할 경우 항공사 화물터미널에서 다른 보세창고로 보세운송 된 후 새로운 보세창고에 반입되고 이곳에서 통관절차가 행해진다.	• 보세운송 신고서

항공기가 도착하면 화물은 ULD는 하기되어 해체 후 화물에 이상이 없으면, 장치장소(창고배정)이 항공사 터미널인 경우에는 항공사터미널에서 반입을 잡게 되며

3) 이에 대한 자세한 사항은 본서의 제13장 포워더의 협력사 활용 제1절 보세창고 관련 업무 참조

타 보세창고로 장치장소(창고배정)를 지정한 화물에 대해서는 현도화물로서 보세운송이 이루어진다. 장치장소에서 반입된 화물은 그 후 수입신고를 진행할 수 있다. 한편 포워더는 항공사로부터 화물을 인수하고 화주에게 항공운임을 청구하게 된다.

장치장소와 보세운송과 관련하여 장치장소(보세창고)로는 인천공항의 자유무역지역, 김포공항 화물청사, 시내의 성수동, 구로동 등의 창고로 보세운송되는 경우가 많은데 이들 보세창고업체들은 보세운송업체와 계약되어 있어서 화주 또는 포워더가 개별적으로 보세운송의 신청을 하지 않아도 적하목록 EDI 상의 장치장소(창고배정)을 참고하여 해당 장소로 보세운송된다. 다만 지방의 보세공장이나 보세창고로 가는 화물에 대해서는 화주 또는 포워더에 의해 보세운송업체가 지정되어 보세운송이 이루어진다.[4)]

3 수입신고 업무

절차	내용	관련서류
3-1) 수입신고	포워더는 선임한 관세사를 통해 수입화물의 통관을 의뢰하게 된다. 수입신고를 위해서는 세관에 운송서류(B/L 등), 상업송장을 기본으로 하고 필요서류를 제출해야 한다. 이때 발생하는 통관수수료는 포워더의 이름으로 화주에게 청구된다.[5)]	• 수입신고서 • C/Invoice • P/List
3-2) 통관자금 등의 청구	포워더는 화주에게 통관자금 등을 청구하게 된다. 통관 관련 비용, 보세운송 관련 비용 및 창고관련 비용을 화주에게 청구하고 대금을 받게 된다. 이때 건건히 거래하는 경우도 있으나 포워더가 화주에게 Credit을 주고 월말에 청구하는 경우도 있다. 다만 관세와 부가세는 Credit을 주지 않는 것이 일반적이다.	• 통관자금 청구서 • 월별청구서
3-2) 관세/부가 세의 납부	화주는 관세와 부가세를 세관에 납부(주로 관세사를 경유함)하면 수입신고필증이 교부되며 수입신고절차가 종료된다.	• 송금영수증

수입신고는 장치장소에 반입이 이루어진 후 화주 또는 관세사에 의해 행해지는데 이때 화주가 직접 관세사를 지정하고 그 지정된 관세사에 의해 수입신고업무가 행해지는 경우도 있고, 화주가 이를 포워더에게 일임하는 경우도 있다. 즉 이 수입

4) 보세운송과 관련해서는 본서 제13장 포워더의 협력사 활용 중 제3절 보세운송과 일반운송 참조
5) 즉 화주가 포워더에게 통관을 의뢰한 경우 관세사는 포워더에 의해 지정되므로 관세사는 포워더에게 통관수수료를 청구하고, 포워더는 통관수수료를 화주에게 청구한다. 이와 관련하여 법규에 의해 상기의 경우에도 관세사가 화주에게 직접 청구하도록 했었으나 현재는 다시 당사자 간 자유롭게 결정하도록 하고 있다.

신고업무는 화주가 포워더에게 수입신고의 대행을 의뢰했을 경우에만 이루어진다. 일반적으로 포워더는 관세사를 고용하지 않고 있으며 통관업무를 위해서는 관세사에게 하청을 준다. 물론 대형업체의 경우에는 통관법인을 운영하는 포워더도 있다.

상기 수입신고의 과정에서 화주(수입자)의 요청에 의해 추가적인 프로세스가 필요한 경우 즉 식품검사, 보수작업, 명의대여 등을 요구하는 경우에 포워더는 화주에게 추가적인 비용을 청구하기도 한다. 한편 관세와 부가세와 관련하여 대부분의 업체는 화주에게 Credit(선납)을 주지 않는 것이 일반적이나 일부 관세사 또는 포워더의 경우 영업을 위해 이에 대해 선납을 해주는 경우도 종종 있다.

4 화물인도 업무

화물인도 업무는 주로 창고업자가 화주에게 화물을 인도하는 것이 기본이나 현업에서는 화주가 지정한 포워더 또는 관세사 등에 의해 보세창고로부터 화물을 인수하여 화주에게 트럭 등을 통해 운송하게 된다.

절차	내용	관련서류
4-1) D/O발급	D/O(인도승낙서)는 포워더가 보세창고 측에 화주에게 화물을 인도하는 것을 승낙하는 것이다. 일반적으로 D/O는 화주의 결제가 완료되었을 때 EDI를 통해 보세창고 측에 발송하게 된다. 다만, 수입통관과 통관 후 운송을 모두 포워더가 담당하는 경우에는 동 절차는 중요한 절차가 아니라고 할 수 있다.	• D/O • 은행의 화물인도승낙서
4-2) 화물의 인도	화주는 화물을 보세창고 측으로부터 인도받기 위해서는 통관이 완료되었음을 증명하는 수입신고필증, 포워더 발행 D/O, 창고료의 지급을 해야 한다. 다만 수입통관과 배송을 포워더가 담당하는 경우 포워더는 화주로부터 위임을 받아 창고 측으로부터 물건을 인수하고 국내운송을 통해 화주가 지정한 장소까지 운송하여 화물을 인도하게 된다.	• 화물수령증

다만 신용장이 발행되고 수화인이 은행인 경우에는 인도와 관련하여 상당한 주의를 요한다. 예컨대 신용장 건에서 항공화물운송장 상의 수화인은 은행이므로 포워더는 실화주(수입자)가 운임을 모두 납부하였다고 하더라도 은행 측의 허락 없이 실화주(수입자)에게 D/O를 발급하거나 통관 완료 후 화물을 인도해서는 안 된다. 즉 포워더는 신용장 건의 경우 수화인인 은행이 발급한 수입화물인도승낙서나 L/G(Letter of Guarantee) 등의 서류를 반드시 확보한 후에 화물을 인도해야 한다.

이러한 서류를 확보하지 않은 상태에서 물건을 실화주가 인수하도록 한 경우, 향후 은행으로부터 상품대금(운임이 아님)에 대해 손해배상을 청구당할 수 있다.

제3절 항공화물운송장의 작성실무

항공화물 운송장을 3개의 부분으로 나누어 항목별 기입내용과 예는 다음과 같다.

〈그림 9-3〉 항공화물운송장의 상단부

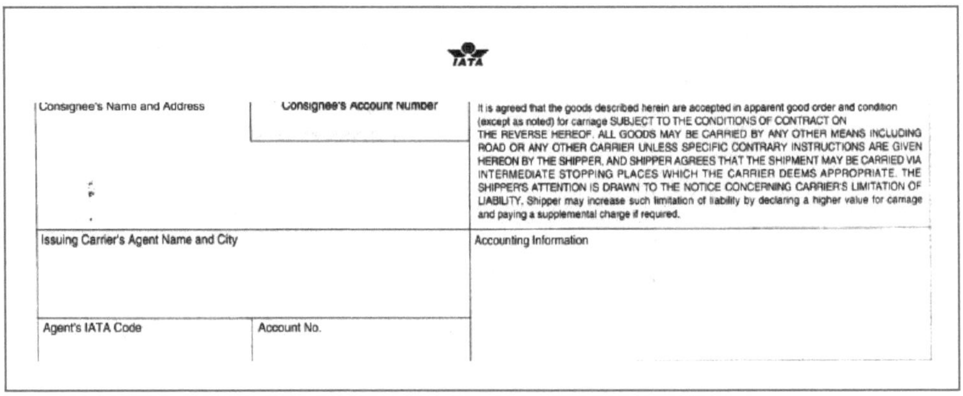
IATA

Consignee's Name and Address | Consignee's Account Number

It is agreed that the goods described herein are accepted in apparent good order and condition (except as noted) for carriage SUBJECT TO THE CONDITIONS OF CONTRACT ON THE REVERSE HEREOF. ALL GOODS MAY BE CARRIED BY ANY OTHER MEANS INCLUDING ROAD OR ANY OTHER CARRIER UNLESS SPECIFIC CONTRARY INSTRUCTIONS ARE GIVEN HEREON BY THE SHIPPER, AND SHIPPER AGREES THAT THE SHIPMENT MAY BE CARRIED VIA INTERMEDIATE STOPPING PLACES WHICH THE CARRIER DEEMS APPROPRIATE. THE SHIPPER'S ATTENTION IS DRAWN TO THE NOTICE CONCERNING CARRIER'S LIMITATION OF LIABILITY. Shipper may increase such limitation of liability by declaring a higher value for carriage and paying a supplemental charge if required.

Issuing Carrier's Agent Name and City | Accounting Information

Agent's IATA Code | Account No.

항목명	기입내용	기입 예
Airway Bill Number	항공사 코드와 출발지 그리고 일련번호로 구성	180 SEL 0087 357
Issuing Carrier	Airway Bill 발행 항공사 또는 포워더의 이름을 기입한다. 또한 Not Negotiable 표시	Korean Airline
Shipper's Name And Address	송하인의 성명, 주소, 연락처 등	Hyundai Motors Co., Ltd.
Consignee's Name and Address	수하인의 성명, 주소, 연락처 등	ABC Co.,LTD
Issuing Carrier's Agent name and City	AWB을 발행한 화물대리점의 이름과 도시명	Expeditors International Co Ltd. Seoul. Korea
Agent's IATA Code	IATA 대리점의 경우 IATA Code 입력	173 8777 8888
Account Number	발행 항공사에서 관리하는 번호기입	
Accounting Information	회계처리와 관련된 내용 및 기타 내용 입력	Notify Party : AAA Co Ltd

〈그림 9-4〉 항공화물운송장의 중간부

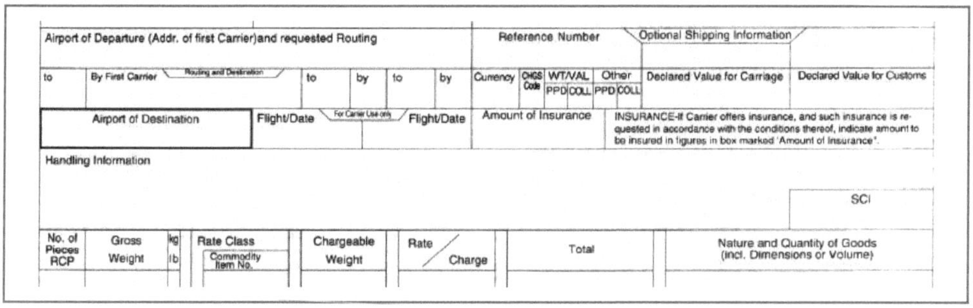

항목명	기입내용	기입 예
Airport of Departure	출발지 공항명	Incheon Internation Airport
Routing and Destination	이용 항공편과 경유지	to LAX by KE201
Currency	항공운임의 화폐단위이며 출발지 통화가 원칙	KRW, USD 등
WT/VAL, Other - Prepaid Or Collect	운임지불 방법을 표시-선불 or 후불	PPD or COLL
Declared Value for Carriage	운송신고가격을 기입하며 기입 시 Valuation charge 발생됨	NVD (No Value Declared)
Declared Value for Customs	송하인의 세관신고가액을 기재	NCV (No Customs Value)
Airport of Destination	최종 목적지 공항을 Full Name 기재	Los Angeles Int'l Airport
Flight Date (Carrier Use Only)	항공사에 의해 실제 탑재된 항공편 입력	
Amount of Insurance	보험가입 시 보험금액을 기재함	
Handling Information	화물의 포장방법, AWB과 함께 보내는 서류, 위험품의 경우 위험품을 표시	Dangerous Goods As per Attached Shipper's Declaration
No of Pieces RCP	화물의 개수를 기재한다.	5
Gross Weight	화물의 실제중량을 소수점 첫째자리까지 기재	101.2
KG or LB	중량단위를 기재 (K or L)	K
Rate Class	적용되는 요율에 따라 기재 M - Minimum, N - Normal Rate Q - 45kg 이상요율 등	Q
Commodity Item No	적용요율에 따라 SCR은 품목, CCR은 할증율, BUC는 ULD type 기재	
Chargeable Weight	화물의 실제중량과 부피중량 중 큰 것을 기재한다. 0.5kg 단위로 절상	101.5
Rate / Charge	KG당 또는 LB당 요율을 기입. Minimum 의 경우에는 최저운임 기입	4,000
Total	요금의 합계를 기재한다.	406,000
Nature and Quantity of Goods	화물의 품목, 부피 등을 기재. 혼재화물의 경우 혼재화물표시	Consolidated As per attached List

〈그림 9-5〉 항공화물운송장의 하단부

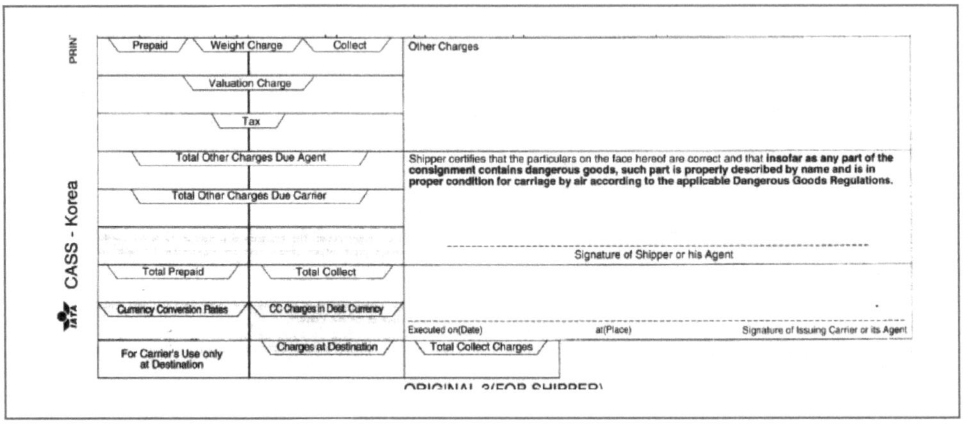

항목명	기입내용	기입 예
Weight Charge	운임중량요금을 기재, Prepaid 의 경우 왼쪽 Collect 의 경우 오른쪽에 기재	
Valuation Charge	종가요을 기재	
Tax	세금을 기재	
Total Other Charges Due Agent	기타요금 중 대리점(포워더) 몫의 합	
Total Other Charges Due Carrier	기타요금 중 항공사 몫의 합	
Total	운임, 종가요금, 기타요금 등 금액의 합계	
Currency Conversion Rate	도착지의 통화와 환율	
CC Charges in Dest Currency	Total Collect 란 금액을 도착지 통화로 환산한 금액	
Charges at Destination	도착지에서 부과된 요금	
Total Collect Charges	상기 2개항 금액의 총합	
Other Charges	WT/VAL charge를 제외한 요금	FSC : 10,000 ISS : 2,000
Signature of Shipper or his Agent	송하인 또는 그 대리인의 서명란	
Signature of Issuing Carrier or its Agent	AWB 발행 항공사 또는 대리점의 서명	

〈표 9-1〉 주요공항의 IATA Code

Airport	Nation	Code	Airport	Nation	Code
Memphis International	USA	MEM	London Heathrow Airport	UK	LHR
Hong Kong International	China	HKG	Amsterdam Airport Schiphol	Holland	AMS
Shanghai Pudong International	China	PVG	John F. Kennedy International	USA	JFK
Incheon International	Korea	ICN	O'Hare International	USA	ORD
Paris-Charles de Gaulle	France	CDG	Suvarnabhumi Airport	Thai	BKK
Ted Stevens Anchorage International	USA	ANC	Guangzhou Baiyun International Airport	China	CAN
Louisville International Airport	USA	SDF	Indianapolis International Airport	USA	IND
Dubai International Airport	UAE	DXB	Newark Liberty International Airport	USA	EWR
Frankfurt Airport	Germany	FRA	Tokyo International Airport	Japan	HND
Narita International Airport	Japan	NRT	Luxembourg-Findel Airport	Luxembourg	LUX
Singapore Changi Airport	Singapore	SIN	Kansai International Airport	Japan	KIX
Miami International Airport	USA	MIA	Shenzhen Bao'an International Airport	China	SZX
Los Angeles International Airport	USA	LAX	Kuala Lumpur International Airport	Malaysia	KUL
Beijing Capital International Airport	China	PEK	Dallas-Fort Worth International Airport	USA	DFW
Taiwan Taoyuan International Airport	Taiwan	TPE	Chhatrapati Shivaji International Airport	India	BOM

출처 : IATA TACT Rule Book 참조

〈표 9-2〉 국내취항 주요 항공사의 코드

Airline	2-Letter Code	Prefix Code	Airline	2-Letter Code	Prefix Code
Korean Airline	KE	180	Air Hong-Kong	LD	288
Asiana Airline	OZ	988	KLM	KL	074
Southern Air	9S	099	Eva Airways	BR	695
UPS	5X	406	World Airways	WO	468
Fedex	FX	023	Singapore Airline	SQ	618
Polar	PO	403	Japan Airlines	JL	131
Cathay Pacific	CX	160	Lufthansa Cargo	LH	020
Jade Cargo	JI	189	Air France	AF	057
China Cargo Airlines	CK	781	Cargolux	CV	172
Thai Cargo	TG	217	United Airlines	UA	016

출처 : IATA TACT Rule Book 참조

제4절 항공운임과 부대비용(정산을 포함)

1 항공운임의 분류

항공운임을 크게 분류하면 순수한 항공운임과 할증료 그리고 기타비용으로 분류할 수 있다.

절차	내용
순수한 항공운임 (Air Freight)	공항과 공항 간의 운임을 의미하며 종량요금(GCR, SCR, CCR, BUC)과 종가요금(Valuation Charge)이 있다.
할증료 (Surcharge)	할증료는 상황에 따라 부과되는 것으로서 항공사 측의 추가적인 비용 발생에 대해 이를 화주측에 전가하기 위해 적용되는 것으로서 항공운임에 추가하는 요금이다. 대표적인 요금으로 FSC(항공유할증료)와 SSC(보안할증료)가 있다.
기타비용 (Other Charge)	기타 비용은 공항과 공항 간의 서비스 밖에서 발생하는 것으로서 다양한 항목의 비용으로 구성되는데 출발지 비용과 도착지 비용으로 나누어 볼 수 있다.

1) 순수한 항공운임의 종류

순수한 항공운임은 화물의 양에 따라 부과되는 종량요금(Weight charge)과 화물의 가격에 따라 부과되는 종가요금(Valuation Charge)로 나눌 수 있다.

(1) 항공운임의 일반원칙

- AWB 발행일에 유효한 요율을 적용한다.
- 공항과 공항 간의 서비스에 부과한다.
- 출발지국 현지통화로 설정되는 것이 원칙이다. 한국의 경우 1996년부터 기존 USD에서 원화로 표기하기 시작하였다. 다만 환율이 불안한 국가의 통화인 경우는 USD를 많이 이용한다.
- 미국발(lb당 요율 적용)을 제외하면 kg당 요율로 정하여져 있다.
- 해당정부의 승인 또는 신고 후 유효하다.
- 운임은 운임적용중량×요율로 계산한다. 다만 최저운임(Minimum)을 초과하

지 못할 경우에는 최저운임이 적용된다.

- 6000㎤를 1kg으로 간주한다. 이에 대한 보다 자세한 내용은 후술
- 운임적용중량의 소수점 자리는 0.5kg 단위로 절상한다.
- 화주측에서 원할 경우 높은 중량단계의 낮은 요율적용이 가능하다.

Weight Charge	GCR (General Cargo Rate)	일반화물요율이다. CCR이 적용되지 않는 화물에 대해 적용되는 요율이며 기본요율로서의 성격을 갖는다. 즉 CCR과 SCR요율은 따로 요율을 체계화하기 보다는 GCR의 120% 등으로 표현한다.
	SCR (Specific Commodity Rate)	특정품목할인요율이다. 특정구간의 특정품목에 대하여 일반화물요율에 할인하여 적용되는 요율이다.
	CCR (Class Rate)	품목분류요율이다. 이 요율은 특정품목에 대해 적용되는 요율로서 그 적용 요율은 지역마다 다르다. 할인을 위해 적용되는 것(신문, 잡지, 정기간행물, 책, 카탈로그 등)과 할증을 위해 적용되는 것(비동반수화물, 생동물, 귀중품, 시체/유골, 자동차 등)이 있다.
	BUC (Bulk Unitization Charge)	단위탑재용기운임이다. 이 요율은 상기 요율이 kg당 얼마로 설정되어 있는 것과는 달리 ULD 종류별로 각 ULD당 정액의 운임이 적용되는 것이다. 이는 해상운송에서 FCL 요율과 유사하다고 할 것이다.
Valuation Charge	종가요금이다. 이는 AWB의 약관이 정한 사고 시 최대배상한도를 초과하여 보상 받기를 원할 때 부과되는 운임이다. 이를 적용하기 위해서는 화물의 운송가격을 신고하고 그 신고금액에 일정률을 곱한다.	

(2) GCR(General Cargo Rate)

- 일반화물요율은 CCR과 SCR이 적용되지 않는 일반화물에 적용되는 요율이다.
- 요율은 최저요금(M), 기본요율(N), 중량단계별 할인요율(Q)로 구성되어 있다.
- <그림 9-6>은 Hong Kong에서 서울까지의 GCR에 대한 Tariff Rate이다. 화폐단위는 홍콩달러(HKD)이고 kg당 요율로 표시되어 있다. 즉 HKG에서 서울까지의 최저운임은 HKD190이며 기본요율은 kg당 26.91이고 45kg이상부터는 kg당 20.18이 적용되는 것이다. CX, KA는 해당 항공사만 적용하는 요율이다.

〈그림 9-6〉 GCR 요율표

HONG KONG TO WORLDWIDE (EXCEPT N.AMERICA)

HONG KONG	HK	HKG
HONG KONG $	HKD	KGS

SEOUL		KR	M	190
			N	26.91
			45	20.18
	CX,KA		M	190
	CX,KA		N	28
	CX,KA		45	21
	CX01.KA01		M	380
	CX01.KA01		N	30
	CX01.KA01		45	25

출처 : 인터넷자료

(3) SCR(Specific Commodity Rate)

- 특정품목요율이다.
- 모든 노선에 적용되는 것은 아니며 TACT Rate Book 상에 특정 출발지와 도착지에서 특정물품에 대하여 적용되는 요율이다.

〈그림 9-7〉 SCR 요율표

Data/Type	Note	Item	Min. wght	HK$ curr

HONG KONG TO NORTH AMERICA

HONG KONG	HK	HKG
HONG KONG $	HKD	KGS

MONTREAL OC		CA	M	468
			N	92.06
			45	71.11
			100	66.1
			300	52.17
			500	45.83
	2195		100	61.6
	2195		300	51.2
	2195		500	44.97

출처 : 인터넷자료

- 상기 요율은 출발지 Hong Kong에서 도착지 캐나다의 Montreal인 경우에 적용되는 Tariff Rate이다. 여기에서 300kg 이상의 화물의 경우 GCR은 kg당 HKD52.17이나 2195라는 품목일 경우에는 kg당 HKD51.2가 적용됨을 알 수 있다. 단, 품목코드 2000-2999에 해당하는 품목은 직물, 섬유류 및 섬유제품이 이에 해당한다.

(4) CCR(Class Rate)

- 품목분류요율이다.
- IATA가 발행한 TACT Rule Book (일명 Orange book) Section 3.7 상에 이에 해당하는 품목과 요율에 대해 자세히 기술하고 있다.

〈표 9-3〉 CCR 요율표 (한국발)

CCR 종류	적용요율
Live Animals (생동물)	Normal GCR ~ 175% of Normal GCR
Valuable Cargo (귀중품) 운송신고가격이 kg당 USD 1000이상인 것 금괴, 도금된 금괴, 금화, 금으로 만든 여러 형태의 물품 또한 백금, 백금계 금속, 백금으로 합금한 여러 형태 물품 화폐, 유가증권, 주식, 여행자수표, 우표, 인지, 신용카드 다아아몬드(공업용 포함), 루비, 에머랄드, 사파이어, 오팔, 진주(양식진주 포함) 또는 이들로 만든 보석 장신구 금, 은, 백금으로 된 보석이나 시계 금 또는 백금으로 만든 물품 (도금된 물품은 제외)	200% of Normal GCR ~ 300% of Normal GCR
Newspapers, Magazines, Periodicals, Books, Catalogues, Braille type equipment and talking books for the blind. (신문, 잡지, 정기간행물, 책, 맹인용 점자 장비 및 서적 등)	50% of Normal GCR ~ 67% of Normal GCR
Baggage shipped as cargo (비동반 수화물)	50% of Normal GCR
Human Remains(유해)	Applicable GCR(Coffin), Normal GCR(Ashes)
Automotive vehicle (자동차)	Normal GCR

(상기 적용 요율은 한국을 기준으로 한 것이며 보다 정확한 요율 적용을 위해서는 상기 Orange book을 참조하여야 한다.)

(5) BUC

- 단위탑재용기 운임이다. 즉 화주가 화물을 단위탑재용기에 적재한 상태로 항공사에 운송을 의뢰한 경우에 적용되는 운임이다.
- 단위탑재용기에의 적재(Build up)와 해체(Braek down) 작업은 항공사가 하지 않는다.
- 적용불가 품목으로는 위험품 규정에서 제한하고 있는 품목, 생동물, 귀중화물, 유해 등 이다.
- 운임의 계산 = ULD type별 기본운임(Pivot carge) + (초과중량 × 초과중량요율)
- 최저운임 적용중량 (Pivot Weight): ULD type별로 공시
- 초과중량요율(Over Pivot Rate) : 최저운임 초과 중량에 적용되는 Kg당 요율
- Outside cargo : 한 건의 화물이지만 같은 ULD에 적재되지 못한 것으로 별개의 화물로 간주되어 요율이 결정된다.

- ULD 연체료(한국내) - 무료임대기간 5일 (토/일 및 법정공휴일 포함)

(6) Valuation Charge(종가요금)

- 운송약관 상 운송인의 책임은 최대 kg당 19SDR(USD 30)으로 제한된다. 이때 책임제한 규정을 배제시키기 위해 운송인은 운송신고가격을 AWB상에 표기할 수 있으며[6] 이로 인해 운송인의 책임제한액은 운송신고금액으로 증액된다. 다만 이때 화주는 종가요금를 운송인에게 지불하여야 한다.[7]
- 종가요금의 계산 = (신고가액 − (Gross Weight × USD 30)) × 0.75%

2) 할증료

할증료는 항공운임에 추가하여 항공사 측에서 부과하는 것이다. 인코텀즈 조건하에서는 국제운임을 부담하는 측의 비용이다.

Fuel Surcharge (항공유할증료)	항공유의 가격 상승으로 항공사가 추가로 부담하는 비용에 대해 화주에게 전가하는 것이다. 우리나라의 경우 싱가포르항공유가와 연동하여 적용하고 장거리노선과 중거리, 단거리노선으로 나누어 차등적용하고 있다.
Security Surcharge (보안할증료)	911테러이후 항공사의 보안강화 비용 및 보험료 상승에 따른 비용부담을 화주에게 전가하는 것이다.

3) 기타운임

기타운임은 출발지에서 발생하는 부분과 도착지에서 발생하는 부분으로 나누어 질 수 있으며 Incoterms조건에 따라 비용 부담의 주체가 달라진다. 예컨대 출발지 터미널취급수수료는 FCA조건인 경우 수화인이 부담하지만 CPT조건의 경우 수화인이 부담한다. 주로 발생하는 기타비용의 내역은 다음과 같다.

---

6) 운송가격을 신고하지 않을 때에는 NVD(No Value Declared)라고 표시한다. 이 경우 운송인의 책임제한은 USD30/kg이다.

7) 다만, 현업에 있어서는 대부분의 화주는 종가요금보다 적하보험에의 가입이 비용이 저렴하고 보장구간도 더 넓기 때문에 운송신고가격을 NVD로 하고 종가요금 대신 적하보험 부보가 더 일반적이다.

지역	비용	서비스 내용
출발지	Pickup Charge (픽업운송료)	수출자 창고에서 포워더의 창고(주로 공항주변에 위치)까지의 운송비용이다.
	Documentation	AWB 작성과 발행 관련 수수료
	Terminal Handling Charge (터미널취급수수료)	포워더의 창고 내에서 보관 및 작업(항공운송을 위한 간단한 포장, 라벨링 등)에 대한 대가이다.
	Handling Charge (취급수수료)	화물운송을 위한 각종 서류 상의 취급과 관련된 비용으로서 주로 건당 일정금액을 청구한다.
	Export Customs Fee (수출통관수수료)	수출신고에 대한 대가로 청구한다. 주로 관세사에게 최종적으로 돌아간다.
	Dangerous Goods Handling Fee (위험품 취급수수료)	항공사가 위험품 접수 시 포장상태, 관련서류 등의 검사에 대한 수수료로 부과하는 것이다. 즉 위험품에만 부과되며 항공사의 몫이다.
도착지	Handling Charge (취급수수료)	도착지에서 Arrival Notice 및 각종 세관 신고 등에 대한 대가로 청구한다.
	Charge Collect Fee (착지불수수료)	항공운임이 착불인 경우 화주에게 항공운임의 일정률(5%, Minimum USD 10)을 수수료로 부과하는 것이다. 이는 착불방지와 송금비용에 대한 보전을 위해 청구된다.8)
	Disbursement Fee (입체지불수수료)	입체지불금은 항공운송 선에 발생한 비용(Documentation, Handling, Transportation)이 수화주에 의해 도착지에서 지불될 경우에 동 금액의 일정률(10%, Minimum USD 20)을 수수료로 청구하는 것이다.9)
	Warehouse Charge (보세창고료)	항공사 또는 보세창고의 창고료로서 종가요금+종량요금+작업료로 구성된다.
	Customs Clearance Charge (수입통관수수료)	수입신고에 대한 대가로 청구한다. 주로 관세사에게 최종적으로 돌아간다.
	Delivery Charge (화물운송료)	통관이 완료된 화물을 수화주가 지정한 장소까지 운송하는 비용

8) 항공사별로 지역마다 착불(Charge collect)를 인정하는 지역(도착지)은 다를 수 있으므로 사전 확인 절차가 필요하다.

9) 이는 포워더의 선지급에 대한 대가라고 할 수 있으나 현업에서는 Charge Collect Fee만 받고 Disbusement Fee는 받지 않는 것이 일반적이다.

2 포워더의 Buying Rate와 Selling Rate

포워더는 화주에게는 운송서비스를 판매하고 항공사나 Consolidator로부터는 이를 구입한다. 즉 Buying rate와 Selling rate로 나눌 수 있다. 각각을 결정할 때 고려사항은 다음과 같다.

1) Buying rate의 종류와 특징

포워더가 항공운송을 위해서는 항공사와 직접 거래하는 방식과 중간에 존재하는 타 포워더(Consolidator와 Co-loader) 등과 거래하는 방식이 있다. 여기서 포워더가 이용할 수 있는 항공운송 서비스의 주체들의 특징을 살펴보면 다음과 같다.

운송사	종류	특징
항공사	Direct Carrier	• 출발지에서 최종목적지까지 환적 발생 않음(직항노선) • 운송이 빠르고 환적이 없어 정시성이 높음 • 운임이 높음
	2nd Carrier	• 경유지에서 환적을 행하며 환적 대기시간으로 운송시간 증가됨. • 다만 환적 대기시간은 해당 항공사의 운항 스케줄에 의존함 • 운임이 다소 낮음
	Offline Carrier	• 경유지에서 환적과 대기시간 발생으로 운송시간 증가됨 • 일부구간은 운송장 발행 항공사 이외의 항공편을 이용함[10]. • 운임이 낮음
타포워더	Consolidator	• H/AWB발행 포워더가 ①항공사와 계약관계가 없거나 ②항공사로부터 받은 가격보다 Consolidator의 가격이 보다 저렴한 경우 ③Consolidator의 결제조건이 유리한 경우 ④도착지에 파트너가 없는 경우 등에 Consolidator와 거래하게 된다.
	Coloader	• Consolidator를 이용하는 이유와 유사하다. 다만 차이는 Coloader는 전문 Consolidator가 아니다.

한편 항공사들이 포워더에게 운임을 적용할 때 모두 같은 요율을 적용하는 것은 아니며 포워더의 자사에 대한 기여도, 잠재력, 협상력에 따라 다양한 레벨의 요율을 제공한다. 그 종류를 살펴보면 다음과 같다.

10) 항공사들 간에는 상호 상대방 항공사의 화물을 운송해 주기로 하는 Interline 계약을 체결한다.

Tariff 가격	항공사가 공시하는 가격으로 국토교통부와 IATA를 통해 공표한 가격이다. 일반적으로 대리점 계약이 체결되지 않은 포워더에게는 동 가격이 적용된다.
일반대리점 가격	항공사와 대리점계약을 체결한 모든 포워더에게 제공하는 가격이다. 대체로 45kg 이상 화물에 대해서 Tariff 대비 할인된 요율을 적용한다.
개별대리점 가격	대리점계약을 체결한 포워더 중 특정 노선에 특정 물품을 다량/장기적으로 운송하는 업체에게 제공하는 우대가격이라 할 수 있다. 주로 월간 이상의 기간을 기준으로 계약이 이루어진다. 연간 물량 기여도(특히 비수기 기여도)와 잠재력, 협상력 등에 따라 차등 적용한다.
POD가격	상기 가격을 무시하고 Spot성으로 해당화물에만 적용되는 가격이다. 주로 비수기에 화물을 유치하기 위해 적용된다.

2) Selling rate 결정 시 고려사항

포워더는 화주에게 운임을 제공할 때, 자사의 원가에 일정 마진을 플러스하게 된다. 이 과정에서 복수의 포워더가 항공사로부터 동일 요율(동일 Buying Rate)을 받았더라도 각 포워더가 가지고 있는 비용구조와 그들의 Consolidation능력에 따라 원가는 크게 다르다 할 것이다.[11)]

아래에서는 포워더가 화주에게 Selling rate 적용 시에 고려하는 사항에 대해서 살펴본다.

(1) 화물의 긴급성에 따른 판매가 결정

종류	서비스 특징
Time Definite Service	항공사가 제공하는 서비스 중 정시성을 보장하고 이를 충족하지 못하는 경우 운임환불이 적용되는 것이다. / 정시성이 높고, 운임이 높다.
Back to Back Service	화주의 운송의뢰에 대해 즉시 항공편을 수배하여 운송하는 것으로서 주로 M/AWB 한 건에 H/AWB 한 건이 대응된다./ 대기 없이 즉시 선적 가능, 운임이 높다.
Consol service	포워더가 운임을 낮추기 위해 화주의 화물을 집화한 후 사전에 정해진 스케줄에 따라 화물을 운송하는 것이다. 주로 M/AWB한 건에 복수의 H/AWB이 대응된다. / 스케줄 대기 필요, 운임이 낮다.

11) 한편 포워더의 원가구조도 중요하지만 포워더와 화주 간의 궁합도 중요하다고 할 것이다.

(2) 타 서비스 이용 여부

화주가 단순히 항공운송만을 이용하는지 아니면 통관 등의 서비스를 이용하는지 등에 따라 다른 요율이 적용되게 될 것이다.

(3) 화물의 중량과 부피

일단 화물의 중량이 높을수록 포워더는 동 화물을 유치하기 위해 낮은 요율을 적용할 것이다. 또한 화주의 물량이 Weight Cargo 또는 Volume Cargo[12] 여부에 따라 요율은 달라질 것이다. 이때 동 포워더가 기존에 가지고 있는 주력 화물의 종류(Weight or Volume)에 따라 다르겠으나 일반적으로 항공운송시장에서는 Weight Cargo가 선호되므로 더 저렴한 요율이 적용된다.

(4) 화주의 잠재력과 계약기간

장기 화주의 경우와 대기업 등의 잠재력이 높은 화주의 경우에는 보다 좋은 조건의 요율이 제공되는 것이 일반적이다.

(5) 시장의 계절성

항공운송의 계절성(비수기와 성수기의 존재)은 많이 줄어들었지만 여전히 존재한다고 할 것이며 성수기에는 가격이 높게 형성되고 비수기에는 낮은 가격이 형성되게 된다.

(6) 기타

일반적으로 화주들은 복수의 포워더로부터 견적을 받으므로 경쟁관계에 있는 타 포워더의 가격은 포워더의 가격구사에 영향을 주게 될 것이다. 화주의 협상력 또한 포워더의 판매가격에 영향을 주게 될 것이다. 즉 국내에서는 물량이 없더라도 해외에서는 물량이 많은 화주의 경우에는 글로벌 포워더들에 의해 좋은 가격이 제시될 것이다.

3 운임의 계산

항공운임 중 종량운임은 운임적용중량(Chargeable Weight) 와 요율(Rate)을 곱하

12) 항공운송에서 화물의 운임은 중량과 부피 중 더 높은 것을 기순으로 요율이 적용되는데 이때 Weight Cargo는 부피 대비 중량이 많이 나가는 화물을 의미하며 Volume Cargo는 이의 반대인 화물을 의미한다. Weight 와 Volume의 비교에 대해서는 다음 항 참조.

여 정해진다. 운임적용중량을 구하는 방법은 실제중량(Gross Weight)와 부피중량(Volume Weight)를 비교하여 정하게 되며 이때 부피중량 계산은 우선 화물의 부피를 구한 후에 중량으로 환산하기 위해 1:6000 rule (1kg = 6000㎤)을 적용한다. 그 후 실제중량과 부피중량의 비교를 통해 큰 쪽이 운임적용중량이 되며 이는 0.5kg 단위로 나타내므로 소수점 첫째 자리가 0 또는 5가 아닌 경우 0.5kg 단위로 절상(Round up)하게 된다.

그 예는 다음과 같다.

• 사례 •

아래 화물의 운임적용중량은 몇 kg인가?

- 화물의 중량 : 150.4kg
- Size : Length × Width × Height = 1200 × 1000 × 1254 (mm)

1) 실제중량 : 150.4 kg
2) 부피중량 : 120cm × 100cm × 125.4cm = 1,504,800㎤ / 6000㎤ = 250.8kg
3) 실제중량 < 부피중량 이므로 부피중량을 적용 250.8kg
4) Round up을 통해 최종 운임적용중량은 251.0kg이 된다.

4 운임의 결제

포워더는 항공사로부터 운송서비스를 구입하고 화주에게 운송서비스를 판매하는 과정을 따른다. 따라서 포워더는 항공사에게 운임지급을 하고 화주에게는 운임을 청구하게 된다. 또한 포워더는 출발지 또는 도착지의 해외파트너와 협업을 통하여 고객에게의 서비스를 완성하게 되므로 수출지 포워더와 수입지 포워더는 서로 운임의 정산 과정을 거치게 된다. 이하에서는 포워더의 각 주체와의 결제에 대하여 살펴본다.

1) 포워더와 항공사 간의 결제

원칙적인 포워더와 항공사 간의 결제과정은 다음과 같다.

〈그림 9-8〉 포워더와 항공사 간의 정산과정

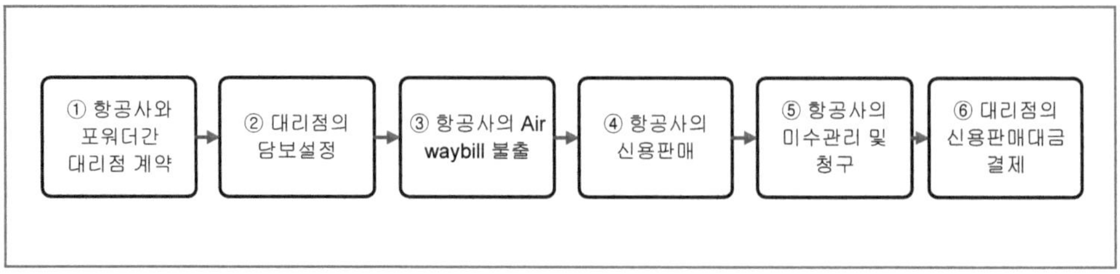

(1) 항공사와 포워더 간 대리점 계약

항공사와 포워더 간에는 우선 화물판매대리점 계약을 체결한다. 즉 항공사는 일반적으로 화주들에 대한 직접판매방식 보다는 포워더를 통한 간접판매방식을 통해서 항공화물운송서비스를 제공하는 바, 포워더는 항공사와 대리점 계약을 체결해야 각종 혜택을 누릴 수 있다. 대부분의 포워더는 단일 항공사와 계약하는 것은 아니며 복수의 항공사와 계약을 통해 포워딩 비즈니스를 영위한다.

(2) 대리점의 담보설정

대리점계약을 통해 포워더는 화물을 모집하여 항공사에 제공할 의무가 있으며, 항공사는 포워더에게 신용판매와 항공운임의 할인 등을 통해 포워더를 지원하게 된다. 다만 이 과정에서 항공사는 신용거래에 따른 위험을 피하기 위해 포워더에게 담보를 설정할 것을 요구하며 포워더는 신용기간인 45일 동안의 미수에 대한 담보를 설정하게 된다. 이때 담보의 종류로는 보증보험증권 또는 은행의 지급보증을 이용하는 것이 일반적이다.

(3) 항공사의 Air Waybill 불출

계약이 체결되고 담보가 설정되면 포워더는 항공사로부터 M/AWB을 불출받게 된다.

(4) 항공사의 신용판매

불출받은 M/AWB을 사용하여 포워더는 항공사의 운송서비스를 신용으로 담보한도 내에서 자유롭게 이용할 수 있다.

(5) 항공사의 미수관리 및 청구

항공사는 불출된 AWB을 통한 신용판매대금(미수금)이 담보금액 내로 들어오도록 미수금을 관리한다. 미수금이 담보한도에 근접하거나 초과하게 되면 다음과 같은 절차를 순차적으로 실시한다. 첫 번째는 화주에게 미수금의 조기납부 또는 담보의 상향을 요구한다. 둘째 COD(Cash on delivery)조치를 취한다. 이는 현금을 미리 납부한 경우에만 운송서비스를 제공하는 것으로 더 이상의 신용판매를 제한하는 것이다. 셋째 Embargo 조치한다. 해당 포워더에게 불출된 AWB로 더 이상 항공운송서비스를 이용하지 못하게 한다. 넷째 불출했던 AWB을 회수한다. 다섯째 계약을 해지한다.

한편 포워더의 운임청구는 15일 단위 판매 분에 대해 익월에 청구를 하게 된다. 즉 1/1일부터 1/15일까지의 신용판매 분에 대해 1/31일에 포워더에 청구하면 포워더는 2/15일까지 결제를 해야 한다.

(6) 대리점의 신용판매대금 결제

포워더(대리점)는 신용판매대금을 결제하게 되며 항공사의 청구에 이의가 있으면 이에 대한 수정(Correction Advice)을 요구한다.

그러나 이러한 절차는 항공사들과 포워더 모두에게 많은 불편을 초래하게 됨으로 항공사와 포워더의 중간에 CASS(Cargo Accounts Settlement System)가 정산소(Clearing House)의 역할을 하고 있다. 이에 대해 살펴보면 다음과 같다.

(7) CASS를 통한 정산

상기에서 언급한 바와 같이 항공사와 포워더는 서로 다수의 입체와 계약되어 있어 청구관련 과정이 복잡하고 중복되어 있다. 이러한 복잡한 정산과정을 단순화하기 위해 IATA(국제항공사협회) 주도의 CASS정산방식이 활용되고 있다.

〈그림 9-9〉 CASS 정산절차

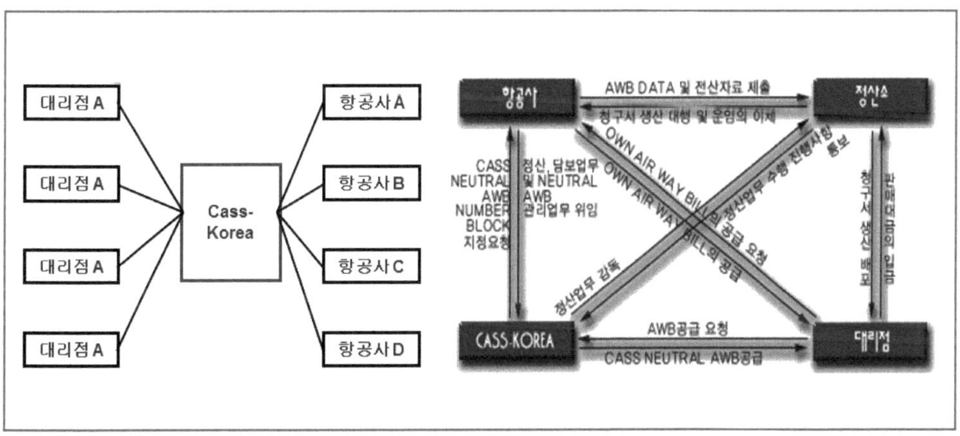

출처 : IATA CASS Korea 홈페이지

즉 상기 과정에서 담보를 설정, AWB을 불출, 미수금을 관리, 운임청구, 결제의 과정을 각 항공사가 하는 것이 아니고 CASS에 가입한 항공사들은 동업무를 CASS Korea에 위임하고 있다. 이를 통해 CASS Korea는 항공사들 간의 중복된 업무를 통합하여 관리하고 다른 한편으로는 각 항공사와 각 포워더가 청구와 결제가 이루어지는 대신 각 항공사의 청구서를 통합하여 각 포워더에 통합청구하고 포워더로부터 통합결제를 받게 되어 포워더의 편의도 제공하게 된다.

2015년 상반기 현재 CASS Korea에 가입된 항공사는 47업체이며 포워더는 312업체가 가입되어 있다. IATA산하조직이며 항공사들이 출연하여 만든 조직인데 국내에 입출항하는 모든 항공사가 CASS Korea에 가입된 것은 아니다.

2) 포워더와 화주 간의 결제

포워더와 화주 간의 운임결제는 인코텀즈조건에 따라 부담주체와 결제장소가 달라지게 된다. 즉 송화인(수출자)이 운임지급하는 조건인 경우에는 결제가 수출지에서 송화인(수출자)과 수출지포워더 간에 일어나며 수화인(수입자)이 운임지급하는 경우에는 도착지에서 수화인(수입자)과 도착지포워더 간에 정산이 일어나게 된다. 한편 결제시점은 선지급조건의 경우에는 화물이 출발하기 전, 후지급 조건의 경우에는 도착지에서 운송서류원본을 수화인이 받기 전에 대금의 지급이 일어난다. 그러나 포워더와 화주 간에 지속적인 거래관계가 있는 경우에 포워더는 화주에게 신용기간을 주는 것이 일반적이다. 즉 매월 발생한 신용판매 분에 대하여 당월말일에 청구하면 화주는 익월말일까지 결제를 하는 방식이 많이 이용되고 있다.[13)]

다만, 포워더의 신용판매 시에 위험을 관리하기 위해 항공사처럼 화주에게 담보를 설정하게 하는 것이 바람직하나 포워더가 화주에게 담보를 요구하기는 쉽지 않은 것이 현실이다.

3) 포워더 간의 결제

포워딩업무는 출발지와 도착지 포워더 간 협력을 통해 송화인과 수화인에게 서비스를 제공하는 것이다. 이 과정에서 출발지 포워더와 도착지 포워더 간에는 대금의 이체가 발생하게 된다. 이때 주로 건건이 정산을 하기 보다는 기간을 정해 그 기간 동안 받아야 할 돈에서 주어야 할 돈을 공제하고 나머지 잔액에 대해 송금

13) 신용기간과 금액에 대해서는 양사 간의 합의에 의해 다양하게 정하고 있어 일반화하기는 어려울 것이다.

또는 수금이 발생하게 된다. 즉 운송 건마다 파트너에게 주어야 할 것은 Credit Note를 발행하고 받아야 할 것에 대해서는 Debit Note를 발행한 후 매월말 또는 약속된 기간의 말일에 Credit과 Debit의 차액을 계산하여 정산한다.

이 과정에서 글로벌포워더와 국내포워더 간에는 상당히 다른 정산프로세스를 거치게 된다. 즉 글로벌포워더의 경우 본사가 정산소의 역할을 하여 각 지점간의 대금이체를 최소화하고 있으나 국내포워더의 경우에는 각 해외파트너와 개별적으로 정산을 하는 것이 일반적이다.

제5절 특수화물의 취급

특수화물은 항공운송 과정에서 특별한 절차를 요하는 화물로서 위험품, 생동물, 중량/대형화물, 부패성화물 등이 있다. 이의 취급시 주의해야 될 사항들에 대해 살펴보면 다음과 같다.

1 위험품

1) 위험품 개요

위험물이란 항공운송중 발생하는 기압 및 온도의 변화, 운항 중의 진동과 공간의 제한에 따라 항공기, 인명, 인접화물 등에 피해를 줄 우려가 있는 화물을 말한다. 위험물에 대한 규정에 대해서는 IATA가 발행한 Dangerous Goods Regulations(이하 DGR)에 따라야 한다.

일반적으로 위험물은 항공사의 대리점에 대한 가격할인혜택에서 제외되고 Tariff가 그대로 적용되고 기타비용이 부과되며, 포장과 라벨 등에 대한 규정을 정확하게 준수하여야 하는 바 화주측의 입장에서는 추가 비용과 절차가 발생[14]되므로 규정을 지키지 않으려는 유인이 있으나 규정을 준수하지 않을 경우 막대한 벌금[15] 등

14) 예컨대 Lithum Ion Battery가 비위험품에서 위험물로 지정되는 과정에서 관련 기업들은 위험물 지정으로 운송료 부담의 2배 증가를 예상하였다. (출처 : 물류신문 2010년 3월 10일 인터넷기사)
15) 예컨대 1999년 국내 화학제품 업체가 인화성물질인 Lacquer를 미네랄워터로 속여 운송을 하다가 미국 연방항공국(FAA)에 의해 적발되었다. 이에 FAA에서는 화주, 포워더, 항공사에 각각 6만달

의 조치를 당하게 된다. 따라서 이를 취급하는 과정에서 포워더도 규정에 대해 숙지하고 준수하여야 할 것이다.

2) 위험품 예약과 접수시 고려할 사항

화주는 DGR 규정에 의거하여 포장, 마킹, 라벨링을 하여야 하며 화주신고서를 작성하여 항공사에 제출하여야 한다. 위험물을 항공사나 포워더 측에서 취급하기 위해서는 IATA가 인증한 교육기관에서 위험품 Diploma를 발급받아야 한다. 즉 포워더가 위험물을 취급하기 위해서는 직원 중에 위험품 Diploma를 보유한 직원이 있어야 한다.

〈그림 9-10〉 항공사의 위험물 취급절차

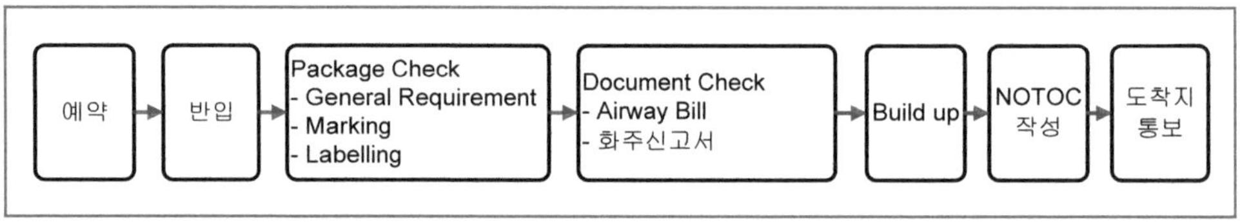

(1) 위험물 취급시 주의사항

위험물에 대한 최종적인 책임은 화주에게 있으나 이의 운송에 대한 충분한 지식이 없는 화주의 경우에는 포워더의 도움이 필요할 것이다. 이를 위해서는 우선 해당물품의 MSDS(Material Safety Data Sheet), 카탈로그 등을 통해 제품의 정확한 명칭을 파악하고 이것이 위험물에 해당하는 지 여부를 확인하여 DGR상 UN/ID no를 찾아야 한다. UN/ID no별로 규정 내용을 파악하여 이를 준수해야 한다. 규정 내용은 위험의 정도와 항공운송여부, 화물기에만 탑재해야 되는 지 여부, 부착할 라벨과 포장의 종류, 기타 항공사별 특별 적용 규정 등을 포함하고 있다.

3) 위험품의 종류

위험품의 종류는 Class 1부터 Class 9 까지 있으며 각각의 라벨을 예시하면 다음과 같다. 위험의 정도는 Class에 의해 결정되는 것이 아니며 UN/ID no를 통해 확인하여야 한다.

러를 벌금으로 부과하였다. (출처 : 연합뉴스 1999년 8월 30일 인터넷기사)

〈그림 9-11〉 위험물리스트(발췌)

UN/ID No.	Proper Shipping Name/Description	Class or Div.	Sub Risk	Hazard Label(s)	PG	Passenger and Cargo Aircraft: Ltd Qty: Pkg Inst	Passenger and Cargo Aircraft: Ltd Qty: Max Net Qty/Pkg	Passenger and Cargo Aircraft: Pkg Inst	Passenger and Cargo Aircraft: Max Net Qty/Pkg	Cargo Aircraft Only: Pkg Inst	Cargo Aircraft Only: Max Net Qty/Pkg	S.P. see 4.4	ERG Code
A	B	C	D	E	F	G	H	I	J	K	L	M	N
1421	**Alkali metal alloy, liquid, n.o.s.**	4.3		Dang. when wet	I	–	–	Forbidden		409	1 L	A84	4W
1389	**Alkali metal amalgam, liquid**	4.3		Dang. when wet	I	–	–	Forbidden		409	1 L	A84	4W
1389	**Alkali metal amalgam, solid**	4.3		Dang. when wet	I	–	–	Forbidden		412	15 kg	A84	4W
1390	**Alkali metal amides**	4.3		Dang. when wet	II	Y416	5 kg	416	15 kg	418	50 kg	A84	4W
1391	**Alkali metal dispersion**	4.3		Dang. when wet	I	–	–	Forbidden		409	1 L	A63 A84	4W

출처 : IATA Dangerous Goods Regulations

〈그림 9-12〉 위험물 라벨

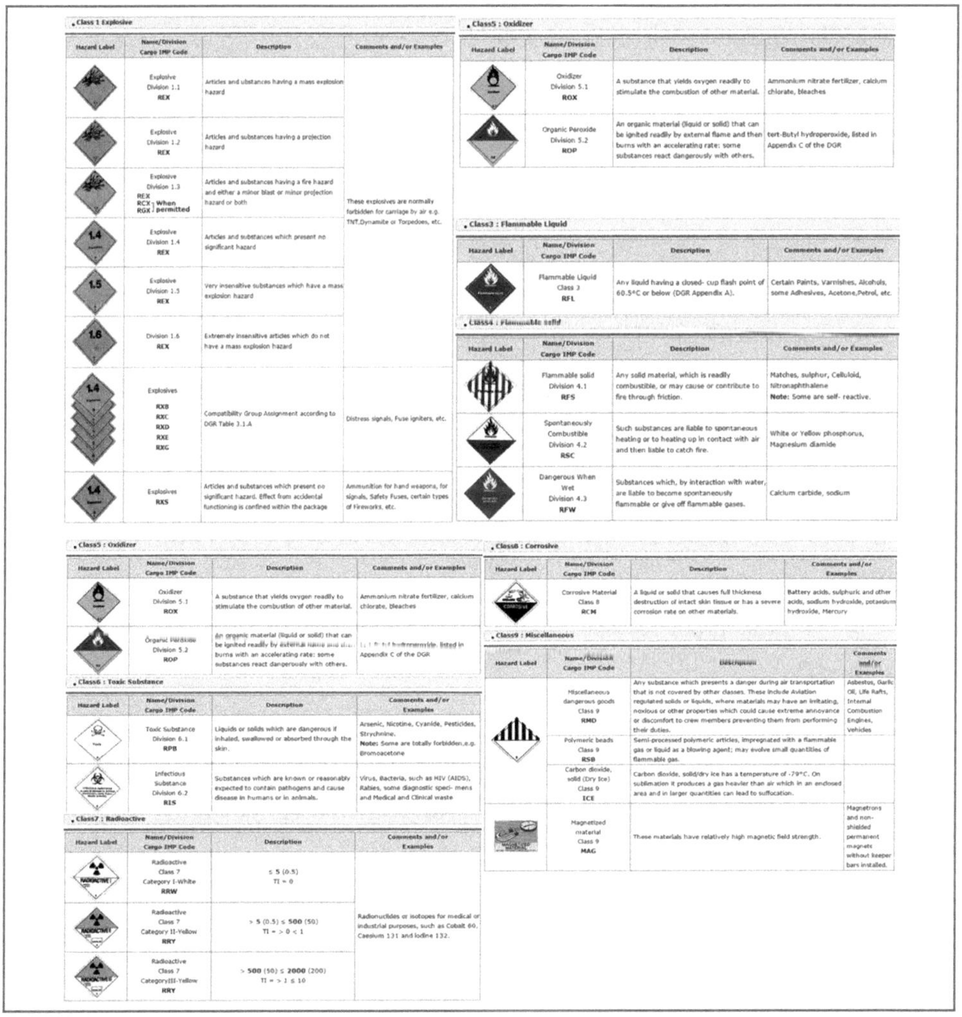

출처 : 대한항공 화물홈페이지

4) 위험품 관련서류

화주는 위험품에 대하여 위험품 화주신고서(Shipper's Declaration for Dangerous Goods)을 운송인에게 제출하여야 한다. 또한 항공화물운송장에는 Handling Information 란에 "Dangerous goods as per attached Shipper's Declaration"이라고 표기한다.

2 생동물

1) 생동물의 개념

생동물(Live animals)은 항공운송 중에 살아있는 것으로서 IATA 생동물규정(Live animals regulations)에 따라 운송해야 하는 화물을 의미한다.

2) 생동물 취급시 주의사항

- 특수장비 필요시 출발지에 장비가 있는 지 확인 (예 : Horse Stall 등)
- 수송 전 구간에 대한 예약이 필요하다.
- 타 화물과의 Consolidation이 금지된다.
- 도착지에서 신속한 인도를 위한 사전 조치가 필요하다
- 탑재 시에 분리가 잘 이루어져야 한다. (천적 동물, 식품, Dry ice, 독극성물질, 전염성물질, 방사능물질, 저온성물질 등)
- 사료공급이 적절하게 이루어져야 한다. (화주의 책임)
- 탑재 시 기장통보서를 작성하여 온도조절 등 필요사항을 기장에게 요청해야 한다.
- 포장 시 Leak proof, escape proof 여부를 확인한다. 흡수제의 적절한 사용이 필요하다.
- IATA Live Animals Regulations 규정을 준수하여야 한다.
- 항공사들의 운송금지 규정을 확인하여야 한다. 예컨대 대한항공의 경우 설치류에 대한 운송을 금지하고 있으며 실험을 목적으로 한 영장류 동물의 운송금지, 돼지, 염소, 양 등의 경우에는 여객기로의 운송을 금지하고 있다.

3) 생동물 취급관련 주요서류

- 생동물화주신고서
- 검역증명서 및 건강증명서
- 수입허가서 및 관련국가 또는 항공사에서 요구하는 서류

제6절 화물사고와 처리

본 절에서는 항공운송 중에 발생하는 위험의 종류와 사고의 처리와 관련하여 살펴본다. 다만 이 과정에서 포워더는 운송인과 화주로서의 지위를 모두 갖고 있다. 즉 화주(송화인, 수화인)은 일반적으로 포워더와 운송계약(House Air waybill)을 체결하게 되므로 포워더에게 클레임을 제기하며 한편으로 포워더는 Master Air waybill을 근거로 화주로서 항공사에게 클레임을 제기하게 된다. 따라서 양쪽의 입장을 모두 이해하고 이에 대비하여야 할 것이다.

1 화물인수 시 검토할 사항

화주측(수입자, 포워더)이 항공사로부터 화물을 인수할 때에는 화물의 상태를 면밀히 파악하여야 하며 이는 해상운송에서 언급한 바와 같다. 다만 항공운송은 컨테이너로 인도되는 것은 아니기 때문에 그 상태를 더욱 면밀히 체크하여야 할 것이다.

2 화물사고의 종류와 처리

화물사고의 종류는 화물에 발생하는 손상(Damage)과 화물의 지연으로 인한 손해(Delay)그리고 분실(Missing)과 미인도(Non-delivery) 등으로 나눌 수 있을 것이다. 이러한 사고의 처리와 관련하여 가장 우선해야 할 것은 다음과 같다.

- 화물사고발생에 대하여 항공사 측이 서명한 확인서의 확보

- 항공사의 사과와 다음 항공편에 적재를 약속하는 Letter 확보
- 무리한 약속(Over-commitment)의 자제
- 그리고 무엇보다도 중요한 것은 화물의 현재 상황 등에 대하여 화주측과 긴밀히 의사소통하고 현황을 공유하여야 한다.

각각의 화물사고의 종류와 이에 대한 응급처리(단기적 조치)에 대해서 살펴보면 다음과 같다.

1) 화물손상(훼손, Damage)

화물손상(Damage)은 파손(Breakage), 침수(Wet Damage), 일부도난(Pilferage), 액체유출피해(Spoiling)[16], 생동물폐사(Mortality)[17] 등으로 인해 화물에 손해가 발생하는 것을 의미한다. Damage가 발생한 경우 우선 항공사가 발급하는 Cargo Inspection Report(화물의 손생에 대한 사실을 확인하는 서류)를 확보하여 향후 클레임 제기에 준비해야 하며 동 화물에 대한 사고 초기 상태를 사진으로 촬영해 놓는 것이 좋다. 또한 화물손상의 정도에 따라 우선 수입통관 후 클레임 제기할 것인지 아니면 인수를 거부하고 출발지로 반송 등을 할 것인지에 대한 결정도 하여야 한다.

2) 인도지연(Delay)

인도지연(Delay)사고는 화물이 늦게 도착하여 발생하는 손해를 의미하는데 이의 일반적인 원인과 각 원인별 응급처리 내역은 다음과 같다.

지연의 원인	의미와 응급처리 내역
Off-loaded	항공사가 화물을 예약된 항공편에 의도적으로 탑재하지 않는 것으로 주로 긴급화물의 출현, Over-booking, 항공기 Capacity의 감소 등으로 인해 많이 발생된다. 이 경우 다음 항공편 탑재가 이루어지므로 큰 문제를 야기하지는 않으나 필요한 경우 항공사의 Letter를 확보하여 최종 화주의 문제제기에 대응할 필요가 있다.

16) Spoiling은 액체가 유출되어 주변에 있는 화물에 손해를 주는 사고이다.
17) Mortality는 운송 중의 생동물이 사망하는 사고이다.

Short-shipped	적하목록에 기재 되었으나 예정된 항공편에 탑재되지 못한 화물이다. 항공기 출발 후 출발지 터미널에서 발견되면 다행이나 분실로 이어질 가능성이 있으므로 신속하게 화물의 현재 위치를 파악하는 것이 중요하며 나머지 조치는 Off-loaded 화물과 같다.
Over-carried	예정된 목적지 또는 경유지가 아닌 다른 곳으로 운송되거나 운송준비가 완료되지 않은 상태에서 잘못 운송된 화물을 의미한다. 이때는 신속하게 화물의 현재 위치를 파악하고 정상적인 목적지까지 돌아오는 스케줄을 확인하여야 한다. 시간이 오래 소요될 수 있다.
Cross-label	Cross-label은 항공사의 실수 보다는 화주 또는 포워더의 실수로 인해 화물의 목적지가 서로 엇갈리는 것을 의미한다. 라벨부착 오류로 인해 주로 발생한다. 이 경우 각 화물의 위치를 신속하게 파악해야 하며 책임도 신속하게 규명해야한다. 책임의 당사자는 2개의 화물이 제대로 된 목적지를 찾아가는 비용을 부담하게 된다.

3) 분실(멸실, Missing)

분실은 운송과정에서 화물의 행방을 확인할 수 없는 경우로서 주로 운송 중에 타 목적지로 운송되거나 도난을 당한 경우에 발생하는 사고이다. 일반적으로 시간이 지나면 지날수록 화물을 다시 발견할 가능성이 줄어들게 되므로 초기에 집중하여 수색이 이루어져야 한다. 이를 위해서는 화물의 출발지와 도착지 그리고 경유지 항공사 지점의 협조가 반드시 필요하다.

4) 미인도(Non-delivery)

미인도는 화물이 목적지에 도착하였으나 수화인이 화물의 수취를 거부하거나 도착 후 14일 이내에 수화인에게 인도할 수 없는 화물을 의미한다. 이 경우는 주로 화주(수출자와 수입자) 간에 문제이지만 포워더 입장에서도 자신을 보호하기 위해서는 물건이 제때 도착통지(Arrival Notice) 하였음을 입증할 수 있어야 하며 특히 미인도 기간 동안 고율의 보세창고료가 발생할 수 있기 때문에 이를 송화인에게 통지하여 조속히 문제를 해결하도록 유도해야 한다.

3 사고의 해결과정

전 항의 응급처리는 문제를 완전히 해결하기 보다는 현재의 문제를 신속하게 돌파하는 과정이라고 할 것이며 상황이 정상화되면 완전한 해결을 도모해야 한다. 주로 화주측에 금전적인 피해가 없는 경우에는 클레임이나 소송이 제기되지 않지만, 금전적 손해가 발생한 경우 화주는 클레임을 제기하고 이에 만족하지 못할 시 소송을 제기하게 될 것이다. 다음은 단계적으로 문제가 해결되는 과정을 나열하였다.

1) 정확한 정보의 제공

포워더 측이 항공사와 면밀한 협업을 통해 화주에게 실시간 상황을 업데이트 하는 경우 화주는 상황에 따라 대응을 할 수 있을 것이다. 이때 위에서도 언급한 것처럼 화주측의 비난을 당장에 피하기 위하여 무리한 약속을 하는 경우에는 화주측이 대책을 세울 수 있는 타이밍을 잃을 수 있다. 즉 내일 도착할 수 없는 화물을 내일 틀림없이 도착할 것임을 약속했으나 그렇게 되지 않은 경우 화주측은 아무런 대책 없이 하루의 시간을 허비할 수 있게 된다. 따라서 포워더는 정확한 정보 제공을 통해 화주측이 대책을 세우도록 도와야 한다.

2) 적절한 사과와 향후 방지대책

사고가 1차적으로 해결되면 포워더는 화주에게 사고의 원인과 결과에 대해서 정중하게 사과하고 이에 대한 재발 방지대책을 내놓아야 할 것이다. 이러한 사과와 방지대책은 포워더와 화주측의 신뢰관계를 더욱 공고히 할 수 있는 기회로 이어질 수도 있다.

3) 클레임의 제기

경제적 손해가 발생한 경우 화주는 클레임을 제기하게 되는데 이의 절차와 고려사항은 다음과 같다.

(1) 클레임 제기기한

항공화물운송장의 약관에 따르면 클레임의 제기시한은 화물손상(Damage)의 경우 화물을 인수한 날로부터 14일 이내, 인도지연(Delay)의 경우에는 화물을 인도받을 정당한 권리를 가진 자가 그 화물을 처리할 수 있는 날로부터 21일 이내 그리고 분실(Missing)의 경우에는 항공화물운송장 발행일로부터 120일 이내로 되어 있다.[18]

---

18) 상기기한은 제척기한으로서 기한이 지나면 권리는 소멸한다. 이에 대한 대법원판례로서 아라항

(2) 클레임 서류

클레임 제기 시 화주측에서 항공운송인 측에 제출해야 하는 서류는 다음과 같다.[19)]

- Notice of Claim
- 항공화물운송장
- 상업송장과 포장명세서
- Cargo Inspection Report
- 화물손상의 경우 Damage Survey Report 또는 손해액을 입증할 수 있는 서류
- 대위권자에 의한 클레임의 경우 대위증서(Letter of subrogation)[20)]
- 혼재화물의 경우 포워더와 그의 고객 간의 클레임 관련서류

(3) 클레임의 종류

클레임의 종류는 해상운송에서와 마찬가지로 예비클레임 또는 사전클레임(Preliminary Claim)과 정식클레임(Formal Claim)으로 나눌 수 있으며 이는 상기 모든 서류를 갖추어서 클레임을 하는 것은 정식클레임이 되며 일부가 빠져있는 경우에는 예비클레임(Pre-Claim)의 효력만이 있게 된다. 제기기한 내에 예비클레임만 접수되면 된다.

(4) 클레임에 대한 배상금액

항공운송인의 배상금액은 국내법 효력을 갖는 몬트리올협약(Montreal Convention, 1999)에 따라 현재 kg당 USD 30(SDR 19)[21)]을 배상한도로 한다. 동 협약에 의하여 항공사의 책임은 무과실책임이며 항공운송인이 고의 또는 중과실로 손해가 발생한 경우에는 배상한도 규정은 적용되지 않고 무한책임을 부담하게 된다.[22)] 한편 다음의 사유로 발생한 사고에 대해서는 항공사 측은 책임을 지지 않는다.[23)] a) 화물의 고유한 흠결, 품질 또는 하자 b) 운송인, 고용인 또는 대리인 이외의 자가 행한 화

역이 아시아나항공에 화물인수 후 4개월이 지난 후에 지연에 대한 클레임을 제기한 것에 대해 항공사 책임이 소멸되었다고 판단한 바 있다. (이강빈, 「몬트리올 조약상 국제항공화물배상책임제도에 관한 고찰」, 한국항공우주정책법학회지, 제18권0호, 2003, pp.41-64 참조)

19) 이강빈, 「항공화물운송클레임의 원인과 해결」, 중재학회지, 제2권, 1992, pp.119-144.

20) 대위권자는 주로 적하보험의 보험사가 되는데, 보험자가 손해금액을 지급하고 화주측이 항공사 측에 갖고 있던 손해배상청구권을 대위하게 된다.

21) 국내 항공사들은 2014년도부터 19SDR을 적용하고 있다.

22) 이강빈(2003) 참조

23) 이강빈(2003) 참조

물의 결함이 있는 포장 c) 전쟁 또는 무력분쟁 d) 화물의 입국, 출국 또는 통과에 관련되어 행한 공공기관의 행위

4) 소송

클레임을 통해 운송인이 배상거부를 하거나 화주가 배상액에 이의가 있을 경우에는 소송을 제기하게 된다. 소송은 목적지 도착 또는 도착 예정일 이후 2년 이내에 제기하여야 한다. 소송은 양 당사자를 구속하므로 확실한 해결이 이루어지지만 다음과 같은 문제점이 있다고 할 것이다. ① 양사 간의 우호관계는 더 이상 기대할 수 없다. ② 오랜 시간이 소요된다. ③ 양 당사자를 만족시키는 판결은 나올 수 없다.[24] ④ 비용이 소요된다.

따라서 양 당사자가 거래관계를 유지하려면 가능하면 소송으로 가기 전에 문제를 해결하는 것이 바람직하며 소송을 하게 될 것을 대비하여 사전에 양사 간에 문제의 해결절차(조정, 중재 등)을 설정하여 놓는 것이 바람직하며 이 보다 더 근본적으로 화주가 적하보험에 가입하게 하여 포워더와 화주 간에 직접적인 충돌이 없도록 하는 것이 바람직할 것이다.[25]

24) 법원은 클레임에 대한 소송사건의 경우 판결 보다는 양자가 조정을 보도록 유도하는 경향이 있다.
25) 보험에 대해서는 본서의 제15장 포워더의 책임과 보험 참조

〈서식 9-1〉 항공화물운송장(Master Air Waybill)

777 | SYD | 12345675 — 777-12345675

Shipper's Name and Address	Shipper's Account Number	Not Negotiable
MR. C. FINEMORE SYDNEY AIRPORT SYDNEY NSW AUSTRALIA		**Air Waybill** Issued by TRANSPARENT AIR 227 RUE BLANCHET 75076 PARIS FRANCE
		Copies 1, 2 and 3 of this Air Waybill are originals and have the same validity.
Consignee's Name and Address	Consignee's Account Number	It is agreed that the goods described herein are accepted in apparent good order and condition (except as noted) for carriage SUBJECT TO THE CONDITIONS OF CONTRACT ON THE REVERSE HEREOF. ALL GOODS MAY BE CARRIED BY ANY OTHER MEANS INCLUDING ROAD OR ANY OTHER CARRIER UNLESS SPECIFIC CONTRARY INSTRUCTIONS ARE GIVEN HEREON BY THE SHIPPER, AND SHIPPER AGREES THAT THE SHIPMENT MAY BE CARRIED VIA INTERMEDIATE STOPPING PLACES WHICH THE CARRIER DEEMS APPROPRIATE. THE SHIPPER'S ATTENTION IS DRAWN TO THE NOTICE CONCERNING CARRIER'S LIMITATION OF LIABILITY. Shipper may increase such limitation of liability by declaring a higher value for carriage and paying a supplemental charge if required.
MR. C. FINEMORE 331 NORTH BRIDGE ROAD SINGAPORE 188720		
Issuing Carrier's Agent Name and City		Accounting Information TICKET 777-323526 564 - XX123 25 SEP SYD SIN
Agent's IATA Code	Account No.	

Airport of Departure (Addr. of First Carrier) and Requested Routing	Reference Number	Optional Shipping Information
SYDNEY		

To	By First Carrier / Routing and Destination	to	by	to	by	Currency	CHGS Code	WT/VAL PPD	WT/VAL COLL	Other PPD	Other COLL	Declared Value for Carriage	Declared Value for Customs
SIN	TRANSPARENT AIR					AUD		X		X		NVD	NCV

Airport of Destination	Requested Flight/Date	Amount of Insurance	INSURANCE – If carrier offers insurance, and such insurance is requested in accordance with the conditions thereof, indicate amount to be insured in figures in box marked "Amount of Insurance".
SINGAPORE		XXX	

Handling Information

HOLD FOR PICK-UP AT AIRPORT

SCI

No. of Pieces RCP	Gross Weight	kg lb	Rate Class	Commodity Item No.	Chargeable Weight	Rate / Charge	Total	Nature and Quantity of Goods (incl. Dimensions or Volume)
1	15.0	K	R	M100	15.0	50.00	50.00	PERSONAL EFFECTS

Prepaid	Weight Charge	Collect	Other Charges
50.00			
	Valuation Charge		
	Tax		
	Total Other Charges Due Agent		Shipper certifies that the particulars on the face hereof are correct and that **insofar as any part of the consignment contains dangerous goods, such part is properly described by name and is in proper condition for carriage by air according to the applicable Dangerous Goods Regulations.**
	Total Other Charges Due Carrier		C. FINEMORE Signature of Shipper or his Agent
Total Prepaid		Total Collect	
50.00			
Currency Conversion Rates		CC Charges in Dest. Currency	01 OCT 1997 (Executed on (date)) SYDNEY (at (place)) TRANSPARENT AIR (Signature of Issuing Carrier or its Agent)
For Carrier's Use only at Destination		Charges at Destination	Total Collect Charges

777-12345675

ORIGINAL 3 (FOR SHIPPER)

〈서식 9-2〉 항공화물운송장(House Air Waybill)

IATA

180 | NRT | 1281 50740

Shipper's Name and Address	Shipper's Account Number	Not Negotiable Air Waybill issued by ARAKISEN FREIGHT LTD
TECH CO.,LTD ,ADACHI-KU,TOKYO, 123-0863 JAPAN TEL:81-3-6380- FAX:81-3-6380-		Copies 1, 2 and 3 of this Air Waybill are originals and have the same validity.
Consignee's Name and Address	Consignee's Account Number	It is agreed that the goods described herein are accepted in apparent good order and condition (except as noted) for carriage SUBJECT TO THE CONDITIONS OF CONTRACT ON THE REVERSE HEREOF. ALL GOODS MAY BE CARRIED BY ANY OTHER MEANS INCLUDING ROAD OR ANY OTHER CARRIER UNLESS SPECIFIC CONTRARY INSTRUCTIONS ARE GIVEN HEREON BY THE SHIPPER. AND SHIPPER AGREES THAT THE SHIPMENT MAY BE CARRIED VIA INTERMEDIATE STOPPING PLACES WHICH THE CARRIER DEEMS APPROPRIATE. THE SHIPPER'S ATTENTION IS DRAWN TO THE NOTICE CONCERNING CARRIERS' LIMITATION OF LIABILITY. Shipper may increase such limitation of liability by declaring a higher value for carriage and paying a supplemental charge if required.
TECHNOLOGIES CORPORATION. ,MANAN-GU, ANYANG-SI,GYEONGGI-DO,KOREA TEL : 82-31- FAX : 82-31-		
Issuing Carrier's Agent Name and City: ARAKISEN FREIGHT LTD		Accounting Information: SAME AS CONSIGNEE
Agent's IATA Code: 16-3 13	Account No.	
Airport of Departure (Addr. of First Carrier) and Requested Routing: TOKYO-NARITA,JAPAN		Reference Number / Optional Shipping Information

To	By First Carrier / Routing and Destination	to	by	to	by	Currency	CHGS Code	WT/VAL PPD COLL	Other PPD COLL	Declared Value for Carriage	Declared Value for Customs
ICN	KE					JPY		CC	CC	N.V.D.	

Airport of Destination	Requested Flight/Date	Amount of Insurance	INSURANCE - If Carrier offers insurance, and such insurance is requested in accordance with the conditions thereof, indicate amount to be insured in figures in box marked "Amount of Insurance."
INCHEON,KOREA	KE706/25		

Handling Information

SCI

No. of Pieces RCP	Gross Weight	kg lb	Rate Class / Commodity Item No.	Chargeable Weight	Rate / Charge	Total	Nature and Quantity of Goods (incl. Dimensions or Volume)
20	180.0	K Q		180.0		AS ARRANGED	TFT-LCD PANEL
				47.00 x	36.00 x	19.00 x 20CTNS	CLAA070NC0DCT ORIGIN:TAIWAN INV NO:GT20110518-001 FREIGHT COLLECT
							VOL : 0.643 CBM

Prepaid	Weight Charge	Collect	Other Charges
	AS ARRANGED		
	Valuation Charge		
	Tax		
	Total Other Charges Due Agent		Shipper certifies that the particulars on the face hereof are correct and that insofar as any part of the consignment contains dangerous goods, such part is properly described by name and is in proper condition for carriage by air according to the applicable Dangerous Goods Regulations.
	Total Other Charges Due Carrier		Signature of Shipper or his Agent
Total Prepaid		Total Collect	
Currency Conversion Rates		CC Charges in Dest. Currency	MAY.24,2011 (Executed on (date)) TYO (at(place)) A.MATSUBARA (Signature of Issuing Carrier or its Agent)
For Carrier's Use only at Destination		Charges at Destination	Total Collect Charges

50740

〈서식 9-3〉 적하목록(Manifest)

대 한 민 국 세 관
KOREA CUSTOMS SERVICE

혼재화물적하목록(항공수출)
Air Consolidated Cargo Manifest

1. 연번(PAGE NO)	1 OF 1
2. 적하목록관리번호(Manifest Reference No.)	

3. 항공사명 Owner Or Operator	4. 국내화물운송주선업자명 Consolidator	5. 항공편명 Flight NO.	6. 출항일자(Date of Departure)
ASIANA AIRLINES	YUHANTECHNOS [YHTX]	OZ999	2010-08-02

7. Master AWB	8. House AWB	9. 화물 구분 E:Export,R:Reshipme	10. 포장 개수 (No. of Pieces)	11. 총중량(KGS) (WEIGHT)	12. 송하인 성명/주소 (Shipper Name And Address)	13. 수하인 성명/주소 (Consignee Name And Address)	14. 품 명 Nature of Goods	15. 세관기재란 Customs Use Only
98812345671 [SHA]	HANS10080001	E	10	38.4	SHIPPER NAME(CUSTOMER : YUHAN) SHIPPER ADDRESS SEOUL, KOREA TEL:82-2-6277-8000 FAX:82-2-6277-8080	CONSIGNEE NAME(CUSTOMER : YUHAN) CONSIGNEE ADDRESS SEOUL, KOREA TEL:82-2-6277-8000 FAX:82-2-6277-8080		
Master Total 1	House Total 1		총개수 10	총중량 38.4				

〈서식 9-4〉 도착예정통보(Pre-alert)

YUHANTECHNOS

57 UBI AVE 1 #05-07 UBI CENTER SINGAPORE408936
Tel:+82-51-442-1108 Fax:+82-51-442-1022 e-mail:yht.yht.co.kr URL:www.yht.co.kr

Printed By : 유한 Date : 2010-08-02

(AIR OUTBOUND)

PRE-ALERT

To. [FPTNF001] OVERSEA PARTNER NAME(PARTNER : YUHAN)

ATTN. TEL/FAX. 86-2-6277-8000 86-2-6277-8080

REF NO.	FDAORF-10080001	ONBOARD DATE.	2010-08-02
M.AWB NO.	98812345671	ARRIVAL DATE.	2010-08-02
ORIGIN.	INCHEON KOREA	DESTINATION.	SHANGHAI,CHINA
AIRLINE.	ASIANA AIRLINES	FLIGHT NO.	OZ999

H.AWB NO	PORT	PCS	G.W/T	SHIPPER	CONSIGNEE / NOTIFY	DESCRIPTION
HANS10080001	SHA	10	38.40	SHIPPER NAME(CUSTOMER : YUHAN) SHIPPER ADDRESS SEOUL, KOREA TEL:82-2-6277-8000 FAX:82-2-6277-8080	CONSIGNEE NAME(CUSTOMER : YUHAN) CONSIGNEE ADDRESS SEOUL, KOREA TEL:82-2-6277-8000 FAX:82-2-6277-8080 NOTIFY:SAME AS CONSIGNEE	
TOTAL		10	38.40			

REMARK

〈서식 9-5〉 운임청구서(Freight Invoice)

YUHANTECHNOS

57 UBI AVE 1 #05-07 UBI CENTER SINGAPORE408936
Tel:+82-51-442-1108 Fax:+82-51-442-1022 e-mail:yht.yht.co.kr URL:www.yht.co.kr

Printed By : 유한 Date : 2010-08-02
(AIR OUTBOUND) Branch : 본사

INVOICE

To. 수출자(화주:유한)

ATTN. TEL/FAX. 82-2-6277-8000 / 82-2-6277-8080

REF NO.	FDAORF-10080001	INVOICE DATE	2010-08-02
MAWB NO.	98812345671	INVOICE NO.	FDAODS-10080001
HAWB NO.	HANS10080001	E.T.D. / E.T.A.	2010-08-02 / 2010-08-02
CONSIGNEE	CONSIGNEE NAME(CUSTOMER : YUHA	FLIGHT NO.	OZ999
ORIGIN	INCHEON KOREA	DESTINATION	SHANGHAI.CHINA
PIECES	10 PCS	G.W/T	38.40 KG
INCOTERMS	NONE FREIGHT PREPAID	C.W/T	45.00 KG

DESCRIPTION	CUR	PER	RATE	AMT (CUR)	EX.RATE	AMOUNT (KRW)	VAT
AIR FREIGHT CHARGE	KRW	W/T	2,800		1.00	126,000	
FUEL SURCHARGE	KRW	KG	300		1.00	13,500	
HANDLING CHARGE	KRW	B/L	30,000		1.00	30,000	
SUB TOTAL						169,500	0
					TOTAL :	(KRW)	169,500

REMARK

☞ 입금 계좌 번호 안내 ☜

국민은행 : 1234566-21123333
우리은행 : 998877-3434343

예 금 주 : (주) 유한테크노스

Signature : ____________________

〈서식 9-6〉 위험품화주신고서(Dangerous Goods Declaration)

SHIPPER'S DECLARATION FOR DANGEROUS GOODS

Shipper Advanced Chemical Co. 345 Main Street Reigate, Surrey England	Air Waybill No. 800 1234 5686 Page 1 of 1 Pages Shipper's Reference Number 1213 / A12 *(optional)*
Consignee ABC Co. Ltd. 1000 High Street Athens Greece	*For optional use for Company logo name and address*
Two completed and signed copies of this Declaration must be handed to the operator.	**WARNING**

TRANSPORT DETAILS

This shipment is within the limitations prescribed for: *(delete non-applicable)*	Airport of Departure:
PASSENGER AND CARGO AIRCRAFT / ~~CARGO AIRCRAFT ONLY~~	London Heathrow
Airport of Destination:	Athens

Failure to comply in all respects with the applicable Dangerous Goods Regulations may be in breach of the applicable law, subject to legal penalties. This Declaration must not, in any circumstances, be completed and/or signed by a consolidator, a forwarder or an IATA cargo agent.

Shipment type: *(delete non-applicable)* ~~NON-RADIOACTIVE~~ | RADIOACTIVE

NATURE AND QUANTITY OF DANGEROUS GOODS

Proper shipping name, Class or Division, UN Number or Identification Number, Packing Group (if required), and all other required information.

Radioactive material, type B(U) package, Fissile, 7, UN 3328,
U-235, (UO_2), solid, 1 type B(U) package x 3.4 GBq
I-White, CSI=1
Type B package design approval certificate B/30/B(U)F
Fissile Material package shipment approval certificate B/30/B(U)F/T
attached.

Additional Handling Information

I hereby declare that the contents of this consignment are fully and accurately described above by the proper shipping name, and are classified, packaged, marked and labelled/placarded, and are in all respects in proper condition for transport according to applicable international and national governmental regulations.	Name/Title of Signatory A. Brown, Shipping Manager Place and Date Reigate, 1 Jan 2004 Signature *(see warning above)* A. Brown

〈서식 9-7〉 항공화물인도승낙서

■ 항공화물 운송장에 의한 수입화물 인도승낙서
■ 수입화물 대도(T/R)신청서

운송인용

신한은행 SHINHAN BANK

■ 수신 : ______________________
(운송회사명)

■ 승낙서번호 :
■ 발 행 일 자 :
■ 발행영업점 :
■ TEL No. :
■ FAX No. :

운송회사명		송하인	
신용장(계약서)번호			
운송장번호		운송장발급일	
상업송장 번호		대도(T/R) 번호	
상업송장 금액		대도(T/R) 금액	(원화 :)

□ **수입화물 인도승낙 신청**

본인은 위 신용장 등에 의한 관계 선적서류가 귀행에 도착하기 전에 수입화물을 인도받기 위해 수입화물 인도승낙을 신청함에 있어 다음 사항에 따를 것을 확약합니다.

1. 귀행이 수입화물 인도승낙서에 서명함으로써 발생하는 위험과 책임 및 비용을 모두 본인이 부담 하겠습니다.
2. 본인은 위 수입화물에 대하여 귀행에 소유권이 있는 것으로 하고, 본인이 수입화물을 인도 받은 즉시 귀행의 청구에 따라 귀행에게 이를 양도담보로 제공하겠으며, 본인에 대하여 은행여신거래 기본약관 제7조에서 정하는 기한이익상실 사유가 하나라도 발생한 경우에는 귀행의 청구를 받는 즉시 위 수입화물을 귀행에 인도하겠으며 수입화물의 인도가 불가능할 경우에는 위 수입화물에 상당하는 대금으로 상환하겠습니다.
3. 본인은 위 수입화물에 대한 관계 선적서류를 제3자에게 담보로 제공하지 않았음을 확인하며 또한 귀행의 서면 동의 없이 이를 담보로 제공하지 않겠습니다.
4. 본인은 위 수입화물에 관한 관계 선적서류가 도착할 때는 신용장 조건과의 불일치 등 어떠한 흠에도 불구하고 이들 서류를 반드시 인수하겠습니다.

□ **수입화물 대도(T/R) 신청**

본인은 위 신용장 등의 수입화물을 대도 신청함에 있어 따로 제출한 외국환거래약정서 및 양도담보계약서의 모든 조항에 따를 것을 확약합니다.

년 월 일

신청인 : 인 또는 서명

주 소 :

상기 신청내용과 같이 수입화물을 인도할 것을 승낙합니다.

승낙권자 : 주식회사 신한은행 인

★ **첨부서류 명세**
□ 선하증권 □ 상업송장 □ 기타 ( )

(2006.10 제정) 3-304-0053(21.0×29.7) NCR용 454g/m²

제10장 복합운송업무

제1절 복합운송과 서류

1 복합운송의 개념

1) 복합운송의 의의

복합운송은 관련 규정에 따라 Combined Transport(TCM 조약안, ICC통일규칙), Intermodal Transport(미국의 경우), Multimodal Transport(UNCTARD/ICC통일규칙) 등으로 불리운다. 현재 복합운송과 관련된 국제규칙 중 가장 유력하게 활용되고 있는 UNCTAD/ICC 통일규칙[1]에서는 "복합운송은 복합운송계약에 기초하여 적어도 2가지 이상의 운송방법에 의한 운송으로서 복합운송인이 운송물품을 수령한 시점에서부터 목적지에서 인도할 때까지 책임을 부담하는 운송"으로 정의하고 있다.

복합운송이 되기 위해서는 1) 국제 간의 운송일 것 2) 단일운송계약일 것 3) 전운송구간에 대한 복합운송인의 단일책임일 것 4) 운송수단이 이종다양 할 것[2] 5) 복합운송증권이 발행될 것 등의 요건을 충족시켜야 한다.

---

1) 복합운송에 대한 국제규범으로 도쿄규칙(1969), TCM조약안(1972), ICC통일규칙(1975), UN국제물품복합운송조약(1980)이 있으나 1980년협약이 발효되지 않아 UNCTAD와 국제상업회의소(ICC)가 통일규칙(UNCTAD/ICC Rules for Multimodal Transport Documents)을 채택하였다. 동 규칙은 복합운송과 관련된 유력한 기관인 FIATA에 의해 채택되었고 우리나라의 국제물류주선업협회는 동 기관에 1977년 가입된 정회원이다(출처 : 송채헌, 「복합운송인의 책임범위에 관한 연구」, 무역상무연구, 제16권, pp.155~181)

2) 운송수단이 이종이라는 측면에서 복합운송은 통운송(Through Transport)와 구별된다. 통운송은 복수의 동종 운송인이 운송을 진행한다.

2) 복합운송의 특징[3)]

① 일관운송책임(Single liability) : 전 운송과정에서 복합운송인은 일원적인 책임을 부담한다. 다만 책임의 한계, 적용 규정 등에 대해서는 구간별로 달리 적용될 수 있다.

② 일관운임(Through rate) : 복합운송인은 운송의 댓가로 화주에게 운임을 취득하게 되는데 이때 각 운송수단 부분별로 요율을 달리 정하는 것이 아니라 전 운송구간에 대하여 단일의 요율을 적용하게 된다.

③ 복합운송서류의 발행(Mulitimodal Transport Document) : 현재 UNCTAD/ICC통일규칙에 의해 Multimodal Transport Bill of Lading이 가장 대표적인 운송서류로 이용되고 있다. 이는 해상운송 B/L처럼 유통성을 가지고 있으나 기본적으로 2가지 이상의 운송수단을 이용한다는 측면에서 해상운송 B/L과 다르다고 할 것이다.

④ 운송수단의 다양한 조합(Variety) : 다양한 복합운송이 이루어지고 있으며 화주들의 필요와 복합운송인의 기획에 의해 보다 다양한 형태의 복합운송이 행해질 수 있다.

⑤ 컨테이너운송과의 궁합 : 컨테이너는 전세계의 물류와 교역에 큰 영향을 주었다. 특히 운송에 있어서 비용과 시간을 줄이는 데 크게 이바지하였는네[4)] 특히 복합운송은 컨테이너가 가지고 있는 장점을 가장 잘 활용할 수 있는 운송방법이라 할 것이다. 예컨대 대표적인 복합운송 방식인 해상운송+철도운송의 경우 해상 운송된 컨테이너가 적출(Devanning)과 적입(Stuffing)의 과정 없이 컨테이너 상태로 해상운송에서 철도운송으로 쉽게 환적이 가능하게 되어 비용과 시간을 절약할 수 있다.[5)] 따라서 운송의 시작에서 종료까지 환적이 많을수록 컨테이너의 효용이 높은데 컨테이너는 문전에서 문전까지(door to door)의 일관운송을 제공하는 복합운송에 가장 적합하다 할 것이다.

⑥ Place to Place 서비스 : 항공운송이 Airport to Airport, 해상운송이 Port to Port 방식으로 진행되는데 복합운송의 경우에는 Place to Place로 운송되게 되므로 다양한 운송수단의 조합을 통해 고객이 원하는 장소까지 운송을 할 수 있다.

---

3) 한낙현, 『국제복합운송의 이해』, 두남, 2012, pp.54~55 참조하여 수정함.
4) Levinson(2006)에 의하면 초기 컨테이너 사용으로 작업료가 Kg당 ＄8 → ＄0.25로 감소했다고 한다.
5) 임석민(2014)에 따르면 컨테이너선은 재래선보다 83%의 시간을 절약하고 하역효율은 10~20배에 달한다고 한다(임석민(2014), p.458).

3) 복합운송의 특장점

① 업무 프로세스의 단순화

전체운송구간에 대해 복합운송인의 단일책임하에 단일계약이 체결되어 화주기업은 복수의 운송인과 계약하는 번거로움을 제거할 수 있게 되어 업무프로세스의 단순화를 가져왔다. 그러나 복합운송인의 측면에서는 업무의 복잡도가 상승하였다. 즉 복수의 운송수단에 대한 이해와 서비스를 제공할 수 있는 능력이 필요하게 되었다.

② 각종 물류비용의 절감

이는 주로 컨테이너의 일관운송을 통해 발생하는 것으로서 컨테이너의 적출입을 요하지 않음으로 하역비가 절약되고, 컨테이너 자체가 화물의 외포장의 역할을 하게 되어 화물의 포장비용을 줄일 수 있고, 동시에 창고역할을 할 수 있어 보관비용의 절감을 가져오게 되었다. 운송비용의 경우에도 컨테이너 운송을 통해 비용을 절감할 수 있다.

③ 투입된 자본의 가동율 향상 효과[6)]

컨테이너 운송의 활성화는 항만과 관련된 시설의 기계화를 촉진시켰으며 이로 인해 하역시간과 선박의 정박기간이 단축됨으로 인해 선박의 가동율이 높아져 선박투자에 대한 자본회전율이 높아지게 되었다.

④ 시간단축과 정시성의 증대

환적과정에서 시간단축을 통해 운송의 정시성(On time)이 향상되었다. 이로 인해 화주기업은 더 작은 재고를 유지할 수 있게 되었고, 해외진출과 교역지역의 확대도 추구할 수 있게 되었다. 즉 저렴한 운송료과 정시성의 향상으로 낮은 인건비를 활용한 해외투자와 교역지역 확대 등이 이루어졌다.[7)]

⑤ 시간과 비용의 다양한 조합.

각 운송수단은 비용과 시간의 측면에서 상충관계(Trade-off)가 존재한다. 따라서 복수의 운송수단을 활용하여 화주기업이 요구하는 복합운송서비스를 만들어 낼 수 있을 것이다. 복합운송은 한정되어 있는 것이 아니라 그때그때 상황에 따라 최적화된 운송수단을 만들어 낼 수 있는 창조적인 운송수단이라고 할 것이다.

---

6) 송선욱, 『국제운송론』 개정2판, 두남, 2009.

7) Levinson(2006), pp.150~170.

4) 복합운송인

복합운송인은 복합운송계약을 체결하며 운송인으로서 복합운송계약의 이행에 대하여 책임을 지는 자이다. 복합운송인은 운송인으로서의 책임을 부담하며 이에 대한 대가로 운임을 수수하게 된다. 복합운송인의 유형은 실제운송인형 복합운송인과 계약운송인형 복합운송인으로 분류할 수 있는데 전자는 운송수단을 소유하고 있는 항공사, 선사 등이 복합운송인의 역할을 수행하는 것을 의미하며(VOCC), 후자의 경우는 포워더들로서 운송수단을 보유하고 있지는 않지만 실제운송인들과의 하청계약을 체결하여 운송서비스를 제공하게 된다. 미국에서는 이를 NVOCC (Non-Vessel Operating Common Carrier)로 칭하고 있다.

2 복합운송관련 규정과 책임체계

1) 복합운송관련 규정

국제복합운송 관련 국제규칙으로는 동경규칙(1969), TCM 조약안(국제물건복합운송조약, 1971), 국제상업회의소(ICC)의 통일규칙(1972), UN국제물품복합운송조약(1980), UNCTAD/ICC통일규칙(Rules for Multimodal Transport Documents, 1991) 등이 있는데 동경규칙은 복합운송서류에 대한 첫 규정이라 할 수 있으며 TCM조약안은 복합운송과 관련된 국제적 조약을 위한 초안이었으나 조약안으로 그 생명을 마쳤다. 실무의 국제복합운송에서 본격적으로 사용된 규칙은 ICC통일규칙(1972)이라고 할 수 있으나 이는 현재의 복합운송의 실무를 반영하지 못하고 있어 새로운 규정이 필요하게 되었다. 이래서 만들어진 것이 UN국제물품복합운송조약이다. 이는 조약이라는 측면에서 그 의의가 크다고 할 수 있으나 아직 비준국이 30개 국가에 이르지 않아 발효가 되지 않은 상태이며 이러한 규범의 부존재로 인한 혼동을 줄이기 위해 제정된 UNCTAD/ICC통일규칙(1991)은 조약은 아니지만 복합운송서비스를 제공하는 포워더들의 국제조직인 FIATA[8]가 제정한 복합운송증권에서 동 규정을 인용하고 있으므로 실질적으로 복합운송에 있어서 가장 대표적인 규범이라 할 수 있다.

---

8) FIATA(International Federation of Freight Forwarders Association)은 150개 이상의 지역에서 40000여 포워딩회사를 회원으로 하고 있는 단체이다. 우리나라의 국제물류주선업협회(국 복합운송주선업협회)도 동 기관에 1977년에 가입한 정회원이다.

2) 복합운송 책임체계

복합운송인의 책임과 관련하여 주로 이슈가 되는 것은 책임의 기간, 책임의 주체, 책임에 대한 적용규정, 책임의 한도에 대한 적용규정, 입증책임, 과실책임 여부 등이 주요한 이슈라고 할 것이다. 우선 책임의 기간과 주체에 대해서는 각 규정 등에서 크게 이견이 없다고 할 것이다. 즉 복합운송인의 책임기간은 화물을 송하인으로부터 인수한 때로부터 화물을 수화인에게 인도할 때까지이며 복합운송인이 전 운송구간에 대해 책임을 부담한다.

다음 책임에 대한 적용규정과 책임한도에 대해서는 일괄책임제도(Uniform Liability System), 이종책임제도(Network Liability System), 수정일괄책임제도(Modified Uniform Liability System) 등으로 나누어지는데 이종책임제도는 손해가 발생한 운송구간이 판명된 경우에는 해당 구간을 규율하는 국내법 또는 국제규칙을 적용하여 책임을 부담한다. 그러나 운송구간이 판명되지 않은 경우에는 비교적 장기간인 해상운송 중에 사고가 발생된 것으로 간주하여 해상운송을 규율하는 국제규칙에 의하여 책임을 부담한다. 즉 복합운송인의 책임과 책임한도와 관련해서 항공운송에서는 Warsaw조약, 해상운송에서는 Hague Rule, Hague-Visby Rule, 육상운송에는 CMR, CIM 등의 규정을 적용하게 되는 것이다.

일괄책임제도는 복합운송증권 발행자(복합운송인)가 운송 전 과정에서 단독책임을 부담하는 것은 물론이며 어느 구간에서 사고가 발생하였는지를 불문하고 동일한 기준에 따라 책임을 지는 체계이며, 단일한 배상금액제도가 적용된다.

수정일괄책임제도는 일괄책임제도와 이종책임제도의 타협안이라고 할 수 있는데 UN국제복합운송조약과 UNCTAD/ICC국제복합운송통일규칙이 적용하고 있는 제도로서 복합운송인이 단독책임을 부담하고 사고 구간 여부에 불문하고 동일한 기준에 따라 책임을 지는 것이지만 책임한도액에 대해서는 각 운송구간에서 적용되는 규정을 적용하여 배상이 이루어져야 한다. 다만 사고구간을 확인할 수 없는 경우에는 동 규칙에서 정한 배상한도가 적용된다.

〈표 10-1〉 운송수단별 국제운송인의 책임한도

	해상운송			육상운송		항공운송	
조약명	Hague Rules	Hague-visby Rules	Hamburg Rules	CIM	CMR	Warsaw convention	Montreal Protocol
배상한도	£100/package	10,000포앙카레프랑/package or 30포앙카레프랑/Kg 중 높은 쪽	835SDR/package or 2.5SDR/Kg 중 높은 쪽	17SDR/Kg(50금프랑/Kg)	25금프랑/Kg(8.33SDR/Kg)	250포앙카레프랑/Kg	17SDR/Kg[9]

주 : 금프랑이란 순도 900/1,000인 금10/31g의 가격을 말한다.
포앙카레프랑이란 순도 900/1,000인 금65.5/1,000g의 가격을 말한다.
(금프랑은 포앙카레프랑의 약 5배의 가치)

3 복합운송증권과 주요 약관 내용

복합운송증권의 종류는 Combined Transport Bill of Lading, Combined Transport Document, Multimodal Transport Document로 변해 왔다고 할 수 있다.[10] 현재 복합운송인들의 대표적인 조직인 FIATA에서는 복합운송서류로서 유통 가능한 Multimodal Transport Bill of Lading, 유통 불가능한 Multimodal Transport Waybill이라는 양식을 이용하고 있다.[11] 동 서류들은 위에서도 언급한 바와 같이 UNCTAD/ ICC국제복합운송통일규칙을 근거로 하여 서류를 발행하고 있으며 우리나라의 복합운송인의 단체인 KIFFA(국제물류주선업협회)에서도 동규칙을 적용하여 Multimodal Transport Bill of Lading 형식의 복합운송증권을 규정하고 있다.[12] 이의 양식은 FIATA FBL이라고도 부른다.

1) 복합운송증권의 종류

복합운송증권은 2가지 이상의 이종운송수단으로 이루어지는 운송계약에서 복합

9) 현재 19SDR/Kg 적용.
10) 복합운송증권과 유사한 서류로서 FCR(Forwader's Cargo Receipt)이 있는데 이는 운송서류이기 보다는 화주의 지시에 따라 운송품을 수취한 것을 확인하는 서류로서 운송서류로 볼 수 없다(전순환, 『국제운송물류론』 제4판, 한올, 2009, 제11장 참조).
11) 이밖에도 FIATA에서는 비유통증권인 Forwarder's Certificate of Transport(FCT), Forwarder's Certificate of Receipt(FCR) 등도 제정하여 놓았다(www.fiata.com 참조).
12) 선사(VOCC)들 역시 복합운송을 제공하는데 이 경우에는 Bill of Lading 상에 화물의 수령지(Place of receipt) 와 인도지(Place of delivery)란을 마련하고 이를 이용하여 발행하고 있다.

운송인이 발행하는 증권이며 복합운송인이 화물을 수령하였음과 복합운송계약의 체결되었음을 증명하는 서류라고 할 수 있다. 복합운송증권은 유통증권(Negotiable Multimodal Transport B/L)과 비유통증권(Non-negotiable Multimodal Transport B/L)으로 나눌 수 있다.

2) 복합운송증권의 기능과 법적 성질

유통증권형 복합운송증권을 기준으로 복합운송증권은 다음과 같은 법적 성질을 가지고 있다.

(1) 유가증권

재산적 가치(채권, 물권 등)가 있는 사권(私權)을 표창하는 증권으로, 그 권리의 이용(행사, 이전) 또는 처분과 증권의 점유가 분리될 수 없는 것이다. 권리와 증권과를 결합(권리가 증권에 화체된다)하여 권리의 행사를 원활하게 하고 또 그 유통을 도모하는 제도이다.

(2) 권리증권

권리증권이란 그 증권을 인도하는 것에 의해 증권에 기재되어 있는 화물에 대한 지배기능 즉 권리가 이전되는 유가증권을 의미[13]하는 것으로서 복합운송증권도 이 기능을 갖는다.

(3) 유통증권

증권의 교부 또는 배서를 통하여 용이하게 양도되고 선의취득, 항변의 절단과 같은 유통 보호책이 인정되는 지시증권, 무기명증권 등의 유가증권이 이에 해당하며 순수한 기명증권 및 법률상 당연한 지시증권으로서 배서가 금지된 것 이외의 유가증권이 이에 해당한다.[14] 유통가능한 복합운송증권은 지시식 또는 무기명식으로 발행되는 것이 일반적이지만 기명식으로 발행하는 경우에는 배서에 의한 양도는 불가능하지만 지명채권양도 방법에 의해 양도할 수 있다고 한다.[15]

(4) 요인증권 등

운송계약에 의하여 운송물의 수령을 전제로 복합운송증권이 발행된다는 측면에

13) 무역용어사전(한국무역협회 간행)
14) 법률용어사전(이병태, 법문북스 간행)
15) 임석민(2014), pp.489~492.

서 요인증권이며, 운송물의 동일성 판단을 위하여 일정한 기재사항을 기재하여야 하는 요식증권, 복합운송서류는 증권에 표시된 운송물의 처분에 반드시 필요하므로 처분증권, 복합운송서류의 소지인이 화주의 지위를 승계하여서 목적지에서 운송물의 인도청구를 할 때 운송물과 바꾸어야 하는 상환증권의 특성을 갖는다고 할 것이다.

3) 복합운송증권의 약관

한편 FIATA FBL은 FIATA에서 제정한 FIATA 복합운송선하증권 표준약관(Standard Condition governing the FIATA Multimodal Transport Bill of Lading: 1992)이 적용되며 약관 중 포워더의 책임과 관련되어 정하고 있는 규정은 다음과 같다.

(1) 정의(Definitions)

- 포워더(freight forwarder)는 동 FBL을 발행하고 운송서류 전면에 기명된 업체이며 운송인으로서 복합운송계약의 이행책임을 부담하는 복합운송인을 의미한다.
- 인수(taken in charge)란 포워더가 FBL에 표시된 화물수령장소에서 운송을 위해 화물을 수령하는 것을 의미한다.

(2) 적용범위(Applicability)와 FBL의 발행

본 약관은 단일운송수단이 사용된 경우에도 적용된다. 또한 FBL의 발행으로 포워더는 FBL상의 화물인수 장소부터 인도장소까지 전체운송을 이행(또는 주선)할 것을 확약한다.

(3) 유통증권

본 약관은 유통불능이라는 표시가 없으면 유통증권이 된다. 본 FBL의 소지인은 배서에 의해 증권상의 화물을 인수 또는 양도할 권리를 갖는다.

(4) 추정과실주의

- 포워더가 자신, 사용인, 대리인 또는 기타 인의 과실 또는 부주의에 의한 것이 아님을 입증하지 못하고 멸실, 손상, 인도지연이 포워더의 관리 중에 발생한 경우에 이에 대해 책임을 부담한다.
- 포워더는 도착시간을 보증하지 않지만 명백히 합의한 기간 내에 화물이 미인도 또는 합의가 없는 경우에는 그 사정을 고려해서 포워더의 합리적으로

인도할 수 있는 기간 내에 화물이 인도되지 아니하면 인도지연으로 간주한다. 또한 약정된 인도예정 후 연속 90일 내에 인도되지 않은 경우, 반증이 없으면 화주는 그 화물이 멸실된 것으로 간주한다.

(5) 면책조항

포워더는 다음으로 인해 발생한 멸실, 손상, 비용에 대해 책임지지 않으며 화주는 이로 인해 발생한 멸실, 손상 책임 및 비용에 대해 포워더에게 보상하여야 한다.

- 화주 또는 그의 대리인이 컨테이너 등의 운송용구에 화물을 적입, 포장한 경우, 그 결함 또는 부적절로 인해 발생한 경우
- 화주가 제공한 컨테이너 또는 운송용구의 결함 또는 부적합으로 발생한 경우
- 포워더가 제공하고 화주의 적절한 검사에 의해 명백히 이상이 없었던 컨테이너 또는 운송용구의 결함 또는 부적합으로 인해 발생한 경우
- 화물의 멸실 또는 손상이 아래로 인해 기인한 것임을 포워더가 입증한 경우
  - 화주, 그 대리인 또는 포워더에게 화물을 인도한 자의 작위 또는 부작위
  - 포장 또는 화인 또는 화번의 불충분 또는 결함
  - 화주 또는 그의 대리인에 의한 화물의 취급, 적재, 적부 또는 양륙
  - 화물 고유의 하자
  - 파업, 직장폐쇄, 조업정지 또는 노조의 작업방해

상기 항에서의 책임의 부담에도 불구하고 해상 또는 내수로 운송 중 다음과 같은 원인으로 멸실, 손상 또는 인도지연이 발생한 경우 포워더는 그에 대해 책임을 지지 않는다.

- 선장, 선원, 도선사 또는 기타 운송인의 사용인이 항해나 본선 관리 중에 저지른 작위, 과실, 태만
- 운송인의 실질적 과실 또는 은밀한 사주가 없이 발생한 화재, 그러나 멸실 또는 손상이 본선의 감항성 결여로 인해 발생할 때 포워더는 항해개시 시점에 선박의 감항성을 위해 상당한 주의의무를 다 하였음을 입증할 수 있다.

5) 지상약관

- 본 약관은 본 FBL이 증명하는 운송계약에 적용되는 국제조약 또는 국내법에

저촉되지 않는 범위 내에서만 효력을 갖는다.

- 본 FBL에 미해상화물운송법이 강제적용 또는 임의적용될 경우, 본 FBL에 기재된 갑판적 화물을 제외하고 갑판적 또는 선창적 여부를 불문하고 모든 해상화물운송에 적용된다.

6) 포워더의 책임제한

- 포워더의 책임은 화물의 멸실이나 손상에 대해 포장당 666.67SDR 또는 총중량 Kg당 2SDR 중 큰 금액을 초과하지 않는다. 다만 종가운임이 지급되고 그 가액은 본 FBL에 기재한 때에는 그 신고가액이 한도액이 된다. 그러나 복합운송계약에 해상 및 내수로 운송이 포함되어 있지 않은 경우에는 kg당 8.33SDR을 초과하지 않는다. 한편 미해상화물운송법이 적용될 경우, 포워더의 책임은 포장당 또는 포장 이외의 방법으로 화물이 선적된 때에는 관습상의 운임단위당 USD500을 초과하지 않는다.
- 복합운송 중 화물의 멸실 또는 손상이 특정구간에서 발생되고, 그 특정구간에 대한 별도의 운송계약이 체결된 경우, 이에 적용되는 국제조약 또는 강행적인 국내법이 책임한도를 달리 규정하고 있을 때에는 그러한 멸실 또는 손상에 대한 포워더의 책임한도는 그 국제조약 또는 강행적인 국내법의 규정을 참조해 결정한다.
- 포워더가 인도지연으로 인한 손해 또는 화물의 멸실 또는 손상 이외의 결과적 멸실 또는 손상에 대해 책임을 져야 할 경우, 포워더의 책임한도는 본 FBL상 운임의 2배 상당액을 초과하지 않는다.
- 포워더의 총책임은 화물의 전손에 대한 책임한도를 초과하지 않는다.
- 멸실, 손상 또는 인도지연을 발생시킬 의도를 갖고 또는 무모하게 그리고 멸실, 손상 또는 인도지연이 발생할 것을 예견하면서 행한 포워더 자신의 작위 또는 부작위로 인해 멸실, 손상 또는 인도지연이 발생하였음이 입증되었을 경우, 포워더는 책임제한의 혜택을 누릴 수 없다.
- 포워더는 화주에게 고지하지 않고 화물을 갑판적 또는 선창적할 수 있으며, 화물의 취급, 적부, 보관 및 운송에 따른 수단, 경로 및 절차를 자유로이 선택 또는 대체할 수 있는 재량권을 갖는다.
- 화주는 전쟁, 군사훈련, 전염병, 파업, 정부의 명령 또는 불가항력에 의한 이로 또는 지연에 의한 일체의 비용 또는 기타 어떠한 성질의 비용증가에 대해 운임

에 비례하여 포워더에게 보상하여야 한다.

- 화주는 화물의 내용, 보험, 중량, 용적 또는 가액의 신고가 정확함을 보증한다. 그러나 포워더는 내용물을 검사하고 중량, 용적 또는 가액을 확인할 수 있는 재량권을 갖는다. 이에 따라 화주는 부과된 운임과 정확한 운임의 차액 5배에 해당하는 금액 또는 정확한 운임의 2배에서 부과된 운임을 차감한 금액 중 더 적은 금액을 포워더의 검사비와 타 화물을 싣지 못해 입은 운임손실에 대해서는 확정손해배상금(liquidated damage)으로 포워더에게 지급하여야 한다.

7) 클레임의 제기

- 화물을 수화인에게 인도 시 수하인은 화물의 멸실, 손상 등에 대해 서면으로 통지하여야 한다. 한편 멸실, 손상이 외관상 불명확한 경우에는 화물의 수화인에 인도한 날로부터 연속 6일내에 서면으로 통지하지 않을 경우 인도의 명백한 증거가 된다.
- 화물인도 후 또는 화물이 인도되어야 할 날 또는 화물이 인도되지 않아 수화인이 그 화물이 멸실된 것으로 간주한 날로부터 9개월 내에 소송이 제기되지 않으면, 포워더는 본 약관상의 모든 책임으로부터 면제된다.

제2절 복합운송의 경로와 이용

복합운송은 복합운송인에 의해 이종의 운송수단을 조합하여 다양한 서비스를 만들어 낼 수 있지만 제공되는 서비스의 경제성과 안정성이 확보되지 않으면 본격적으로 사용되기는 어려울 것이다. 따라서 현재 이용되고 있는 복합운송서비스는 제한된 수준에서 운영되고 있으며 대표적인 복합운송경로를 소개하면 다음과 같다.

1 북미지역 경유

북미지역을 경유하는 노선으로는 Land Bridge, MLB(Mini Land Bridge), Micro Land Bridge 등이 있으며 이중 현재 활용되고 있는 복합운송경로는 MLB와 Micro Land Bridge가 있다.

1) Land Bridge

극동에서 출발하여 북미지역을 철도로 경유하여 유럽으로 운송되는 화물을 위해 기획되었는데 특히 1967년 중동전쟁으로 Suez 운하가 봉쇄되자 APL(American President Lines Co)이 극동과 유럽을 25~26일의 운송기간으로 운송하겠다는 계획을 발표하였으나 현실화되지는 못하였다.

2) Mini Land Bridge

이 노선은 극동에서 출발하여 해상으로 미국 서안에 도착한 후에 미대륙 철도[16]를 통해 동안이 최종 도착지가 되는 복합운송경로이다. 즉 극동지역에서 미국 대서양 지역의 항구까지 운송을 하는 방법에는 해상운송만으로 파나마 운하를 경유하여 운항하는 All Water 서비스 노선의 경우 26일이 소요되지만 미국의 LA 롱비치항을 경유하여 철도를 통해 운송되는 노선(Mini Land Bridge)의 경우에는 20일이 소요된다.

〈그림 10-1〉 MLB 스케줄

Sailing Schedules Results (Detail)

Total Transit Time : 20 days
Shipping Instruction Closing Time : Contact your nearest office
Cargo Cut off Time (Normal Dry) : Contact your nearest office
Cargo Cut off Location : PUSAN NEW PORT INTERNATIONAL TERMINAL (BUSAN, KOREA)

Departure		Arrival		Mode
Location	Date	Location	Date	
BUSAN, KOREA	2015-07-12	LONG BEACH, CA	2015-07-23	RIO BLACKWATER 002E
LONG BEACH, CA	2015-07-24	CHICAGO, IL	2015-07-28	Rail
CHICAGO, IL	2015-07-29	NEW YORK, NY	2015-08-01	Rail

출처 : 현대상선 홈페이지

16) 미대륙을 운항하는 철도는 Double Stack Train(이단적열차)가 활성화되어 있다. 화차(40ft 컨테이너 1개 탑재가능 DST의 경우 2개)가 5개 연결된 것을 1량(One car)이라 하며 보통 20량의 열차가 함께 운송이 되는데 이를 고려하면 한편의 열차편에 200개의 40ft 컨테이너가 적재되어 운송될 수 있다(임석민(2014), pp.531~532 참조).

〈그림 10-2〉 All Water 스케줄

Sailing Schedules Results (Detail)

Total Transit Time	:	28 days
Shipping Instruction Closing Time	:	07/09/2015, 11:00 AM
Cargo Cut off Time (Normal Dry)	:	07/12/2015, 5:00 PM (DC)
Cargo Cut off Location	:	HYUNDAI PUSAN NEWPORT (BUSAN, KOREA)

Departure		Arrival		Mode
Location	Date	Location	Date	
BUSAN, KOREA	2015-07-14	NEW YORK, NY	2015-08-11	MOL EXPEDITOR 075E

* Estimated. Please contact your local salesperson or customer service to verify dates and times.
* Cargo cut off time(Normal Dry) may not apply to other equipment types.
Please contact our local office to verify.

출처 : 현대상선 홈페이지

3) Micro Land Bridge

이는 미국의 내륙지역을 최종목적지로 하는 노선이다. IPI(Interior Point Intermodal)이라고도 불리며 극동에서 출발하여 미국 태평양 항구(주로 LA 롱비치, Seattle 등)까지는 해상운송 되고 나머지 구간을 철도를 통해 운송되게 된다. 태평양 노선에 취항하는 대부분의 컨테이너 선사들은 동 서비스를 제공하며 운송기간은 15일 내외가 소요되는데 부산에서 LA까지가 10일 정도가 소요되며 미주 서부에서 동부까지는 철도를 이용할 시 7일 정도가 소요되므로 10일+7일내에 전 운송이 종료된다고 할 수 있을 것이다.

한편 All Water로 미주 동안에 도착한 화물을 미국 내륙지역으로 철로를 통해 운송하는 서비스를 Reverse IPI라고 한다.

〈그림 10-3〉 IPI 서비스 지역

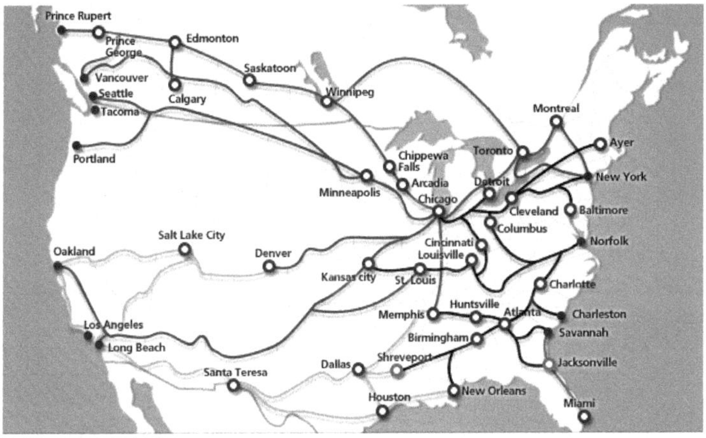

출처 : 한진해운 홈페이지 참조

2 유라시아지역 경유 노선

유라시아지역을 엮는 복합운송경로는 주로 시베리아횡단철도를 이용하여 유럽과 아시아를 엮는 노선으로서 TSR, TCR, TMR, TMGR 등이 현재 운영되고 있으며 아직 활용되고 있지는 않으나 한반도의 정치, 경제적 상황에 따라 TKR 노선이 활용될 수 있을 것이다.

〈그림 10-4〉 유라시아 철도망

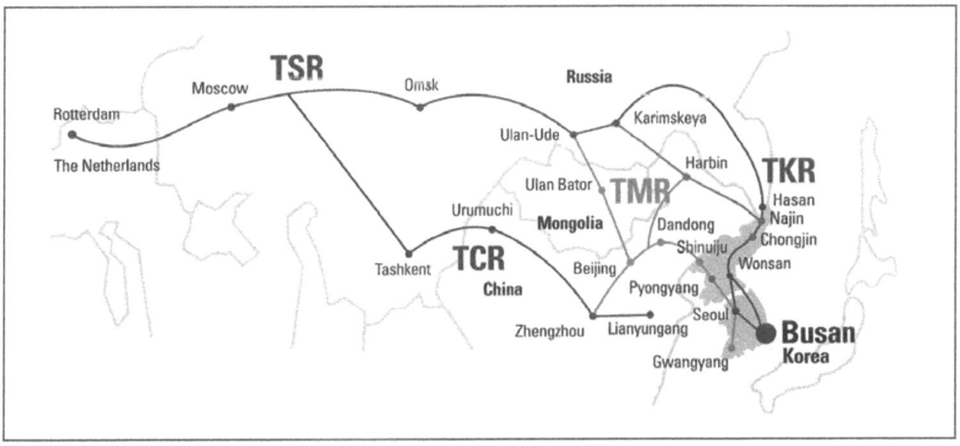

출처 : 인터넷레일뉴스 www.itrailnews.co.kr

〈표 10-2〉 유라시아 철도 노선

노선	구간	거리(km)	궤간
시베리아 횡단철도 (TSR)	보스토치니항-하바로브스크-치타-울란우데-이르크츠크-노보시비르스크-옴스크-에카데린브르크-모스크바	9,289	러시아 광궤 (1,520mm)
중국횡단철도 (TCR)	연운항-정주-란조우-우르므치-아라산쿠-드루즈바(카)-프레스코노르코프카(카)-자우탈리에(러)-TSR과 연결	8,613	중국 표준궤 (1,435mm) 카자흐 광궤 (1,520mm)
만주횡단철도 (TMR)	도문-만주리-자바이칼스크(러)-카리스카야(러)-TSR과 연결	7,721	중국 표준궤 (1,435mm)
몽골횡단철도 (TMGR)	천진-베이징-에렌호트-자민우드(몽)-울란바토르(몽)-수흐바토르(몽)-나우스키(러)-울란우데(러)-TSR과 연결	7,753	카자흐 광궤 (1,520mm)

출처 : 국토교통부 자료

각각의 노선별 특이사항은 다음과 같다.

1) TSR(시베리아 횡단철도)

유라시아지역 복합운송경로 중에서 가장 활발하게 이용되고 있는 노선으로서 극동아시아의 항구 (우리나라의 경우 부산항 출발)에서 해상운송으로 러시아의 블라디보스토크, 나호드카, 보스토치니[17]까지 운송된 후 그곳에서 철도를 이용하여 모스크바까지 가는 노선이다.

TSR은 이론상 극동지역에서 생산된 제품이 유럽까지 운송될 수 있으나 현실적으로 해상운송의 시간과 비용 경쟁력의 강화로 인해 서유럽으로 가는 물량은 거의 없으며 주로 옛 소련에서 독립된 국가들로 가는 물량이 전부라고 할 것이다. 동 노선에서 활약하고 있는 국내업체로는 우진글로벌 로지스틱스, 천지해운, 그린로지스틱스, 범한판토스, 유니코로지스틱스 등이 있다.[18] 운송되는 품목은 우리나라에서 수출되는 것으로는 전자제품, 자동차 부품, 화학제품 등이 그 주류를 이루고 수입되는 물품은 원목, 펄프 등이 주력을 이룬다.

17) 컨테이너화물은 시설이 좋은 보스토치니항을 주로 이용하며 벌크화물의 경우에는 나호드카항을 주로 이용한다.
18) 이재학·김동환, 「국내복합운송업체의 대륙횡단철도 이용실태 및 TKR 효율적 연계방안」, 물류학회지, 제17권 제2호, 2007.

현재 TSR서비스를 제공하고 있는 한 복합운송인의 스케줄을 살펴보면 다음과 같다.

〈표 10-3〉 TSR 스케줄의 예

Busan	VOSTOCH NY	IRKUTSK	NOVOSIBI RSK	OMSK	KAZAN	MOSCOW
8/23 (D+0)	8/25 (D+2)	9/9	9/12	9/14	9/17	9/18 (D+26일)

출처 : 코리아쉬핑가제트 우진글로벌

2) TCR(중국횡단철도)

중국을 경유하는 대륙횡단철도는 TCR, TMR(Trans-Manchuria Railway : 만주횡단철도), TMGR(Trans-Mongolia Railway : 몽골횡단철도) 등이 있는데 이중 TCR은 렌윈강에서 출발하여 우루무치를 경유하여 중앙아시아의 카자흐스탄, 우즈베키스탄, 키르키즈스탄 등으로 서비스를 하며 이노선이 시베리아노선과 연결되는 노선이다.

한 연구[19]에 의하면 TCR은 유럽항로의 경우 거리, 시간, 비용, 기후적인 측면에 있어서 TSR 대비 경쟁력을 갖는다고 할 수 있으나 여러 나라의 국경을 통과하면서 발생하는 환적과 대기의 문제 등에 있어서는 TSR에 비해 경쟁력이 부족하다고 한다. 따라서 동 노선을 주로 이용하는 화물은 중국내륙 이나 카자흐스탄과 주변 국가 등의 중앙아시아가 최종도착지이다. 대표적인 TCR 서비스를 제공하는 업체의 스케줄을 살펴보면 다음과 같다.

〈표 10-4〉 TCR 스케줄의 예

인천항	LIANYUNG ANG	URUMQI	ALMATY	TASHKENT	BISHKEK	OSH
8/23 (D+0)	8/26 (D+2)	9/10 (D+17)	9/20 (D+27)	9/30 (D+37)	9/30 (D+37)	10/8 (D+45일)

출처 : 코리아쉬핑가제트 서중물류

19) 여희정 외, 「유럽행 컨테이너 화물의 운송경로에 관한 연구」, 관세학회지, 제11권 제2호, 2010, pp.241~257.

3) TKR(Trans-Korean Railway)

한반도 종단철도 노선은 한반도 철도노선과 TSR, TCR, TMR, TMGR 등을 연결시켜 부산에서 유럽까지 철도망을 연결하려는 목표를 가지고 있으나 현재 남북관계의 개선이 지체되고 북한의 재원확보 문제로 원활하게 진행되고 있지는 못하다고 할 것이다. 다만 그 중 경원선을 이용하여 북한의 나진과 러시아의 핫산을 경유하여 TSR과 연결하는 노선이 가장 현실적인 것으로 평가받고 있다. 이 노선에 대해 한국과 러시아는 시베리아, 극동의 자원개발을 위해 적극성을 보이고 있으며 2004년 북한과 러시아가 핫산－나진의 개보수에 합의하여 현재 남한과 러시아의 합작회사 형태로 한국기업이 이 지역에 진출할 수 있어 희망적인 부분이 있으나 현재 북한의 철도환경이 열악하여 남한에서 철도로 이곳까지 연결은 어려우나 동 지역까지 부산에서 선박을 통해 운송된 화물이 TSR 등과 연결되는 노선을 기대해 볼 수 있을 것이다.

〈그림 10-5〉 한반도 횡단철도

출처 : 인터넷 자료

3 Sea & Air

1) 해공복합운송의 개요

해공복합운송은 항공운송의 신속성과 해상운송의 저렴성을 조합한 복합운송으로서 다양한 지역에서 이의 이용이 진행되고 있다. 예컨대 일부구간은 항공운송을 하고 일부구간은 해상운송을 이용하는 것으로서 이를 통해 항공 단일운송 대비

20~30%의 저렴함과 해상 단일운송 대비 20-30%의 신속성을 추구할 수 있게 된다. 해공복합운송 경로는 고정되어 있는 것은 아니지만 경유지역이 항공운송과 해상운송이 모두 활성화되어 연중 항공과 해상 스케줄이 안정적인 곳이 유리할 것이다. 현재 해공복합운송이 어느 정도 활성화되어 있는 지역은 다음과 같다고 할 것이나 항공운임과 해상운임은 철도 등의 운임 보다 변화가 커서 항상 고정되어 진행되지는 않는다. 또한 운임의 변동에 따라 타 노선에서도 해공복합운송은 언제든지 검토될 수 있을 것이다.

〈표 10-5〉 Sea & Air 주요 경유지역

출발지역	경유지역	도착지역
아시아, 인도, 파키스탄	Dubai	유럽, 아프리카, 북미
아시아	Incheon, Hong Kong, Taipei, Singapore	유럽, 북미, 중남미
아시아	LA or Miami	중남미
유럽, 중동	Miami	중남미

2) 중국발 인천 경유 해공복합운송

(1) 발생 배경과 현황

이 노선의 복합운송은 1990년대 말 시작되었는데 중국의 미국, 유럽으로의 수출 증가와 중국의 항공 인프라의 미비로 인해 물동량이 증가하게 되었으며 2008년 연간 66톤에 이르렀다. 그러나 중국의 항공운송 인프라 정비와 항공기 도입 증대, 그리고 국내항공사의 동 물량에 대한 차별화된 저가격 특혜폭을 축소해 나가면서 물량이 축소되었으며 인천항만공사의 자료에 의하면 2011년 30톤에도 이르지 못하고 있는 것으로 조사되었다. 향후 중국발 인천 경유 해공복합운송화물은 크게 늘어나지 않을 것으로 예상되지만 그 복합운송을 위한 절차와 제도가 완비되어 있어 향후 중국과 한국의 항공화물운송시장 변화에 따라 다시 발전할 수도 있을 것이다. 물론 프로젝트성으로도 언제든지 활용될 수 있을 것이다.

(2) 운송 경로와 장점

중국의 동부 특히 북동부 공업지역에서 생산된 제품이 한국과 중국 간의 페리선을 이용하여 인천항에 도착한 후 인천공항을 경유하여 미국 및 유럽지역으로 운송되는 것을 의미한다.

〈그림 10-6〉 Sea & Air 개념도

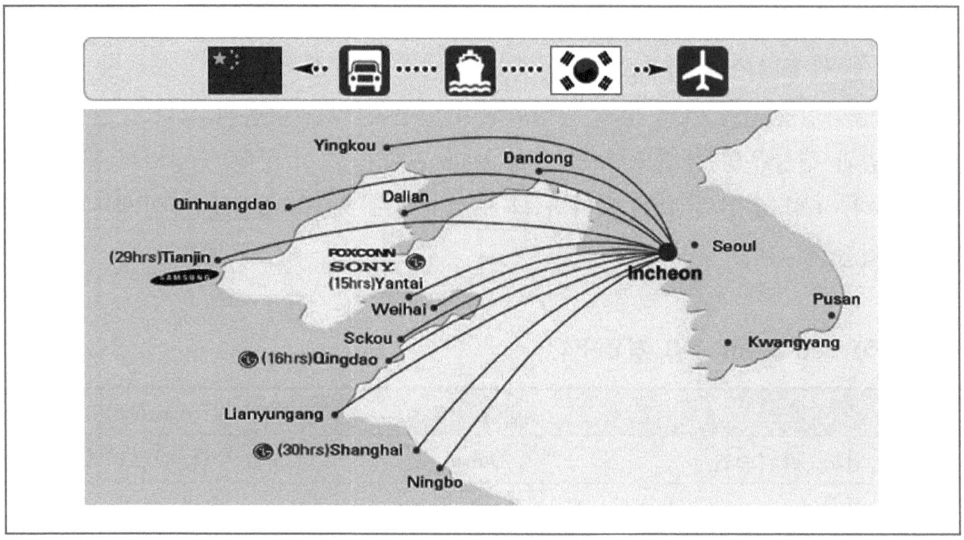

출처 : 인천국제공항공사 홈페이지

해공복합운송은 비용적인 측면에서의 경쟁력은 항상 고정되어 있지는 않으며 중국과 한국의 항공화물시장의 가격변화에 따라 그 영향을 받게 될 것이다. 그러나 시간적인 측면에서는 해상운송 대비 30% 정도 빠른 운송수단이라고 할 수 있으며 특히 대형 공항에서 멀리 떨어진 중국지역에서 생산된 제품에 대해서는 대형 공항으로 운송하는 시간 동안에 인천항에 도착할 수 있어 항공단일운송 보다 1~2일 정도만 시간이 더 소요된다고 볼 수 있을 것이다. 아래는 중국 청도에서 출발하여 미국 뉴욕 JFK 공항으로 가는 화물에 대하여 소요 시간과 프로세스를 정리한 것이다.

〈표 10-6〉 중국 칭따오에서 뉴욕까지의 Sea & Air

Day	D+0	D+1	D+2	D+3
내역	Quing Tao 출발	인천항 도착	인천공항 출발	뉴욕공항 도착
세부사항	페리호 탑재 위동항운 수요일편 기준 (17:00 출발)	인천항 도착(11:00) → 인천공항소재 포워더 창고 까지 보세운송 → 컨테이너 해체와 항공기용 ULD작업	항공사에 RFC 상태로 인계 → 항공기 출발 (KE257편 22:00)	New York 도착

4 기타 복합운송

복합운송은 필요와 운임사정에 따라 다양한 형태의 노선이 조합될 수 있다. 예컨대 최근에 중국과 일본을 잇는 한중, 한일 페리선을 이용한 “한중일 랜드브릿지”가 이용되고 있는데 이는 중국과 한국 간의 페리선을 통해 해상운송되어 인천항 또는 평택항에 도착된 화물을 부산항까지 내륙운송한 후에 부산항에서 다시 일본까지 페리선을 이용하는 복합운송서비스이다. 이는 항공운송 보다는 저렴하고 일반 중국-일본간 컨테이너운송 보다는 신속성을 가진 운송수단으로 활용되고 있다. 이처럼 복합운송은 기본 운송수단을 활용하여 언제든지 활용될 수 있으므로 포워더의 경험과 기획력이 필요한 창조적 운송수단이라 할 것이다.

다만 새롭게 복합운송 경로가 경쟁력을 갖기 위해서는 경로가 효과적이어서 시간과 비용의 조합이 고객이 만족할 수 있는 수준이어야 할 것이며 각 운송수단의 스케줄과 환적이 안정적으로 이루어지고 요율체계와 책임의 주체가 단순하게 이루어져야 할 것이다.

〈서식 10-1〉 복합운송증권(Combined Transport B/L)

SHIPPER
ABC KOREA CO LTD

B/L NO. KUM1507004

GOODJOB LOGISTICS CO LTD

CONSIGNEE
HARTONG GMBH

COMBINED TRANSPORT
BILL OF LADING

RECEIVED by the Carrier from the Shipper in apparent good order and condition unless otherwise indicated herein, the Goods, or the container(s) or package(s) said to contain the cargo herein mentioned, to be carried subject to all the terms and conditions provided for on the face and back of the Bill of Lading by the vessel named herein or any substitute at the Carrier's option and/or other means of transport, from the place of receipt or the port of loading to the port of discharge or the place of delivery shown herein and there to be delivered unto order or assigns.
If required by the Carrier, this Bill of Lading duly endorsed must be surrendered in exchange for the Goods or delivery order.
In accepting this Bill of Lading, the Merchant agrees to be bound by all the stipulations, exceptions, terms and conditions on the face and back hereof, whether written, typed, stamped or printed, as fully as if signed by the Merchant, and local custom or privilege to the contrary notwithstanding, and agrees that all agreements or freight engagements for and in connection with the carriage of the Goods are superseded by this Bill of Lading.
In witness whereof, the number of original bills of lading stated herein, all of this tenor and date, has been signed, one of which being accomplished, the others to stand void.

NOTIFY PARTY

PRE-CARRIAGE BY	PLACE OF RECEIPT
	BUSAN, KOREA
OCEAN VESSEL & VOYAGE	PORT OF LOADING
MSC CAMILLE 535W	BUSAN, KOREA
PORT OF DISCHARGE	PLACE OF DELIVERY
KUMPORT (AMBARLI), TURKEY	KUMPORT (AMBARLI), TURKEY

FINAL DESTINATION(FOR THE MERCHANT'S REFERENCE ONLY)

PARTICULARS FURNISHED BY SHIPPER

MARKS AND NUMBERS	NO.OF PKGS. OR UNITS	DESCRIPTION OF PACKAGES AND GOODS	GROSS WEIGHT	MEASUREMENT
P/O NO.PHC1507 C/S NO.:44-73 MADE IN KOREA - ATTACHED CONTAINER RIDER - CY/CY	30 CASES 20'DV x 1	"SHIPPER'S LOAD & COUNT" SAID TO CONTAIN: 30 CASES (2,017 PCS) OF AUTOMOTIVE CLUTCH "FREIGHT PREPAID"	14,361.000KGS ON BOARD DATE: AUG.28,2015	26.790CBM

ORIGINAL

TOTAL NUMBER OF PACKAGE'S OR UNITS(IN WORDS): SAY : ONE (1) CONTAINER ONLY.

FREIGHT AND CHARGES	REVENUE TONS	RATE	PER	PREPAID	COLLECT
FREIGHT PREPAID AS ARRANGED					

FREIGHT PAYABLE AT	NUMBER OF ORIGINAL B(S)L	PLACE OF ISSUE & DATE
	THREE(3)	SEOUL, KOREA AUG.28,2015

FOR DELIVERY OF GOODS, PLEASE APPLY TO:

GOOD JOB LOGISTICS CO LTD
ACTING AS A CARRIER

(TERMS CONTINUED ON BACK HEREOF)

제11장 항공특송업무

제1절 항공특송의 개념

1 항공특송의 정의

항공특송은 항공특송업자의 일관책임 하에 화물의 접수로부터 포장, 운송, 배송에 이르기까지 일체의 운송서비스, 즉 문전서비스(Door to Door Delivery)를 제공하는 운송이다. 일반적으로 소량화물의 운송에 주로 이용된다. 항공특송은 항공운송이 주된 운송수난이라는 측면에서 항공운송으로도 볼 수 있으며, 항공운송과 내륙운송을 하나의 운송장으로 제공한다는 측면에서는 복합운송으로 볼 수도 있을 것이다. 항공특송서비스에 대해 발행되는 운송서류는 특송운송장으로서 국제적인 규범이 존재하지는 않으며 항공운송의 규정이 많이 인용되고 있다.

2 항공특송의 특징

1) 운송서류의 다양성

항공특송업자가 발행하는 운송서류는 Fedex Air Waybill, Shipment Air Waybill, Forwarder Air Waybill 등 다양한 종류의 운송서류가 발행되고 있다. 이는 항공특송과 관련되어 통일된 규칙이 존재하지 않는 것에 기인한다고 할 수 있는데 항공특송업자의 책임과 관련하여 적용되는 국제규칙은 다수의 항공특송업자가 항공운송 관련 조약인 Warsaw Convention, Montreal Convention 등을 인용하고 있으나 일부 항공특송업자의 경우는 항공운송의 Warsaw Convention 과 도로운송의 통일규칙인 CMR을 동시에 적용하고 있는 것도 있다.

2) 항공특송업체의 다양한 운영 형태

항공특송업체의 형태는 4대 특송사(DHL, Fedex, UPS, TNT)처럼 항공기까지 소유하면서 Door에서 Door까지 제공하는 특송사도 있으나 대부분의 경우 항공사의 항공편을 하청 계약하여 진행하는 것이 일반적이다.

3) 일관책임과 문전서비스 제공

항공특송의 가장 큰 특징은 항공특송업자가 문전서비스(Door to Door)를 제공하고 전체 운송구간에 대해서 단일책임을 부담하는 것이다. 이것은 복합운송에서 보여지는 것과 같은 것이라 할 수 있으며 이런 측면에서 항공특송을 복합운송의 범주에 넣을 수 있다.

4) 주로 소형, 소량화물을 운송한다

항공특송은 주로 소량의 화물을 신속하게 운송하는 것에 특화된 운송수단이라고 할 수 있다. 국제적으로 운송되는 서류, 샘플 등의 소량화물을 중심으로 발전하였으나 최근에는 전자상거래의 물량이 늘어나면서 이것이 차지하는 역할도 중요해지게 되었다. 또한 항공특송의 가격 경쟁력의 증대와 규제 완화 등의 영향으로 중형화물에 대해서도 항공특송으로의 운송이 증가하고 있다.

5) 특송물품수입통관사무처리에 관한 고시(관세청 고시)의 적용

항공특송화물에 대해서는 일정 조건 하에서 통관과정에서 간소한 절차가 적용된다. 이의 대상에 들어가는 화물은 관세청고시인 특송물품수입통관사무처리에 관한 고시에 따라 규제를 받게 된다.

6) 고율의 일괄요금체계

일반항공운송의 운송요금은 국제항공운임과 이와 함께 출발지와 도착지에서 발생하는 기타 비용(운송료, 통관료, 보세운송료, 취급수수료, 서류발급비용 등)으로 구성되어 있다. 항공특송의 경우는 All-in의 성격을 갖는 “kg당 000원” 식으로 일괄요금체계로 되어있다. 비록 그 요율은 높다고 할 수 있으나 요율체계가 단순하고 저중량 화물에 대해서는 일반항공운송에 대비하여 저렴한 특성을 가지고 있다.

3 항공특송의 장점

1) 책임체계의 단순화

전체 운송구간에 대해 항공특송업체가 단독책임을 부담한다. 따라서 복합적인 운송수단에 의해 운송이 이루어진 경우에도 책임소재를 따질 필요는 없는 것이다. 다만 책임부담과 관련해서는 위에서 언급한 것처럼 항공특송업체별로 다양한 운송서류와 다양한 근거규정을 두고 있어 복잡한 측면이 있다고 할 것이다. 이때는 해당 운송서류의 약관에 따라 해석하는 것이 일반적이다.

2) 소량화물에 대한 높은 운임 경쟁력

제조기업은 기존 소품종 대량생산을 통해 규모의 경제를 확보하였으나 최근에는 소비자들의 욕구가 다양해짐에 따라 다품종 소량생산체제로 변신을 하고 있다. 이러한 다품종 소량생산에 잘 어울리는 것이 항공특송이라고 할 것이다. 탈규제와 전자상거래의 증가로 인해 항공특송업체와 일반항공운송업체(포워딩 업체)간의 시장 세분화가 희미해지고 양 운송수단 간에 경쟁이 계속 강화될 것으로 예상되지만 현재까지 여전히 항공특송은 소형화물에 일반항공운송은 중대형 항공화물에 강점을 가지고 있다고 할 것이다. 특히 운임의 경쟁력과 관련해서는 전자상거래 물량의 폭발적인 증가로 인해 규모의 경제를 달성한 항공특송이 점차 중형화물에서도 경쟁력을 가져갈 가능성이 높다고 할 것이다. 다만 항공특송사들은 부피중량에 대해 5000 세제곱센티미터를 1kg으로 계산하고 있어 부피화물의 경우 불리한 규정을 두고 있다고 할 것이다.

3) 신속성과 정시성의 확보

항공특송물품은 항공사에 의해서 처리 우선권이 부여되고, 세관에 의한 간편한 프로세스 적용, 업무처리의 기계화와 자동화 확충 등으로 화물처리의 신속성이 확보되고 있다. 또한 높은 업무의 표준화로 인해 정시성이 크게 향상되어 있다. 이러한 신속성과 안정성을 기반으로 하여 정시도착 보장서비스와 운임환불제 등의 서비스를 개발하여 보다 다양한 고객의 욕구를 충족시키고 있다. 예컨대 신속성과 정시성이 생명이라 할 수 있는 Bio 물품 등에 대해서는 항공특송이 높은 경쟁력을 갖고 있다.

4) 간소한 통관 절차

항공특송물품 중 목록통관 대상물품은 통관의 절차가 간소하다. 즉 일반화물이 EDI를 통해 수입신고서를 제출하고 이에 대한 관세와 부가가치세가 모두 납부되어야 수입신고수리가 되지만 목록통관 대상물품은 특송업체가 세관에 제출하는 통관목록이 수입신고서를 대신하게 되고 관세와 부가가치세도 부가되지 않아 간소한 통관절차가 이루어진다. 목록통관 등에 대해서는 제3절에서 보다 자세히 살펴본다.

5) 우수한 접근성

4대특송사, 대기업 물류업체의 특송사들은 시내 곳곳에 집화소를 두고 있어서 기업은 물론 일반인들이 쉽게 운송을 의뢰할 수 있으며, 항공특송의 기본적인 특성이 문전서비스(Door to Door)에 있는 바, 언제 어디서나 픽업과 배송이 일어날 수 있게 되다. 예컨대 DHL의 경우 서울지역에 픽업과 인도를 위한 서비스센터와 서비스포인트를 11개 보유하고 있으며 또한 서류 출력 등의 서비스를 제공하며 20여개의 매장을 보유한 킨코스코리아와 협력하여 화물의 접수를 행하고 있어 언제 어디에서도 특송서비스를 이용할 수 있다.

6) 이원지역 경쟁력

기타 항공특송은 이원지역(공항에서 다소 떨어져 있는 지역)에서도 일반항공운송 대비 경쟁력이 높다. 즉 일반항공운송업체는 주로 공항 주변에 운송네트워크를 구축하고 있으나 항공특송업체의 경우 다소 공항에서 떨어진 지역에도 사무소를 갖고 있으며 이로 인해 이원지역에 있어서는 일반항공운송 대비 시간과 비용에 있어서 보다 큰 경쟁력을 갖고 있다.

7) 우수한 IT능력

특송사들의 강점에 있어서 화물의 가시성(Visibility)이 높은 것도 간과되지 말아야 할 것이다. 4대특송사의 경우 IT에 많은 투자를 하고 있으며 이를 통해 높아진 화물의 가시성은 고객들(화주)에게 화물의 흐름을 쉽게 파악 가능하게 하여 예측력과 대응력을 향상시켜 놓았으며 이러한 불확실성의 축소로 인해 화주사들은 더 낮은 수준의 재고로 더 높은 수준의 서비스를 달성할 수 있게 되어서 화주사들의 효율성을 제고시키고 있다.

제2절 항공특송업체의 운영형태

항공특송업체의 분류는 다양한 시도가 이루어졌으나 아래에서는 특송업무의 내부화의 정도와 타사와의 협력의 정도를 기준으로 하여 다음과 같이 분류하였다.

1 통합물류업체형 특송업체 / 4대 특송사

글로벌 4대회사인 DHL, Fedex, UPS, TNT 가 이 범주에 들어가며 이들 각 업체는 200여 개 국가에서, 3,000여 개 이상의 지점을 갖고, 직접 항공기까지 보유하며 항공특송서비스를 제공하고 있다. 이들 업체는 직접판매만을 하는 업체와 직접판매와 대리점을 통한 간접판매를 모두 이용하는 업체도 있다.

2 택배종합물류업형 특송업체

국내택배가 국제로 확대된 것으로서 동 범주에 속하는 특송사는 우수한 국내 택배망을 가지고 있으며 이를 통해 저렴한 가격을 제시하고 주로 개인화주 대상의 전자상거래 물량을 많이 취급하고 있다. 대표적인 업체인 CJ대한통운은 현재 23개 지점을 통해 국제택배(항공특송) 서비스를 제공하고 있으며 기타 지역에 대해서는 4대 특송사와 기타 해외 협력사를 통해 220여 국가에서 서비스를 제공하고 있다. 이 범주의 특송사들은 일반항공편을 이용하고 국내에 자사의 특송장을 보유하여 화물의 통관 등을 처리하고 있다. 영업에 있어서는 특송사(리테일러)를 대상으로 한 영업과 일반화주를 대상으로 하는 영업을 동시에 하고 있다.

3 분업형 특송업체

분업형 특송업체들은 홀세일러형과 리테일러형으로 나뉘어 서로 협력하는 형태로 운영되고 있다. 즉 홀세일러(Wholesaler)형태의 특송업체는 공항시설과 국제네트워크에 대한 투자를 하고, 리테일러(Retailer)형태의 특송업체는 주로 영업과 배송에 주력한다. 예컨대 중견 항공특송업체인 쥬피터익스프레스사 경우 홀세일러로서 국제특송화물 혼재업을 표방하며 24개국/64개 도시에 서비스를 제공하고 있다.

홀세일러의 영업대상은 화주인 수출입 업체와 리테일러 형태의 특송업체들이다. 리테일러형 특송업체의 경우는 최종고객인 수출입 업체를 대상으로 영업을 수행한다.

이들 3가지 유형의 항공특송업체의 서비스 형태를 비교하면 다음과 같다. 다만 4대 특송사와 나머지 특송사는 큰 차이가 있으나 택배종합물류업형 특송업체와 분업형 특송업체 간의 차이는 크지 않다고 할 것이다. 또한 중복된 기능을 하는 경우도 있다. 예컨대 택배종합물류업형 특송업체가 홀세일러의 역할을 하는 경우도 흔히 있다.

〈표 11-1〉 항공특송사별 서비스 형태 비교

	4대 특송사	기타 특송사	
		택배종합물류업형 특송사	분업형 특송사
항공운송	자사 또는 일반항공사	일반항공사	일반항공사
공항 터미널	자사 시설	일반항공사 터미널	일반항공사 터미널
국내운송	자사 운송망	자사 택배망	리테일러 차량 또는 국내택배망
수입신고	자사 소속 관세사	자사 소속 또는 계약 관세사	홀세일러 소속 또는 계약 관세사
통관 보세창고	자사 터미널	자사 시설	홀세일러 시설 또는 세관장 치장
영업형태	직접판매와 대리점을 통한 간접 판매	직접판매와 리테일러를 통한 간접 판매	-홀세일러: 리테일러 통한 간접판매와 직접판매 -리테일러: 직접화주 판매
해외 네트워크	전세계 대부분 지역에 지점	지사는 제한된 지역에 설치. 다만 4대 특송사 등과 협력을 통해 전세계 서비스	지사는 제한된 지역에 설치. 다만 4대 특송사 등과 협력을 통해 전세계 서비스

제3절 항공특송 수입화물 프로세스

1 항공특송화물 수입프로세스

특송화물은 운송과 통관 과정에서 일반항공운송 대비 특별한 취급을 받고 있다. 통관 과정에 있어서 세계 대부분의 나라가 특송화물에 대한 편의를 인정하여 주고 있는데 우리나라의 경우 "특송물품 수입통관 사무처리에 관한 고시"에서 특송화물에 대해 일반화물 대비 특별한 취급을 인정하고 있다.

통관 과정에서 가장 특별한 제도로는 X-ray 투시와 목록통관의 인정이라고 할 수 있는데 수입화물에서 특송화물의 처리에 관한 프로세스는 다음과 같다.

〈그림 11-1〉 항공특송화물 수입프로세스

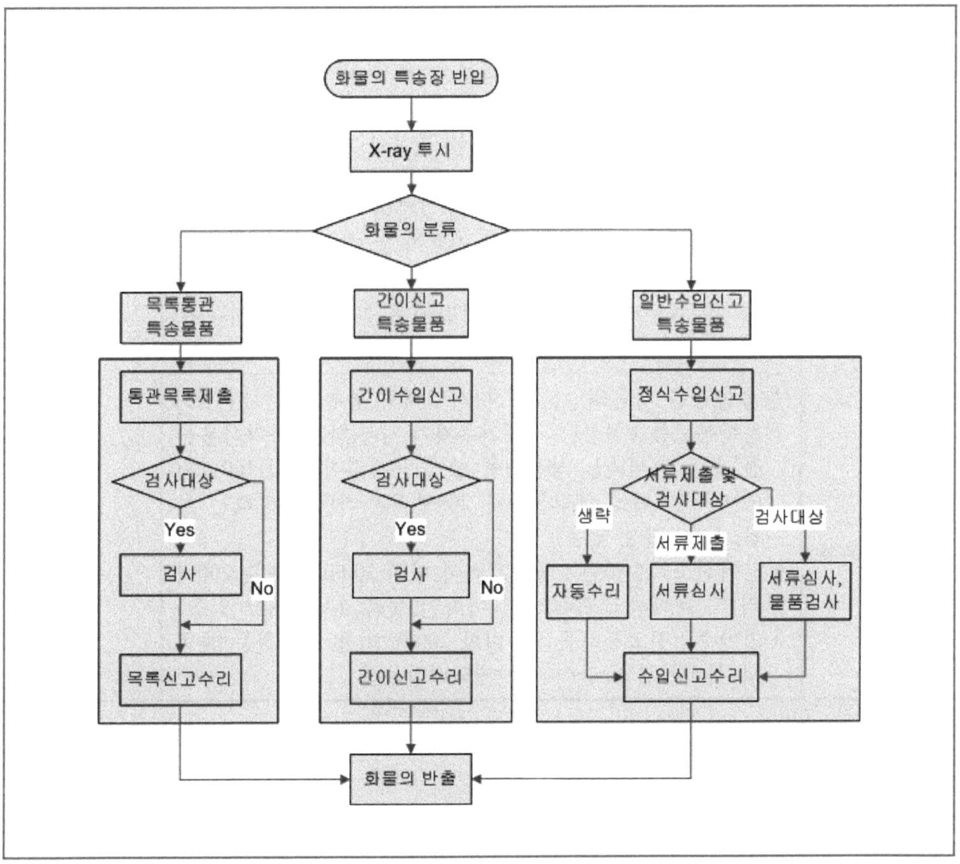

2 항공특송화물 프로세스

항공특송업체에 의해 수입되는 화물은 3가지 중 한 개의 프로세스를 거쳐 진행되게 된다. 즉 목록통관특송물품, 간이신고특송물품, 일반수입신고특송물품은 각자 다른 프로세스를 거치게 된다.

1) 화물의 특송장 반입과 화물분류

절차	내용	관련서류
1-1) 화물의 특송장 반입	항공기에서 내려진 화물 중 특송화물은 M/AWB단위로 항공사에서 특송사로 전달되게 된다. 화물을 인수받은 특송사는 자체 특송장 또는 세관이 지정한 특송장으로 이동하게 된다. 4대 특송사의 경우는 자체 특송장을 보유하고 있으며 국내 대기업계열의 특송사도 자체 특송장을 보유하고 있다. 그러나 그 이외의 업체들은 인천공항의 세관지정장치장과 김포공항의 세관지정장치장에 설치된 공동 특송장으로 화물을 이동시킨다.	• 특송운송장
1-2) X-ray 투시	특송장으로 반입되는 특송화물은 우선 반입장에 설치된 X-ray 투시를 통과하여야 하며 이 과정에서 1) 송하인이나 수하인의 주소가 호텔, 사서함 등 통상적인 주소가 아닌 경우 2) 합산과세 기준에 해당하는 물품 3) 동일 주소지 또는 전화번호로 여러 건의 물품이 분할하여 배송되는 경우 4) 은닉포장 등 특송물품에 이상 징후가 발견된 경우 5) 마약, 총기류 국민건강위해물품 등 불법물품의 밀수에 관한 정보를 취득한 경우 등에는 세관장에게 검사를 요청하여야 한다.[1]	
1-3) 화물의 분류	특송물품은 다음의 기준에 따라 3개의 종류로 분류한다. • 목록통관특송물품 : 국내거주자가 수취하는 자가사용물품 또는 면세되는 상용견품 중 물품가격이 미화 100달러(한미 FTA협정 해당물품은 200달러)이하에 해당하는 물품. (제외대상 있음) • 간이신고특송물품 : 물품가격이 미화 100달러(또는 200달러)를 초과하고 2000달러 이하인 물품. (제외대상 있음) • 일반수입신고특송물품 : 미화 2000달러를 초과하는 물품과 목록통관과 간이신고 제외대상물품	

1) 특송물품 수입통관 사무처리에 관한 고시 제11조 1항

상기 화물의 분류 과정에서 금액만을 기준으로 목록통관과 간이신고 대상이 정하여 지는 것은 아니며 다음과 같은 화물에 대해서는 목록통관과 간이신고 대상에서 제외되어 일반수입신고 절차를 따르게 되어 있다.

〈표 11-2〉 목록통관과 간이신고 제외대상 물품

목록통관 제외대상 물품	간이신고 제외대상 물품
1. 의약품 2. 한약재 3. 야생동물 관련 제품 4. 농림축수산물 등 검역대상물품 5. 건강기능식품 6. 지식재산권 위반 의심물품, 7. 식품류, 주류, 담배류, 8. 화장품(기능성화장품, 태반함유화장품, 스테로이드제 함유화장품 및 성분미상 등 유해화장품에 한함), 9. 적하목록 정정에 따라 선하증권 또는 항공화물운송장 내용이 추가로 제출된 물품 10. 통관목록 중 품명, 규격, 수량, 가격 등이 부정확하게 기재된 물품, 11. 그 밖에 관세법 226조에 따른 세관장확인대상물품 등 목록통관이 타당하지 아니하다고 세관장이 인정하는 물품	1. 목록통관 제외대상에 해당하는 물품, 2. 사전세액심사 대상물품, 합의세율 적용 신청물품, 원산지증명서류 제출대상물품(다만 개성공업지구로부터 반입되는 임가공 물품은 제외한다) 담배소비세 납세담보확인서 제출대상 물품 3. 할당, 양허관세율의 적용을 신청한 물품 중 세율추천이 필요한 물품 4. 법 제83조에 따른 용도세율의 적용을 신청한 물품 중 사후관리 대상물품 5. 법 제226조[2]에 따른 세관장 확인대상물품 6. 법 제250조에 따라 신고취하 또는 신고각하된 후 다시 수입신고하는 물품 7. 해체·절단 또는 손상·변질 등에 의해 물품의 성상이 변한 물품 8. 「이사물품 수입통관 사무처리에 관한 고시」적용대상 물품 9. 품명·규격·수량·가격 등이 부정확하여 세관장이 간이신고가 부적당하다고 인정하는 물품 10. FTA 협정관세의 적용을 신청한 물품 11. 법 제240조의2에 따른 유통이력 신고대상 물품

2) 관세법 제226조(허가, 승인 등의 증명 및 확인) 1) 수출입을 할 때 법령에서 정하는 바에 따라 허가, 승인, 표시 또는 그 밖의 조건을 갖출 필요가 있는 물품은 세관장에게 그 허가, 승인, 표시 또는 그 밖의 조건을 갖춘 것임을 증명하여야 한다. 2), 3) 생략.

2) 화물의 분류 이후 통관절차

절차	내용	관련서류
2-1) 목록통관 특송물품	목록통관 대상물품을 수입통관 시에는 통관목록을 작성하여 세관장에게 제출한다.	• 통관목록
2-2) 간이신고 특송물품	이의 경우에는 첨부서류 없이 인터넷 EDI 등을 이용하여 전자서류로 수입신고한다. 다만 검사대상으로 선별된 물품은 수입신고서에 송품장, 선하증권 또는 항공화물운송장 등을 첨부하여 세관장에게 제출해야 한다.	• 간이수입신고서
2-3) 일반신고 특송물품	일반수입물품의 통관절차를 따르는데 EDI로 수입신고를 하면 세관은 자동수리, 서류제출, 검사대상 선정 등으로 나누게 되고 각각의 절차에 따라 관세와 부가세를 납부한 후에 수입신고수리가 이루어진다.	• 수입신고서

이렇게 통관이 완료된 물품은 수화인에게 배송되는데 이때 국내택배 또는 국내우편망을 이용하는 업체와 자사가 구축한 운송 배송망을 이용하는 업체가 있다. 주로 개인이 수화인인 전자상거래 물품은 전자를 따르고 견품, 서류 등 기업체가 수입하는 물품은 후자를 따른다고 할 수 있다.

〈서식 11-1〉 항공특송운송장(Express Bill)

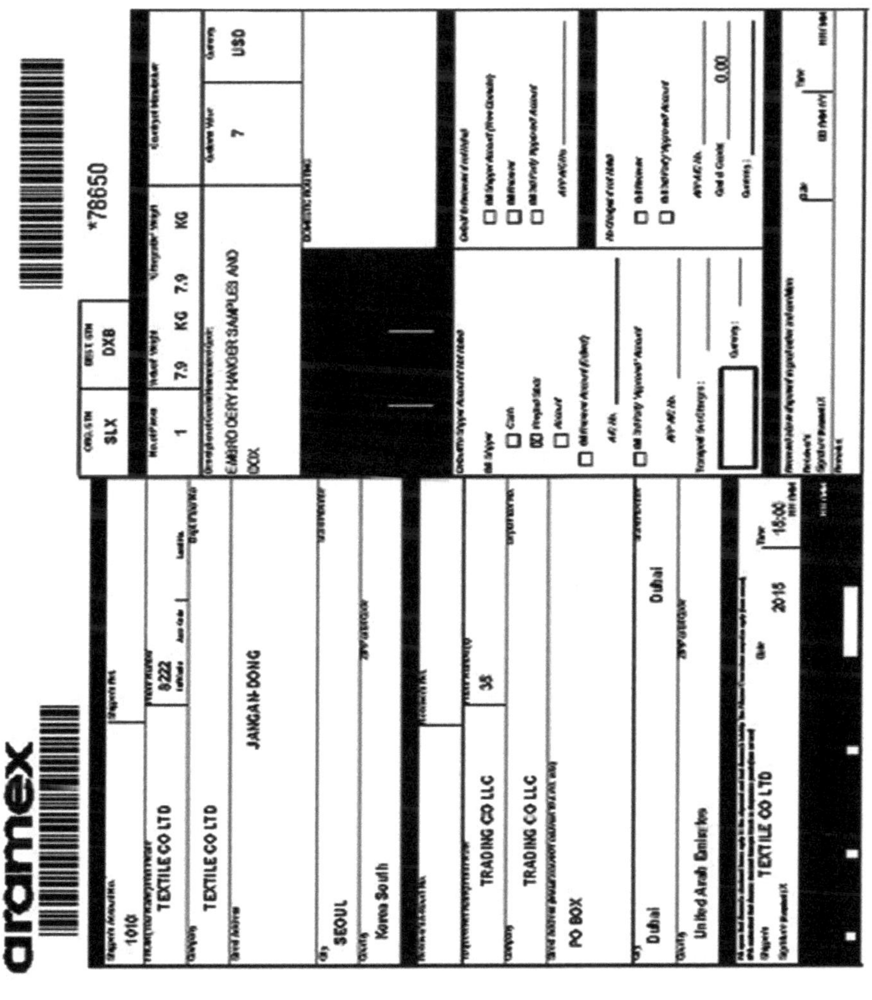
aramex

*78650

ORIG STN	DEST STN
SLX	DXB

Pieces	Actual Weight	Chargeable Weight		
1	7.9 KG	7.9 KG		

EMBROIDERY HANGER SAMPLES AND BOX

Customs Value	Currency
7	USD

Shipper's Account No.: 1010

TEXTILE CO LTD — 8222

TEXTILE CO LTD

JANGAN-DONG

SEOUL

Korea South

TRADING CO LLC — 35

TRADING CO LLC

PO BOX

Dubai — Dubai

United Arab Emirates

Shipper: TEXTILE CO LTD — Date: 2015 — Time: 18:00

Cash / Prepaid Stock / Account

0.00

〈서식 11-2〉 통관목록(Manifest)

(별지 제4호서식)

통 관 목 록

제출일자 : 제출일련번호

1. 특송업체명 2. 선박편명(항공편명) 3. 적출국(항)(Port of loading) 4. Master B/L № 5. 입항일자(Date of arrival)

---------- --------------- --------------------- ------------- ----/--/--

6.House B/L №	7.송하인 성명 Shipper Name 9.수하인 성명 Consignee Name 10.수하인전화번호 Phone No.	8. 송하인주소 Address 11. 수하인주소 Address 25.수하인우편번호 Zip Code	12. 품 명 Description 13. 규 격 standards	14.포장갯수 carton 15.수 량 piece 26.HS(2단위) HS Code	16.중 량 kgs 17.물품가격 (US$)	18.발송국 Origin 19.용도구분 (1:개인 2:회사)	20.거래코드 (A:전자상거래, C:일반) 21.전자상거래 사이트 주소 22.전자상거래업체 신고(인증)번호	23.화물운송 주선업자부호 24.세관기재란

297㎜×210㎜[일반용지 60g/㎡(재활용품)]

제 3 부

포워더(Forwarder) 응용업무와 부가업무

제12장

포워딩 관련 정보시스템

제1절 세관과 통관 관련 시스템

1 UNI-PASS

UNI-PASS는 대한민국 관세청의 전자통관시스템이다. 전자적인 방법으로 수출입통관은 물론 관세징수, 환급, 보세화물 관련된 신고 업무까지 동 시스템을 활용할 수 있다.

즉 본 시스템을 이용하면 관세청이나 세관과 관련된 모든 민원을 이곳에서 이용할 수 있다. 수출입업자 측면에서 활용가능성이 높은 서비스는 수출신고서, 수입신고서, 수입업자유통이력신고, 환급신청서, 보수작업신고서, 수입화물통관진행조회 등이라 할 수 있을 것이다. 대표적인 것으로서 수입신고의 경우 동시스템이 이용되기 전에는 관세사 등을 통해 수입신고를 행하는 것이 거의 유일한 방식이었으나 이제는 동 시스템을 활용하여 수입자는 관세사 등의 도움 없이 수입신고를 행할 수 있게 되었다. 또한 수입화물통관진행조회의 경우에는 국제운송된 화물의 운송서류 번호 또는 화물관리번호를 조회하면 동 화물의 입항에서부터 반입, 보세운송, 수입신고, 수리, 반출 등의 모든 프로세스들이 언제 누구에 의해 이루어졌는지를 한눈에 볼 수 있도록 해준다.

〈그림 12-1〉 UNIPASS 홈페이지

2 KT-net

KTNET은 한국무역협회의 100%출자로 설립된 한국무역정보통신으로서 전자무역촉진에 관한 법률에 따라 2007년에 전자무역기반사업자로 지정되어 전자무역의 인프라 구축을 실행하여 왔으며 현재 무역업체, 은행, 관세사, 선사, 보험사, 포워더, 보세장치장 등 9만7천여 고객과 무역유관기관을 연계한 620종에 달하는 G2B, B2B부문 수출입 문서를 전자화하는데 기여하고 있다.

〈그림 12-2〉 KTNET 홈페이지

KTNET은 산업통산자원부로부터 구매확인서 발급기관으로도 지정되어 있으며 관세청으로부터는 전자문서중계사업자로 지정 받았고 법무부로부터는 전자선하증권 등록기관, 미래창조과학부로부터 공인인증기관, 공인전자문서센터, 공인전자문서중계자로 지정 받아 7대 사업의 운영기관으로 활약하고 있다.

1) 외환, 요건확인

절차	내용
외환서비스	신용장 통지 및 개설, 대금결제 등 수출입에 필요한 대 은행 업무
전자수출환어음매입(e-nego)서비스	수출환어음 매입신청, 매입결과 통보, 신용장한도 관리 등
내국신용장	전자개설과 통지, 전자매입신청 관련 업무
전자민원, 요건확인	수입승인업무, 수입추천업무, 원산지증명 발급업무 등
구매확인서 통합정보서비스	구매확인서 전자발급, 유통, 조회, 자사정보관리 등
FTA원산지관리시스템	원산지 판정관리, 원산지증명서, 원산지확인서 발급, 유통, 보관, 컨설팅
기타	적하보험, 수출보험 서비스, 수출입 부대비용 전자수납 서비스

2) 물류, 통관

절차	내용
수출입 물류, 통관	수출입 물류, 통관 업무에서 발생하는 각종 표준화된 신고서식을 전자화하여 중계
적하목록취합시스템(MFCS)	Manifest Consolidation System, 항공사, 선사, 포워더가 제출한 적하목록을 항공기나 선박 단위로 취합하여 관세청에 제출
전자선하증권(e-B/L) 서비스	선하증권을 전자적으로 발행, 등록, 변경, 양수도 등 유통
수입화물인도(e-D/O) 서비스	화주가 화물을 인도받을 수 있도록 D/O 및 운송신청 서비스 제공
항공/해상 AMS	Automated Manifest System 사전적하목록신고를 시행하는 국가를 대상으로 적하목록정보 전송
항공승객정보서비스	항공GD, 항공APIS, 항공PNR, 항공APP, ACPS, 항공 MAPAS, 항공보건상태신고 등
기타	통관목록 제공, 육상 MFCS, 보세화물화재보험서비스, 물류 B2B 등

KTNET은 특히 포워더 등을 위해 eLogisframe 이라는 온라인상의 시스템을 통해 선사, 항공사, 포워더 등이 수출입 물류업무를 처리할 수 있도록 하고 있다. 이를 통해 제공되는 주요서비스는 다음과 같다.

〈표 12-1〉 KTNET 의 업종별 제공서비스

업종	MFCS	Web-EDI
항공사	• 적하목록 입력/조회/출력 • 입항/취합정보 조회 • 항공기 입출항 스케줄 • 세관 오류통보 조회	
선사	• 적하목록제출 • 하선신고 • 세관오류통보 • 보세운송차량조회	• 적하목록 입력/수정/삭제 • 적하목록 정정 • 하선신고, 입출항 보고 • AMS-선적정보 입력, AMS 제출
항공포워더	• 적하목록 조회 • 전송현황상태 조회 • 세관오류조회 • 배정현황조회	• 적하목록 입력/수정/삭제 • 적하목록 정정 • D/O발행 • AMS – 항공 AMS제출
해상포워더	• 적하목록 취합/제출현황 • 세관오류통보 • 은행 L/G • 보세운송차량조회	• 적하목록 입력/수정/삭제 • 적하목록 정정, 이적정보 • 양수도신고 • AMS-선적정보 입력,AMS 제출
항공보세운송	• 입항정보/적하목록/배정현황 조회 • 특별관리대상화물 조회	• 보세운송신고 • 보세운송 승인/정정 신청 • 사전분류요청
해상보세운송	• 적하목록 예정목록 조회 • 관리대상화물 조회 • 보세운송차량 조회	• 보세운송신고 • 보세운송 승인/정정 신청 • 사전분류요청 • 반출입계
항공보세창고	• 입항정보/적하목록/ 배정현황 조회 • 은행 D/O 조회	• 반입/반출 신고 • 반출입 신고 • 정정체화신고
해상보세창고	• 반입예정목록 • 조회하신 신고목록 • 조회하역내역조회 • 보세운송차량조회	• 반입/반출 신고 • 반출입신고 • 정정체화신고

출처 : KTNET 홈페이지

〈그림 12-2〉 KT-net eLogisFrame의 개념도

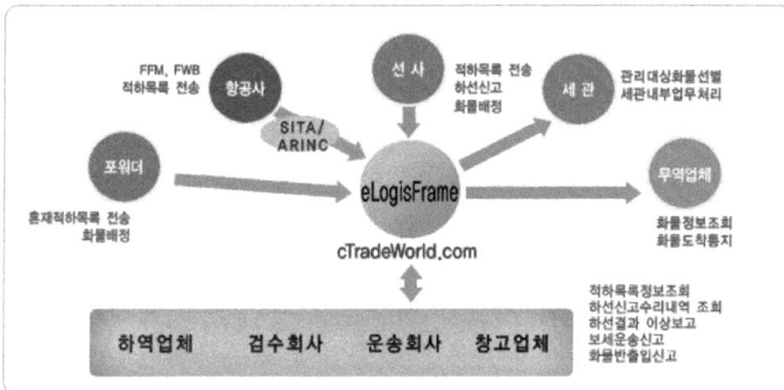

출처 : KTNET 홈페이지

3 KC-net

KCNET은 관세청의 자회사로서 전자문서중계/취합, 관세행정시스템 개발, 시스템 운영 및 유지보수, 전자통관시스템 해외 구축 및 현대화 컨설팅을 사업영역으로 하고 있으며 현재 ecPlatform 이라는 브랜드로 전자문서중계서비스를 제공하고 있다. 2011년 관세청에 의해 중계사업자로 지정되어 국제 물류관련 회사와 관세청 간의 전자문서 및 적하목록을 중계하는 사업자이다. 적하목록의 전송량과 관련해서는 KTNET을 추월하고 있다고 할 수 있다.

〈그림 12-3〉 KCNET 홈페이지

〈표 12-2〉 KCNET의 제공서비스

절차	MFCS
전자문서중계 서비스	• 수출입 물류업무 처리과정에서 처리되는 각종 신고서식을 EDI 또는 XML표준형식으로 전자화하여 선사, 항공사, 포워더 등 물류유관업체와 관세청 간 전자문서를 중계하는 서비스 • 적하목록 작성/조회/정정, 하기장소 신고, 이상보고서 등
적하목록취합 서비스	• 선사/항공사의 Master적하목록과 포워더의 House 적하목록 취합 후 세관제출 • 운송업계 간의 개별적 전산환경 구축문제 해결 • 국제항공망 연계를 통한 항공업계 표준문서인 IATA Cargo-IMP 문서 자동변환 • 무역업체에 수입화물 도착통지를 입항 전에 팩스 또는 이메일로 통지 • 보세구역이나 보세운송사 등이 반출입 및 보세운송신고 업무에 활용할 수 있도록 적하목록 정보를 제공
화물 C/S 정보서비스	• 관세청 수출 C/S시스템과 연계하여 적하목록정보를 통한 적재 전 검사 대상 여부를 확인하여 선사, 항공사, 조업사, 부두 CY에 대상여부 및 검사장소 통보

제2절 국제운송 관련 시스템

1 Traxon Korea

트랙슨은 1991년 주요 항공사들의 출자로 설립되어 현재 세계 80여개 항공사와 3천여개의 포워더를 연결하는 항공화물 정보네트워크이다. 트랙슨은 무서류화와 가시성확보(Visibility) 추세에 맞추어 IATA(국제항공운송협회)가 추진하고 있는 e-freight의 한국지역 우선사업자로 선정되어 있으며 정부가 구축한 항공물류정보시스템(AIRCIS)와의 연계된 서비스를 제공하고 있다. 기본적으로 Traxon은 항공사들의 업무의 표준화와 항공사들 정보에 접근하기 위한 단일창구로서의 역할을 위해 설립된 조직이라 할 수 있다.

Traxon에 가입한 포워더는 Traxon을 이용하여 항공사들의 실시간 스케쥴 조회, 예약, 화물추적 등을 할 수 있다.

그들이 제공하고 추진하는 서비스는 다음과 같다.

〈표 12-3〉 Traxon 제공 서비스

분류	제공서비스
e-cargo	• 11개 항공사의 온라인 예약이 제공되며, Master AWB을 기준으로 화물추적 등의 기능이 제공됨 • 인천, 김포공항을 통해 출도착하는 항공편에 대한 정보를 실시간 확인. • 인천 화물터미널 내 수출입 화물에 대한 조업정보 현황을 실시간으로 확인이 가능하다.
KDMP	• 항공사와 포워더간의 협력을 통해 Integrator들의 Door to Door 서비스에 대응하기 위한 것이다. • 화물을 포워더로부터 접수한 시점에서 화주에게 인도될 때까지의 운송 상황을 실시간으로 모니터링하고 사전 화물운송 계획과 상이할 경우 Alert를 발송한다. (가시성과 정시성의 제고) • 이러한 서비스를 위해 항공사 21개(대한항공, 아시아나 포함),와 포워더 10개업체 (ABX, DGF, Agility, K+N, Panalpina, Schenker, SDV, TNT, Trans-Trade, Yusen)가 Cargo2000(C2K)이란 모임을 형성하여 동 서비스의 안착을 위해 노력함
e-Freight	• 항공물류에서 처리되고 있는 물류프로세스 관련 종이서류의 전자화 지향 • Paper Free 대상은 Commercial Invoice, Packing List, Certificate of Origin, Export Goods Declaration, Import Goods Declaration, Master AWB, House AWB, House Manifest, Flight Manifest 등이다 • 다만 이러한 전자서류를 통관에도 이용하기 위해서는 세관의 지원 시스템이 필요하나 현재는 그 수준에 이르지 못하였고 현재 Master AWB과 Hosue AWB의 무서류화를 추진하고 있다.
e-Post	• 항공사와 각국 우정청 사이의 우편물류 화물에 대한 실시간 운송정보 교환 및 정보 공유지원 시스템 • 접수, 출발, 인계 단계별 운송 정보 교환
e-Manifest (AMS)	• 2004년 미국 CBP(국토안보부)에서 태러 방지 차원에서 실시된 적하목록 사전신고제도에서 시작된 것 • 실시국가 : 미국-AMS(Automated Manifest System), 유럽 - EU-ICS(Import Control System), 중국, 인도, 태국, 이집트, 터기, EU회원국가, 남아프리카공화국 등이다. • 미국행 항공화물은 도착 4시간 전까지 세관으로 Manifest 전송이 의무화되어 있으며 전송의무자는 Carrier와 Importer or Broker 이다. 이때 포워더는 항공사에 House AWB의 정보를 항공사에 제공할 의무가 있다.
e-AWB	• 항공화물의 Master AWB, House AWB를 전자문서로 대체하여 paperless를 구현하여 업무간소화와 경비 절감을 추진하기 위한 단위 프로젝트이다.
e-Visibility	• 항공화물에 대한 가시성 확보를 위해 IATA가 주관하여 항공사, 포워더 상호 운송정보 확보 차원의 Cargo2000등의 프로젝트를 진행함 • e-Visibility 서비스에 따른 기대효과. 항공물류주체간 정보격차 해소를 통한 항공물류 업무의 효율화, 실시간 화물추적정보제공을 통한 화주의 SCM지원, 항공물류 paperless 프로젝트 서비스 기반 마련

출처 : Traxon Korea 홈페이지

2 Aircis

〈그림 12-4〉 AIRCIS 홈페이지

〈표 12-4〉 AIRCIS 제공 서비스

<table>
<tr><th colspan="2">구분</th><th>주요서비스</th><th>연계대상</th></tr>
<tr><td rowspan="5">AIRCIS Web</td><td rowspan="4">e-Cargo</td><td>항공화물예약, 화물추적, 스케줄조회</td><td>항공사, 포워더</td></tr>
<tr><td>해외세관 적하목록 데이터(AMS) 전송 및 조회</td><td>항공사, 포워더</td></tr>
<tr><td>e-Freight 데이터 전송 및 조회
• e-AWB
• 수출적하목록 신고
• 수입적하목록 신고
• 화물접수증</td><td>항공사, 포워더</td></tr>
<tr><td>터미널조업정보 조회</td><td>포워더</td></tr>
<tr><td>부가서비스</td><td>• 항공물류 통계 데이터 조회
• 항공물류 자료(법규 등) 조회
• 자유무역지대(FTZ) 소개</td><td>물류관련업체</td></tr>
<tr><td colspan="2" rowspan="3">AIRCIS Link</td><td>항공화물예약</td><td>포워더, 항공사</td></tr>
<tr><td>e-Freight 데이터 전송</td><td>포워더, 항공사</td></tr>
<tr><td>화주 Visibility</td><td>화주</td></tr>
</table>

출처 : Aircis 홈페이지

항공물류 선진화 및 효율화를 위해 국토교통부에서 개발하여 인천국제공항공사에서 운영하고 있는 시스템이다. 이는 항공사, 터미널 조업사, 포워더, 운송사 등 항공물류주체들 간의 물류업무처리기능을 지원하고 항공물류정보서비스를 제공하는 One-stop 집중형 시스템으로서 인천공항에 취항하는 국내외 항공사의 화물예약, 화물추적, 스케줄 조회, e-Freight 서비스, 터미널 조업정보 조회 및 항공물류 커뮤니티를 형성하고 있다. 2015년 7월 기준으로 연계항공사는 60개 항공사, 592개 포워더가 등록되어 있다.

3 SP-IDC

〈그림 12-5〉 해운항만물류정보센터 홈페이지

해운항만물류정보센터(SP-IDC)는 해양수산부가 정책담당자와 물류주체들의 의사결정을 효율적으로 지원하기 위하여 항만이용자들이 신고하는 정보를 기반으로 작성되는 해운항만통계, 등록선박, 국제물류통계 등을 제공하고 있다.

Port-MIS(항만운영정보시스템, Port Management Information System)는 항만법에 따라 항만관리운영의 효율화를 도모하고 항만의 과학적 관리를 위한 정책결정을 지원하며 항만이용자에게 편의를 제공하기 위하여 설치, 운영하는 종합 전산처리시스템을 의미하여 전국의 31개 무역항의 선박입출항, 화물관리, 항만운영관리와 관련된 신고와 조회를 동시스템을 이용하여 EDI방식으로 처리하고 있다. 동시스템은 해양수산부 등의 수출입 관련 정부기관, 항만공사와 선사, 대리점, 도선업, 예선업, 부두운영회사(TOC) 등과 연결된 시스템이다. 개발은 물류정보통신(KL-net)에 의해 개발되어 중계가 이루어지고 있다. 동 시스템의 기능 중에서 중요한 기능을 소개하면 선박입출항신고, 선원명부, 선박제원신고, 관제정보조회, 예/도선 신청, 항만시설사용신청, 항만시설사용신고, 화물반출입신고, 위험물반입신고 등의 기능이 있다.

〈그림 12-6〉 해운항만물류정보센터 제공 서비스 개념도

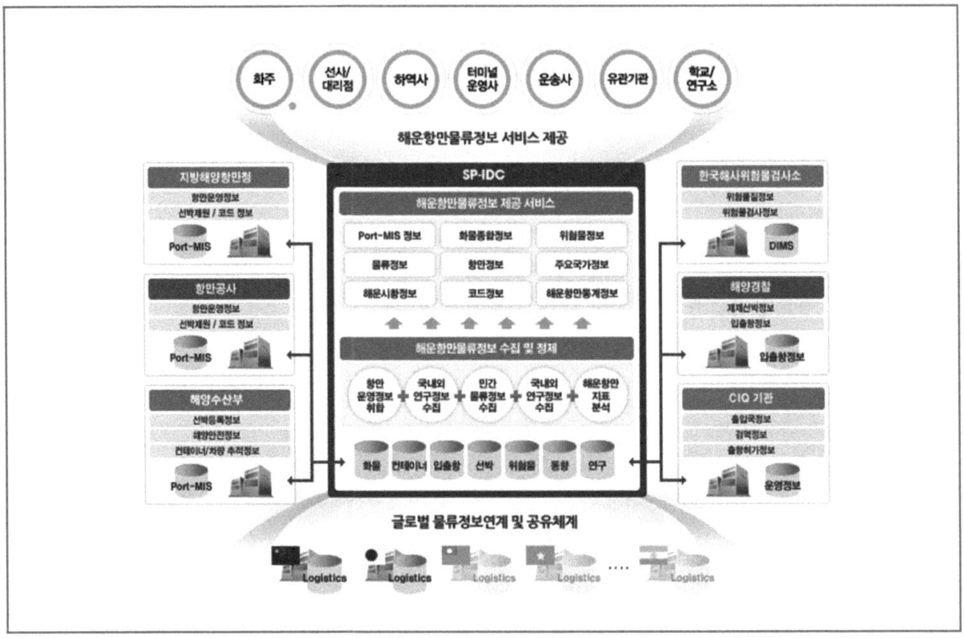

〈표 12-5〉 해운항만물류정보센터 제공 주요 서비스

분류	제공서비스
해운항만통계	• Port-Mis를 기초로 해운항만 관련 통계정보를 제공 • 화물반출입, 컨테이너반출입, 선박입출항, 등록선박 등의 통계 등
국제물류	• 동북아 물류중심 전략지원을 위한 해운, 항만, 물류관련 주요 업체 현황 및 주요 국가 정보 제공 • 국적선사, 정기선사, 벌크선사, 국내물류기업, 글로벌물류기업, 글로벌터미널업체, 해외항만배후부지, 주요 항만현황, 주요국 현황 등
정책동향	• 정책동향 민간 및 정부의 정책결정에 활용 가능한 기초자료 제공 • 해운항만동향 자료, 수출입화물 기종점 자료, 컨테이너 터미널 물동량 및 운영현황 자료, 일반부두 물동량 및 운영현황 자료 등
항만이용정보	• 지방청 및 항만공사에서 운영되는 Port-Mis에서 발생한 항만이용정보 및 컨테이너전용터미널 운영정보 제공 • 선박입출항정보, 화물반출입정보, 항만시설 사용료안내, 컨테이너화물정보, 위험물 정보 등
정보마당	• 해운항만 업무 관련 부가정보 제공 • 선박 및 장비소개, 해운항만 물류용어 정보, 볍령정보 등

출처 : 해운항만물류정보센터 홈페이지

4 항공사와 선사의 예약시스템

포워더는 화주로부터 인수한 화물에 대해 항공사와 선사에 예약을 하게 되는데 이때 주로 항공사와 선사의 인터넷상의 예약시스템을 이용하게 된다.

1) 항공사 예약시스템

일반적으로 항공사는 자사의 홈페이지에서 항공편의 스케줄, 화물추적, 화물예약 등을 할 수 있는 기능을 제공하고 있으며 포워더가 따로 예약을 위한 전용프로그램(Traxon)을 갖추지 않은 경우에는 이를 이용하여 운송화물의 예약을 진행하게 된다. 예약을 위해서는 화물의 출발지, 도착지 등을 입력하여 예약을 하게 된다. 다만 운송서류(Master AWB)는 포워더가 직접 발행하기 때문에 동 프로그램에서는 AWB발행을 위한 기능을 제공하지는 않는다.

〈그림 12-7〉 아시아나항공 예약시스템

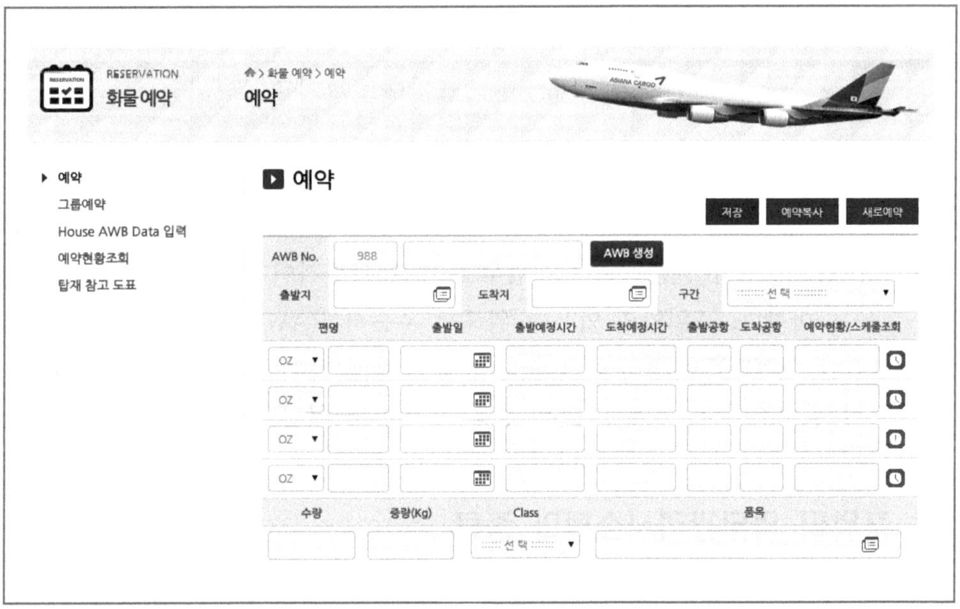

2) 선사의 홈페이지

선사의 홈페이지도 정기선편의 스케줄과 예약을 위한 기능과 S/R을 작성하는 기능을 제공한다. 일반적으로 포워더들은 이 기능을 활용하여 예약을 하게 된다.

〈그림 12-8〉 PAN Ocean의 예약시스템

제3절 포워더 업무관리시스템

1 포워더 업무관리시스템의 개요

포워더 업무관리시스템은 포워딩 업무를 위해 필수적인 기능이 탑재되어 있는 시스템을 의미한다. 포워더의 업무를 위해서 운송서류(AWB, B/L)를 발급하는 기능과 고객과 해외파트너 등과의 정산 그리고 세관에 적하목록 등의 각종 EDI전송 기능 등이 필수적이다. 이에 더불어 각종 회계관리, 실적관리 기능도 있다.

2 포워더 업무관리시스템의 종류

포워더 업무관리 시스템의 사용에 대하여 업체마다 서로 다른 조건 하에서 이용되고 있다고 할 수 있다. 즉 외국계 포워더의 경우에는 전세계 지점에서 통일된 프로그램을 사용하게 되는데 이 경우 화물의 추적과 지점 간의 정산 등에 대해서는 높은 수준을 가지고 있으나 국내의 적하목록 EDI전송 기능 및 회계 관련된 부문에 있어서 타국에 비해 상이한 부분이 있어 이에 대해서는 국내화된 다른 프로그램을 이용하는 경우도 많다.

국내 대형업체의 경우에는 자체 개발한 프로그램을 활용하여 상기에서 언급된 기능에 부가하여 자사만의 특수한 부분까지 동 시스템에 반영을 하게 되며 특히 최근 화주사들이 시스템 인터페이스를 요구하는 경우가 많이 있어 동 기능을 가미하여 고객사들과 정보를 공유하기 위한 노력도 진행되고 있다.

한편 중소규모의 포워더들의 경우에는 기존에 개발되어 있는 프로그램을 사용하는 경우가 많다. 최초 동 프로그램들은 EDI를 전송하고 운송서류를 발급할 수 있는 기능만이 탑재되었으나 포워디사들의 요구에 맞추어 다양한 기능을 가진 프로그램을 개발하여 회원사들이 이용을 하고 있다. 현재 포워더사들이 많이 이용하고 있는 프로그램은 유한테크노스사의 ufms, 카코클럽사의 Power-Logis, 한국비즈넷사의 win-SABIS 등이다. 특히 유한테크노스사의 경우에는 포워더들이 점차 보세화물창고 등을 겸업하는 경우가 많아 창고관리시스템, 운송관리시스템, 특송관리시스템 등을 개발하여 고객사들의 다양한 요구에 대응하고 있다.

3 포워더 업무관리시스템의 기능

포워더 업무관리시스템의 경우 업체별로 큰 치이는 없다고 할 수 있으며 그 기능 중 중요한 기능을 살펴보면 다음과 같다.

1) AWB과 B/L의 발행기능

포워더의 업무에서 가장 중요한 서류는 항공화물운송장과 선하증권이라 할 것이다. 예전에는 동 서류를 타자기를 이용하여 발행하였으나 현재 활용되고 있는 포워더 업무관리시스템의 경우에는 운송서류를 발행하는 기능이 반드시 탑재되어 있다.

2) 각종 서류생성 기능

국제운송 과정에서 필요한 각종 서류 즉 상업송장, 포장명세서, 선적의뢰서, 적하목록, 각종 정산서 및 신고서 양식 등을 생성할 수 있는 기능을 보유하고 있다.

3) EDI 전송 기능

포워더는 세관에 적하목록을 전송하거나 이를 정정하기 위해 EDI를 전송하여야 하는 바 이 기능은 포워더 업무 프로그램에서 가장 핵심 기능 중 하나이다.

4) 정산기능(해외정산, 선사, 항공사, 화주와의 국내정산)

포워더는 국내에서는 협력사들(항공사, 선사, 운송사, 관세사 등)에 대해서는 지출이 발생하고 화주에 대해서는 청구가 발생하며 해외파트너와는 Credit / Debit 정산이 일어나게 되는데 이 과정에서 동 시스템을 활용하게 된다.

5) 회계관리 기능

회계 기장업무, 세금계산서 발급업무, 신고할 재무제표 등의 작성 등을 해당 시스템을 활용할 수 있다.

6) 각종 실적관리 기능

기본 판매 및 지출 데이터를 활용하여 고객사별 실적, 협력사별 지출 내역 등 다양한 실적을 확인하여 합리적인 의사결정에 도움을 준다고 할 것이다.

〈그림 12-9〉 포워더 업무관리 시스템의 메뉴구성

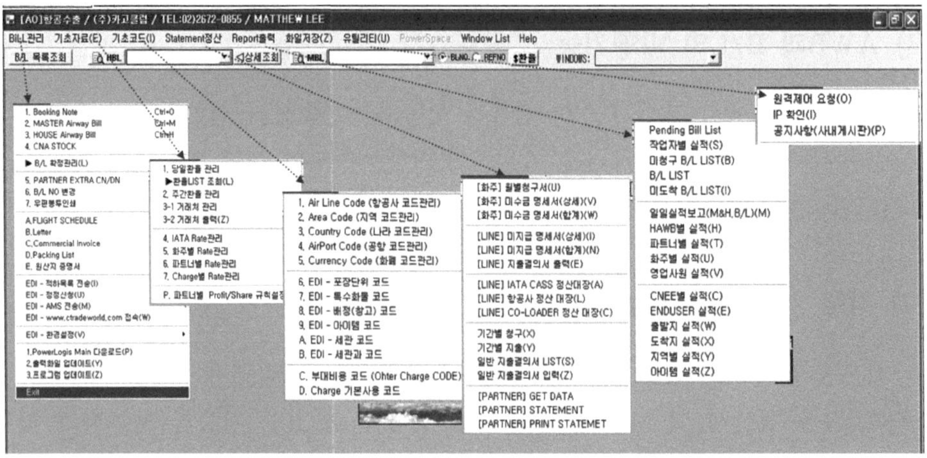

제13장

포워더의 협력사 활용

포워더는 수출입 과정에서 화주에게 제공하는 서비스 가운데 국제운송이 가장 주된 업무라고 할 수 있으나 근래에 화주들은 포워더에게 보다 다양한 서비스(보세창고, 운송, 3자물류, 통관 관련업무 등)를 추가하여 국제물류와 관련된 단일창구(Single Window)의 역할을 해 줄 것을 요구하고 있다. 이에 포워더는 일부 업무에 대해서는 내부화(보세창고와 3자 물류 등)를 통해 적극적으로 대응하는 경우도 있으나 일반적으로 각 업종의 대표기업들과 협력하여 서비스를 제공하고 있다. 이에 화주사들이 포워더에게 요구하는 업무인 보세창고 업무, 보세운송과 일반운송 업무, 관세사 업무, 3자물류 입무 등에 대해 각 업무의 특성과 협력사의 활용에 대해 살펴보면 다음과 같다.

제1절 보세창고 관련 업무

1 보세창고의 의미

1) 보세창고의 의의

보세창고는 수출입 및 반송 등 통관을 하고자 하는 외국물품을 장치하는 곳으로서 세관장이 지정(지정장치장)하거나 특허(특허보세창고)한 장소이다. 보세창고에는 영업용과 자가용이 있는데 영업용 보세창고란 수출입화물을 보관하는 것을 업으로 하는 설영인의 특허보세구역을 말하며 자가용 보세창고란 설영인이 소유하거나 사용하는 자가화물 또는 운송인(화물운송주선업자)이 취급하는 화물을 보관하기 위한 특허보세구역이다.[1)] 수입된 화물이 수입통관을 하기 위해서는 우선 보세창고에 반입이 되어져 있어야 한다. 그리고 보세창고의 물품장치기간은 물품을 반입한 날로부터 6개월이며, 세관장이 특별한 사유가 있다고 인정 할 때에는 화주의 신청에 의하여 6개월의 범위 내에서 그 기간을 연장할 수 있다.

2) 보세창고의 배정

창고배정은 포워더가 적하목록을 세관에 EDI 전송 시에 화물의 수입자가 어느 보세창고에서 통관을 원하는 가에 따라 해당 창고의 코드를 입력하여 세관에 전송하는 것을 의미한다. 이때 물건이 입항되면 배정된 창고까지 하기 또는 보세운송되고 배정된 창고에서 통관이 이루어진다. 일반적으로 수입자가 배정을 원하는 창고를 특정하지 않는 경우에는 입항된 화물을 취급하는 항공사의 터미널에서 배정된다.

항공운송의 경우 인천공항의 대표적인 창고들의 코드를 나열하면 다음과 같다. "T"는 창고를 배정하지 않고 화물의 입항 후에 타 보세창고로 보세운송을 해 갈 물품을 의미하는 현도화물이다.

〈표 13-1〉 주요창고의 장치장코드와 관리부호

업체명	관리부호	장치장코드	항공사
아스공항 1	04077001	OL	SQ, SU, AI, BR, QR, OX, 9I, B7, IR, IJ, MF, H8, SC, LH
아스공항 2	04077002	DG	
한국공항 1	04077006	AL	
대한항공	04077003	KL KL/C 보내창고 KL/F 냉동창고 KL/W 보온창고	
아시아나	04077007	OZ OZ/A 무기창고 OZ/C 냉장창고 OZ/F 냉동창고 OZ/V 귀중품보관창고	OZ

업체명	관리부호	장치장코드	항공사
스위스포트	04077011	SI	CX, PR, EY, TK
인천항공화물터미널A (남측창고)	04077004	FK	
인천항공화물터미널B (북측창고)	04077005	FO	
페덱스	07077008	FX	
UPS	04077009	UX	
DIL	04077010	DII	
관우회	04002549	IC	
에이에이씨티(유한)	04077023	AT	HX

3) 보수작업

보세구역에 장치된 물품은 그 현상을 유지하기 위하여 필요한 보수작업과 그 성질을 변하지 아니하게 하는 범위에서 포장을 바꾸거나 구분, 분할, 합병, 그 밖의

1) 특허보세구역고시 제2조

비슷한 보수작업을 할 수 있다. 이 경우 보세구역에서의 보수작업이 곤란하다고 세관장이 인정할 때에는 기간과 장소를 지정 받아 보세구역 밖에서 보수작업을 할 수 있다.

보수작업 대상은 다음과 같다.

- 보세구역에 장치된 물품이 운송도중에 파손되거나 변질되어 시급한 보수가 필요한 경우
- 보세구역에 장치된 물품의 통관을 위하여 개장, 분할, 구분, 합병, 원산지표시, 그 밖에 이와 유사한 작업을 하려는 경우
- 중계무역 물품으로서 수출을 위하여 제품검사, 선별, 기능보완 등 이와 유사한 작업이 필요한 경우

또한 보수작업의 한계는 보수작업[2]을 통해 관세율표의 HSK 10단위의 변화를 가져와서는 안 된다. 다만, 수출이나 반송 과정에서 부패·변질의 우려가 있는 경우 등 세관장이 타당하다고 인정하는 경우에는 그러하지 아니하다. 일반적인 보수작업의 내용은 다음과 같다.

- 물품의 보존을 위해 필요한 작업(부패, 손상 등을 방지하기 위한 보존 작업 등)
- 물품의 상품성 향상을 위한 개수작업(포장개선, 라벨표시, 단순절단 등)
- 선적을 위한 준비작업(선별, 분류, 용기변경 등)
- 단순한 조립작업(간단한 세팅, 완제품의 특성을 가진 구성요소의 조립 등)

보수작업을 하려는 자는 세관장의 승인을 받아야 한다. 보수작업의 승인을 얻은 자는 보수작업을 완료한 때에는 완료에 대한 보고서를 제출하고 그 확인을 받아야 한다.

대표적인 보수작업의 사례는 첫째 해외에서 수입된 화물은 서류와 실물의 대조 후 이상이 없는 경우 해당 보세창고에 반입을 잡는다. 그러나 이상점이 발견된 경우에는 화물은 반입이 되지 못하고 보류상태에 놓이게 된다. 이때 화물의 서류와 실물상의 일치를 가져오는 과정에서 보수작업을 요하는 경우가 있다. 둘째 BWT (보세창고도거래)의 경우 들어온 상태 그대로 거래되는 경우도 있으나 입고된 화물

---

2) 보세화물관리에 관한 고시 제22조

을 분리하여 거래 후 출고되는 경우가 있는데 이때 B/L의 분할을 위해서는 실제화물의 분할 또한 요구되므로 보수작업을 통해 화물의 실제 개수와 분할된 B/L의 개수를 일치시킨다.[3)]

4) 관리대상화물

(1) 관리대상화물 종류

관리대상화물이라 함은 세관장이 지정한 보세구역 등에서 감시, 단속 등의 목적으로 장치하거나 검사 등을 실시하는 화물로서 다음의 어느 하나에 해당하는 물품을 말한다.[4)]

- 검사대상물품 : 운항선사 등으로부터 적하목록을 제출받은 세관장이 이를 심사하여 선별기준에 따라 선별한 검색기검사화물 및 즉시검사화물
- 특송물품 : 특송업체가 우리나라에 반입하는 물품
- 이사물품 등 : 이사물품, 준이사물품 및 단기체류용물품
- 유치물품 등 : 유치물품 및 예치물품
- 보세판매용물품 : 보세판매장 판매용 물품인 외국물품

(2) 검사대상화물의 선별

관리대상화물은 외국무역선(기) 등의 입항 전에 제출되는 적하목록을 바탕으로 전산에 의해 우범화물을 선별하고 이후 세관원들이 분석정보를 기반으로 추가적으로 우범화물을 선별하여 보관장소 및 운송을 통제하거나 검사 등을 하게 된다. 이의 선별기준은 <표 13-2>와 같다.

이중 검색기검사화물[5)]로 선별하여 검사하는 화물은 ① 총기류, 도검류 등 위해물품을 은닉할 가능성이 있는 화물 ② 물품 특성상 내부에 밀수품을 은닉할 가능성이 있는 화물 ③ 실제와 다른 품명으로 수입할 가능성이 있는 화물 ④ 그 밖에 세관장이 검색기검사가 필요하다고 인정하는 화물 ⑤ 수량/중량 차이의 가능성이 있는 화물이며 또한 즉시검사화물[6)]로 선별하는 화물은 ① 실제와 다른 품명으로

---

3) 이때 보수작업과는 별개로 B/L을 분할 또는 합병신고서를 전자문서로 제출하여 세관장의 승인을 받아야 한다.
4) 관리대상화물 관리에 관한 고시 제2조 제1항 참조
5) 선별한 검사화물 중 검색기(X-ray 등)로 검사하는 대상화물
6) 검색기를 이용않고 즉시 정밀검사의 대상인 화물로서 개장하여 정밀한 검사를 행하는 화물

수입할 가능성이 있는 화물로서 LCL컨테이너화물 등 검색기 검사로 우범성 판단이 곤란한 화물 ② 수량/중량의 차이의 가능성이 있는 화물 ③ 반송 후 재수입되는 컨테이너 화물 ④ 그 밖에 세관장이 즉시검사가 필요하다고 인정하는 화물이다.

〈표 13-2〉 관리대상화물 선별기준

	대상화물
전산선별	• 최근 3년간 주요 적발률(조사의뢰, 보수작업)이 많은 수입자, 송하인, 포워더가 취급하는 물품에 대해 전산시스템에 의해 자동선별 • 수입자, 포워더, 송하인, 운송사, 품명, 적재항, 포장종류, 특수화물, 적하목록제출일시 등을 고려 우범도를 등급화 하여 선별 • 최초수입업체 및 적하목록상 사업자번호 미기재 화물 • 무작위 선별
담당자선별	• 전산에 의해 선별되지 않은 화물을 대상 • 송수하인의 업종과 품명의 연관성 부족, 품명위장, 타물품 혼입밀수 우려 물품, 송수하인 및 주소 부실기재, 입항전 적하목록 미제출, 수량, 중량 과부족 우려 물품, 기타 우범정보 관련 물품
고위험 화물에 대한 선별	• 테러, 마약류, 원산지 조작 등 고위험 화물 선별기준으로서 테러우범국가에서 반입되는 총기류, 화약 등 화공약품 등에 대한 선별, • 마약우범국가 및 중계무역항을 출항한 항공편의 반입화물 중 소형의 생활필수품에 대해 선별 • 기타 원산지, 상표권 등 불법, 부정 무역 대상물품으로서 저개발 국가 및 위조품 생산이 많은 나라에서 반입되는 유명상표 의류 및 신변용품 등 소비재 • 적하목록을 빈번하게 정정한 업체

출처 : 김병수, 「보세관리론」, 에듀피디, 2015.

(3) 검사대상화물의 해제

검사대상의 해제와 관련하여 세관장은 검사대상화물을 검사한 결과 적하목록 정정, 보수작업 대상 등 해당 조치사항이 완료된 경우 검사대상화물 지정을 해제할 수 있다. 또한 다음의 화물의 경우에는 검사와 상관없이 검사대상의 해제를 신청할 수 있다.[7)]

• 원자재(수출, 내수용 포함) 및 시설재인 경우
• 보세공장, 보세건설장, 보세전시장, 보세판매장에 반입하는 물품인 경우
• 학술연구용 실험기자재이거나 실험용품인 경우
• 그 밖에 세관장이 상기 3가지에 준하는 사유가 있다고 인정하는 경우

7) 관리대상화물 관리에 관한 고시 제13조

다음은 세관장의 직권해제 대상이다.

- 등록사유(검사착안사항)와 관련 없는 물품
- 종합인증우수업체(수입업체)가 수입하는 물품
- 국가(지방자치단체)가 수입하는 물품 또는 SOFA 관련 물품
- 이사물품 등 제11조에 따라 해당 고시에서 정하는 검사절차·검사방법에 따라서 처리되는 물품
- 그 밖에 세관장이 우범성이 없거나 검사의 실익이 적다고 판단되는 화물

검사대상화물의 하선(기) 장소와 관련하여 검색기검사화물의 하선장소는 선사가 지정한 장소로 하며, 검색기 검사를 마치지 않고서는 하선장소에 반입할 수 없다.[8] 다만, 세관장이 검색기 검사결과 이상이 있는 것으로 판단한 화물로서 정밀검사가 필요하다고 인정하는 때와 즉시검사화물 대상인 경우에는 세관장이 지정한 장소를 하선장소로 하는데 일반적으로 세관지정 장치장, 세관지정 보세창고를 이용한다. 다만 검사대상화물이 위험물품 등의 특수보관을 요하는 경우에는 해당 화물을 위한 보관시설이 구비된 장소로 한다.

(라) 수입물품 검사대상 선별제도

수입물품선별시스템(C/S시스템)이란 수입신고된 물품 중 현품검사대상, 서류제출대상, 일괄심사대상, 전자통관심사대상(이하 검사대상등)을 선별하고, 품목별 검사지침을 운용하며 검사, 심사결과를 등록, 처리하는 시스템을 말한다.

아래는 검사생략대상에서 검사대상으로 변경되는 경우인데 이를 통해 어떤 물품이 검사대상으로 분류되는지 참조할 수 있을 것이다.

- 신고된 품명·규격이 해당 세번과 일치하지 않거나 신고된 품명·규격만으로는 정확한 품목분류, 수입요건 해당여부 확인이 불가능한 경우
- 수입자, 공급자의 주소가 사서함, 호텔 주소 등으로 불명확한 경우
- 정확한 품목분류를 위하여 분석이 필요한 경우
- 수입신고된 물품 이외의 타 물품 은닉여부를 확인할 필요가 있는 경우
- 수량 및 중량을 확인하여야 할 필요가 있는 경우

---

8) 보세화물입출항 하선 하기 및 적재에 관한 고시에 따르면 세관장이 검사대상화물로 선별하여 반입지시서가 발부된 물품은 세관장이 지정한 장치장을 하기장소로 하여야 한다(제28조).

- 신고서와 첨부서류가 일치하지 아니하여 신고사항의 정확성을 확인하기 위하여 검사가 필요한 경우
- 원산지표시의 적정성 여부 및 지적재산권 침해 여부를 확인하여야 할 필요가 있는 경우
- 사전세액심사를 위하여 검사가 필요한 경우
- 타 부서에서 검사를 실시하여 이상을 적발한 물품 중 통관단계에서 적정한 조치를 취하기 위하여 검사가 필요한 경우
- 내륙지 소재 세관에 해당세관 관할내 소재하지 않은 업체가 수입신고하는 경우
- 재수입(출) 면세대상물품의 여부를 확인하여야 할 필요가 있는 경우
- 신고된 품목에 비하여 중량이 현저히 차이가 나는 경우
- 기타, 밀수입 등 부정무역에 대한 우범성이 있다고 판단되는 경우

다음 표는 관리대상화물 제도와 수입물품 검사제도 간의 차이점을 비교한 것이다.

〈표 13-3〉 관리대상화물 제도와 수입검사제도 차이점

	관리대상 화물 검사	수입물품 검사 대상
목적	• 안보위해물품, 직접밀수 반입 방지 및 안전관리 • 마약류, 총기, 금지품 등 위해물품 반입 차단 • 품명위장 등 직접밀수 적발 • 위험물, 검역물 등의 적정 관리	• 조세채권 확보 및 무역질서 유지 • 세관장 확인사항 • 원산지, 상표권 위반 등 • 과세가격 적정성 검토
검사시기	• 하역과 동시	• 수입신고 이후
선별방법	• 전산에 의한 선별 및 담당자에 의한 수작입 선별(80%)	• 원칙적으로 전산에 의한 자동 선별
관리방법	• 집중장치, 보세운송 제한, 원칙적으로 전량검사	• 원칙적으로 발췌검사

출처 : 김병수(2015)

2 보세창고 특허를 위한 조건

영업용보세창고 특허를 득하기 위해서는 설영인은 관할 세관장에 신청서를 제출하며, 관할세관장은 자신을 위원장으로 하는 특허심사위원회의 심사를 거쳐 10년

이내의 기간에서 특허를 하게 된다. 영업용보세창고로 특허를 득하기 위해서는 보세창고가 다음과 같은 요건을 충족하여야 한다.[9)]

① 지붕이 있고 주위에 벽을 가진 지상건축물로서 고내면적이 1000평방미터이상이어야 한다.
② 컨테이너 트레일러가 주차하고 회차하기에 충분한 부지가 있어야 한다.
③ 건물은 철근 콘크리트, 시멘트, 벽돌 등 내화성 및 방화성이 있고 외부로부터 침입이 어려운 강도를 가진 재료로 구축되어야 한다.
④ 건물의 용도가 건축법상 보관하려는 보세화물의 보관에 적합하여야 한다.
⑤ 건물의 바닥은 지면보다 높아야 한다.
⑥ 건물의 청정과 출입문의 높이는 화물을 적재한 차량이 출입할 수 있거나 화물을 상차, 하차하기에 편리한 구조를 갖추어야 하며 출하장에는 차양을 설치해야 한다.
⑦ 해당 건물과 건물의 주변 및 건물 이외의 하치장에 침수방지를 위한 배수구 또는 배수펌프 등 적정시설이 설치되어 있어야 한다.
⑧ 외부침입 방지를 위해 담벽이나 철조망 및 조명을 설치하여야 하며, 상시 녹화 및 기록보관이 가능한 감시장비를 갖추어야 한다.
⑨ 해당 창고시설을 임차하고 있는 경우, 신청일 현재 잔여 임차기간이 중장기적 사업계획을 추진할 수 있을 만큼 충분하여야 한다.
⑩ 장치한 물품의 종류에 따라 관계 법령에 규정된 시설요건 또는 세관장이 필요하다고 인정되는 시설을 하여야 한다. 다만, 집단화지역 내(자유무역지역 등)에서는 상기 기준을 일부 완화할 수 있다.

3 보세창고의 종류

보세창고는 보관되는 화물의 소유를 기준으로 영업용 보세창고와 자가용 보세창고로 분류될 수 있으며 영업용 보세창고에는 일반보세창고와 특수보세창고로 나눌 수 있다. 특수보세창고는 다음과 같다.

① 컨테이너전용보세창고 : 컨테이너를 보관하고, 컨테이너에 화물을 적입 또는

9) 특허보세구역고시 제10조

인출하여 통관절차를 이행할 수 있는 특허보세구역을 말한다.

② 야적전용보세창고 : 철재, 동판, 시멘트 제품이나 그 밖의 광물과 석재, 목재 등의 물품과 노천에서 보관하여도 상품가치가 크게 저하되지 않는 물품을 보관하는 특허보세구역을 말한다.

③ 복합물류 보세창고 : 국제물류 촉진기능을 수행하기 위하여 외국물품 등을 보관하는 시설과 관세법 158조 보수작업(재포장, 분할/합병 작업 등)을 상시적으로 수행하는 데 필요한 시설을 갖춘 특허보세구역

4 보세창고 이용요율

해외에서 입항 후 수입화물은 통관이 완료되기 전까지는 보세구역에 있어야 하며 보세구역에 반입이 잡힌 후에 수입신고를 하는 것이 일반적이다. 영업용 보세창고 운영인은 보세물품에 대해 창고료와 화재보험료를 징수하는데 반드시 보세창고 요율을 공지하여야 한다. 아래는 해상운송된 수입화물들의 통관을 주로하는 양산지역의 영업용 보세창고료율이며 또한 그 아래에는 수입된 항공화물 통관을 주로하는 인천공항의 한 터미널의 보세창고료율이다.

1) 양산지역 S 업체의 창고보관요율

보관일수	종가료 상한선		종량료 상한선		작업료 (상차료)
	기본료	할증료	기본료	할증료	
1일	4.9원		8,000원		4,654원 (부산항 항만요율표 적용)
2-7일	3.7원	1.2원	10,000원	3,000원	
8-15일	3.7원	1.0원	10,000원	2,500원	
16-30일	3.7원	0.8원	10,000원	2,000원	
31일 이상	3.7원	0.6원	10,000원	1,500원	
※ 종가료는 감가 1,000원 당 요율, 종량료 및 작업료는 1CBM 기준					

* 2015년 8월 기준

2) 인천국제공항 한국공항의 창고보관요율[10)]

(1) 수입화물 중 통관화물

기간	종가율		종량율		최저요율
	기본료	할증료	기본료	할증료	
4일 이내	1.2/1000	0.32/1000	32	40	H/AWB 건당 12,000
5일 이상	1.0/1000	0.30/1000	30	30	

- 특수화물, 귀중품, 위험품, 검역특수화물, 보온/보냉/냉동물품, 생동물 : 수입화물 요율의 50% 할증(감가 미표시 화물 : 기본료 54원/kg, 할증료 6원/kg + THC)
- Free Time 적용: 보세구역 반입시점부터 24시간 이내 출고시 THC만 부과
- Free Time 미적용 화물 : 위험품, 특송화물, 검역화물, 귀중화물
- Gold Bar ＄1,200/kg이며 24hr 이후 출고시 수입요율 적용하되 종가율은 70% 할인

(2) 수입화물의 현도화물 창고료와 통관화물의 THC(터미널 취급수수료 or 작업료)

구분	요율	비고
현도화물	기본료 2,700원 + kg당 45원	현도화물은 통관 않고 24시간 내 출고되는 화물이므로 보관료 없음
통관화물 THC	기본료 2,700원 + kg당 54원	
특수화물 (창고 및 현도)	기본료 2,700원 + kg당 79원	

(3) 수입화물의 기타 부대요율

구분	요율	비고
보류해제화물	(일수 × 5원(할증) + 기본료 25원) × 중량(kg)	72시간 무료
보수작업지원료	기본료 30,000원 (휴일 40,000원), 할증료 5,000원/hr	1시간 미만의 경우 기본료만 징수
유해(HUM)	150,000원/건	
검역대행	20,000원/건	
방문자인솔	20,000원/건	
BUC/P 반출할인	THC kg당 요율 20% 할인	하기 운송화물 중 No-breakdown ULD단위 출고 화물

10) 한국공항 홈페이지(www.kas.co.kr) 참조(2015년 8월 기준)

(4) 수출화물의 창고료율

구분	48~72시간 보관	72시간 이후	비고
요율	종가보관료 + 종량보관료	종가보관료 + 종량보관료 + THC	48시간 이전 기적 물품 보관료 면제
	(단, 수입화물 요율의 50% 적용)		
최저요율	M/AWB건당 12,000원		

(5) 수출화물의 기타 부대 요율

구분	요율
보온/보냉/냉동화물 가입고료	보관료((일수 × 6원(할증) + 54원) × 중량(kg)) + THC(기본료 2,700원 + kg당 79원 × 중량(kg))
방문자 인솔	20,000/건
반입취하/신고취하, 이고물품	기본료 2,700원 + kg당 54원
• ULD 적재작업 종료 후 반입 취하, 신고취하, 이고물품에 대해서는 50%할증 (단, 항공사 사유로 인한 경우에는 할증 없음)	

3) 창고료의 계산

창고료는 일반적으로 종가료와 종량료 그리고 터미널 취급수수료(또는 작업료, 상하차료 등으로 칭하기도 한다)로 구성되며 종가료는 화물의 가치와 보관일수를 기준으로 요금이 산출되고 종량료는 화물의 중량과 보관일수를 기준으로 그리고 터미널 취급수수료는 화물의 중량을 기준으로 요금이 책정되게 된다. 그 일반적인 계산식은 다음과 같다.

구분	요율		비고
종가보관료	종가율 × 감정가격	• 종가율 = (1일할증료 × 보관일수) + 기본료 • 감정가격 = 과세가격+관세	※ 보관일수는 반출입-반입일이며 첫 24시간은 보관료가 부가되지 않음(Free time)
종량보관료	종량율 × 중량(kg)	• 종량율 = (1일할증료 × 보관일수) + 기본료 • 중량 = 화물의 Gross Weight	
THC	• 기본료 + (중량 × kg당 요율)		※ Free time 없음

제2절 관세사 관련 업무

1 관세사의 업무

1) 관세사제도

관세사제도는 관세납부자의 편의와 통관 절차의 능률을 증진하기 위한 목적으로 확립된 제도이며 관세사를 선발하기 위해 국가전문자격인 관세사시험을 통해 관세사를 선발하고 있다. 관세사의 자격이 있는 사람이 관세사의 직무를 시작하고자 하는 경우에는 관세사회장에게 등록하고 관세사회장을 경유하여 관할지 세관장에게 개업신고서를 제출하여야 한다.[11] 직무를 수행하기 위해서는 관세청장에게 등록하여야 한다. 관세사는 개인사업자형 관세사도 있으나 보다 전문화를 추구하기 위한 "관세법인"과 타 물류 업종에서도 통관업무를 수행을 가능하게 하기 위한 "통관취급법인"도 있다.

관세법인은 관세사 업무를 조직적, 전문적으로 수행하고 공신력을 높이기 위하여 관세법인을 설립할 수 있는데 5명 이상의 관세사를 두고 자본금은 2억원 이상이어야 하며 관세사회장을 경유하여 관세청장에게 등록하여야 한다. 통관취급법인은 운송, 보관 또는 하역을 업으로 하는 법인 또는 이들의 법인이 자본금의 50% 이상을 출자하여 설립한 법인, 물류정책기본법에 따라 종합물류기업 중 대통령령으로 정하는 기업은 통관업을 할 수 있다. 다만 통관취급법인은 통관취급법인 또는 출자한 법인이 다른 사람으로부터 운송 등을 위탁받은 물품에 대해서만 통관업무를 수행할 수 있다. 예컨대 보세창고업자인 통관취급법인은 자사가 보관의뢰 받은 물품에 대해서만, 운송업체의 경우에는 자사가 운송의뢰 받은 물품에 대해서만 통관업무를 수행할 수 있다. 통관업을 하려는 사무소마다 1명 이상의 관세사를 두어야 한다. 통관법인 또한 관세사회장을 경유하여 관세청장에게 등록하여야 한다.

2) 관세사의 기본적인 업무

관세사의 기본적인 직무와 관련 되어서는 관세사법 제2조에서 다음과 같은 업무를 관세사의 업무로 나열하고 있다.

---

11) 관세사의 직무수행에 관한 고시 제6조, 제8조

- 수출입물품에 대한 세 번, 세율의 분류, 과세가격의 확인과 세액의 계산
- 자율심사 및 그에 따른 자율심사보고서의 작성
- 물품의 수출, 수입, 반출, 반입 또는 반송의 신고 등과 관련되는 절차의 이행
- 수출입하려는 물품의 허가, 승인 표시나 그 밖의 조건을 갖추었음을 증명하여야 하는 증명 또는 확인의 신청
- 이의신청, 심사청구 및 심판청구의 대리
- 수출입신고와 관련된 상담 또는 자문에 대한 조언
- 관세에 관한 상담 또는 자문에 대한 조언
- 수출용원재료 등의 환급과 관련하여 환급청구의 대리
- 세관의 조사 또는 처분 등과 관련된 화주를 위한 의견진술의 대리
- 관세법에 따른 신고, 보고 또는 신청 등과 이와 관련되는 절차의 이행

3) 전문적인 업무

전항의 업무는 일반적인 관세사들이 하는 업무라고 할 것이며 보다 전문화된 관세사의 경우 다음과 같은 업무로 업무영역을 늘려가고 있다.

(1) 원산지 관련업무

FTA는 체결국가 또는 역내에서 생산된 물품에 대하여 관세측면에서 혜택을 주기 위한 것이다. 따라서 해당 상품이 해당국가가 원산지임을 증명하여야만 관세의 혜택을 받을 수 있다. 그러나 국제거래 공산품의 경우에는 그것이 한 국가 또는 역내에서 온전히 생산된 것은 찾기 어려우며 하나의 상품에 다수의 국가가 생산에 연관되어 있는 것이 일반적이기 때문에 원산지를 판정하는 것은 결코 쉬운 일이 아니다. 또한 우리나라가 여러 국가와 체결한 FTA에서 원산지를 판정하고 증명하는 절차는 FTA마다 다르기 때문에 그 복잡도가 가중된다고 할 것이다. 따라서 원산지관리와 관련된 부분에 있어서 화주기업들은 관세사의 컨설팅을 활용하여 FTA를 적극 이용하고 원산지 관련하여 세관 등의 당국이 요구하는 검증 등의 절차를 대비하여 나갈 수 있을 것이다.

(2) AEO 관련업무

AEO(종합우수인증업체)는 국제무역과 관련된 업체(무역업체, 선사, 항공사, 포워더 등) 중에서 관세청이 법규준수, 내부통제시스템, 재무건전성, 안전관리의 공인기준에 따라 적정성 여부를 심사하여 공인한 우수업체를 의미한다.[12] 관세청의

평가를 받기 위해서는 많은 내용의 서류 등이 필요한데 일반 기업이 혼자 진행하기에는 어려움이 있으므로 일반적으로 관세사의 컨설팅을 받아가며 인증을 준비하게 된다. 특히 중소기업의 경우에는 AEO인증을 획득하기 위해 관세사로부터 받은 컨설팅 비용에 대해 국가의 지원을 받을 수 있다.

(3) 기업심사와 조사 등의 대리업무

기업심사와 관련해서는 종합심사, 법인심사, 기획심사, 환급심사, 보정심사, 세관조사 등이 있다. 이의 내용을 살펴보면 다음과 같다.

〈표 13-4〉 관세사의 기업심사 관련 업무 내용

구분	의의	심사 대상
종합심사	AEO공인기업의 신고 정확성 및 수출입 화물관리의 적정성을 점검하여 AEO공인기업의 효과적인 관리를 도모하기 위해 공인기준 이행여부 등에 대해 심사를 실시	AEO공인 후 2년 경과, 유효기간 6개월 미만 업체 및 공인 후 1년이상 경과한 업체 중에서 대상을 선정한다.
법인심사	• 수입규모가 최근 2년간 연평균 수입액 5천만불 이상(AEO 공인업체는 제외)업체를 대상 • 관세평가 및 과세가격, 품목분류 및 관세감면, 관세환급의 적정성, 외국환거래법 준수여부, 원산지적법성 및 통관적법성 확보 여부 심사	• 수출입업자의 신고내용에 대하여 정기적으로 성실도를 분석한 결과 불성실 혐의. • 최근 4년간 조사를 받지 아니한 납세자에 대하여 업종, 규모 등을 고려하여 선발 • 무작위 추출방식으로 표본조사
기획심사	• 세액탈루, 법규위반 위험이 높은 업체(품목)에 대해 정보분석을 통해 수시로 심사하는 제도 • 심사내용은 법인심사와 동일하나 심사대상 선정, 심사주기 등은 차이가 있음	• 납세자가 관세법에 의한 신고, 신청, 과세자료 제출 등의 납세협력의무 불이행 • 구체적인 탈세 제보 등이 있는 경우 • 신고내용에 탈세나 오류의 혐의를 인정할 만한 자료가 있는 경우
환급 후 심사	• 환급금 등을 지급한 후에 사후심사시스템에 의하여 선별된 환급신청 등에 대하여 환급금 등이 정확한지 여부를 심사하는 것 • 환급대상물품의 특성, 업체의 성실도 등을 감안하여 선별심사 함을 원칙으로 한다. 다만, 환급 전 심사대상의 경우에는 그러하지 아니하다.	• 다음의 방법으로 선별심사 ① 사후심사시스템에 의해 지정된 건 ② 환급심사과장이 신청인, 물품별 특성 등을 감안하여 심사대상으로 자체 선별한 건
보정심사	• 신고납부한 날로부터 6개월 이내(보정기간)에 세관장이 납세의무자가 신고 납부한 세액(보정한 세액을 포함한다)의 부족 또는 세액산출의 기초가 되는 과세 가격 또는 품목분류 등에 오류가 있는지 여부를 확인하는 것	

12) 이에 대해서는 보안과 관련된 장에서 후술한다.

세관조사	• 세관의 범칙조사 행위로서 밀수입, 외환거래법 위반, 관세포탈 등 수출입과 관련된 범죄를 수사하는 제도	• 국민의 건강과 안전을 보호, 재정수입을 확보위해 밀수, 관세포탈, 부정수입 등 관세사범 • 공항, 항만에서 발생하는 마약사범, 원산지 위반 및 전략물자 불법 수출입 등 대외무역사범 • 수출입, 환적과 관련된 위조상품 등 지식재산권침해사범 • 수출입과 관련된 외환거래법 위반사범
FTA원산지검증	• 관세청장 또는 세관장이 수출입물품에 대하여 FTA협정 및 법령에서 정하는 원산지 증빙서류의 진위여부와 그 정확성 등에 관한 확인을 위해 실시하는 조사 또는 확인제도	• 직접검증 : 수입국 세관당국이 수출자를 대상으로 원산지를 검증 • 간접검증 : 수출국 세관당국이 검증

출처 : 한주관세법인 홈페이지

2 관세사의 수수료

통관수수료는 표준요율이라 하여 관세사회가 중심이 되어 요금기준이 있었으나 공정거래위원회의 결정에 의해 이것이 담합행위에 해당된다고 하여 표준요율은 폐지되었다. 다만 당시 요율은 현재에도 참조하는 가격으로 이용되며 수출입 건수 등에 따라 수출입 업체와 관세사 간 협의에 의해 정하여진다. 대표적인 관세사의 청구항목과 적용되는 일반가격은 다음과 같다.

〈표 13-5〉 관세사의 수수료(예시)

구분	요율	비고
수입통관 수수료	수입신고가격의 0.2% (단, 최소 27,000원)	
수출통관 수수료	수출신고가격의 0.12% (단, 최소 12,000원)	
검사대행 수수료	30,000 ~ 120,000	식품 검사 등의 대행에 대하여 청구하는 금액으로 검사의 난이도에 따라 금액 상이
임시개청수수료	기본수수료 4,000원 (휴일 12,000원)에 시간당 다음의 금액을 더한다. 06:00-18:00 : 시간당 3000원 18:00-22:00 : 시간당 4800원 그 외 시간 : 시간당 7000원	세관 근무시간 이외에도 통관이 가능한데 이를 위해서는 해당 세관에 임시개청료를 납부하여야 한다. 관세법 시행규칙 81조
각종 컨설팅 비용	협의에 의함	

제3절 보세운송과 일반운송

1 보세운송과 일반운송

본 절에서 보세운송이란 수입화물이 통관되기 전의 상태 또는 수출화물이 수출신고가 완료된 상태에서 즉 외국물품 상태에서 운송되는 것을 의미하며 일반운송이란 수입통관이 완료된 또는 수출통관이 되기 전의 상태, 즉 내국물품의 상태로 화물이 운송되는 것을 의미한다.

수입화물 중 해운물량은 FCL의 경우 컨테이너터미널에서 직통관 되어 내국물품의 상태로 컨테이너운송차량으로 일반운송을 통해 화주에게 인도되는 경우와 통관 전 외국물품 상태로 컨테이너터미널에서 출고되어 FCL상태로 ODCY, 화주가 지정 또는 포워더 지정 보세창고로 보세운송된 후 그 이동된 장소에서 통관이 이루어지는 경우로 나눌 수 있다. 한편 수입 항공화물의 경우에는 공항의 항공사터미널에서 통관이 이루어진 후 내국물품 상태로 일반운송 되어 화주에게 인도되는 경우와 통관 전 외국물품 상태로 김포공항지역 보세창고, 인천공항지역 보세창고, 서울시내지역 보세창고 또는 지방의 자가보세구역으로 운송되는 경우가 있다.

일반운송의 경우에는 특별한 제한이 없으나 보세운송의 경우에는 세관의 지시와 통제하에 화물이 운송되어야 하는 바 이에 대해 자세히 살펴보면 다음과 같다.

2 보세운송

1) 보세운송신고

외국물품은 개항, 보세구역, 세관관서, 통관역, 통관장, 통관우체국 등 간에 한정하여 외국물품상태로 운송될 수 있다. 다만 수출신고가 수리된 물품은 소재지에서 상기 장소로 운송될 수 있으며 이를 보세운송이라 한다.

보세운송을 하려는 자는 세관장에게 보세운송신고를 하여야 하며(관세법 213조) 보세운송신고 수리일로부터 해상화물은 10일, 항공화물은 5일 내에 보세운송이 행해져야 한다(보세운송에 관한 고시 제6조). 보세운송신고를 할 수 있는 자는 화주, 관세사, 보세운송업자이다. 보세운송업자는 한국관세물류협회에 등록하여야 하며 등록하기 위해서는 화물자동차운송사업자, 해상화물운송사업자, 항공운송사업자이어야 한다.

보세운송신고의 단위는 일반적으로 House B/L단위이지만 단일 화주의 FCL화물이거나 LCL화물 중 컨테이너 적출 전 상태로 보세운송하는 경우에는 Master B/L단위로도 가능하다. 또한 동일한 보세구역으로부터 동일한 도착지로 운송되는 경우에는 1건으로 일괄하여 신고할 수 있다. 이에 더불어 관세청장이 정하는 기준에 따른 법규준수도가 높은 보세운송업자는 동일한 관할세관 내 여러 도착지 보세구역으로 운송하는 경우에도 1건으로 일괄하여 신고할 수 있다(보세운송에 관한 고시 제26조).

2) 승인을 요하는 보세운송

일반적인 보세운송은 신고사항이나 다음의 경우에는 세관장의 승인을 얻어야만 한다. (관세법 시행령 226조)

1. 보세운송된 물품 중 다른 보세구역 등으로 재보세운송 하고자 하는 물품
2. 「검역법」·「식물방역법」·「가축전염병예방법」 등에 따라 검역을 요하는 물품
3. 「위험물안전관리법」에 따른 위험물, 그리고 「화학물질관리법」에 따른 유해화학물질
4. 비금속설
5. 화물이 국내에 도착된 후 최초로 보세구역에 반입된 날부터 30일이 경과한 물품
6. 통관이 보류되거나 수입신고수리가 불가능한 물품
7. 법 제156조의 규정에 의한 보세구역외 장치허가를 받은 장소로 운송하는 물품
8. 귀석·반귀석·귀금속·한약재·의약품·향료 등과 같이 부피가 작고 고가인 물품
9. 화주 또는 화물에 대한 권리를 가진 자가 직접 보세운송하는 물품
10. 법 제236조의 규정에 의하여 통관지가 제한되는 물품
11. 적하목록상 동일한 화주의 선하증권 단위의 물품을 분할하여 보세운송하는 경우 그 물품
12. 불법 수출입의 방지 등을 위하여 세관장이 지정한 물품
13. 법 및 법에 의한 세관장의 명령을 위반하여 관세범으로 조사를 받고 있거나 기소되어 확정판결을 기다리고 있는 보세운송업자 등이 운송하는 물품

3) 보세운송절차의 생략

집단화지역 내의 보세운송특례(보세운송절차를 생략할 수 있다, 고시 44조)에 따라 다음과 같은 경우 보세운송 절차를 생략할 수 있다. ① 내륙컨테이너기지 등 관할 보세구역에 위치한 집단화지역,[13] ② 관할 보세구역과 타 세관이 관할하는 보세구역에 걸쳐서 위치한 동일한 집단화지역 내인 경우.

또한 수출신고가 수리된 물품도 보세운송 절차를 생략한다. 단 다음은 제외된다.

1. 「반송 절차에 관한 고시」에 따라 외국으로 반출하는 물품
2. 보세전시장에서 전시 후 반송되는 물품
3. 보세판매장에서 판매 후 반송되는 물품
4. 여행자 휴대품 중 반송되는 물품
5. 보세공장 및 자유무역지역에서 제조·가공하여 수출하는 물품
6. 수출조건으로 판매된 몰수품 또는 국고귀속된 물품

3 보세운송과 일반운송요율

보세운송과 일반운송 요율은 일반적으로 큰 차이를 보이지는 않으나 보세운송의 경우 보세운송신고 수수료를 운송료와 함께 부가하는 것이 일반적이다. 이하에서는 보세운송과 일반운송요율에 대해 특별히 구분하지 않았으며 첫 번째 항에서는 서울과 부산지역에서 비컨테이너화물의 운임율에 대해 정리하였고 두 번째 항에서는 현재 전국화물자동차운송사업연합회에서 공시한 컨테이너 운송요율에 대해 부산항에서 경인지역과 기타 주요도시로 운송되는 컨테이너 공시운임을 요약하였다.

1) 서울/부산 발 주요도시 도착 비컨테이너 운임율

〈표 13-6〉 서울 또는 부산발 주요도시 차량별 운임

운송구간		기본	1톤	2.5톤	5톤	11톤	25톤
서울	시내	35,000	40,000	60,000	100,000	140,000	200,000
	인천공항	75,000	90,000	110,000	130,000	170,000	230,000
	김포공항	50,000	60,000	80,000	110,000	160,000	220,000
	속초	120,000	160,000	180,000	210,000	270,000	350,000

13) 자유무역지역 내에서의 외국물품 운송도 이에 해당된다.

	원주	100,000	110,000	125,000	150,000	200,000	280,000
부산	양산	50,000	70,000	100,000	120,000	170,000	220,000
	수원, 용인, 이천, 평택	150,000	180,000	270,000	300,000	420,000	520,000
	천안	130,000	150,000	220,000	260,000	350,000	450,000
	대구	60,000	90,000	120,000	150,000	250,000	400,000
	광주, 장성, 여수	140,000	150,000	350,000	280,000	380,000	480,000
	서울	기본 3 CBM 80,000 + 추가 CBM당 8000원					

출처 : ㅎ업체 요율(2015년 7월 기준)

2) 부산 발 주요도시 도착 컨테이너화물 운임율

아래 운임요율은 대형컨테이너운송업체들이 참여하여 공시한 전국화물자동차운송사업연합회에서 2012년 8월 1일부로 적용하는 요율이다. 그러나 동 운임은 시장가격과는 다소 괴리가 있다고 할 것이며 시장가격은 아래 가격에서 화주의 월간 물량 규모 등에 따라 화주별로 차등 적용된다고 할 것이다. 20~30% 이상 할인되는 것이 일반적이라 할 것이다.

〈표 13-7〉 부산CY-경인지역 편도운임

구분[14]	40FT	20FT
서울1	764,000	688,000
서울2	750,000	675,000
안양, 의왕	747,000	672,000
안산, 용인	750,000	675,000
인천광, 부천	775,000	698,000
이천, 여주	882,000	794,000
양주시	1,032,000	929,000
원주시	923,000	831,000

〈표 13-8〉 부산CY-주요도시 왕복운임

구분	40FT	20FT
천안시	903,000	813,000
대전시	828,000	745,000
청주시	876,000	788,000
군산	946,000	851,000
광주	811,000	730,000
대구	594,000	535,000
울산	355,000	320,000
양산	216,000	194,000

추가로 아래와 같은 규정이 적용된다.

- 경량화물(20ft 컨테이너 중 10톤이하 화물)의 경우 562,000(서울지역), 581,000(인천지역)
- 위험물의 경우에는 50% 할증하고 Reefer 컨테이너의 경우에는 30% 할증한다.

14) 선사가 서울지역의 내륙컨테이너기지설치를 인정하고 공컨테이너를 장치할 경우(수입화물)와 서울지역 내륙컨테이너기지(CD 또는 CY)에 장치된 공컨테이너을 사용했을 경우(수출화물) 부산CY<->경인지역간 운임은 편도운임을 적용한다.

- 화주 요청에 의한 공휴일, 심야 운송의 경우에는 20% 추가 할증
- 트랙터 대기료는 Door 도착 후 40ft의 경우 3시간, 20ft의 경우 2시간 무료이고 이를 초과시에는 공히 시간당 40,000원 추가한다.

제4절 3자물류 관련 업무

3자물류는 화주기업이 자사의 물류를 전문 물류기업에 아웃소싱하는 것으로 정의할 수 있는데 이때 물류의 범위에는 국내와 국제물류를 구분하지 않는다. 그러나 본 절에서 언급하는 3자물류는 일반적인 포워더의 업무와 구분하기 위하여 3자물류의 영역을 국제운송을 제외한 국내에서 발생하는 화물의 입출고관리, 재고관리, 오더관리, 포장과 라벨링, 배송관리, 통관관리 등 국내부분을 의미하는 것으로 한다.

1 포워더와 3자물류

포워더의 고객사들 중에는 글로벌 기업들이 많이 포함되어 있으며 이들의 전략은 2000년대 이전에는 진출한 국가에서 직접 생산하여 해당 국가에서 직접 판매를 하는 전략을 이용하였으나 2000년 이후에는 생산지를 중국 등의 일부 국가에 한정시키고 타 국가에는 판매와 유통을 위한 지점만을 설치하는 전략을 이용하였다. 이러한 기업들은 국내의 생산기능을 폐쇄하고 대신 타국에서 생산된 제품을 수입하여 국내에서 판매를 하게 된 것인데 이 과정에서 많은 글로벌 기업들이 수입한 물품에 대해 재고관리와 주문에 따른 배송기능을 자사가 직접 운영하기 보다는 외부기업에 아웃소싱을 하게 되었고 특히 이들 글로벌기업들은 이러한 기능(재고관리, 배송 등)을 포워더에게 의뢰하게 되었다. 이러한 고객의 요구에 따라 다수의 포워더들이 보세창고와 물류센터기능을 하는 창고를 보유하게 되었다.[15] 당초 일부 포워더에서만 제공하던 3자물류 서비스는 많은 포워더들이 인천공항과 김포지역에 창고를 보유하게 됨에 따라 보세창고 서비스와 3자물류 서비스를 제공하는 포워더의 숫자가 늘어나게 되었다.

---

15) 조기에 창고를 보유하기 시작한 업체는 외국계 대형포워더(Schenker, DHL Kuhne&Nagel, Expeditors, Yusen 등)들과 국내업체로는 KMTC, KCTC, 범한판토스 등이 적극적으로 3자물류 업무를 하게 되었다.

• 사례 •
L기업의 사례

L기업은 미국에 본사를 둔 글로벌기업으로서 2000년까지 서울에 생산시설을 갖추고 국내에서 소비와 해외수출 등을 진행하였다. 그러나 2004년 동 회사의 한국 내 생산시설을 폐쇄하였다. L사의 국내법인은 이제 생산과 수출기능은 없어지고 수입과 판매 기능만이 남게 되었다. 이와 함께 L사는 보유하고 있던 공장부지를 매각하고 국내의 물류기능은 외국계 포워딩 회사인 K사에게 외주를 주고 공장에서 근무하던 직원 중 일부를 동 회사의 직원으로 이전시키게 되었다. K사는 L사로부터 포워딩과 3자물류에 대한 외주를 받아 제품의 수입 시의 국제운송부터 시작하여 보세창고, 통관, 재고관리, 오더관리, 배송관리에 이르는 전체 물류업무를 담당하게 되었다.

포워더에 의한 3자물류서비스의 가장 큰 장점은 수출입 과정과 국내물류(3자물류) 과정이 부드럽게 연결된다는 것이다. 특히 글로벌기업의 경우 글로벌 포워더와 포워딩과 3자물류에 대한 계약을 체결할 경우 그 잇점을 배가시킬 수 있다. 즉 글로벌 화주기업의 세계 각지에서 일어나는 물류를 단일 글로벌 포워딩 기업이 수행하게 되면 표준화된 서비스와 높은 수준의 통제능력을 확보할 수 있으며 양사 간의 의사소통 원활화를 가져오게 되어 글로벌 화주기업 입장에서 아웃소싱의 효과를 극대화시킬 수 있을 것이다. 예컨대 글로벌 IT기업 A사의 경우 세계 많은 지역의 3자물류를 글로벌 포워더인 S사를 이용하고 있는데 A사가 어떤 새로운 물류프로세스를 수립 하거나 각종 미팅을 할 때 일일이 각 지역에서 A사 직원와 S사 직원 간에 의사소통을 하기 보다는 본사 차원에서 A사와 S사 간에 의사소통채널을 단일화함으로써 의사소통의 신속화와 전체적인 통제를 쉽게 진행할 수 있게 된다.

2 포워더의 3자물류 업무부서

화주를 위해 3자물류 서비스를 제공하는 포워더들은 기존 3자물류 업체와 협력하여 고객에게 서비스를 제공하기 보다는 포워더가 직접 창고를 임차하여 3자물류 서비스를 제공하는 것이 일반적이다.[16] 3자물류 서비스를 제공하는 포워더들은 기

16) 그 반대의 경우로 포워더 중 가장 많은 3자물류 고객을 확보하고 있는 DHL의 경우에는 포워딩 법인과 3자물류 서비스 법인이 독립되어 있다. 그러나 대부분의 포워더는 한 조직 내에서 포워딩과 3자물류 서비스를 제공하는 업체들이 보다 다수이다.

존 항공, 해운 포워딩 부서와 독립적으로 3자물류 부서를 두고 운영하고 있으며 여러 지역에 창고를 나누어서 운영하는 경우도 많다. 포워딩 회사 내에서 3자물류팀은 상당히 독립적으로 움직이는 것이 일반적인데 이는 장소적으로 포워딩 업무부서는 시내에 있으나 3자물류부서는 창고를 기반으로 공항, 항구 주변 등 시외지역에 위치하게 되며 기존 포워딩과는 업무와 영업에 있어서 많은 차이가 있어서 많은 독립성이 주어진다.

3 3자물류서비스 내용

입출고업무, 재고관리, 포장과 라벨링, 배송관리, 통관업무 등이 가장 기본적인 서비스이고 화주의 요구에 따라 정보기술, 반품, 수리, 회수물류 등의 업무를 제공하는 경우도 있다.

3자물류서비스에서 제공하고 있는 서비스의 내역을 보면 <표 13-9>와 같다.

〈표 13-9〉 3자물류 업무 내역

업무	업무 내용
입출고 업무	공항이나 항구를 통해 수입된 화물의 창고(물류센터)내에 입고와 향후 출고와 관련된 업무이다. 이 업무에는 검수와 Devanning 업무 등이 포함된다.
재고관리	Cycle counting 등을 통해 물품의 재고현황 파악과 적정재고 대비 과부족 현황 등에 대한 정보를 화주에게 제공한다. 또한 화주기업의 재고와 판매계획에 맞추어 창고의 공간 확보와 각종 자원의 확보 등에 대한 관리를 수행한다.
오더관리	화주기업의 그들의 고객으로부터 받은 오더의 내용을 3자물류 업체에 전달하게 되고 3자물류 업체는 오더를 진행하기 위해 물품의 할당과 재고 부족 시에는 신규 주문의 필요성 등에 대해 화주기업에 전달하게 된다.
포장과 라벨링	고객의 오더물량을 창고에서 픽킹하고 포장하는 작업이다. 또한 팩킹된 화물에 적절한 운송장과 라벨 등의 부착을 통해 화물의 식별 등을 돕는 작업을 한다.
배송관리	소비재의 경우 택배를 이용하는 경우와 자차 또는 용차를 활용하여 배송을 하게 된다. 이 과정에서 적절한 운송수단을 선택하고 배송완료 후 수화인에게 인수증을 받는 작업 등을 진행한다. 인천국제공항에 있는 물류창고 중에 일부는 아시아허브 역할을 하는 창고도 있어 해외출고로 진행되는 물량도 있다.
통관업무	수입된 화물의 경우에 통관과 관련된 업무를 진행하고 수출을 요하는 물품의 경우에는 수출신고 업무 등이 진행된다. 또한 환급 등에 관련된 업무도 이 범주에 포함된다.

정보관리	3자물류업무와 관련된 정보관리는 크게 2가지 이다. 첫째 창고 내에서 이루어지는 업무를 효율적으로 진행하기 위해서 많은 3자물류기업들이 WMS(창고관리시스템)을 활용하여 업무를 하고 있다. 둘째 고객들은 재고와 배송 관련된 정보를 EDI로 받기를 원하게 되고 이를 위해 3자물류업체의 시스템과 화주사의 시스템을 인터페이스 하는 업무가 또한 중요성이 확대되고 있는 업무이다.
회수물류	회수물류는 판매물류와 대비되는 개념으로 반품, 수리, 재활용, 폐기 등을 목적으로 고객에게 배송된 물품을 다시 물류창고로 가져오는 것과 관련된 업무를 의미한다. 물류에 있어서 환경 측면에 대한 관심이 늘어나면서 그 기능이 확대되고 있다고 할 것이다.
부가가치 물류	고객의 요구에 따라 물류센터에서는 물류고유의 영역이 아닌 것들이 행해지기도 한다. 예컨대 조립과 같은 간단한 생산에 가까운 업무들이 많이 행해지고 있다.

4 3자물류 업무의 요율체계

일반적으로 3자물류 업체의 계약에 이르는 과정은 아웃소싱을 원하는 화주측에서 예비 3자물류업체에 RFP(Request For Proposal)를 보내어 자사가 원하는 3자물류 서비스의 내역과 월간/연간 취급 물량에 대한 것과 취급 상품의 특성 및 요구하는 서비스 내역(Service Level)에 대해 안내하고 제안서를 제출하여 줄 것을 요구하게 된다. 이러한 제안요청에 대하여 3자물류업체는 서비스 내역을 참조하여 창고의 위치와 레이아웃과 수주 후 업무절차에 대하여 제안을 하고 이와 함께 3자물류서비스에 대한 요율을 제시하게 된다. 복수의 업체로부터 제안서를 받은 화주는 소수의 업체로 압축하여 세부적인 협의를 하게 되고 그 업체 중에 한 개의 업체와 계약을 체결한다. 계약의 체결 시에는 가격에 대한 부분과 함께 SLA(Service Level Agreement)을 반드시 작성하는 것이 좋다. 이는 화주와 3자물류업체 간 서비스 요구내역과 이에 대한 동의를 하는 과정으로 향후 서비스 업무 범위와 관련하여 분쟁이 생기는 경우 중요한 역할을 하게 된다.

본격적인 서비스가 시작되기 전에 양사는 SOP(Standard Operating Procedure)를 작성하여 양사 간의 역할과 책임(Role and Responsibility)을 문서화한다.

〈그림 13-1〉 3자물류업체의 요율표 예시

구분		요율	비고
창고료	보세창고료	을의 보세창고 표준요율에서 50% 할인	유첨 요율표 참조
	일반창고료	50000원/평/월 (단, 펜스 설치 조건)	인건비, 선반랙, 사용료 포함
		1000원/팔레트/Day	60평 초과 Space 이용시
보세운송료	운송료	40원/kg (Min 2000원)	인천공항 → 김포공항 화물터미널
	면허수수료	3000원 / 건	
	THC	(35원/kg)+2000원	
통관수수료	수입통관	CIF Value * 0.15%	Min: 25000원 Max: 200000원
택배운송료	전국 (도서지역 제외)	5000원/Box	익일 배송기준
일반배송료	첨부참조		
보수작업료	라벨부착	30원/장	포장 자재 비용은 별도임
	설명서 삽입	30원/장	

〈서식 13-1〉 보세운송신고서

(별지 제9호 서식)

대 한 민 국 세 관
KOREA CUSTOMS SERVICE

보세운송신고서

(신 고 자 용)

※ 처리기간 : 즉시

1. 신고자
   상 호
   주 소
   성 명

구 분 신고인부호
사 업 자 등 록 번 호

2. 신고번호	3. 총란수(일괄보세운송시기재)
4. 신고일자 / /	5. 운송기간 / / 까지

6. 운송구간 *발송지보세구역 (→경유지보세구역)*	7. 운송수단
발송지보세구역(부호) 경유지보세구역(부호)	(→) [→]

8. 적하목록 관리번호(MRN)	9.B/L일련번호 M.Seq. No.	H.Seq. No.	10. B/L(AWB)번호 (컨테이너번호/봉인번호)	11. 품명	12.포장명세 개수	단위	13.총중량 (KG)	14. 도착지 보세구역

합 계 (TOTAL) ⇒	15. 컨테이너 총 개수		16. 포장개수 합계		17. 총중량 합계	

※ 주의	18. 수리일자 : / /	※ 비 고
1. 보세운송물품이 목적지에 도착하면 도착지 보세구역등(보세구역외 장치장소 포함)에 보세운송신고필증을 제출하여야 한다. 2. 세관검사물품의 경우 목적지에 도착하면 즉시 도착지세관장에게 도착결과보고를 하여야 한다. ※ 차 량 번 호 : 세관봉인번호 : * 반출전에 상기사항을 운전자가 기재할 것	【 도착지보세구역 】 도착일시 : 년 월 일 시 분 인 수 자 : 서명 인계자(도착보고시) : 서명	

제14장 포장과 라벨링 관련 업무

제1절 포장과 라벨링 개요

정형무역거래조건인 Incoterms2010에서는 모든 개별조건에서 포장에 대해서는 수출자가 책임을 부담하도록 하고 있다. 또한 적하보험의 경우에는 적절하지 않은 포장으로 인해 화물에 손해가 발생한 경우에 보험자는 면책이 된다고 하여 화주(수출자)에게 포장에 대한 책임을 무겁게 부담시키고 있다. 따라서 수출자는 무역거래에서 화물이 안전하게 도착될 수 있도록 포장하여야 하므로 포장에 대해 각별한 주의를 요한다.

1 포장의 개요

1) 포장의 정의

포장이란[1][2] 물품의 수송, 보관, 취급, 사용 등에 있어서 그것의 가치 및 상태를 보호하기 위하여 적절한 재료, 용기 등을 물품에 부여하는 기술 또는 그 상태이며 이것을 단위(낱개)포장, 내부포장, 외부포장의 3종류로 구분된다.

단위포장(Item packaging)은 물품 개개의 포장으로 상품가치 상승 또는 단위 물품 보호를 위해 적절한 재료, 용기 등을 물품에 부여하는 기술 또는 그 상태를 의미한

---

1) 한국산업표준규격에서의 정의

2) 포장과 관련한 용어로 Packing과 Packaging이 있는데 전자는 내용제품을 보관이나 수송 도중에 견디어 내도록 보호하는 것과 관련된 것이라면 후자는 보호기능과 더불어 포장제품의 상품가치를 높이기 위해 상품화를 촉진시키는 프로세스를 포함한 개념이다. 후자가 현대의 시대에 맞는 포장의 개념이라고 하고 포장 대신 패키징이란 용어를 쓰기도 한다(김청, 「패키징개론」, 포장산업, 2010 참조).

다. 내부포장(Intermediate packaging)은 포장화물 내부의 포장으로 물품에 대한 수분, 습기, 광열, 충격 등을 고려하여 적절한 재료, 용기 등을 물품에 부여하는 기술 또는 그 상태를 의미한다. 외부포장(Outer packaging)은 포장화물 외부의 포장으로 물품 또는 포장물품을 상자, 포대, 나무통, 금속관 등의 용기 등에 넣거나 혹은 무용기상태로 결속하여 기호, 화물표시 등을 부여하는 기술 또는 그 상태를 의미한다.

2) 포장의 기능

포장의 기능과 관련해서는 다음과 같이 정리할 수 있을 것이다.

〈표 14-1〉 포장의 기능

종류	세부 내역
보호기능	포장의 가장 대표적인 기능이라 할 수 있으며 화학적 요인(산화, 부식, 습기), 물리적 요인(충격, 진동 등), 생물적 요인(부패, 벌레, 곰팡이 등), 인위적 요인(도난, 변조 등) 등으로부터 물품을 보호하는 기능이 필요하다.
편의기능	물류(운송, 보관, 하역), 사용(개봉, 휴대 등), 폐기(분리, 처리 등)에 있어서 편의성과 효율성을 증가시키는 것이 필요하다.
판매촉진기능	상입포장에서 강조되는 부분으로 소비자의 관심을 끌어 판매와 연결시킬 수 있어야 한다.
정보기능	주로 라벨을 통해 표시하는 것이 일반적이고 법에 의해 의무화되어 있는 것도 있다. 예컨대 식품, 의약품, 화장품 등에 대해서는 상품에 대한 의무적 표시사항이 상품에 부착되어야 한다. 또한 취급상의 주의를 위해 다양한 표시와 바코드 등을 활용하며, 폐기와 관련해서도 분리수거에 도움을 주기 위해 재질에 대한 표시를 하게 된다.

3) 포장에 대한 사회적 요구사항

포장과 관련된 사회적 요구사항은 포장의 적정화와 안전화 그리고 포장 폐기물 감축 등이 부각되고 있다. ① 포장의 적정화 : 과대포장(과잉포장, 속임포장, 거품포장, 허위포장)을 지양하고 자원절약, 에너지절약을 고려한 합리적이며 공정한 포장을 지향하여야 한다. ② 포장의 안전성 : 특히 최종소비자에게 전달되는 상품의 포장과 관련해서는 적절하게 표시되어야 하고, 위생, 위해의 문제가 고려되어야 할 것이다. ③ 포장폐기물의 감량화와 처리문제 : 사회 모든 분야에서 환경문제가 이슈화 되고 있는데 특히 포장의 분야에서 환경문제가 주요의제로 되고 있다. 환경친화적인 포장을 위해서는 3R로 표현되는 감축(Reduce), 재사용(Reuse), 재활용(Recycle)

측면이 고려되어야 할 것이다. ④ 포장의 표준화 : 포장재료, 포장기법, 포장치수, 포장강도 등의 표준화를 의미하는 것으로 포장폐기물의 감소, 물류의 타 기능(보관, 수송, 하역)의 효율성을 향상시킬 수 있다.

4) 포장의 종류

포장의 종류와 관련해서는 여러 가지 기준으로 나누어 볼 수 있을 것이다. 그중 몇 가지 분류기준으로 포장의 종류를 살펴보면 다음과 같다.

〈표 14-2〉 포장의 분류

분류기준	포장의 종류
기능	공업포장과 상업포장
목적	방수, 방습, 방청, 방충, 완충, 밀봉, 압축, 진공, 보냉, 도전성 등
사용재료	골판지, 금속, 유리, 목재, 플라스틱 등
포장상품	식품, 의약품, 화장품, 위험물, 의류, 기계류, 분체(Powder), 액체 등
발송목적지	내수포장, 수출포장
수송기관	철도, 자동차, 선박, 항공 등
형태	상자(나무, 종이, 트렁크 등), 대(종이백, 포대, 플라스틱봉투), 벌크포장(마대), 통 등

상기 포장의 분류 가운데 기능을 기준으로 한 공업포장과 상업포장에 대해서 살펴보면 공업포장은 수송포장 또는 물류포장이라고도 할 수 있으며 보호기능과 취급의 편의기능을 강조한다. 반면에 상업포장은 소비자포장 또는 판매포장이라고도 하며 판매촉진성 기능을 강조한다.

2 화인과 라벨링

수송포장에서 화인과 라벨링은 화주와 화물취급자 간에 의사소통의 방법이라고 할 것이다. 예컨대 화주가 자사의 화물에 대해 자세한 취급상의 주의를 운송사, 창고사, 수하인 등에 지시한다고 하여도 이러한 내용이 실제 화물을 다루는 현장에 그대로 전달되는 것은 기대하기 어렵다. 따라서 직접 화물을 접하는 작업자에게 전달하고자 하는 내용을 쉽게 이해할 수 있도록 표시한 것이 화인과 라벨링이라고 할 수 있으며 포장의 정보기능과 관련된 것이라 할 것이다.

화인(Shipping Marks)은 화물의 식별을 쉽게 하기 위하여 포장의 외장에 기호, 번호 등을 표시하는 것을 의미한다. 주요 내용은 주화인, 부화인, 양륙항마크, 화번표시이다.[3] 이와 함께 라벨링도 화인의 범주에 포함시킬 수 있는데 라벨링은 상품을 판매촉진시키는 기능과 내용물에 대한 정보와 취급상의 주의 사항 등의 정보를 제공해주는 기능을 동시에 한다. 예컨대 식품, 의약품, 의료용품, 화장품 등의 경우에는 상품에 대한 표시사항이 의무화되어 있는 것도 있으며 위험물처럼 운송을 위해서는 반드시 위험의 종류 등에 대한 라벨부착을 규정해 놓은 물품도 있다.

〈그림 14-1〉 화인과 주의표시

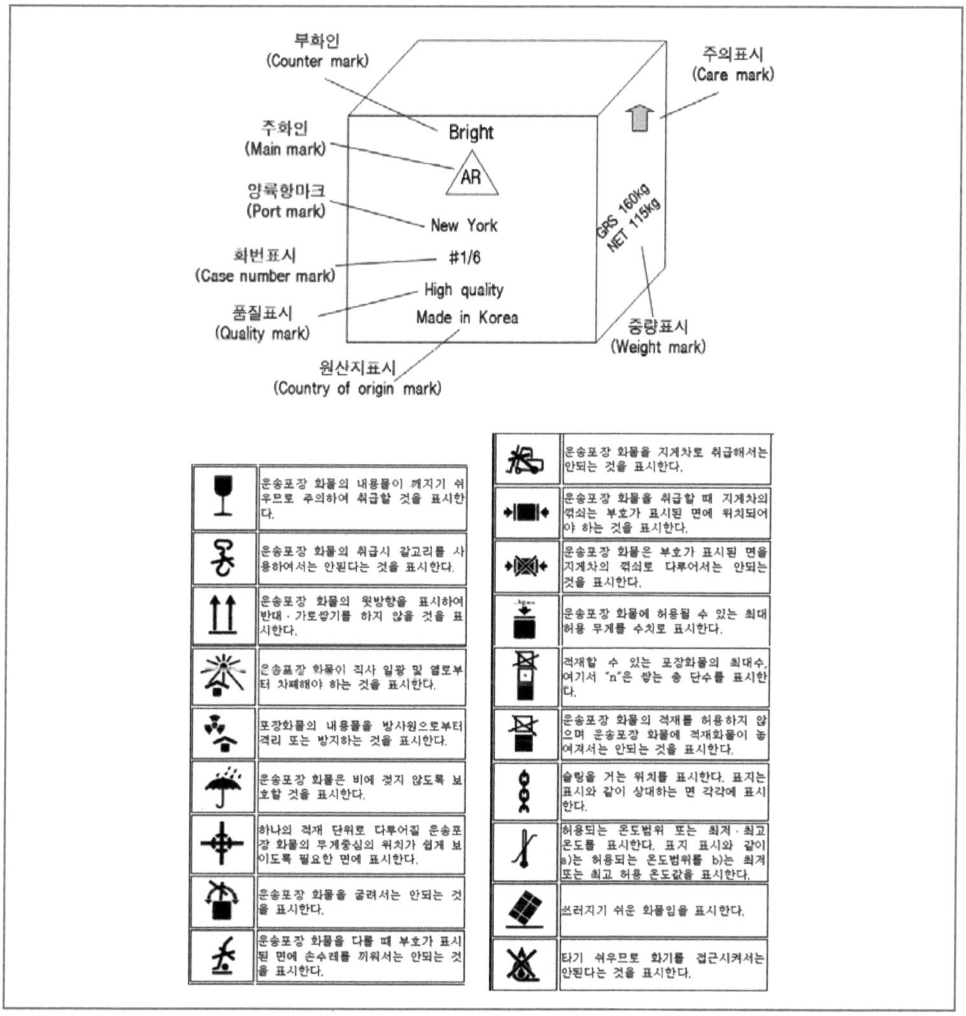

3) 본서 제1장 제2절 참조

제2절 수출포장(공업포장) 실무

수출포장(공업포장) 과정에서 가장 전형적인 절차는 수출할 상품을 골판지 등을 이용하여 포장하고 동 화물을 팔레트에 적재하여 Unitization이 된 후에 화물을 Container에 적입하여 운송하게 된다. 본 절에서는 이 과정에 따라 1차 포장(골판지, 나무, FIBC), 2차 포장(팔레트), 3차 포장(컨테이너)의 순서로 살펴본다.

1 1차 포장

1) 골판지상자(Corrugated fiberboard box)

골판지는 물결모양의 골심지와 위와 아래에 라이너원지를 접착시킨(샌드위치와 흡사함) 것으로서 주로 포장용 골판지 상자 제조에 사용된다. 수송을 위한 1차 포장에 가장 널리 사용되는 포장재로서 다음과 같은 특징이 있다.

- 다른 포장재료에 비해 저렴하다
- 대량생산이 가능하여 생산성이 높고 다양한 사이즈로 제작할 수 있다.
- 접어서 보관할 수 있어 보관효율성이 높다.
- 다양한 인쇄를 할 수 있어 마케팅기능과 정보제공기능을 동시에 할 수 있다.
- 중량이 가벼워 작업이 용이하다.
- 재활용이 가능한 종이를 이용하고 있어 환경친화적이다.
- 표준화된 다양한 사이즈의 제품이 판매되고 있어 소량구입이 가능하다.
- 물이나 습기에 약하지만 새로운 재질(비닐코팅)을 이용하여 단점을 극복하고 있다.

골판지는 골심지의 높이와 강도 라이너원지의 두께 등에 따라 다양한 중량의 화물의 포장에 이용될 수 있다. 골판지의 종류를 선택할 때는 그 두께가 커질수록 상자의 비용이 증가하고, 운송하는 과정에서 운송비도 증가할 수 있으므로 무조건 안전한 것을 고르는 것 보다는 화물의 중량과 특징, 이용하는 운송수단의 종류, 유통의 단계 등을 고려하여 적절한 골판지를 선택하는 것이 필요하다. 골판지는 일반

전자제품, 생활용품, 식품, 의약품 등 모든 종류의 공산품에 사용될 수 있는 포장형태라고 할 수 있다.

〈표 14-3〉 골판지의 종류

종 류		설명
단면골판지 (Single Faced)		골심지와 라이너원지를 1개씩 붙인 것으로 주로 상자의 내부에 내장재로 많이 이용된다.
양면골판지 (Single Wall)		골심지 1개의 양쪽에 라이너 원지를 붙인 것으로 주로 소형, 저중량 화물에 이용된다.
이중양면골판지 (Double Wall)		골심지를 2단으로 한 것으로 주로 중량물의 운송에 활용된다. 국제운송에서 많이 활용되는 골판지이다.
삼중양면골판지 (Triple Wall)		골심지를 3단으로 한 것으로 높은 중량의 화물의 운송에 이용되며 상당한 중량물에도 이용될 수 있다.

2) 나무상자

나무상자는 주로 수입목재나 합판을 이용하여 제조되며 화물의 특성에 따라 밀폐형과 개방형으로 크게 나눌 수 있다. 양자의 특성과 그림과 나무상자의 장단점은 다음과 같다.

〈표 14-4〉 나무상자의 종류

밀폐형	개방형

• 방수처리 필요한 화물 • 벌크상태로도 운송 가능 • 자체중량이 무거움	• 방수처리 불필요 화물 • 주로 컨테이너 내에 적입 • 자체중량이 가벼움

〈표 14-5〉 나무상자의 장단점

장점	단점
• 재료의 구입이 용이하다 • 가공이 비교적 간단하다 • 가격이 저렴하고 반복 사용 가능하다. • 강도가 크고, 습도, 수분에 강하다. • 다양한 형태로 주문 제작 가능하다	• 용기의 중량과 부피가 크다 → 운송료 증가 • 변형이 일어날 수 있다. • 대량생산이 쉽지 않다. (인력에 의한 생산) • 훈증의 문제가 있다.

나무상자를 이용하는 화물은 기계, 기기류 등인데 포장작업을 위해서는 다음에 주의해야 한다. 즉 물품의 종류, 형태, 기상조건, 하역조건, 운송조건, 보관조건 등을 고려하여야 하며 방습과 방청 및 충격에 대해서도 대비할 수 있는 포장이 이루어져야 할 것이다. 또한 나무상자를 이용하는 경우 중량과 용적이 커지게 되므로 이로 인한 운송료의 증가분을 고려하여 나무상자의 사이즈를 결정하는 것이 필요하다.

3) FIBC

FIBC(Flexible Intermediate Bulk Container)는 Bulk bag 또는 톤백이라는 이름으로도 불리우며 건성이면서 알갱이 상태로서 흘러나갈 수 있는 물건인 모래, 곡류, 비료, 플라스틱 알갱이 등의 운송에 이용된다. 동 화물은 벌크상태로 운송되는 경우도 있고 팔레트에 올려져 운송되는 경우도 있다. 일반적으로 한 개에 용적 1CBM, 중량 1,000kg의 물량을 실을 수 있는 표준형 사이즈도 있으나 다양한 사이즈로 생산되어 활용되고 있다.

〈그림 14-2〉 FIBC의 예

출처 : 인터넷 자료

2 2차 포장(팔레트와 그 작업)

1) 팔레트의 종류와 규격

팔레트(Pallet)는 하역 및 운송 시에 업무의 효율성을 향상시키기 위하여 이용하는 장비이다. 목재나 플라스틱 등으로 만들어진 단(Pallet) 위에 작은 화물들을 올리고 이들을 하나의 덩어리로 묶은 후(Unitization)에 단의 밑에 조성된 구멍에 Pallet Jack 또는 Forklift를 삽입한 후 운송 및 하역이 이루어지게 만든 장비이다. 따라서 팔레트를 이용하여 작업을 하기 위해서는 팔레트나 팔레트 위에 있는 화물을 묶고 보호하기 위한 각종 부자재 그리고 팔레트를 이동시킬 수 있는 장비인 팔레트잭, 포크리프트 등의 장비가 있어야 한다.

우선 팔레트는 다양한 방식으로 그들을 분류할 수 있는데 형태별, 재질별, 사이즈별로 나눌 수 있다. 팔레트의 소유 여부에 따라 자가용 팔레트와 팔레트를 임대하여 사용하는 팔레트풀시스템[4])이 있다. 상기 3가지 분류를 기준으로 팔레트를 분류하면 <표 14-6>과 같다.

2) 팔레트화의 장점

팔레트화의 장점은 첫째 기계화로 인한 업무효율성 증대이다. 팔레트에 모여진 화물은 장비(Pallet Jack, Forklift, Pushpull 등)를 이용하여 운송하게 되므로 한번에 보다 많은 화물을 움직일 수 있게 한다. 둘째 인건비가 감소한다. 즉 인력에 의존하던 업무들이 장비를 활용하게 됨으로써 인건비를 획기적으로 줄일 수 있게 된다. 셋째 시간이 절약된다. 즉 화물의 하역과 창고 내 이동에 소요되는 시간이 줄어들어 신속한 오퍼레이션을 할 수 있다. 넷째 표준화로 인한 계획적인 업무와 물류의 나 기능 개신효괴기 생긴다. 예컨대 표준화된 팔레트를 이용하여 물류센터 내의 시설을 짓거나 트럭의 화물적재함의 사이즈를 결정함에 있어서 표준팔레트를 활용하게 되므로 계획을 세우는 것이 용이하고 전체적인 물류업무의 효율을 추구할 수 있게 된다.

다만 국내기업의 상대방 기업의 환경이 인건비가 싸고 장비의 보급이 잘 이루어지지 않은 경우에는 팔레트 보다는 Bulk 형태로 싣는 것이 나을 수도 있으며 또한

---

4) 팔레트풀시스템은 팔레트를 소유하지 않고 팔레트 임대회사의 팔레트를 이용하는 방식이다. 이 경우 초기 자금이 들어가지 않으며 팔레트의 회수와 관련하여 부담을 지지 않게 된다는 장점이 있다. 국내에는 한국팔레트풀(주)와 아주팔레트렌탈(주)가 팔레트 임대사업을 운영한다.

컨테이너 내의 적재 효율 측면에서는 팔레트를 이용하는 것 보다 Bulk 상태로 적재하는 것이 보다 효율적일 수 있다.

〈표 14-6〉 팔레트의 종류

분류기준	팔레트의 종류			
형태별[5]	단면양방향	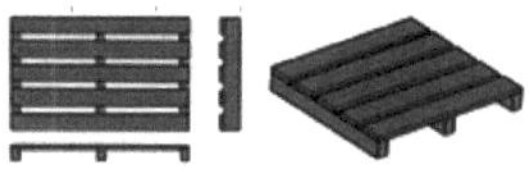	벽돌공장용, 식품수송용 등	
	양면양방향	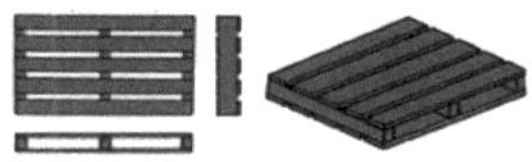	자동창고용, 일관 수송용	
	단면블록사방향	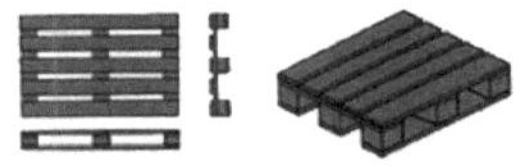	컨테이너 수송용, 수출품 선적 하역용	
	양면블록사방향		철재수송용, 상하차 작업용, 협소한 공간에서 유용	
	양면날개 양방향	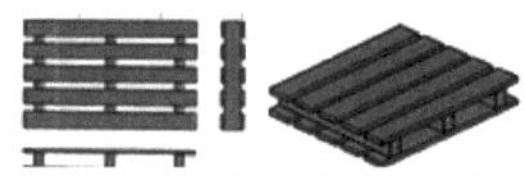	철재받침용, 중량물 수송용	
재질별	종이	장점 - 저렴성, 간편성, 저중량, 환경친화적 단점 - 내구성이 약함, 습기에 취약		
	목재	장점 - 저렴성, 소량구입 가능, 다양한 타입 단점 - 다소 무거움, 훈증의 문제		
	플라스틱	장점 - 저중량, 재사용성 높음 단점 - 회수문제, 다소 고가(저가제품도 있음)		
	철재	장점 - 초중량 화물에 유리 단점 - 의 경우 회수어려움, 고가		
사이즈 (규격별)[6]	1000 × 1200mm	유럽, 아시아	※ 6.7 % Loss	대한민국 표준 팔레트
	1100 × 1100mm	아시아	14 % Loss	
	800 × 1200mm	유럽	15.2 % Loss	
	1016 × 1219mm	북미	3.7 % Loss	

※은 40ft Container 에 팔레트 20개 적재 시에 손실되는 공간을 의미함

5) 한국수출포장 홈페이지 참조
6) wikipedia 참조

3) 팔레트의 선택

팔레트의 선택에서 몇 가지 주의를 해야할 것은 우선 형태별 기준에서 단면 보다는 양면이 보다 무거운 화물을 지탱할 수 있으며 양방향 보다는 사방향이 아무 방향에서나 Forklift를 이용할 수 있어 공간 효율성이 좋다고 할 수 있을 것이다. 팔레트의 재질과 관련해서는 철제나 플라스틱의 경우에는 그 가격이 고가여서 회수가 가능한 경우(즉 수출입 업체간에 서로 주고 받는 물건이 많은 경우)일 때 보다 더 효과적으로 사용할 수 있을 것이다. 또한 팔레트의 무게도 고려하여야 한다. 해상운송에서는 팔레트의 무게가 큰 영향을 주지 않겠지만 항공운송의 경우에는 운임이 중량에 민감하게 반응하기 때문에 가벼운 재질의 팔레트가 이용되어야 할 것이다.[7] 한편 목재팔레트의 경우에는 훈증이 된 제품을 이용하여 출발지나 도착지에서 문제가 발생하지 않도록 해야 한다.

4) 팔레트 작업 프로세스와 주의할 사항

팔레트 준비 → 골판지 깔기 → 상자의 적재 → 골판지 덮기 → 팔레트 시트 붙이기 → 랩씌우기 → 팔레트 잭이나 포크리프트를 이용하여 이동시키기

이 과정에서 몇 가지 주의를 기울여야 할 것은 다음과 같다.

- 코너에 각대를 넣을 경우 화물의 안전성을 제고시킬 수 있다.
- 팔레트 전 공간에 화물의 무게가 골고루 퍼지게 하는 것이 안전하다.
- 랩핑(Wrapping)을 통해 상자 간의 결속력을 강화시키고 팔레트와의 결합도를 증대시키게 되면 안전도를 큰 폭으로 상승시킬 수 있다.
- 팔레트시트에는 총 포장된 팔레트의 숫자와 현재 팔레트의 번호를 함께 표시해야 하며, 포장명세서 번호를 기입하면 팔레트 내에 적재된 화물의 내역을 쉽게 파악할 수 있다.
- 팔레트 위에 골판지상자를 적재할 때는 벽돌식으로 적재하는 것 보다는 윗 상자와 아랫 상자의 모서리가 서로 만나게 하는 것이 골판지의 손상을 줄일 수 있다.
- 장거리 노선의 경우 적도를 통과할 때 수증기가 컨테이너 내부는 물론 팔레트

7) 최근 그 이용이 늘고 있는 슬립시트(Slip-sheet, 장판형태의 팔레트라 할 수 있음)에 대해서도 평가해 보아야 할 것이다.

안에 있는 상자에 까지 들어올 수 있으므로 특히 바닥에 골판지 보다는 비닐형태의 바닥재를 이용하는 것이 바람직하다.

3 3차 포장(컨테이너와 그 작업)

1) 컨테이너의 종류와 규격

〈표 14-7〉 컨테이너의 종류

분류기준		포장의 종류	용적 (CBM)	최대적재 중량 (KG)	컨테이너 자체중량 (KG)	내부공간(mm)		
						폭	높이	길이
Dry	20ft		33.2	28,280	2,200	2,350	2,392	5,898
	40ft		67.6	28,700	3,800	2,350	2,392	12,032
	40HQ		76.3	28,700	3,800	2,350	2,698	12,032
	45HQ		85.9	27,930	4,570	2,352	2,698	13,557
Reefer (40HQ)			67.9	29,400	4,600	2,290	2,557	11,588
Open Top (40ft)			66.8	28,660	3,840	2,350	2,354	12,028
Flat Rack (40ft)			55.5	40,400	4,600	2,230	1,955	11,766
Platform (40ft)		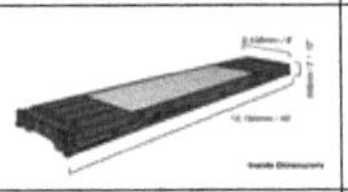		49,150	5,850	2,438	648 (폼높이)	12,192
Tank (40ft)			25000 Liter		4,200	2,438	2,591	6,058
Hanger (40ft)		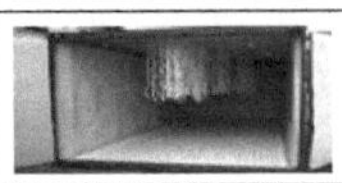	67.6	26,780	3,780	2,350	2,392	12,032

출처 : 선사들의 인터넷사이트 참조

2) 컨테이너 선택

일반 잡화의 경우에는 Dry 컨테이너를 이용하며, 일반컨테이너의 도어를 통과하기 어려운 화물은 중량화물의 경우에는 그 크기에 따라 Open Top, Flat Rack, Platform 컨테이너를 활용할 수 있을 것이다. 냉장 또는 냉동화물은 영하 30도에서 영상 30도까지 온도를 조절할 수 있는 Reefer 컨테이너를 이용하며 Hanger컨테이너는 옷걸이가 있는 컨테이너로서 의류를 구김없이 운송할 수 있는 기능을 한다. Tank컨테이너는 화학약품 등의 액체를 운송하는 용도로 사용되며, 벌크화물 중 석탄, 철광석, 곡물 등의 경우에는 Bulk컨테이너를 이용할 수 있다.

한편 컨테이너의 사이즈와 관련하여 20ft컨테이너와 40ft컨테이너는 컨테이너의 크기는 후자가 전자의 2배이지만 최대적재화물중량은 근소하다. 즉 40ft컨테이너는 중량은 크지 않으나 부피가 큰 화물을 운송하는 용도로 사용되며 40HQ는 컨테이너의 사이즈를 더 크게 하여 용적을 중심으로 더 적재하기 위해 만들어진 컨테이너이다.

3) 컨테이너 적재 작업

컨테이니 인수 및 점검 → CLP 작성 → 컨테이너적입(Stuffing, Dunnage, Securing) → Door close → Sealing

(1) 컨테이너화물에 발생하는 각종 위험

해상화물의 사고 종류와 관련하여 보험회사에 보험금을 청구한 건수 중 일반적인 손상이 (breakage, crushes, nicks, dents) 전체의 43%를 차지하며 물에 의한 손해가 15%, 도난과 좀도둑 21%, 그리고 화재, 침몰, 충돌, 투하, 갑판유실, 좌초 등으로 인해 발생한 손해가 21%라고 한다.[8] 4번째 종류의 손해에 대해서는 개별화주들이 막을 수 있는 손해가 아니지만 나머지 위험에 대해서는 각종 작업을 수행할 때 위험을 고려하여야 할 것이다.

컨테이너 운송에서 많이 발생하는 물에 의한 손해는 컨테이너는 밀폐된 공간이지만 특수 컨테이너를 제외하면 컨테이너 안으로 수증기가 유입될 수 있으며 온도가 내려가면 수증기가 물방울이 되어 상품 안에서 또는 천장에 결로현상[9]이 발생되어 화물에 손상을 가져오게 될 수 있다(한손, Sweat Damage). 한편 해상을 운항하

---

8) Pierre and Richard(2009) 참조
9) 내외부의 온도차로 인해 천장 등에 이슬이 맺히는 현상

는 배는 파도와 바람으로 인해 여러 종류의 동요가 발생되며 이는 화물에 충격을 주게 된다. 또한 철도운송되는 화물의 경우 철도차량의 연결 시에 발생하는 충격은 상당히 큰 것으로 알려져 있다. 따라서 컨테이너 작업 시에 이러한 요인들을 고려하여 위험을 줄일 수 있어야 할 것이다.

(2) 컨테이너 점검

컨테이너 자체의 하자 여부를 점검하는 것이 가장 우선적으로 이루어져야 한다. 이를 위해서 내외부의 상태를 점검해야 하는데 점검 포인트는 다음과 같다. 첫째 외부점검이다. 혹시 녹슨 곳은 없는지? 컨테이너가 비틀려져 있지 않은지? 둘째 도어점검이다. 잘 닫히는지? 문의 접합부분의 고무의 마모가 심하지 않은지? 셋째 내부점검이다. 내부에서 문을 닫고 빛이 들어오는 곳은 없는지? 녹은 없는지? 고박장비에 이상이 없는지? 이상한 냄새가 나지는 않는지? 컨테이너의 바닥과 벽은 응결을 방지하기 위해 목재로 되어 있는바 이 부분에 이상이 없는지? 못 등이 돌출되어 있는 곳은 없는지? 등을 점검해야 한다.

(3) CLP 작성(Container Load Plan)

화물을 컨테이너에 적재하기 전에 화물의 배치를 결정하기 위해 작성하는 서류이다. 아래에서 언급하는 것처럼 화물의 무게가 골고루 퍼지게 하는 것이 중요하며 이를 위해 효율적이고 안전한 적재를 위해 도와주는 전산시스템도 개발되어 있다. 특히 LCL화물의 경우에는 향후 각 화주별 화물의 위치 파악을 위해서도 필요한 서류이다.

(4) 컨테이너 적입[10)]

- 한손을 방지하기 위해서는 컨테이너 내에서 존재하는 습기는 고온 상태에서 자유롭게 돌아다니면서 화물에 피해를 줄 수 있으므로 컨테이너 내에 건조 상태를 유지하는 것이 필요한데 특히 천장에 물기가 맺히는 경우가 많으므로 이에 대비하여 랩 등을 활용하여 위에서 떨어지는 습기에 대비하여야 할 것이다.
- 컨테이너화물의 수송경로 전체의 상황을 충분히 파악하여 적정한 적입과 고박이 이루어져야 할 것이다.
- 중량의 배분 : 컨테이너 내에서 화물의 중량이 골고루 퍼지게 하는 것이 좋다.

---

10) 컨테이너의 종류와 화물적입의 상식 - 한국컨테이너공업협회, 1985 참조

무거운 화물을 밑에 가벼운 화물을 위쪽에 배분하는 것이 필요하다.

- 컨테이너 내의 빈 공간에 Dunnage[11] 등을 끼어 화물의 이동을 막고, 화물 간 또는 화물과 컨테이너 벽과의 충돌로 인한 손해를 막을 수 있다.
- 고박(Load Securing)이 필요하다 : 고박에는 Shoring(각목 등을 이용하여 화물의 이동을 막는 것), Lashing(컨테이너의 라싱용 고리에 로프 등을 사용하여 화물을 고정시키는 것) 등이 있으며 화물사고 예방 측면에서 가장 중요한 작업이다.
- LCL화물의 혼재 시에는 특히 주의를 기울여야 한다. 위험물, 물기가 있는 화물, 강한 향이 있는 물품 등에 대해서는 동화물이 타 화물에 영향을 주지 않도록 포장에 각별한 주의를 기울여야 하며 특히 위험물의 경우에는 규정상 혼재 불가능한 경우가 있으므로 이에 대해 확인 후 혼재작업이 이루어져야 한다.

〈그림 14-3〉 고박과 Dunnage

<Shoring> <Lashing> <Dunnage>

출처 : 인터넷 자료

(5) Door Close

- 도어를 닫을 때에는 문을 열 때 화물이 쏟아져 부상을 입는 경우가 많으므로 특히 이에 대해 주의를 기울여야 한다.
- 문을 닫은 후 선사에서 제공한 Seal을 컨테이너에 부착하게 되고 Seal Number는 컨테이너를 취급하고 인수할 당사자들에게 통보하여야 한다.

---

11) Dunnage는 주로 화물 간에 직접적 충돌을 방지하기 위해 매트리스, 에어백 등을 이용하여 화물의 중간에 끼어 넣는 완충재의 역할을 하는 것이다.

제3절 특수화물의 포장

본 절에서는 특수화물의 대표적인 제품인 위험물과 냉동화물과 관련하여 포장과 라벨링 등에 있어서 지켜야할 내용들에 대해 살펴본다.

1 위험물의 포장

1) 위험물 운송에 관한 규칙

위험물의 운송에 대해서는 UN경제사회이사회의 권고에 따라 각 운송수단 별로 위험물 여부의 확인기준, 분류, 용기 및 포장의 기준, 위험물 라벨 등 각종 안전기준을 설정하여 놓고 있다. 이를 규정하고 있는 국제위험물운송규칙은 다음과 같다.

〈표 14-8〉 국제위험물 운송규칙

운송수단	국제기구	규칙
해상	국제해사기구 (IMO)	국제해상위험물규칙 (IMDG Code): International Maritime Dangerous Goods Code
항공	국제민간항공기구 (ICAO)	위험물항공운송기술지침(TI): Technical Instructions for the safe transport of Dangerous Goods by Air
	국제항공운송협회 (IATA)	위험물규칙(DGR): Dangerous Goods Regulations, TI를 기본으로 항공사 자체의 기준을 더한 운송규칙
철도	국제철도연맹 (OCTI)	국제위험물철도운송규칙(RID): Regulations concerning the Int'l Carriage of Dangerous Goods by Rail
도로	유럽경제위원회 (UN/ECE)	국제위험물도로운송규칙(ADR): European Agreement concerning the Int'l Carriage of Dangerous Goods by Road
내수로	유럽경제위원회 (UN/ECE)	국제위험물내수로운송규칙(ADN): European Agreement concerning the Int'l Carriage of Dangerous Goods by Inland Waterway

출처 : 노창균·홍승경, 『위험화물운송론』, 두남, 2009, p.25.

이러한 규칙은 국내의 각종 법규[12]와 선사와 항공사들의 운송규칙 등에 반영되어 실제운송 과정에서 적용되며 화주와 운송인들을 구속하고 있다. 특히 상기 규정

중 해상운송에 적용되는 IMDG Code와 항공운송에서 적용되는 DGR은 국제운송과정에서 화주와 운송인에게 가장 직접적으로 적용되는 규정[13]이라고 할 수 있다.

2) 위험물의 분류

IMDG와 DGR에서는 UN의 9급(Class) 분류체계를 도입하고 있으며 이는 위험의 정도를 나타내기 보다는 물질의 종류와 위험의 종류를 기준으로 분류한 것이다. 아래는 위험물의 Class별 물질과 라벨을 나타낸 것이다.

〈표 14-9〉 위험물의 Class와 라벨

CL	Class 1	Class 2	Class 3	Class 4	Class 5	Class 6	Class 7	Class 8	Class 9
종류	화약류	가스류	인화성 액체	가연성 고체 등	산화성 물질	독극물 전염성 물질	방사성 물질	부식성 물질	기타
라벨					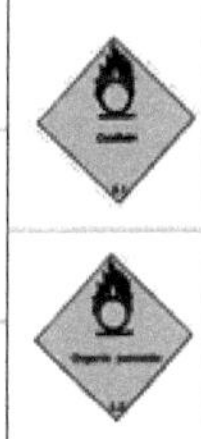				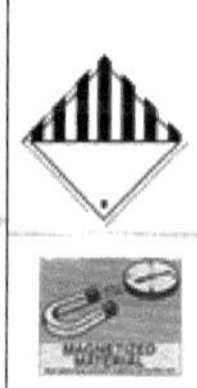

상기 위험물 규정집은 크게 위험물의 목록을 나타내고 각 목록에서는 품목명, UN number(분류번호임), 포장등급, 포장지침 등을 규정하고 있다.

---

12) 위험물안전관리법, 유해화학물질관리법, 총포도검화약류등단속법, 폐기물관리법 등의 일반법 규정과 항공운송에 대해서는 항공법, 해상운송에 대해서는 선박안전법, 개항질서법, 해양환경관리법, 위험물선박운송 및 저장규칙 등이 제정되어 있다(노홍승 등, 「국제기구와 조화된 위험물 운송관리체계 구축방안 연구」, 한국교통연구원, 2009).

13) 국제운송과정에서 동 규정에 따르지 않고 위험물이 운송된 경우에는 운송인 또는(그리고) 화주는 각종 제재를 받게 된다. 특히 운송인 측에서 작업자가 위험물을 취급하기 위해서는 상기규정에 대한 교육을 받고 자격을 취득하여야 한다.

〈그림 14-4〉 IMDG 위험물 리스트의 예

								Packaging			Portable tanks		RID tanks			Special transport provisions				
UN Number	Name and description	Class	Classification Code	Packing Group	Labels	Special Provisions	Limited Quantities	Instructions	Special Provisions	Mixed Packing	Tank Instructions	Special Provisions	Tank Code	Special Provisions	Transport Category	Packages	Bulk	Loading, unloading & handling	Colis Express	Hazard Identification Number
	3.1.2	2.2	2.2	2.1.1.3	5.2.2	3.3	3.4.6	4.1.4	4.1.4	4.1.10	4.2.5.2	4.2.5.3	4.3	4.3.5 + 6.8.4	1.1.3.1 (c)	7.2.4	7.3.3	7.5.11	7.6	5.3.2.3
(1)	(2)	(3a)	(3b)	(4)	(5)	(6)	(7)	(8)	(9a)	(9b)	(10)	(11)	(12)	(13)	(15)	(16)	(17)	(18)	(19)	(20)
1201	FUSEL OIL	3	F1	III	3		LQ7	P001 IBC03 LP01 R001		MP19	T2	TP1	LGBF		3				CE4	30
1202	GAS OIL or DIESEL FUEL or HEATING OIL LIGHT (flash-point not more than 61 °C)	3	F1	III	3		LQ7	P001 IBC03 LP01 R001		MP19	T2	TP1	LGBF		3				CE4	30

〈그림 14-5〉 DGR의 위험물 리스트 항목

					Passenger and Cargo Aircraft					Cargo Aircraft Only			
						Ltd Qty							
UN/ ID no.	Proper Shipping Name/Description	Class or Div. (Sub Risk)	Hazard Label(s)	PG	EQ see 2.7	Pkg Inst	Max Net Qty/Pkg	Pkg Inst	Max Net Qty/Pkg	Pkg Inst	Max Net Qty/Pkg	S.P. see 4.4	ERG Code
A	B	C	D	E	F	G	H	I	J	K	L	M	N

3) 위험물 운송을 위한 포장과 라벨링

(1) 포장에 대한 것

화주는 포장규정을 철저히 준수하여 포장해야 하는 데 1) Packing Instruction에서 허용된 포장재를 사용할 것 2) 포장 당 제한된 양을 준수할 것 3) 포장용품을 적절히 사용하여 올바르게 포장해야한다. 특히 Packing Group은 위험의 정도를 나타내는 것으로서 Ⅰ, Ⅱ, Ⅲ 으로 나뉘는데 List에 나와 있는 등급에 맞는 포장재를 이용하여야 한다. 포장재의 등급은 규정된 실험을 통해 인증된 포장재만을 이용하여야 한다. 인증여부는 해당 용기에 표기된 UN인증마크를 통해 확인할 수 있다.

(2) 마킹과 라벨링

일반화물의 경우에는 Marking과 Labelling이 의무적이지 않지만 위험물의 경우에는 마킹과 라벨링이 정해진 규정에 따라 이루어져야 한다. 아래는 대표적인 경우로서 반드시 표기되어야 할 것은 적정선적명(Proper Shipping Name), UN number, 수량, 송화인, 수화인, 포장재의 UN인증마크와 해당 위험물의 라벨 등이 반드시 부착되어야 한다.

〈그림 14-6〉 위험물의 화인과 라벨링

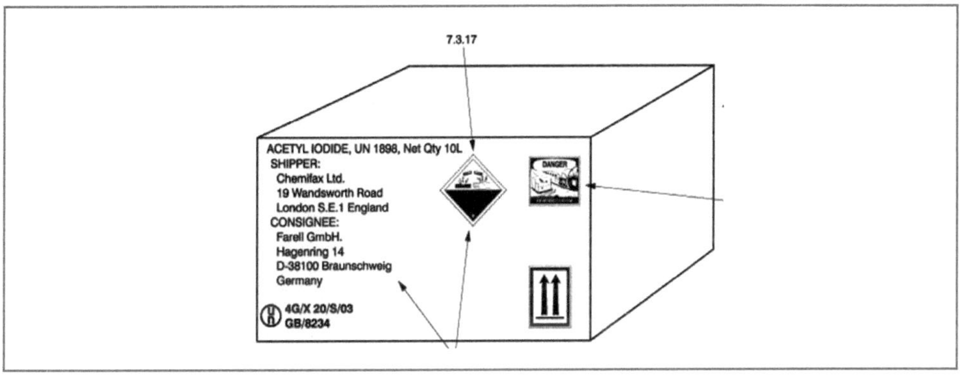

출처 : IATA DGR

2 냉동 냉장 화물의 포장

최근 냉장/냉동화물의 운송량이 증가하고 있으며 이의 운송을 위해서는 냉동컨테이너가 이용된다. 우선 냉장화물이란 화물의 신선한 상태를 유지하기 위해 일정한 온도로 보관해야 하는 화물을 의미하며 냉동화물은 영하에서 냉동상태로 보관, 운송되어야 하는 화물을 의미한다.

냉장/냉동 화물의 경우에는 항공운송의 경우에는 항공기용 냉동컨테이너를 사용하고 해상운송의 경우에는 Reefer Container를 사용한다. 항공기용 냉동컨테이너의 경우에는 온도조절장치는 없으며 Dry Ice를 이용하여 컨테이너 안의 온도를 낮게 유지하는 역할을 수행한다. 그러나 Reefer컨테이너의 경우에는 자체 냉각기를 가지고 있어 선박 또는 컨테이너터미널 내에서 전력을 이용하여 온도를 조절할 수 있다.

대표적인 냉장/냉동 화물은 다음과 같다.

- 신선한 과일, 채소(Fresh fruits, vegetables)
- 냉장 또는 냉동 육류, 가금류, 어류, 해산물(Fresh/Frozen meat, poultry, fish, seafood)
- 유제품(Dairy products)
- 냉동식품(Frozen foodstuffs)
- 신선한 주스, 냉동 농축물(Fresh juices, Frozen concentrates)
- 화학제품, 의약품(Chemicals and pharmaceutical products)
- 화훼류(Fresh flowers)

선사인 Hamburg Sud에 의하면 해상운송되는 전체 냉장/냉동 화물 중 채소, 과일(바나나 제외)이 31%, 바나나 20%, 고기류가 24%, 어류와 해산물 19%를 차지한다고 한다. 최근에는 반도체 장비 등도 온도에 민간한 장비이어서 특수컨테이너를 이용하여 운송되기도 한다.

냉장/냉동 화물을 Reefer컨테이너에 적재 시에 주의해야 할 내용은 다음과 같다.

- 냉장 화물은 그 화물 간에 취급 시에 보관 온도, 주의할 내용 등이 다르기 때문에 일반적으로 여러 종류의 화물을 혼재하지 않는 것이 일반적이다.
- 예냉(Pre-Cooling) 작업: 선적지 화주는 냉장, 냉동화물을 컨테이너에 적입하기 전에 화물의 예냉을 하여야 한다. 냉동컨테이너는 일정온도를 유지하기 위한 것이지 온도를 낮추기 위한 장비가 아니다.
- 일반화물과 마찬가지로 2.4meter 의 적재를 지탱할 수 있어야 한다. 또한 포장재의 위쪽과 아래에 통풍구가 있는 경우 보다 자유로운 공기순환을 보장할 수 있다.
- 화물은 냉기의 순환을 원활하게 하기 위하여 벽, 문, 천장에 붙여서 적재하는 것을 피해야 한다. 특히 화물적재 한계선 보다 높게 적재하지 말아야 한다.
- 화물의 종류에 따라 권장 온도를 유지할 수 있도록 하여야 한다.
- 온도는 화씨와 섭씨를 잘 구분하여 세팅하여야 한다.
- 냉장화물 중에서 특히 그 신선도가 중요한 화물의 경우에는 항공운송이 해상운송 보다 효과적일 수 있음을 고려해야 한다. (예 : 화훼)
- 냄새가 심한 화물과 서로 섞이지 않도록 주의해야 한다. (예 : 양파와 포도)

제4절 포장관련 기타

1 바코드(Bar Code)와 RFID

바코드시스템은 상품 또는 포장물의 겉에 막대와 막대 간의 공간의 그림(Bar Code)을 통해 상품의 정보(제조업자, 품명, 생산국 등)를 담고 이를 스캐너(Scanner)를 이용하여 정보를 읽어 들일 수 있도록 한 시스템을 의미한다. 이를 통해 화물이 움직이고 유통되는 과정에서 화물의 위치 및 재고 등을 쉽게 파악할 수 있게 된다. 다만 일반적인 바코드는 정보를 많이 담을 수 없다는 것과 그 정보를 읽기 위해서는 스캐너를 가까이 가져가야 한다는 한계점을 갖게 된다.

이러한 한계점을 극복하기 위해 2차원 바코드인 QR Code가 사용될 수 있는데 일차원바코드가 한글 20자 정도의 정보를 가지고 있을 수 있는데 반해 QR Code의 경우에는 1700자 정도의 정보를 가지고 있어 보다 다양한 표현을 할 수 있다. 한편, RFID(Radio Frequency Identification)시스템은 QR보다 더 많은 정보를 가지고 있으며 심지어는 자체적으로 주파수를 보내기 때문에 다소 떨어진 곳에라도 안테나가 있으면 RFID가 가지고 있는 정보를 읽어들일 수 있는 장점이 있다.

이렇듯 바코드나 RFID에 대해서 유통 또는 물류회사 측에서 라벨형태로 부착을 요구하는 경우가 있으며 이를 통해 물류, 유통 업무가 효율적으로 행해질 수 있을 것이다.

2 목재포장재의 소독처리

FAO산하의 식물 검역관련 국제기구인 IPPC에서는 국제교역에서 사용되는 목재포장재 규제지침이 2002년 채택되이 수출국 식물검역기관에서 소독처리업체의 지정 및 관리, 소독처리 및 이의 증명에 대한 절차를 갖추게 하였다.

우리나라에서는 2005년 6월 1일부터 시행되어[14] 수입되는 화물의 목재포장재(목재팔레트, 나무상자, 짐깔개, 목재충진재 등)의 경우 반드시 소독되었음을 증명하여야 한다. 다만 합판, 베니어패널 및 이와 유사한 적층목재품, 파티클보드, 배향성스트랜드보드, 웨이퍼보드, 섬유판, 고밀도화 목재, 집성재, 펄프, 응집코르크, 목모, 목분, 코르크분 등으로 제조된 목재포장재는 제외된다.

소독의 방법에는 열처리(목재중심부 온도 56도시 이상에서 30분 이상 처리) 또는 MB훈증(매틸브로마이드를 이용하여 10도씨 이상에서 약량에 따라 2~24시간 이상 훈증한 것) 중 1가지 방법으로 소독한 후 목재포장재 각각에 소독처리마크를 표시하여야 한다. 소독처리마크가 없는 경우에는 소독실시, 폐기 또는 반송하여야 한다. 포장재와 실물이 분리가 되는 것의 경우에는 포장재만 폐기 또는 반송한다.

14) 농림축산검역본부 - 목재포장재 검역시행홍보자료(2007)

〈표 14-7〉 IPPC 훈증 증명 마크

 ②XX- ③OOO ④YY (또는 YYDB)	① IPPC symbol ② 국가코드 ③ 소독처리업체 고유번호 ④ 소독처리방법

3 운송 중의 모니터링

화물의 외관 상태는 전혀 문제가 없으나 화물이 운송되는 과정에서 심한 진동 또는 온도의 변화로 인해 화물에 손상이 있을 수 있다. 이때 외관상으로는 손상 상태를 알 수가 없어 책임소재의 문제나 불량품의 유통문제가 발생할 수 있다. 예컨대 전자의 경우 수화인이 물품을 외관상 정상물품을 인수하였으나 포장을 열어보니 화물이 흔들려서 손해가 생긴 경우 수입자는 수출자 또는 운송인에게 책임을 지우기가 쉽지 않다. 후자의 경우 백신을 예로 들면 백신은 생산에서 접종까지 영상 2도에서 8도까지 사이에서 온도가 유지되어야(Cold chain) 하는데 만약 운송 중에 30도 이상의 온도에 백신이 노출되었다면 접종 후 신체에 큰 문제를 야기 시킬 수 있을 것이다.

이처럼 사고의 예방 또는 감지를 하기 위해서는 운송 중에 이상 상황이 있었는지를 확인할 수 있는 여러 장비들이 활용될 수 있을 것이다. 첫째 Shockwatch는 진동에 민감한 제품을 운송할 때 많이 활용될 수 있는 소도구로서 화물의 겉면에 라벨 형태의 Shock watch를 부착하고, 화물 도착 후 인수 시에 유리관에 있는 용액이 빨간색으로 변색되었는지의 여부로 운송 중의 진동 여부를 파악할 수 있는 장치이다. 둘째 Senseware는 Fedex에서 진행하고 있는 서비스로 상품의 내부에 Senseware라는 장비를 부착하여 GPS 등을 활용하여 화물의 실시간 위치확인은 물론 화물이 현재 처한 상태(온도, 습도, 압력 등)도 파악할 수 있도록 한 장치이다.

〈표 14-8〉 운송 중의 모니터링 장비

Shock Watch	Senseware
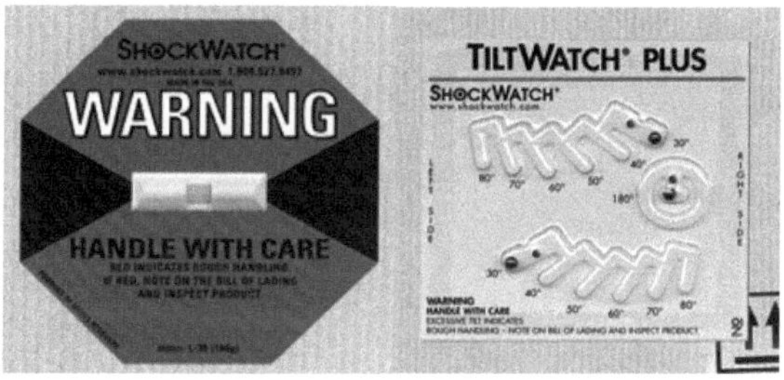 출처 : www.shockwatch.com	 출처: www.senseaware.com

4 포장명세서

〈표 14-9〉 포장명세서의 일부(발췌)

Pallet No.	Carton No.	QTY (PCS)	Description of Goods	Net WT(KG)	Gross WT(KG)
1-16	1-192 @12cartons/pallet	192	KR-VV-5676 Square Tile	5,894.20	6,144.00
17-23	193-276 @12cartons/pallet	84	KR-VW-5699 Rectangular Tile	2,578.80	2,688.00
23	**276 CTNS**	**276**		**8,473.00**	**8832.00**

Goods in pack in 1 X 40HC
Dimension: 48 CBM
Packing: Export Standard Suitable By Sea
Origin: Thailand

포장명세서는 수출자가 선적된 화물에 대한 포장이 어떻게 되었는지를 알려주는 운송의 기본서류이다. 수출자는 수입자에게 운송서류, 상업송장, 포장명세서를 가장 기본적인 서류로 하여 수입자에게 전달하게 된다. 상업송장(Commercial Invoice)이 주로 선적되는 화물의 품목과 가격 등을 중심으로 한다면 포장명세서(Packing List)는 상품들이 어떻게 포장되었고 수량이 몇 개인지, 중량은 얼마인지 등에 대하여 표현하는 서류라고 할 수 있다. 아래는 포장명세서의 일부를 발췌한 것으로서 화물이 40ft High Cube 컨테이너 한 개에 작업이 되었으며 총 276carton의 화물이 23팔레트에 나누어 적재 되었고 총 중량은 8,832kg이고 팔레트 등 포장 중량을 제외한 총중량은 8,473kg임을 확인할 수 있을 것이다.

제15장

포워더의 책임과 보험

제1절 적하보험

적하보험은 화주인 수출자 또는 수입자가 부보하는 것으로서 포워더가 이에 부보할 이유는 없을 것이다. 그러나 포워더는 운송책임의 관계에서 적하보험으로부터 완전히 자유로울 수는 없으며(보험자가 포워더에게 구상권을 행사할 수 있다.) 특히 사고발생 시에 화주들은 운송인의 폭 넓은 면책과 낮은 배상한도의 인색한 보상으로 포워더에게 불만을 갖게 될 수 있으므로 화주 보호 및 고객만족 차원에서도 화수들에세 직하보험의 부보를 적극 권장할 필요가 있을 것이다. 또한 화주들의 요구에 의해 적하보험 가입을 대행하여 주는 경우도 있으므로 적하보험에 대한 이해가 필요하다고 할 것이다.

1 화주의 적하보험 필요성

화주는 운송인과 운송계약을 체결하고 운송인에 의해서 화물은 도착지로 이동하게 되는데 이 과정에서 많은 위험에 노출되게 된다. 그러나 운송과정에서 아무리 많은 위험에 노출된다고 하여도 이로 인한 사고에 대해 운송인이 모든 책임을 부담한다면 화주는 따로 적하보험을 가입하지 않아도 될 것이다. 그러나 운송인은 상당히 제한적인 책임만 부담한다고 할 수 있다. 즉 운송인은 사고의 원인 중에 항해과실에 대해서는 책임을 지지 않으며(면책) 상업과실에 대해서도 배상한도(항공운송의 경우 kg당 usd30, 해상운송의 경우 kg당 usd3)가 설정되어 있어 화주에게 충분한 보상을 제공하지 못한다. 이에 더불어 운송인은 화주의 클레임에 대하여 보상을 할지 여부를 결정할 때까지 상당히 긴 시간을 소비하게 된다.

그러나 화주가 적하보험에 가입하게 되면 보험자는 운송인 보다 훨씬 좁은 면책조항을 가지고 있으며 보상액의 기준도 물품의 가격(일반적으로 CIF가격의 110%)을 기준으로 보상을 받게되며 보상 시점도 신속하게 진행될 수 있게 된다.

2 적하보험의 개념과 특성

1) 적하보험의 개념

해상보험에 대해서 영국 해상보험법은 "해상보험계약은 보험자가 피보험자에게 합의된 방법과 범위 내에서 해상손해, 다시 말해서 해상사업에 수반하여 발생하는 손해를 보상해 줄 것을 약속하는 계약이다."라고 정의하고 있다. 해상보험에는 적하보험(Cargo Insurance)과 선체보험(Hull Insurance), 배상책임보험(Liability Insurance: 충돌배상책임보험, P&I보험, 기타 배상책임보험)으로 구분하는데 선체보험은 주로 선사가 선체에 발생하는 위험에 대해 부보하는 보험이며, 배상책임보험은 피보험자(일반적으로 운송인)가 제3자에게 책임을 부담하는 경우에 부보하고 적하보험(Marine Cargo Insurance)은 화주가 운송 중 화물에 발생하는 손상, 멸실에 대해 부보하는 보험이다.

2) 적하보험의 특성

적하보험은 다음과 같은 특성을 갖는다.

- 손해보험의 성격을 갖는다. 즉 우연한 사고에 의해 생기는 손해에 대해 보험자가 보상하고 이에 대한 대가로 보험계약자가 보험료를 부담한다.
- 실손보험이다. 즉 손해 발생 부분에 대해서만 보상이 이루어진다.
- 국제운송과정의 위험을 부보한다. 국제운송과정에서 발생하는 위험에 대해 부보하며 일반적으로 시기와 종기는 수출자의 창고를 출발하는 시점에서 시작하여 수입자의 창고에 도착하는 시점까지 효력을 갖는 보험이다.
- 영국 해상보험법이 준거법으로 적용된다. 즉 보험의 약관은 영국보험자협회의 적하약관(ICC)이 적용되며 해상보험의 약관에는 이 보험은 영국의 법과 관습에 따른다고 규정되어 있다.
- 최대선의의 원칙이 적용된다. 보험계약이 유효하게 성립되기 위해서는 보험자와 보험계약자는 보험의 중요한 사항에 대한 고지의 의무를 부담한다.
- 근인주의가 적용된다. 복수의 원인에 의한 손해의 경우 결과적으로 가장 가까

운 원인에 의해서 발생한 손해만을 보상한다는 원칙이다. 이때 근인은 시간적, 장소적 보다는 가장 큰 영향을 준 원인을 의미한다. 근인이 담보위험일 때 보상이 이루어진다.

- 해외재보험에의 의존성이 높다.[1] 우리나라의 손해보험회사에서 제공하는 해상적하보험은 주로 재보험을 통하여 진행되고 있다.
- 다양한 보험이 있다. 적하보험 약관은 ICC(A), (B), (C) 3종류가 있고 추가적으로 다양한 약관이 있어서 화물의 성격과 위험의 종류에 따라 선택할 수 있다.

3 적하보험과 관련된 보험 기본용어

1) 보험계약자, 피보험자, 보험자

피보험자(Insured, Assured)는 보험사고의 발생 시 손해를 입는 당사자이며 보험계약상의 보험금청구권을 갖는다. 보험계약자(Policy holder)는 자기 명의로 보험계약을 체결하고 보험료를 지불할 의무가 있는 당사자를 말한다. 일반적으로 보험계약은 보험계약자와 보험자(Insurer, 보험회사) 간에 체결하는 것이다. 다만 보험계약자와 피보험자는 동일인 일 수도 있고(자기보험) 동일인이 아닐 수도 있다(타인보험). 대표적인 타인보험으로는 INCOTERMS 2010 하에서 CIF, CIP 조건의 경우 보험계약자는 매도인이나 피보험자는 매수인이다.

2) 보험가액, 보험금액, 보험금, 보험료

보험가액(Insurable value)은 보험계약이 체결될 수 있는 금액이며 이는 화물의 실제가치를 의미한다. 보험금액(Insured amount)은 피보험자가 실제로 보험에 가입한 금액으로서 전손의 경우 지급되는 최대보상 금액이라고 할 것이다. 보험금(Claim paid)은 실제 사고로 인해 보험자로부터 지급받은 보상금을 의미한다. 일반적으로 보험금액에 손해율을 곱하여 산출한다. 보험료(Insurance premium)는 보험계약자가 보험자에게 보험서비스에 대해 지급하는 대가이다.

3) 전부보험, 일부보험, 초과보험

본 항의 구분은 보험가액과 보험금액 간의 관계를 기준으로 한 분류로서 전부보

1) 곽봉환·강동윤, 『국제물류리스크와 해상보험』, 두남, 2014, p.114 참조.

험은 보험가액과 보험금액이 동일한 경우이다. 즉 보험가액 전부를 보험에 부보한 경우이다. 초과보험은 보험금액을 보험가액이 초과하는 금액으로 부보한 것이며 일부보험은 보험금액을 보험가액 보다 적게 부보한 것이다. 이는 향후 사고발생 시 보험금 산정에 영향을 주게 된다. 즉 전부보험의 경우에는 손해액 만큼 보상이 이루어지나 일부보험의 경우에는 비례보상[2]이 이루어진다. 초과보험의 경우에는 손해금액을 기준으로 보상이 이루어지는데 이는 적하보험의 실손보험의 성격으로 인해 적용되는 것이다. 이때 보험료는 보험금액에 비례하여 정하여지는데 초과보험의 초과보험료에 대해서는 보험계약자가 선의인 경우 환불이 되지만 악의의 경우에는 환불이 이루어지지 않는다.

4) 해상손해의 종류

〈표 15-1〉 손해의 종류

손해의 종류			설명
물적손해	전손	현실전손	피보험 목적물이 실질적인 멸실, 성질의 상실, 목적물에 대한 소유권의 박탈, 선박의 상당기간 불명 등을 의미한다.
		추정전손	현실전손은 아니지만 회복비용이 더 소요되는 경우 추정전손을 선언한다. 해상보험에 고유한 제도이다.
	분손	단독해손	피보험 목적물이 일부멸실 또는 손해를 입은 경우이다. 피보험자가 단독으로 부담하는 손해이다.
		공동해손	피보험 목적물이 일부멸실 또는 손해를 입은 경우이다. 공동의 이익을 위해 희생된 손실이나 비용으로서 이해관계자들이 공동으로 분담하는 손해이다.
비용손해		손해방지비용	피보험자가 손해의 방지, 경감의 의무를 수행하기 위해 지출한 비용이다. 보험금액을 초과하는 부분에 대해서도 보상한다.
		구조비용	계약자가 아닌 제3자가 위험에 처한 선박이나 화물을 구조하여 성공했을 때 구조자에게 지급되는 비용이다.
		특별비용	보험목적물의 안전과 보존을 위해 발생한 비용으로 공동해손과 구조비 이외의 모든 비용이다.
		공동해손비용	공동의 위험에 조우하여 공동의 이익을 위해 고의적이고 합리적으로 지출된 비용이다. (예 : 피항비용)
배상책임손해		선박충돌손해 배상책임	선박 충돌 시에 상대 선박에 대해 책임을 져야 하는 손해이다.

해상손해의 종류는 물적손해, 비용손해, 배상책임손해가 있는데 물적손해는 보

2) 예컨대 보험가액이 1억원이나 보험금액을 5천만원으로 부보(50%)한 경우 1천만원의 손해가 발생한 경우 보험자는 손해금액의 50%인 500만원을 보상하게 된다.

험목적물 자체에 일어난 손해를 의미하며 비용손해는 손해를 줄이거나 방지하기 위해 또는 구조를 위해 들어간 비용을 의미하며 배상책임손해는 피보험자가 제3자에 대해 배상책임을 부담하는 경우를 의미한다.

5) 해상위험(Peril)의 종류

해상위험의 종류와 세부 내역은 다음과 같다.

〈표 15-2〉 해상위험의 종류(Peril of the Sea)

종류	세부 내역
Cargo Movement	화물은 수출자의 창고를 떠난 후부터 덜 숙련된 작업자들에게 맡겨지며 일반적으로 컨테이너는 출발지와 도착지항에서 4-6회 가량 이동을 하게 된다. 한편 바다에서는 반복적이고 불규칙적으로 6방향으로 화물의 진동이 발생한다.
Water Damage	나쁜 날씨와 높은 파도에 배의 일부분은 바다속으로 잠기는 등의 위험이 발생한다. 또한 파도는 컨테이너를 굽게 할 수 있는 파괴력을 갖고 있기도 하다. 발한(Sweat)의 문제도 발생한다. 선박은 운항 중에 40도 이상이 온도차를 겪게 되며 이때 밀폐된 컨테이너 내에서 발한으로 인한 손해가 발생할 수 있다.
Overboard Loss	갑판 위에서 라싱(Lashing)이 잘 못되었거나 컨테이너 안에서 고박이 잘 이루어지지 않은 경우에 중심을 잃게 되면 이로 인해 컨테이너의 유실 또는 파손이 발생할 수 있다.
Jettison	때때로 좌초된 선박을 구출하기 위하여 화물을 투하하는 경우도 발생한다. 이때 이는 공동해손으로 처리된다.
Fire	해상화물 중에 위험물 또는 화학물질이 차지하는 비중이 높으며(On Deck 화물의 10-25% 점유) 이들은 화재를 일으키거나 화재를 확산 시킬 수 있다. 일반적으로 큰 손해를 일으키는 경향이 있다.
Sinking	주로 노후화된 제3세계 국가의 벌크선에서 많이 발생한다
Stranding	기계적 고장, 폭풍우, 무능한 선원 등이 좌초의 주되 원인이다. 지연과 공동해손분담금 등의 손해가 발생한다.
General Average	공동의 이익을 위한 선박 또는 화물의 손해를 의미하며 이에 대해서는 공동의 이익이 생긴 당사자들이 공동해손분담금을 부담한다.
Theft	도난에는 계획되지 않고 조직되지 않은 좀도둑(Pilferage)과 계획적이고 조직화된 도난(Organized Theft) 그리고 시스템을 활용하여 도난 사실을 늦게 인지하게 하는 도난(System's Theft) 등이 있다.
Piracy	해적은 인도네시아열도, 방글라데시, 소말리아, 나이지리아, 아덴만 등에서 발생하는 해적에 의해 손해가 발생할 수 있다.
기타	충돌(선박, 항구시설, 부유물 등), 화물의 오염, 다른 화물에 의한 장애(벌레 등), 선주의 부도, 파업, 선박 또는 화물의 체포 등

출처 : Pierre and Richard(2009), pp.223~238 참조

4 적하보험 약관

보험약관은 보험계약의 내용을 규정한 것으로서 보험계약의 조건이라고 할 수도 있다. 현재 적하보험의 약관은 일반적으로 영국보험자협회가 제정한 협회적하약관(Institute Cargo Clauses)를 이용하고 있으며 동 협회적하약관은 구약관과 신약관이 있다. 신약관은 1982년에 제정되고 2009년에 일부 내용이 변경되어 사용되고 있다. 그러나 신약관의 탄생으로 구약관의 효력은 사라진 것이 아니며 현재 보험계약에서 구약관도 병용되고 있다고 할 것이다.

1) 구 협회적하약관

구 협회적하약관은 전위험담보(A/R: All Risk), 분손담보(WA: With Average), 단독해손부담보(FPA: Free from Particular Average) 등의 기본조건이 있다. 담보위험과 관련하여 A/R은 포괄주의 입장으로 면책조항을 제외하고 모든 위험을 담보하며, WA, FPA는 열거주의 입장으로서 열거한 위험에 대해서만 담보를 한다. 여기서 WA와 FPA는 담보위험에서는 동일하나 손해배상의 범위와 관련해서는 WA가 불특정분손에 대해서도 보상을 한다는 것에 차이가 있다.

〈표 15-3〉 구 협회적하약관 보험조건 비교

보험조건	담보위험	손해보상의 범위
FPA (단독해손부담보)	해상고유의 위험, 화재, 강도, 투하, 선원의 악행, 이상과 동종의 위험, 적재/환적/양륙 중에 전손이 되는 위험, 폭발, 피난항에서의 양하 위험	전손, 공동해손, 특정분손,[3] 비용손해
WA (분손담보)	FPA의 담보위험과 같다	전손, 공동해손, 특정분손, 비용손해, 불특정분손(소액면책[4] 이상일 것)
A/R (전위험담보)	일체의 해상위험 (다만, 전쟁위험, Stirike위험, 피보험자의 고의의 불법행위, 항해의 지연, 보험의 목적의 고유의 하자 또는 성질은 제외한다.)	WA의 손해보상범위와 같지만, 불특정분손에서 소액면책이 적용되지 않는다.

출처 : 곽봉환·강동윤(2014), p.199

3) 특정분손은 ① 좌초, 침몰, 대화재가 발생한 경우의 손해 ② 화재, 폭발, 접촉, 파난항에서의 양하에 기인하는 손해 ③ 적재, 환적, 양하 중의 포장단위당 추락 전손을 의미한다. 불특정분손은 3개항에 해당되지 않는 단독해손을 의미한다.

구협회약관은 신협회약관에 의해 많이 대체되었으나 여전히 많은 무역회사들에 의해 사용되고 있는 조건이다. 신협회약관과 구협회약관과의 비교에 있어서는 담보위험과 관련하여 A/R=ICC(A), WA=ICC(B), FPA=ICC(C)와 유사하다고 할 것이다. 다만 보상의 범위와 관련하여 신약관에서 손해보상의 범위라는 개념은 존재하지 않으며 신약관 하에서 조건별(A, B, C)로 손해의 보상범위는 같다고 할 것이다.[5)]

2) 신약관

(1) ICC(A) (B) (C)

협회적하약관 중 신약관은 ICC(A), ICC(B), ICC(C)로 구성되어 있으며 각각의 약관은 19개 항목으로 구성되어 있다. 이중 1조 위험, 4조 일반면책, 6조 전쟁면책약관은 A, B, C 각자가 달리 정하고 있지만 나머지 조항들은 서로 다르지 않다고 할 것이다. 다음은 협회적하약관의 조항의 성질별 분류를 나타낸 것이다.

〈표 15-4〉 협회적하약관의 조항

구분	약관명
담보위험	1. 위험약관 (Risks) 2. 공동해손 (General Average) 3. 쌍방과실충돌약관 (Both to Blame Collision Clause)
면책조항	4. 일반면책약관 (General Exclusions Clause) 5. 불내항성 및 부적합면책약관 (Unseaworthiness and Unfitness Exclusion Clause) 6. 전쟁면책약관 (War Exclusion Clause) 7. 동맹파업면책약관 (Strikes Exclusion Clause)
보험기간	8. 운송약관 (Transit Clause) 9. 운송계약종료약관 (Termination of Contract of Carriag) 10. 항해변경약관 (Change of Voyage)
보험금청구	11. 피보험이익 (Insurable Interest) 12. 계반비용 (Forwarding Charges) 13. 추정전손 (Constructive Total Loss) 14. 증액 (Increased Value)
보험이익	15. 보험이익 불공여약관 (Benefit of Insurance)
손해경감	16. 피보험자의무 (Duty of Assured) 17. 포기 (Waiver)
지연의 방지	18. 신속조치약관 (Avodance of Delay)
법률 및 판례	19. 영국법률 및 관례약관 (English Law and Practice Clause)

4) WA조건의 경우 소액면책비율이 적용될 수 있는데 해당 비율을 하회하는 손해에 대해서는 보험자가 보상을 하지 않는다.
5) 곽봉환·강동윤(2014), p.200.

한편 신적하약관 조건별 담보위험은 다음과 같다.

〈표 15-5〉 신협회 적하약관 조건별 담보하는 위험

담보위험(보상하는 손해)	ICC(A)	ICC(B)	ICC(C)
화재 또는 폭발	O	O	O
본선 또는 부선의 좌초, 교사, 침몰, 전복	O	O	O
육상운송 용구의 전복 또는 탈선	O	O	O
본선, 부선, 운송용구의 타화물과의 충돌, 접촉	O	O	O
피난항에서의 화물의 하역	O	O	O
공동해손희생	O	O	O
투하로 인한 손해	O	O	O
공동해손 분담금, 구조비	O	O	O
쌍방과실충돌	O	O	O
지진, 화산의 분화, 낙뢰	O	O	X
파도에 의한 갑판유실	O	O	X
본선, 부선, 선창, 운송용구, 컨테이너, 리프트밴 또는 보관장소에 해수, 호수, 강물의 유입	O	O	X
본선, 부선에 선적 또는 하역작업 중 바다에 떨어지거나 갑판에 추락하여 발생한 포장단위당 전손	O	O	X
상기 이외의 멸실, 손상의 일체의 위험	O	X	X

출처 : 에이스보험 적하보험 상품설명서

피보험자가 보험자의 면책조항 중 전쟁위험과 동맹파업에 대해서도 담보를 받고 싶은 경우에는 추가 비용을 부담하여 특별약관(협회전쟁약관, 협회동맹파업약관)을 삽입하면 그에 대해 담보를 받을 수 있다. 그러나 일반면책과 불내항 및 부적합 면책에 대해서는 특별약관이 존재하지 않는다. 이와 함께 ICC(B), ICC(C)의 경우에 담보위험은 열거주의로서 열거한 위험에 대해서만 담보를 하는데 상기에 열거되지 않은 다음의 위험에 대해서는 부가위험으로 위험을 증권 상 추가하여 담보를 받을 수 있다. 이에는 도난, 발하, 불착손(Theft, Pilferage and Non-Delivery: TPND), 우담수손(Rain or Fresh Water Damage; RFWD), 파손(Breakage), 습기와 녹손(Sweat and Heating Damage), 누손과 부족손(Leakage and Shortage), 투하와 갑판유실(Jettison and Washing Over Board; JWOB), 녹손(Rust), 곰팡이(Mould and Mildew), 자연발화(Spontaneous Combustion), 곡손(Denting or Bending), 갈쿠리에 의한 손해(Hook and Hole), 오손(Contamination) 등이 있다.

〈표 15-6〉 협회적하약관상 보험자의 면책조항

구분	약관명
일반면책	• 피보험자의 고의의 위법행위 • 통상의 누손, 통상의 중량 및 용량의 부족 또는 자연소모 • 포장 또는 준비의 불충분 또는 부적합 (포장이란 컨테이너, 자동차 등에 적부하는 것을 포함하며 보험의 개시 전에 행하여 지거나 피보험자 혹은 사용인에 의해 행해진 것에 한한다. • 피보험목적물 고유의 하자 또는 성질 • 지연이 담보위험에 의하여 생긴 경우라도 해당 지연을 근인으로 하여 생긴 멸실, 손상, 비용 • 선주, 관리자, 용선자, 운항자의 파산 또는 재정 상의 채무불이행 • 원자핵, 방사성무기의 사용에 기인하는 일체의 손해 • 어떠한 자의 불법행위에 의해 보험목적물 또는 그 일부에 발생한 고의적인 손상 또는 고의적인 파괴(단, ICC(B)와 (C)에서만 면책)
불내항 및 부적합 면책	• 본선 또는 부선의 불감항, 보험의 목적의 안전한 운송을 위한 본선, 부선, 운송용구, 컨테이너 또는 리프트밴의 부적합 • 선박의 감항성과 부적합에 대한 묵시담보위반에 대한 보험자의 의무를 포기한다. (단, 피보험자 또는 사용인이 그 불감항 또는 부적합을 알지 못한 경우에 한함)
전쟁면책	• 전쟁, 내란, 혁명, 모반, 반란 또는 이로 인하여 발생하는 국내투쟁 또는 교전세력에 의한 또는 교전세력에 대한 일체의 적대행위 • 포획, 나포, 강유, 억지 또는 억류 또는 이러한 행위의 결과 또는 이러한 행위의 기도 (단, 해적행위에 대해서는 ICC(A)에서는 면책되지 않음) • 유기된 기뢰, 어뢰, 폭탄 또는 전쟁무기
동맹파업 면책	• 동맹파업자, 직장폐쇄를 당한 노동자 또는 노동쟁의나 폭동 또는 민간소요에 가담한 자에 기인한 손해 • 동맹파업, 직장폐쇄, 노동쟁의, 폭동 또는 민간소요의 결과로 발생한 손해

출처 : 에이스보험 적하보험 상품설명서

(2) ICC(Air)

항공적하보험은 항공운송화물에 대해 부보하는 보험이다. 항공적하보험은 전위험으로 부보하게 되며 ICC(Air)(excluding sending by Post) 약관이 적용되는데 동 약관상 준거법 조항에서는 영국 해상보험법이 적용되지 않고 비해상(Non marine)에 관한 법률이 적용된다.[6] 그러나 실제로는 국제항공화물이 해상보험으로 인수되는 것이 일반적이며 항공화물보험에 대해서는 적절한 판례도 없다고 한다.[7] 그리고

6) 전순환(2013), p.409.
7) 유광현, 『무역초보자가 꼭 알아야 할 139가지』, 원앤원북스, 2006 참조.

보험의 기간과 관련해서는 ICC(A) 등은 도착지 도착 후 60일이 보험의 종료 기간으로 하고 있으나 동 약관에서는 30일을 적용하고 있다. 한편 항공적하보험에 가입하고 전쟁위험과 동맹파업 위험은 면책위험으로 하고 있으며 이를 담보하기 위해서는 Institute War Clause(Air Cargo)와 Institute Strikes Cluses(Air Cargo)등의 특약을 가입해야 한다.

5 보험 가입과 보험금 청구

1) 보험가입절차

(1) 적하보험청약서 제출

보험에 가입하기 위해서는 피보험자(화주)는 적하보험청약서를 보험사에 제출하여야 한다. 적하보험청약서에는 보험회사 측에서 보험인수와 보험요율 산정에 있어서 중요한 내용들을 피보험자에게 요구하게 되는데 상품명, 보험가입금액, 포장상태, 출발지와 도착지, 과거 3년 간의 손해율, 정형무역거래조건 등이 이에 해당한다. 최근에는 이와 함께 보험회사는 보험회사의 주요 고지사항에 대한 설명서를 피보험자에게 제출하고 이를 고지 받았음을 확인하는 서명도 추가적으로 요구하고 있다.

(2) 보험인수 심사와 보험금청구서 발송

보험회사는 피보험자로부터 받은 청약서를 기준으로 보험을 인수할 것인가를 결정하게 되는데 이때 국내 손해보험사의 경우에는 일반적으로 재보험에 가입하므로 보험청약서의 내용을 재보험사에 전달하여 보험을 구득하게 된다. 이때 보험료를 결정하는 과정에서는 다음의 내용에 따라 보험료가 결정된다. ① 품목 ② 기본보험조건 ③ 운송구간 ④ 부가위험조건 ⑤ 과거 3년간 손해율[8) ⑥ 최저요금등을 고려하여 보험료를 산출하고 피보험자에게 보험금청구서를 발송한다.

8) 손해율은 (과거 3년간 취득한 보험금/과거 3년간 지급한 보험료)로서 이에 따라 보험료를 할인 또는 할증한다. 다만 물론 그 율이 너무 높을 때는 보험회사는 보험인수를 거절한다.

〈그림 15-1〉 기계 및 기계류의 기본 보험요율

Interest—216-1		ICC(C)	ICC(B)	ICC(A)	ICC(Air)
• 일반기계류 및 부분품 • 가정용 전자/전기제품 및 그 부분품 • 산업용 전자/전기제품 및 그 부분품 • 디지털악기류	보세외항	0.003	0.006	0.006	%
	국내연안	0.007	0.017	0.043	0.032
	일본	0.010	0.017	0.043	0.032
	중국지역	0.012	0.020	0.048	0.043
	동남아	0.015	0.020	0.049	0.043
	중동아	0.017	0.025	0.051	0.043
	호주지역	0.016	0.024	0.050	0.043
	구라파	0.018	0.026	0.051	0.043
	북미	0.017	0.026	0.051	0.043
	남미	0.018	0.026	0.053	0.043

출처 : 에이스보험 적하보험 신약관 요율표 (2015년 적용)

(3) 보험금의 납부와 보험증권 발행

피보험자가 보험금청구서 상의 금액을 입금하면 보험은 유효하게 성립이 되고 보험회사는 피보험자에게 보험증권을 발행하게 된다.

(4) 포괄예정보험(Open Policy)

상기 과정은 일반적으로 개별보험(운송 건별로 보험가입)의 경우인데 운송화물이 많은 피보험자의 경우에는 연간 수출입 되는 상품의 목록과 가격 등을 기준으로 보험회사와 연간계약형태의 포괄예정보험계약을 체결하게 된다. 이 경우 피보험자는 매 건마다 보험인수와 요율을 결정하는 과정을 거치지 않게 되어 시간을 절약할 수 있으며, 연간 단위로 계약을 할 경우 보험회사는 개별계약 보다는 저렴한 보험요율을 적용하는 것이 일반적이다.

2) 보험금 청구 절차

(1) 사고인지와 통보

일반적으로 사고의 인지는 화물을 인수한 수입업체가 발견하는 것이 일반적이다. 이때 수입자는 사고상황에 대해 관련된 업체(보험회사, 수출자, 운송회사 등)에 통보를 해야 하며 이때 필요하다면 손해방지조치와 사고의 책임있는 자(운송인, 하역업자, 창고업자 등)에게 즉시 클레임을 제기하여야 한다. 수입자는 비록 보험회사로부터 보험료를 지급받게 되지만 향후 보험사가 책임있는 자에게 구상권을 행사할 수 있도록 대위권을 보존해 놓아야 한다.

(2) 사고조사와 검정보고서 발행

보험회사가 지정한 검정인(Surveyor)은 사고 상태와 원인에 대하여 검정보고서(Survey Report)를 발행하게 된다. 동 서류는 향후 보상여부를 결정하는데 중요한 역할을 하게 된다.

(3) 보험금 지급여부 결정

보험회사는 검정보고서를 검토하여 보험금 지급여부를 판단하게 된다.

(4) 보험금 청구서류발송

피보험자가 보험금을 청구할 때는 다음의 서류를 보험회사에 제출한다.

〈표 15-7〉 보험금 청구시 구비서류

공동해손의 경우	전손 및 단독해손의 경우
• 공동해손구상장 • 보험증권 원본 또는 사본 • 선하증권 사본 • 상업송장 사본 • 공동해손통지서 사본 • 기타서류 (공동해손보증장, 공동해손맹약서, 화물가액신고서)	• 보험금 청구서한 (손해액 명세 첨부) • 보험증권(또는 보험증명서) 원본 또는 사본 • 상업송장(서명된 사본) • 선하증권

출처 : 구종순(2009), p.195

(5) 보험금 지급과 구상권행사

보험회사는 보험금을 지급하는데 이때 피보험자로부터 영수증(Claim Receipt) 과 대위권 양도서(Letter of Subrogation)를 인수하게 된다. 이로 인해 잔존물에 대해 남아 있는 손해배상청구권과 기타 권리가 보험회사에게 넘어가게 된다. 보험회사는 보상한도 내에서 책임있는 자에게 구상권을 행사하게 된다.

제2절 화물배상책임보험

1) 포워더의 화물배상책임보험 가입 필요성

포워더는 국제물류과정에서 상당히 다양한 위험에 노출되게 된다. 우선 포워더는 화주와의 관계에서 운송인의 역할을 하게 되므로 운송인으로서의 위험을 부담하게 된다. 한편 항공사 또는 선사 등의 실제운송인과는 화주로써 운송계약을 하기 때문에 화주로서의 위험을 부담하게 된다. 화주에 대한 운송인으로서의 책임을 실제운송인에게 전가하면 포워더의 위험은 단순해 보일 것 같으나 실제 포워더의 위험은 다음과 같이 상당히 복잡한 형태를 갖고 있다고 할 것이다.

- 단일운송계약(Single Mode)의 경우라도 화주와 포워더 간의 운송계약과 포워더와 실제운송인 간의 운송계약은 일반적으로 완전히 일치하지 않는다.
- 상기 계약이 완전히 일치한다고 하더라도 사고의 원인이 실제운송인의 무과실과 포워더의 과실인 경우 포워더는 책임을 피할 수 없다.
- 포워더가 복합운송인으로서 화주와 계약할 때의 운송계약과 포워더가 복수의 실제운송인과 체결하는 운송계약 상에는 상당한 차이가 존재한다. 이때 발행되는 운송서류가 다르고 근거 되는 규정 또한 다를 것이다. 근거 규정이 다름으로 인해 책임조항이나 최대배상한도 조항에 차이가 있을 수 있다.
- 화주가 가입한 적하보험에 따라 보험사가 보험금을 지급한 경우에는 보험사는 포워더에게 구상권을 행사하고 또한 포워더는 항공사 또는 선사에게 클레임을 제기하게 되는데 이때 포워더는 보험회사나 실제운송인에 대해 다소 낮은 법적 대응력을 갖게 될 것이다.
- 실제운송인의 지불능력이 없을 수도 있다.

포워더가 이러한 복잡한 위험으로부터 자유롭기 위해서는 화물배상책임보험에 가입하는 것이 반드시 필요하며 해당 보험의 면책과 책임 조항 등에 대하여 인지하고 있어야 할 것이다.

2) 보험가입의 강제

포워더는 화주 등에 대한 배상책임이 발생할 경우 자사를 보호하기 위해 배상책임보험에 가입할 필요가 있다. 그러나 화주의 입장에서도 포워더의 배상책임가입은 유익한 것이다.[9] 이에 포워더의 등록에 대해 규율하고 있는 물류정책기본법은 포워더(국제물류주선업자)가 광역지역단체장에게 등록할 때 이때 보험금액 1억 이상의 화물배상책임보험증서의 제출을 의무로 한다.

3) 화물배상책임보험의 개념

화물배상책임보험은 화물취급업자나 운송주선업자 등이 업무 수행 중 발생한 사고로 인하여 화주에게 발생한 배상책임을 담보하는 보험이다.

동 보험의 가입대상은 화물운송업자, 항공 및 해상운송중개인, 수탁자, 집배업자, 통관업자, 복합운송업자, 컨테이너 취급자, 세관중개인, 포장업자, 선적업자, 운송중개업자, 창고업자, 부두관리인 등 화물운송에 관련된 모든 사업자이다.

4) 화물배상책임보험의 약관

(1) 보상하는 손해

Section별 화물배상책임보험은 4개의 Section으로 구성되어 있다. 일반적으로 포워더들은 Section I은 기본적으로 가입하며 Section II는 선택적으로 가입하는 형태를 보이고 있다. 각 Section별 배상이 적용되는 조건은 다음과 같다.[10]

- Section I 화물배상책임보험(Goods Legal Liability)
  - a. 관습법, 계약서, 국가 또는 국제 간 협약 또는 법령의 범위 내에서 보험기간 동안 발생한 운송지연, 화물에 대한 손해, 파괴, 손상으로 발생하는 피보험자의 법률상 배상책임
  - b. 저장 또는 운반과 관련해 피보험자에게 책임이 있는 화물의 깔판, 로프, 포장용구 등 피보험자의 재산에 대한 모든 손해 또는 손상
  - c. 피보험자의 배상청구 해결이나 방어에 필요한 법률비용

---

9) 예컨대 포워더가 책임에 대한 지불능력이 없는 경우에도 보험회사가 보상하므로 소비자인 화주에게도 동 보험은 유익하다 할 것이다.
10) 국제화물운송업자 배상책임보험 보통약관

d. 피보험자의 잔존물의 제거비용(단, 보험회사의 동의가 필요)
e. 피보험자의 컨테이너나 트레일러에 입은 손해 또는 손상에 대한 법률상 책임 (단 피보험자 소유 또는 임차한 것은 제외한다)
f. 해난구조 또는 공동해손의 적하부담 책임액에 대한 피보험자의 배상책임,
g. 피보험자가 운영하는 화물운송용구에 실린 피보험자인 운전자의 개인 재물에 대한 손해(제외 대상 있음).

• **Section Ⅱ 전문직업인 배상책임**(Professional Indemnity)
사업수행상 피보험자에 의해 발생된 배달착오, 지시사항의 이행실패, 사무착오, 부주의, 과실, 부작위 혹은 고용된 사람의 부정, 사기, 범죄 등의 원인으로 제기된 Claim에 대한 배상책임.

• **Section Ⅲ 트레일러/컨테이너에 대한 전위험 담보**(Trailer/Container All Risks)
장비, 기계류, 설비, 컨테이너, 트레일러, 세미트레일러, Tilt트레일러, 팔레트컨테이너, Flats 이와 유사한 피보험 이익(목적물) 및 피보험자의 재물이나 명세서에 기재된 담보지역 내에서 피보험자가 책임이 있는 무상 또는 유상으로 보관 중이거나 소유, 임차, 리스한 피보험 재물에 대한 우연한 사고로 인한 물적 손해 및 손상

• **Section Ⅳ 화물 전위험 담보**(Goods-All Risks)
피보험자 자신의 운송 여부와 관계없고, 도로, 철도, 항공, 수로 또는 우편 등에 제한되지 않으며, 담보지역 내에서 운송 또는 보관 중 우연한 사고로 인한 화물의 물적 손해, 파괴 또는 손상의 모든 위험. 이에 다음도 보상한다. 전쟁위험, 시위, 폭동, 시민 소요와 전쟁 위험으로 인한 악의적 파손, 전위험 담보인 ICC(A)소항은 Section Ⅳ외 다른 조항과 배치되지 않는 범위 내에서 모든 해상위험에 적용된다.

(2) 면책조항

면책조항은 공동면책과 각 Section별로 적용되는 면책조항이 있는데 살펴보면 다음과 같다.

〈공동면책〉

• 피보험자의 지불불능으로 기인된 배상청구나 손해(피보험자의 주채무자를 대

신하여 지불 또는 회수하기를 요구받은 경우는 제외됨)
- 피보험자의 파산 또는 채무불이행으로 인한 배상청구
- 피보험자의 동업자 또는 소유권이 있는 임원의 부정, 사기 또는 범죄 행위나 부작위에 기인한 배상 책임 또는 비용
- 타보험증권이나 증명서로부터 피보험자가 보상받을 수 있는 배상책임이나 비용
- 전쟁, 침략, 적군의 행동, 적대행위, 내전, 공공기관의 명령에 의한 몰수, 징발 등으로 직, 간접으로 발생한 손해, 손상
- 재산에 대한 손해, 파괴 또는 손상 또는 그로 인해 발생한 손해나 비용 또는 간접 손해
- 핵연료 또는 방사능 등으로 인해 발생한 모든 법률상 배상책임
- 음속 또는 초음속으로 비행하는 비행기구의 파장으로 인해 직접적으로 발생한 손해, 파괴, 손상
- 피보험자가 법적 책임을 지는 사람이나 피보험자에 대하여 지급하는 징벌적 또는 가중된 손상

〈Section Ⅰ 면책〉
- 마모, 긁힘, 눌린 것과 도장비용에 대한 클레임과 타이어 손상, 그리고 나방, 곰팡이, 곤충, 기계적 또는 전기적 고장(교란)에 의한 손해.
- 피보험자의 보호, 관리, 통제하에 있거나 운송, 보관 계약상 피보험자가 책임 있는 화물에 대한 손해, 손상, 운송지연으로 발생한 배상청구를 제외한 제3자에 의한 배상청구
- 환율변동에 기인한 배상청구
- Section II 에서 담보할 수 있는 손해에 대해서는 담보하지 아니한다.

〈Section Ⅱ 면책〉
- Section I 에서 보상 가능한 배상청구

5) 피보험자의 의무

피보험자는 일반적인 피보험자의 의무 (즉시통지의무, 손해방지의무, 대위권의 보전 등)와 함께 보험회사의 서면 동의 없이는 배상청구에 대한 지급이나 손해에 대해 동의하거나, 관련 발생비용에 대하여 배상책임이 있음을 인정하지 않아야 한다.

6) 보험의 가입과 보험금의 청구

보험가입과 관련하여 피보험자인 포워더는 ① 사업의 종류와 주로 취급하는 화물의 명세, ② 금년도 포함 3년간의 매출액과 예상매출액, 매출원가 명세서와 손익계산서, ③ 발행하는 운송서류의 종류, ④ 담보지역, ⑤ 보상한도액과 자기부담금 등을 기입하여 화물배상책임보험 청약서를 보험회사에 제출하게 된다. 그러면 보험회사는 청약서를 심사하여 보험인수 여부와 보험료율을 결정한다.

한편 보험금 청구와 관련해서는 적하보험과 크게 다르지 않으며 사고가 발생한 경우 포워더는 보험회사에 사고를 통지하면 손해사정인(Surveyor)에 의해 사고의 금액과 원인 등을 평가하게 되고 이를 근거로 보험자에게 보험금을 청구하게 된다.

〈서식 15-1〉 화물배상책임보험증권(Forwarder Liability Insurance)

International Freight Movement Operators Insurance

(국제화물운송업자배상책임보험)

POLICY NO. FM00761

NAMED INSURED 주 제이엠포워딩 코리아

MAILING ADDRESS 서울 강서구 등촌동 명동빌딩 층

Form Of Business ☐ Individual ☐ Partnership Part ☐ Joint Venture ☑ Organization (Other Than Partnership or Joint Venture)

BUSINESS DESCRIPTION

POLICY PERIOD : From May 27, 2015 To May 27, 2016 at

(12:01 A.M. Standard Time at your mailing address shown above)

RETROACTIVE DATE(CLAIMS-MADE BASIS ONLY)

This insurance does not apply to "bodily injury" or " property damage" which occurrs before the Retroactive Date, if any, shown below.

Retroactive Date: None

(Enter Date or "None" if no Retroactive Date applies)

LIMITS OF INSURANCE

AGGREGATE LIMIT Refer to the schedule.

EACH OCCURRENCE LIMIT Refer to the schedule.

PREMIUM

Premium Basis : Annual Turnover

Adjustable Rate :

Advance Premium Refer to the schedule. Minimum Premium : Refer to the schedule.

ENDORSEMENT ATTACHED TO THIS POLICY

Refer to the schedule.

IN WITNESS WHEREOF has caused this policy to be signed by its president or authorized representative, and countersigned on the Declarations page by a duly authorized representative.

Countersigned at Seoul , Korea

this 26th *day of* May 2015

대한민국정부
인지세 100원
영등포세무서장
후납승인 2015-02호

※ 이 금융상품(보험계약)은 예금자보호법에 따라 예금보험공사가 보호하지 않습니다. ※

Accident Call: 1644-9002 Producer:31879 에이아이지어드바이저(주) (양일수02-2260-4396)
Tel: Owner: 양일수

2015.01.0001

제16장 국제물류보안제도

제1절 국제물류 보안제도 강화 배경

국제물류 보안제도의 변화와 관련하여 가장 중요한 사건은 911테러라고 할 것이다. 2001년 911테러이후 미국은 자국 국경을 통과하는 물품으로 인한 국내피해 위험을 줄이기 위해 각종 규제를 진행하게 되었으며 이중 가장 큰 영향을 주는 제도로는 C-TPAT, CSI, 적하목록사전전송제도(24-hour Rule)라고 할 수 있을 것이다. 이들 제도는 EU, 중국 등의 국가에서도 도입되어 미국에서만 적용되는 제도가 아닌 국제운송과정에서 일반직인 제도로 자리잡아 가고 있다.

이들 제도는 보안을 위해 화주와 운송인에게 추가적인 보고 등의 의무를 부여하고 있으며 원활한 물류의 흐름을 위해서는 이러한 제도들을 이해하고 적극 활용해 나가야 할 것이다.

제2절 AEO와 C-TPAT

C-TPAT은 미국세관국경보호국(CBP, US Customs and Border Protection)의 주도하에 진행하는 테러방지를 위한 민관 협력 프로그램이다. 동 제도는 다른 나라에도 영향을 주게 되었고 동 제도의 글로벌 버전이 WCO(세계관세기구)와 개별국가의 세관의 주도하에 운영되고 있는 AEO제도라고 할 것이다. 현재 우리나라에서도 AEO제도를 적극 도입하고 있는 바 본 절에서는 미국제도인 C-TPAT 에 대해 간략히 소개하고 AEO 인증제도의 취지와 활용에 대해 중점적으로 살펴본다.

1 C-TPAT

1) C-TPAT은 미국에서 2002년 4월부터 본격적으로 시작된 반테러 세관/무역업자간 파트너십이다(Customs-Trade Partnership Against Terrorism). 동 프로그램에 참여하는 기업은 미국 거주 및 비거주 수입자와 관련기업(운송업체, 통관브로커, 혼재업자, 항만터미널운영자, 해외제조업자)이며 자사의 보안 상태를 평가, 점검받고 사내 보안관리 이행프로그램을 실시하겠다는 합의서를 세관에 제출하게 된다. 이에 세관은 해당기업을 평가하여 C-TPAT 증명서를 발급하게 된다.[1] 2014년 기준 10650개 이상의 업체가 동 프로그램에 참여하고 있다.

2) 동 제도는 강제적인 제도는 아니며 비인증업체에 불이익을 주는 것은 아니다. 그러나 인증을 취득한 업체에 대해서는 각종 혜택을 부여하고 있는데 우선 저위험 기업으로 분류되어 통관 등에서 다음과 같은 혜택이 주어진다. 수입물량에 대해 검사비율을 현격히 낮추어 주고(비인증 기업과 비교하여 약 10% 수준에서 검사를 한다), 각종 미국 세관의 안전관련 프로그램에 참여할 수 있는 자격을 부여하며, 벌과금을 완화(Penalty Mitigation)시켜주는 혜택을 주게 된다. 한편 미국은 2014년 기준 7개국과 상호인증협정을 하고 있어서 해당 국가에서 인증 받은 업체에게 같은 혜택을 부여하고 있다. 해당 국가는 대한민국, 뉴질랜드, 캐나다, 요르단, 일본, EU, 타이완이다.[2]

2 AEO 인증제도

1) AEO

AEO(Authorized Economic Operator)제도는 종합인증우수업체를 의미한다. 즉 관세청에서 법규준수, 내부통제시스템, 재무건전성, 안전관리에 대한 일정 기준을 충족하는 업체에게 인증을 주는 제도이다.

동 제도는 미국의 C-TPAT 제도를 모델로 하고 이의 문제점을 보완하여 WCO (World Customs Organization)가 무역안전과 원활화에 관한 국제규범(WCO SAFE Framework)을 수립하였고 동 규범에서 가장 핵심적인 기능을 하는 것이 AEO 제도

---

1) 김종득·김장호, 「미국내 물류보안 동향과 C-TPAT운용에 관한 고찰」, 해운물류연구 55호, 2007, pp.127~144.

2) C-TPAT Panter Benefits (미국 세관국경보호국 홈페이지 www.cbp.gov)

이다. WCO 회원국 중 170여개 국가가 제도이행 의향서를 제출하였으며 우리나라도 이를 적극 도입하여 2009년부터 수출업체, 수입업체, 관세사, 보세구역운영인, 보세운송업자, 화물운송주선업자, 선사, 항공사, 하역업자 등 업체에게 인증제도를 적용하고 있다.

현재 AEO인증제도를 도입하고 있는 나라는 다음과 같다.

〈표 16-1〉 AEO 도입현황

지역	WCO 회원국수	AEO 도입국	
		국가수(비중)	국가명
미주	31	9(29%)	아르헨티나, 캐나다, 콜럼비아, 코스타리카, 도미니카공화국, 과테말라, 멕시코, 페루, 미국
유럽	51	32(63%)	EU 28개국, 안도라, 노르웨이, 스위스, 터키
아시아, 태평양	33	8(24%)	중국, 홍콩, 인도, 일본, 한국, 말레이시아, 뉴질랜드, 싱가포르
아프리카, 중동	64	4(6%)	케냐, 우간다, 이스라엘, 요르단
합계	179	53(30%)	

* 2014년 3월 기준

2) AEO 공인기준과 등급

AEO 공인기준은 법규준수도, 내부통제시스템, 재무건정성, 안전관리의 4가지 분야로 구성되는데 대략적인 내용은 다음과 같다.3)

첫째, 법규준수도는 관세청장이 정한 결격사유가 없어야 하며 일정 수준 이상이어야 한다.

둘째, 내부통제시스템은 법규준수도를 향상시길 수 있도록 업체가 자체적으로 구축하고 있는 체제로서 AEO고시에서 정한 수준 이상이어야 한다.

셋째, 재무건전성은 체납이 없어야 하며, 부채비율이 동종업계 평균의 200% 이내이거나 투자적격 업체이어야 한다.

넷째, 안전관리는 모두 8개 기준이 있으며 거래업체, 운송수단 등 관리, 출입통제, 인사관리, 취급절차관리, 시설과 장비 관리, 정보기술 관리, 교육과 훈련의 각 분야에서 관세청장이 정한 수준 이상이어야 한다.

3) 관세청 홈페이지 관세행정 중 AEO제도 소개 참조.

참여대상 업종별로 공인기준은 서로 다르게 정하여져 있으며 업체들을 평가하여 재무건전성, 안전관리 기준을 충족하고 내부통제시스템에 관한 평가점수가 80점 이상인 업체중 70점 이상인 업체에 대해서만 공인을 하게 된다. 또한 법규준수도가 80점 이상인 업체는 A등급, 90점 이상인 업체는 AA등급, 95점 이상이면서 모범사례를 보유하였다고 인정되는 업체에 대해서는 AAA등급을 부여하게 된다. 한편 등급에 따라 혜택은 차등 적용된다.

3) 필요성과 혜택

기본적으로 AEO 인증업체에 대해서는 아래에서 보는 각종 혜택이 부여됨으로 인해 인증취득업체는 보다 신속한 수출입을 진행할 수 있으며 또한 검사 등으로 인한 비용을 절약할 수 있는 것은 물론 신속 진행으로 인한 재고부담의 축소로 비용절감 효과도 있다고 할 것이다. 아래는 통관절차 등의 특례이며 등급에 따라 차등 적용된다고 할 것이다. 자세한 사항은 관세청 홈페이지 참조.

〈표 16-2〉 AEO 인증업체에 대한 혜택

분류	특혜 내역
모든 부문	법규위반 시 행정형벌 보다 통고처분, 과태료 등 행정질서벌 등 우선 고려
	기업심사운영에 관한 시행세칙에 따른 기획심사, 법인심사 제외 (단, 현행법, 중대, 명백 위법정보가 있는 경우 예외)
	관세법 등에 의한 과태료 부과징수에 관한 시행세칙에 따른 과태료 경감
	여행자정보 사전확인제도 운영에 관한 시행세칙에 따른 여행자 검사대상 선별제외
	국제공항 입출국시 입출국 심사대 전용검사대 이용 국제공항 출국시 보안검색 승무원 전용통로 이용 국제공항 입출국시 CIP라운지 이용
	중소기업청의 병역지정업체 추천 시 5점 가산
	관세범칙 등 통고처분 훈령에 관한 시행세칙에 따른 통고처분금액의 경감
	외국환 거래의 검사업무 운영에 관한 시행세칙에 따른 외국환 검사 제외 (단, 현행법, 중대, 명백 위범정보가 있는 경우 예외)
	관세청 감사에 관한 시행세칙에 따른 전산감사 확인사항 기업상담전문관 통해 시정
	기업 ERP에 의한 수출입 및 화물신고
	오류점수 중에서 기업상담전문관의 활동으로 인한 정정이 차지하는 비중만큼 행정제재시 제재일수 경감
수출입 부문	수출 및 수입 물품 선별검사에 관한 시행세칙에 따른 선별검사시 우선 검사
	보세공장운영에 관한 고시 제40조에 따른 관할지세관의 재고조사 생략

이와 함께 각 부문별로 대표적인 추가적인 혜택을 근거규정 제외하고 나열하면 다음과 같다.

- 수출부문 : 수출물품 검사대상선별 제외, 수출신고 항목의 화주 자율정정, 수출용원재료에 대한 환급관련 서류제출 및 환급 전 심사 제외, 건별 환급심사 제외, 환급관련 제증명서 P/L발급
- 수입부문 : 관리대상화물, 검사대상, 서류제출, 검사대상 등에 있어서 검사지정 제외, 납세 관련하여 월별납부 등의 혜택이 주어진다, 자율관리보세공장 및 보관창고 증설 허용 등
- 보세구역운영인 : 자율관리보세구역의 혜택, 특허 갱신기간을 10년까지 연장가능
- 보세운송 : 일반간이보세운송업자 혜택, 보세운송 신고사항 심사 시 자동수리 비율 상향 조정
- 정기점검을 3년으로 완화, 관할세관 내 여러 보세구역 도착 시 1건으로 일괄신고
- 선사 : 선박출무검색 생략
- 화물운송주선업자(포워더) : 업무점검 생략

4) MRA(상호인정약정)

AEO제도의 큰 특징 중의 하나는 상호인정약정(Mutual Recognition Arrangement)이 있어 국가 간 상대국에서 인증을 받은 기업에 대해 자국에서 인증을 받은 것과 같은 혜택을 제공하는 것을 의미한다. 예컨대 우리나라는 미국과 상호인정약정이 되어 있는 바, 한국에서 AEO인증을 받은 업체는 미국에서 C-TPAT 참여업체와 같은 대우를 받게 되는 것이다.

이로 인헤 수출입 과정에서 시간과 비용을 절약할 수 있게 된다. 현재 우리나라 세관과 상호인정협정이 되어 있는 나라는 캐나다, 싱가포르, 미국, 일본, 뉴질랜드, 홍콩, 멕시코 등이 이에 해당한다.

5) AEO 인증을 위한 신청절차[4)]

(1) 준비단계와 인증신청

AEO인증을 신청하는 단계에서는 기업이 자체적으로 진행을 할 수도 있으나 일

4) 관세청 홈페이지 참조

반적으로 인증을 위한 컨설팅(주로 관세사가 진행)을 받아가며 신청을 진행하는 것이 일반적이다. 이때 중소수출기업에 대해서는 AEO공인 획득 지원사업이 있으므로 이를 활용할 수 있다. 신청준비 시간은 결격사유가 없고 법규준수도가 높은 기업은 짧은 기간 안에 인증을 취득할 수도 있지만 그렇지 않은 경우에는 각종 기준에 충족시키기 위해 장기간이 필요한 경우도 있다. 특히 법규준수도와 재무건전성은 과거의 자료를 기준으로 판단하므로 적절한 레코드를 쌓는데 1년 이상 소요될 수도 있다.

따라서 효과적 진행을 위해 법규준수도, 재무건전성은 장기적으로 미리 준비하여야 하며 기타 업무는 짧은 시간에 집중하여 진행하는 것이 좋을 것이다. 보통 아래와 같은 단계로 진행된다.

〈표 16-3〉 준비단계와 인증신청

단계	활동내역
1단계	공인기준 결격사유 존재여부 확인
2단계	공인기준에 따른 자체평가를 수행 (Self-Assesment)
3단계	자체평가결과 충족여부 확인
4단계	수출입관리 현황설명서 작성과 관리책임자 교육이수
	(예비심사)
5단계	관세청전자통관시스템(UNI-PASS)를 통해 서류를 첨부하여 신청

(2) 관세청의 심사와 공인

신청된 인정신청에 대해 다음과 같이 심사한 후 등급을 결정하게 된다.

〈표 16-4〉 관세청의 심사와 공인

단계	활동명	활동내역
1단계	공인기준에 적합여부에 대한 서류심사	서류를 접수한 날로부터 2개월 이내에 공인기준 적합여부 등에 대한 서류심사를 실시하며 필요한 경우에는 서류의 보완을 요구할 수 있다.
2단계	서류심사 통과 업체에 대한 현장심사	관세청장은 서류심사 통과 업체에 대해 현장심사 1개월 전까지 심사계획을 통지한다. 필요 시 관세청장은 신청업체의 거래업체에 대해 신청업체에 준하여 현장심사를 할 수 있다.
3단계	심의위원회를 통한 공인여부 및 등급결정	현장심사를 마치면 심사결과를 종합인증업체(AEO) 심의위원회[5]에 상정하여 공인여부와 등급을 결정하게 된다.
4단계	AEO 공인	공인등급별로 인증유효기간은 다음과 같다. A등급 3년(종합심사 후 5년), AA등급 3년(종합심사 후 5년), AAA등급 최초 미부여(종합심사 후 5년)

제3절 기타 보안 관련제도

1 CSI

2001년 911사태 이후 미국 세관국경보호국은 해상컨테이너의 위험에 주목하게 되었으며 해상컨테이너가 미국 영토에 들어온 후에 관리 보다는 미국에 들어오기 전에 사전에 위험의 요소를 제거하기를 원하게 되었다. 이에 미국으로 많은 물량을 보내는 주요 항구들에 대해 CSI(Container Security Initiative, 컨테이너보안협정)를 체결하여 미국 세관국경보호국 공무원이 해외 항만에 상주하면서 미국행 컨테이너 중 위험요소가 있는 컨테이너를 가려내고 조사하고 적재하지 못하게 하는 기능을 수행하는 것이다.

CSI는 3가지 중요 요소로 구성[6]되어 있는데 첫째 고위험 컨테이너를 식별한다. 앞선 장비와 첩보를 이용하여 테러에 이용될 수 있는 잠재적인 위험을 가진 컨테이너를 자동선별시스템을 이용하여 식별해 낸다. 둘째 선적 전에 컨테이너를 평가하고 사전 검사한다. 공급사슬상의 가능한한 앞쪽 단계(일반적으로 출발지 항구)에서 컨테이너를 스크린한다. 셋째 물품이동의 속도를 방해함이 없이 신속하세 고위험 컨테이너를 스크리닝을 해내기 위해 X-ray 등 탐지기술을 활용한다.

현재 대부분의 대형 항구에는 CSI협정[7]에 의해 미국의 공무원이 파견되어 있으며 우리나라의 경우에도 2003년부터 부산항에 미국 세관원이 상주하여 미국으로 향하는 컨테이너에 대해 국내 공무원 등과 함께 선적 전 검사 등을 행하고 있다.

2 24-Hour Rule

미국은 CSI를 효과적으로 수행하기 위해서 선적 전에 적하목록을 입수하는 것이 필요하였다. 이에 미국으로 향하는 컨테이너에 대해 해상운송인 또는 NVOCC가 선적 24시간 전에 미국세관에 적하목록을 제출하도록 규정하였다(2003년 2월부터 시행).

---

5) 동위원회는 종합인증우수업체의 공인 및 등급결정, 등급조정, 공인유보업체의 지정, 공인의 취소, 기타 공인제도의 운영과 관련된 중요한 사항 등을 심의한다.
6) CSI in Summary 미국 세관국경보안국 홈페이지 참조.
7) 상기 홈페이지에 따르면 2015년 7월 31일 기준으로 58개 항구와 협력하고 있다.

미국세관은 24시간 규칙을 위반한 해상운송인, NVOCC에게 적재금지 메시지를 띄우고 추가적인 질의, 비파괴검사, 부적재, 물리적 검사 등을 행하게 되고 미국 세관국경보호국(CBP)가 컨테이너를 완전히 확인한 후 적재가 개시될 수 있다. 이와 같은 메시지를 무시하는 운송인은 미국내 항구에서 양륙이 거부되어질 수 있다.[8)]

사전 적하목록의 구체적인 내용은 선하증권번호, 미국입항 직전의 출발항, 선사의 SCAC 코드, 항차번호, 미국항 입항예정일, 해상선하증권 상의 화물의 수와 량, 미국행 화물을 적재한 최초 외국항, 상세한 화물의 명세, 화물중량 또는 봉인컨테이너인 경우는 화주가 신고한 화물의 명세와 중량(그러나 일반적인 설명, 즉 FAK(Freight All Kinds), 잡화(General Cargo), 혼재화물(Consolidatd Cargo), STC(Said to contain) 등의 표현을 사용하는 것을 금지하고, 화물의 수량을 정확하게 해야 함), 선하증권 상의 화주의 완전한 명칭과 주소, 선하증권 상의 수하인의 명칭과 주소 또는 Identification Number(미국 CBP 배정번호), 선박명, 선박국적, 선박번호, 선박에 화물을 적재한 외국항, 위험물질을 적재한 경우 국제적으로 인정된 위험물 분류번호, 컨테이너번호, 컨테이너봉인번호, 출발일자와 시간 등에 대한 세부정보이다.

위법이 판정된 경우에는 1) 자료의 송신자에게 벌금을 부과한다. 2) 화물의 양하를 거부한다. 3) 미국의 양륙항에서 X선 등에 의한 검사를 한다. 4) 미국의 양륙항에서 정밀검사를 한다. 등의 조치를 취하게 된다.

3 Trade Act of 2002

동법은 2002년 미국에서 입법된 것으로서 무역과 관련된 중요한 내용을 모두 망라하고 있는데 그 중 특히 Sec. 343(Mandatory advanced electronic information for cargo and other improved Customs reporting procedures) 에서 운송수단별 수출입화물에 대한 정보를 사전에 세관에 전송하도록 규정하고 있다.

상기 규정에서는 화물이 미국으로부터 수출되거나 미국으로 수입되기 전에 화물에 대한 정보를 받도록 하고 있다. 동 규정에서 해상운송에서는 24 hours rule이 이미 시행되고 있었으나 타 운송수단에 대해서는 이 규정에서 이를 명확히 하였다.

---

8) 한낙현·허윤석, 「국제물류보안제도상 24시간 규칙의 시사점에 관한 연구」, 물류학회지 제22권 5호, 2012, pp.5~33.

〈표 16-5〉 Trade Act of 2002, Section 343 요약

Mode	Data Ssystem	전송시간	전송책임자
Air, Courier	Air AMS	• 미국도착 4시간 전 (Asia, Europe) • 항공기 이륙전 (NAFTA, 중남미)	항공운송인, 수입업자 또는 그 대리인, 포워더, 특송사, 기타 항공운송인
Vessel	Vessel AMS	• 해외 항구선적 24시간 전	선박운송인, NVOCC
Rail	Rail AMS	• 미국 도착 2시간 전	Rail Carrier
Truck	FAST, PAPS, BRASS, AES	• FAST-미국도착 30분 전 • Non FAST-미국도착 1시간 전	Truck Carrier, 수입업자, Customs Broker

출처 : 송선욱,『국제운송론』개정3판, 두남, 2012, p.55

항공운송의 적하목록 전송과 관련하여 운송장에 과거 관행적으로 사용하던 애매한 표현은 지양하여야 할 것이다. 예컨대 품목란에 Spare Parts 등의 표현은 미 세관측에 의해서 받아들일 수 있는 표현이 아니다. 따라서 보다 구체적이고 정확한 표현으로 품목을 기입하여야 할 것이다. 불명확한 정보를 제공하거나 미제출시에는 선적거부 사태가 발생할 수 있으며 신고인에게 벌금이 부가될 수 있다.

다음은 적하목록의 전송방법과 관련하여 항공사의 경우에는 자사네트워크를 통해 직접 미국세관에 적하목록을 전송하는 시스템이 되어있으나 House AWB의 내역을 전송해야 하는 포워더는 각기 다른 방식으로 적하목록을 전송하고 있는데 크게 2가지로 나눌 수 있을 것이다. 첫째는 대형 특히 미국계 포워더의 경우에는 자사시스템에서 직접 미국세관으로 적하목록을 전송하는 기능이 있다. 둘째는 중계업자(KT-Net, Traxon Korea)를 통해 전송하는 방식이다. 이 경우에는 건당 일정 요금을 중계업자에게 지불하여야 한다.

4 10+2 Rule

24hours rule은 사전 적하목록 정보의 사전 입수로 화물의 안전을 보장하는 데 좋은 역할을 하였으나 보다 많은 위험요소들을 확인하기 위해 추가적으로 수입자에게 수입신고 관련된 자료를 미리 요청하게 되었다. 이것이 Importer Security Filing and Additional Carrier Requirement이며 수입자가 10가지 정보를 그리고 운송인이 추가로 2가지 정보를 전송한다는 의미로 일명 10+2 Rule이라고 불리게 되었다. 동 제도는 2009년부터 실시된 제도로서 해상으로 운송되는 컨테이너화물(벌크화물은

제외)에 대해서 적용되는 규정이다.

수입자는 다음과 같은 정보를 미국세관에 전송하여야 한는데 그 내용은 다음과 같다. ① Seller, ② Buyer, ③ Importer of record number/FTZ application identification number, ④ Consignee number, ⑤ Manufacturer (or supplier), ⑥ Ship to party, ⑦ Country of origin, ⑧ Commodity Harmonized Tariff Schedule of the US (HTSUS) number, ⑨ Container stuffing location, ⑩ Consolidator 등이다. 이중 ①~⑧까지는 늦어도 선적 24시간 전에 전송하여야 하고 ⑨, ⑩은 늦어도 도착 24시간 전에 전송해야 한다. 한편 운송인은 선박적부계획(Vessel Stow Plan)과 컨테이너 상태 메시지(Container Status Messages)를 제출하여야 한다.

상기 내용에 대하여 제출하지 않거나, 부정확 또는 부족한 정보를 제공하는 경우에는 USD 5000의 패널티가 부과된다.

찾아보기

(W)

(X)

(etc)

◆ 저자 약력 ◆

정 연 봉

고려대학교 정경대학 통계학과 졸업
고려대학교 경영대학원 MBA과정 수료
인천대학교 동북아물류대학원 박사과정 수료 (물류학박사)

대한항공 서울화물지점 근무
익스피다이터스코리아 항공팀 근무
쉥커코리아 3자물류팀 근무
JNL솔루션 창업

한국생산성본부 지도위원
부산무역협회, 국제물류주선협회 출강
IMO(국제해사기구) Research Internship

현재) 연성대학교 경영학과 유통경영전공 조교수
물류관리사협회 이사
한국해운물류학회 이사

저자 이메일 : bong21@nate.com

● 포워더와 무역인을 위한 **포워딩 실무**

초 판 1쇄 발행 —— 2015년 11월 30일
초 판 2쇄 발행 —— 2016년 8월 5일
초 판 3쇄 발행 —— 2018년 2월 1일
지은이 —— 정 연 봉
펴낸이 —— 전 두 표
펴낸곳 —— 도서출판 두남
서울시 강동구 성내로6길 34-16 두남빌딩
신 고 : 제25100-1988-9호
TEL : 02) 478-2065, 2066, 2067, 2311
FAX : 02) 478-2068
E-mail : dunam1@unitel.co.kr
http://www.dunam.co.kr

● **정가 27,000원**

ISBN 978-89-6414-639-2 93320